本书获北京市属市管高等学校人才强教深化
计划中青年骨干人才项目
（编号：PHR201108271）资助

宋学先觉孤山智圆思想研究

韩剑英 著

中国社会科学出版社

图书在版编目（CIP）数据

宋学先觉孤山智圆思想研究／韩剑英著.—北京：中国社会科学出版社，
2016.10

ISBN 978 - 7 - 5161 - 8618 - 3

Ⅰ.①宋…　Ⅱ.①韩…　Ⅲ.①理学—研究—中国—宋代　Ⅳ.①B244.05

中国版本图书馆 CIP 数据核字（2016）第 170118 号

出 版 人	赵剑英
责任编辑	冯春凤
责任校对	张爱华
责任印制	张雪娇

出　　版	中国社会科学出版社
社　　址	北京鼓楼西大街甲 158 号
邮　　编	100720
网　　址	http://www.csspw.cn
发 行 部	010 - 84083685
门 市 部	010 - 84029450
经　　销	新华书店及其他书店

印　　刷	北京君升印刷有限公司
装　　订	廊坊市广阳区广增装订厂
版　　次	2016 年 10 月第 1 版
印　　次	2016 年 10 月第 1 次印刷

开　　本	710×1000　1/16
印　　张	22.5
插　　页	2
字　　数	381 千字
定　　价	83.00 元

凡购买中国社会科学出版社图书,如有质量问题请与本社营销中心联系调换
电话:010 - 84083683

序：仰望崇高

《宋学先觉孤山智圆思想研究》是韩剑英在其博士论文基础上增补修订完成的学术专著。

韩剑英本科和硕士研究生阶段均在北京大学哲学系学习，专业方向是中国哲学和宗教学，后在北京信息科技大学担任哲学教师，2004 年在职考取了中国人民大学宗教学专业博士研究生，在我的指导下攻读博士学位。韩剑英外语基础较好，入学后经考试可以免修外语，兼以在北大哲学系打下了坚实的专业基础，使其很快就进入到博士论文选题和相关资料收集阶段。

在博士论文开题时，韩剑英就大胆地提出了一个看法：宋代以孤山智圆为杰出代表和理论集大成者的天台宗山外一系发展了隋唐以来佛教中国化中最具哲学思维的天台思想，并以天台教观为理论指导，站在北宋初年社会历史新高度上拣择、诠释佛教核心经典和儒家重要经典，使佛学成为宋学斯文鼎盛的重要源泉，在彼时的公民教育中发挥着巨大的思想源作用。

韩剑英的这个看法是很有挑战性的。在佛教与宋代思想的关系问题上，传统的佛教思想史和相关学术研究往往注重的是华严宗、禅宗与宋明理学的关系，对天台思想与宋明理学的关系重视不够、研究不深；而对天台宗的研究，一般也都是以山家一系为中心，认为山家一系才是天台的正宗，不重视甚至排斥山外一系。可以说，韩剑英以天台宗山外系代表孤山智圆为宋学先觉的思想，不仅对深入辨析宋初天台宗山家山外论争的实质、恰当认识天台宗山家山外的历史地位具有重要意义，而且对于细致剖析佛学对初期宋学思想形成的深刻影响、全面揭示佛教在宋初时代转换之际的历史贡献等，亦具有填补学术研究空白的重要价值。

《宋学先觉孤山智圆思想研究》全书分为绪论和正文（五章），绪论和第一章探讨了"智圆宋学先觉"这个命题中需要首先澄清的一些问题，如"宋学"、"宋学先觉"的界定，智圆成为"宋学先觉"的主、客观条件等。第二、三、四、五章是本书的重点，分别从天台思想、佛教思想、儒学思想、道教思想以及儒释道三教关系五个层次来论述智圆作为"宋学先觉"的思想内核及其历史影响。

在论著中，韩剑英从天台学、佛学、儒学、中国哲学、历史学、社会学多重视角，以孤山智圆思想为中心，以天台山家山外论争与宋学的萌芽和形成为外缘，以宋学重要代表人物的思想为旁证，以心性论为契入重点，通过孤山智圆宋学先觉思想及影响，考察了处于唐宋转型期重要环节的宋初天台义学的变化、宋初思想的旨趣、三教关系的互动，特别是宋学形成变化的原因、表现及对后世的影响，并以此为基础，重新观照天台义学在北宋初年儒学复兴中的地位，以及它与宋学的内在关联性等一系列重要论题，强调智圆旨在会通三教的心性论，称赞"智圆和他同时代的儒、释、道三家的先觉们，共同努力，极力承担，造就了一代以心性学为核心，学风、文风改革为先导，五经周孔之道若纵若衡，三观四教若明若暗，终于达成了达天道而重人事、气势磅礴、生生为易的宋学气象"，归纳出智圆"易简"、"复性"、"圆融"、"事功"的四个特点。这些结论都是比较有新意的，有其天台史、佛学史和中国思想史的理论意义，突出了佛学特别是天台义学在宋学形成中的内在关联和刺激作用。

在与韩剑英论文思想交流的过程中，她曾数次引用宋初赞宁大师对其同时代天台山外一系鼻祖慈光晤恩的高度评价："河汉中有鱼泝流而上者何？潜泳有所取故"（《宋高僧传》卷第七"大宋杭州慈光院晤恩传"）。她认为这句话充分体现了天台山外一系在北宋初年强烈的忧患意识、主动的问题取向、深潜谨重的修行风格、独立特行的高迈风骨。韩剑英对天台山外精神充满了无限的敬仰，对山外精神浸润其中的宋学理念及其对北宋初期社会人心的建构怀抱着真诚的向往。在韩剑英书稿即将付梓之际，我愿借用我的一本自选集的书名《仰望崇高》作为序名，以此分享她的喜悦和成果。

方立天

2013 年 10 月　于时雨园

摘　要

　　传统上关于孤山智圆（976—1022）的认识，主要受到了历史上天台宗"山家"、"山外"分立思想的影响，局囿于天台一宗，把智圆仅仅看作"山外"派的代表人物，并往往从山家立场来评价智圆，而从根本上忽视了智圆作为北宋初期一代思想家立足于社会历史对宋学形成和发展所做出的主动思考和积极贡献。

　　本书认为，孤山智圆思想乃是宋学的先觉，而智圆作为先觉对宋学的贡献既包括思想义理上的、也包括具体历史进程中的。本书即以理为主、以事为辅，理事相即，考察作为一代思想家的孤山智圆在宋学形成之前、站在唐宋历史转折点上，以高世之才，弥天之笔，备览史籍，博寻经疏，对宋初儒、释、道三教核心思想和根本经典的简择，孤山智圆本人也通过这些思想和经典在宋学形成和发展阶段的流布，并在一定程度上实现了立身行道、垂裕后世的愿望，也在客观上成为了气势磅礴的宋学的先觉者和先行者。

　　本书包括绪论和正文六章。绪论和第一章中探索了"智圆宋学先觉"这个命题中需要首先澄清的一些问题："宋学"、"宋学先觉"的界定、智圆成为"宋学先觉"的主观和客观条件、智圆"宋学先觉"思想产生的历史背景、时代呼唤宋学先觉的出现以及在智圆之前以王禹偁、赞宁为代表的宋学问题意识与理论思考。

　　第二、三、四、五章是本书的重点，分别从智圆天台思想、佛教思想、儒学思想、道教思想以及儒释道三教关系五个层次来谈智圆思想中的"宋学先觉"内核及其影响力。第二章"天台思想"，是智圆首先作为天台思想家的支点，也是智圆宋学先觉思想的哲学和逻辑的前提；第三章

"佛教思想"，是智圆作为佛教思想家，对整个佛教以及天台之外其他佛教宗派发展的思考和方案，是智圆成为"宋学先觉"的现实基础；第四章"儒学思想"，是智圆以天台思想为方法论所简择的儒家思想，构成了智圆"宋学先觉"思想的直接原因；第五章"道教思想"与"三教关系"思想，侧重从智圆"以儒解道"和三教"内外说"来厘清 11 世纪三教关系之间的互动以及智圆在其中的作用，从而进一步论证智圆以三教学说为内核的"宋学先觉"思想的历史地位。

具体而言，第二章论述智圆天台思想，主要围绕智圆在山家山外争论中的表现、他对天台宗旨不同于一般的理解以及在天台思想转向中的地位进行了辨析。一般认为，在山家山外争论之中，山外一系极为被动，而在争论之后，山家完全败北并从此在历史舞台中消失。这种观点是值得商榷和探讨的。本书通过对山家山外争论进程的分析，认为在山家山外争论中，山外一系包括孤山智圆一直处于主导的位置，智圆直接参与、引导并中止争辩，从而使这场前后历经七年的争辩从单纯的教团内部争论直接契入并面向了宋学的主题。更为重要的，智圆的思想是一个自觉主动的、系统建构的理论体系，随着社会历史和思想文化的发展，天台内部对智圆先觉思想义理也开始逐渐在一定程度上予以认同和接受。以智圆为代表的山外一系在北宋初年强烈的忧患意识、主动的问题取向、严谨的典籍考据、深潜的冰清梵修以及独立特行的风骨，不仅是宋学精神在佛教中的体现，同时也是山外一系天台学者对宋学精神涵养的最重要历史贡献。

智圆对浩瀚的天台教学进行了简择，他不以"性具"为宗，而以"三观"之学、"四教"之道为纲要，强调"真心"为境，"理性"为总，重视作为众生转凡成圣、去妄归真的修行。智圆对天台思想深入浅出的把和准确的运用，既继承了隋唐之际天台智颚所建立的教学体系、又把握了中唐荆溪湛然以来天台学的转向，同时立足北宋社会现实，简择藏、通、别、圆四教大小经典，在实际上扩展了天台教学的理论和现实范围。如智圆以"三德"旨归发挥《涅槃经》义，成为宋以后涅槃学的重要源流；智圆更以天台智颚独创的"天台三止"撰疏后来在宋学中广为流传的《首楞严经》，既为天台教学在宋学中的发展铺平了义理之路，也激发了天台中道思想的合理内涵成为了宋学思想的一部分。

第三章论述智圆的佛教思想，分析了智圆面对宋初即将到来的近世化潮流，以天台三观思想对佛教根本经典的解读与弘扬，并指出智圆佛教思想的根本主旨以及在宋学中的影响。《四十二章经》、《佛遗教经》、《阿弥陀经》等在宋学中受到极大重视的佛教经典，与智圆在宋初的教判、体用等的宣扬都有着密切的关系。同时，他与省常、择梧、雪窦、庶几等的交涉，也反映出在智圆生前，其开权显实、扶律谈常、即小而大的佛教思想，已得到了一定的尊重和传扬。佛教为"复众生之性"之一大事因缘出现于世，而"复性以教化"等对佛教明确定位的思想在宋学发展进程中被广为接受和传播。智圆的佛学思想，也成为 11 世纪下半叶宋学发展时期律学、华严、禅宗繁荣发展和文人士大夫佛教思想的重要资源之一。

第四章论述智圆儒学思想。宋学的核心之一是儒学复兴，智圆在北宋儒学尚处五代以来衰落之际，身体力行，号召"准的五经"，特别是生生之《易经》；首建周孔道统，议立韩愈、文中子、扬雄之世业；并首倡"中庸"；主张复性、教道之学，开宋学中性情论的先河。同时，智圆以《易》为体、以《中庸》为宗、以周孔之道为法所建构的儒学思想与天台思想是一以贯之的，他以天台三观之学中的中道观与四教之道中的教学观与儒家思想进行了沟通，他所提出的性情论区别于中唐李翱的复性论，更能体现宋学"生生"之精神。

第五章论述智圆道教思想和三教关系论。宋以后三教融合，并以佛教之发展推动儒学之复兴，已是学术界之定论。而作为宋学的重要特征，这个历史进程在北宋百余年间发生了错综复杂的变化：在宋学萌芽时期，宋真宗三教共弘，然而道教的发展显然滞后于儒释二家，直到宋学发展后期，以心性性命学和三教融合思想为主要特征才实现了向内丹学的转变。而向内丹学的转向，与智圆的三教思想、心性性命学、以儒解道和以《黄帝阴符经》为核心的道教思想之间存在着一定的互动关系。

第六章明确指出智圆以天台三观之学、心性无外之旨对佛教根本经典的简择，构建了智圆与宋学交涉的广泛平台。士大夫作为宋学传承的主体，以治国平天下为理想，他们能从思想上出入佛老而不违其志，宋初佛教先觉者们对佛教的定位、义理和经典的简择功不可没。还有，智圆宋学思想的传播，是伴随 11 世纪天台宗的繁荣，包括知礼、遵式、仁岳、咸润、本如、处咸、从义特别是在佛教史传中极少记录的孤山慧勤、天台长吉等一大批天台思想家和实践家的出现，继承和发展了智圆所倡导的学术理路和立身行道之事，形成了与宋学代表人物的直接交涉，在客观上形成了传播智圆"宋学先觉"思想的重要途径。

　　在以上正文六章的写作中，本书始终在思考两个层面的问题。首先，为什么孤山智圆试图用佛教天台"三观"之学、"四教"之道来融摄儒释道三家义理并简择三教的根本经典？也就是说，智圆是如何在他的出世和入世思想中"一以贯之"的？第二，即便智圆思想具有了成为宋学先觉的因素，智圆成为宋学先觉是否具有现实的渠道和可能性？这两个层面的问题又分别从三个方面来论述：一是通过智圆所简择的三教经典的义理和影响；二是通过智圆以上思想在宋学形成、发展和转变时期在宋学代表人物如晁迥、范仲淹、欧阳修、王安石、苏轼、苏辙、张伯端等思想中或"约而同"、或"不约而同"的反映；三是通过智圆本人在 11 世纪早期与天台宗、其他佛教宗派、儒、道等人物的思想交涉，以及以智圆为中心，天台宗、其他佛教代表人物、儒、道与宋学代表人物的直接交涉。

　　最后，在结论部分，本书对作为"宋学先觉"的孤山智圆的思想特点进行了总结，指出这些特征构成了宋学形成时期的理论框架，并形成了宋学发展和演变中不同时期不同派别的思想源泉。同时，在不同时期不同派别之间对以上特点的不同侧重所形成的阶段性失衡和由此产生的互动，平衡之中的变易，构成了宋学自我发展、自我批评的内在机制。

　　以上各章与问题，约总即理则一，约别就事则异，在智圆"宋学先觉"之说中乃是不一不异，即异而一，即一而异。智圆之理论，不囿于天台，不泥于佛教，其于中国佛教史、哲学史、思想史、文化史当有一席之地也！智圆之思想，圆融于心，棲真在性，应机于时，简易有功，别具一格，独树一帜，其于当代风气之变革演化或有补益也！

Abstract

Traditionally, it was a consensus among both Buddhists and intelligentsia that Zhiyuan (976A. D—1022A. D) was nothing but a representative of Shanwai (the Off-mountain, hereafter short as the Hypothesis of Shanwai), a sect of Tiantai school in Chinese Buddhism. This was mainly due to the influence of Shanjia (the Home-mountain), another sect of Tiantai, asserting that Shanjia was the legitimacy of Tiantai and Shanwai the heterodoxy. Later study of Zhiyuan was judged largely from Shanjia points and limited to the Tiantai school. It also ignored Zhiyuan's positive thinking and important contribution to Songxue's foundation and development as a great thinker at the early days of North-Song dynasty.

We regard Zhiyuan's theory as the embryo of Songxue system and Zhiyuan the Songxue Prophet both theoretically and historically (hereafter short as the Proposition of Songxue Prophet). By means of theoretical study and textual clues, we will discuss the characteristics and the possibility of Gushan Zhiyuan to be the forthgoer, standing at the turning point from Tang dynasty to Song dynasty, based on his noble behavior, predominant talent and creative understanding of Buddhism, Taoism and Confucianism.

This thesis consists of seven parts, including preface, and six chapters. In preface and chapter one, we discuss, first of all, the fundamental concepts, the proposition of Songxue Prophet. The following questions will be clarified: the definition of Songxue and Songxue Prophet, the subjective and objective conditions and the historical backgrounds for Zhiyuan to become a Songxue Prophet, and the awareness and the theoretical thought of Songxue by Wang Yucheng and Zan Ning before Zhiyuan.

Chapter two, three, four, and five are key parts of the dissertation. The core of Songxue precognition and its influence are discussed from the following five aspects: Zhiyuan's Tiantai thinking, his thoughts of Buddhism, Taoism and Confucian, and the relations between the three religions. Chapter two talks about the thoughts of Tiantai school which is the philosophic and logic premise of Songxue precognition. Chapter three examines Zhiyuan's thought on the development of Buddhism on the whole, as well as on the development of Buddhist schools other than Tiantai. Chapter four discusses his Confucian thoughts which is the direct reason that Zhiyuan is regarded as the foregoer of Songxue. Chapter five introduces Zhiyuan's thoughts on Taoist, and the relations between the three teachings, which assured his historical position in the Songxue system.

During the arguments between Shanjia school and Shanwai school, Zhiyuan elaborated his unusual understanding of the Tiantai thinking and opinion on the role of Tiantai teaching in transformation. It was generally accepted that Shanwai school was always at passive situation in the arguments, and Shanwai, Zhiyuan in particular, lost the argument entirely. So Shanjia disappeared from the thinking history. In the author's opinion, this view is questionable. After analyzing plenty of literatures about their argument's, we find that Shanwai led by Zhiyuan dominated the whole discussion all along. It was exactly that Zhiyuan terminated this seven years long debate, and then directed the subject of the debate from Tiantai itself to Songxue. More importantly in the argument is that Zhiyuan strove actively and self-consciously to build a systematic theory. His attention was not to construct a pure thinking theory only, but to concern the development of society and culture. He wanted to build a systematic thought for the people and the country, which was the most remarkable feature of his theory. Because of it, his forward thinking of Songxue was gradually accepted within the Tiantai school. In short, the Shanwai led by Zhiyuan had strong awareness for the people and the country. They studied literatures carefully and precisely, and practiced noble-mindedly following Buddhist rules. These extraordinary characteristics revealed in common life, academic study, and spirit cultivation, showed the noble temperament of Zhiyuan and his school. which exactly reflected the spirit of Songxue in Chinese Buddhist.

While judging and sorting Tiantai's thinking, he didn't use the idea of the Nature Posses (性具) as the basic reference, but clung to the Three Views (三观) in Tiantai and and the Four Teachings (四教). He stressed the True Mind (真心) as true sphere, and the Original Nature (理性) as the dominant thinking principle. With his above views, he emphasized sloughing off the evil in order to transform from the ignorant to the saint. We deem that Zhiyuan's study actually expanded the range of Tiantai thinking: firstly he inherited the compound systematic theory created by Great Zhiyi, the Tiantai's inaugurator, and followed the transformation of Tiantai since Jinxi Zhanran in middle Tang dynasty; so he judged and sorted the whole Buddhist thinking into four contents—the Tripitaka teaching (藏), the Pervasive teaching (通), the Distinct teaching (别), the Complete teaching (圆) based on the social situation in North Song dynasty. For example, Zhiyuan developed Nirvana Sūtra (涅槃经) depending on Three aspects of the Buddha's Virtue (三德), which became a key source for the study of Nirvana at latter time; and he cited Zhiyi's thinking of Samatha (三止) to explain Suramgama-sutra (首楞严经), which laid foundation for the development of Tiantai teaching in Song dynasty and made the Middle Way (中道) of Tiantai become part of the Songxue.

Chapter three is about Zhiyuan's Buddhist thought. We think Buddhist thoughts is the foundation in building Zhiyuan's Songxue and it offers the feasibility which he judged and classified other thoughts of Buddhist school except Tiantai sect. Facing the fact of a more secular and scholar-bureaucratic society in the early Song dynasty. He interpreted and carried forward Buddhist sutras with the Three-view of Tiantai. The core of Zhiyuan's Buddhist thinking and his influence to Songxue are discussed in this chapter. We demonstrate that Zhiyuan's trumpeting of Buddhist sutras and his interpretation of philosophical ideas had deeply effected the Songxue. For instance, Sutra in Forty-two Chapters（四十二章经）, Sutra in Buddha's Teaching before Nirvana（佛遗教经）, Amitabha-sutra（阿弥陀经）were highly valued in the Songxue due to his effort. It was also found that Zhiyuan's idea gradually received respection and was spreaded through discussions with other Buddhist masters such as Xingchang, Zewu, Xudou, Shuji, ect. . He advocated showing Truth in expedient way, stressing Buddhist rules, and exhibiting Mahayana's mean in Hinayana's point. He interpreted the role of Buddhism was to recover the true nature of sentient beings. This idea was widely accepted by the North Song academic world, both Buddhists and Songxue scholars in the process of secularization in North Song. So Zhiyuan's thought is an important source not only for the prosperity of the Vinaya School, the Chan school and Huanyan school in the late eleventh century, but also for the establishment of Beisong intellects' Buddhist' thinking.

In chapter four, we analyze Zhiyuan's Confucian thought. The core of Songxue is to restore Confucianism from its decline since Five Dynasties. Zhiyuan preached and practised actively to rebuild Confucian systematic theory before Beisong Confucians. He preached the Five Classics as the standard, especially the Book of Changes（易经）; established the Confucian Transmission（道统）at the beginning of Zhougong（周公）and Confucius, and commented on the theoretical and practical achievements of Hanyu, WenZhongzi, Yangxiong who were great Confucian masters; he was the first man to highly value the Book of Chungyung（中庸）in early North Song; he advocated the learning of Recovering Nature（复性）and inheriting Teaching（教道）, and was a precursor of the theory of Nature and Sense（性情论）in Songxue. His Confucian thought with the book of changes as the core, and the book of Mean as the clue, was in accordance with the Tiantai thought. He compared the Middle Way（中道观）of Three Views and the Teaching View at Four teachings in Tiantai thinking to Confucian thinking. Based on his work, we deem that Zhiyuan's theory of nature and sense is different from Li'ao's theory of recovering nature, who was a great Confucian master in middle Tang dynasty, and Zhiyuan's theory embodied much more of the thinking of constantly renewing in Songxue.

In chapter five, we reveal the relations between Confucius, Buddhism and Taoism in the eleven century, and the function of Zhiyuan in that process. The academic world generally reached a consensus that Buddhism promoted Confucius' renewal after integrating the three religions—Confucius, Buddhism, and Taoism at Beisong. However, the process is complex during the early hundred years in Beisong. We think it experienced four stages: in the first phase when Songxue was built, SongZhenzong, an emperor in early Beisong, supported equally three religions, but Taoism much lagged behind others; in the second phase of Songxue's development, Taoism developed fast, even transcended Confucius and Buddhism. The most important characteristic was that the Studies of Inner Alchemy (内丹学) was forming and the focus of thought in Beisong changed to inner alchemy after three religion were integrated. In fact, the transformation was closely related with Zhiyuan's theory, because his theory had involved similar issues such as his recognition of the relations between three religions, the Opinion of Only Mind, the method of explaining Taoist in Confucian, and the emphasis of the core degree of Huangdiyinfujing (黄帝阴符经) in Taoism. So the interactions and the balance between the three religions is an important part in the development of Songxue. It is also a key to understand Zhiyuan as the forthgoer of Songxue.

In chapter six, we discussed that Zhiyuan relied on Three views and Only Mind to sort and interpret Buddhist sutras, thus built a wide platform for communication between Zhiyuan and Songxue. In Song dynasty, scholar-bureaucrats were the main part in studying and carrying on Songxue. Although it was their ideal to manage reasonably the country and even the world, they absorbed but not to indulge in the thought of Buddhism and Taoism to enrich their theory in order to perform their ideal much more. The contribution of the Buddhist forthgoers of Songxue in the early Song dynasty can't be disserved, because the forthgoers' important works effected undoubtedly on the bureaucrats' mode of thinking, such as they sorted sutras, interpreted the philosophy. Besides, Zhiyuan's thought of Songxue was widely spreaded due to Tiantai's prosperity in the eleventh century, and because of the appearance of lots of Tiantai's theoretical and practical masters like Zhili, Zhunshi, Renyue, Xianrun, Benru, Chuxian, Congyi, etc, especially Gushan Huiqin and Tiantai Chanji who had little record in Buddhist history of this period. They inherited and developed Zhiyuan's thought both in theory and practice, which made it possible for Tiantai's thinkers to communicate with the representatives of Songxue directly. resulting in the wide spreading of Zhiyuan's thinking.

While preparing the above seven chapters, we were trying to give answers to two questions: first of all, why did Zhiyuan tried to use the thinking of Three Views (三观) and Four teachings (四教), to integrate with the three religions and to sort the Buddhist sutras? In other words, how Zhiyuan kept consistent between reality and spirit? Secondly, was there channels and possibilities for Zhiyuan to become a forgoer of Songxue? In fact, these two questions can be answered from three aspects: (1) the sort and interpretation of sutras of the three religions and its influence, (2) the influence of Zhiyuan on the forming of Songxue, and on the representatives of Songxue like Chao Jiong, Fan Chongyan, Ouyang Xiu, Wang Anshi, Su Shi, Su Zhe, Zhang Boduan etc, (3) the interaction between Zhiyuan and and representatives from Tiantai and other Buddhist sects as well as Confucianism and Taoism.

Finally, at the end of this dissertation, webriefly summerize the characteristics of Zhiyuan's thought. We point out that these characteristics formed the theoretical framework In the early stage of Songxue, and they became the important source for the development and transformation of Songxue in the later time. Discussions and arguments among different schools of Songxue about the Zhiyuan's thought became a mechanism of self development and self-criticism for Songxue.

Although we divide Zhiyuan's thought into parts as discussed in each chapter, it is a whole system in the terms of the philosophical foundation. Zhiyuan's thought was not limited either to Tiantai, or Buddhism. It should have a proper position in the history of Chinese Buddhism, philosophy, thinking history and culture. We believe both his personality and his thought are helpful in many aspects to the modern society.

目　录

绪　论

　　孤山智圆（976—1022），北宋太宗、真宗时天台教学巨擘。字无外，号中庸子，又号潜夫，平生以讲经说法、著述立言为任。然于讲佛经外，又好读周孔孟扬书，往往学为古文以宗其道，爱吟五七言诗以乐其性情；其德贯幽显，学该内外。智圆在北宋初期，继承和发展了山外一系的思想，又承中唐韩愈排斥佛教之后、儒学衰微之时，著十疏以通十经，扶树有功，其思想得到了教内和教外的共同认可。因隐居钱塘孤山，后人多以孤山相称以尊其人其教。

　　宋以后历代佛教文献，如《释门正统》、《佛祖统纪》、《武林西湖高僧事略》①、《补续高僧传》②、《人天宝鉴》③ 等对智圆生平都有记载，同时，根据吴遵路《闲居编·序》及《闲居编》中智圆自述，智圆的生平并不复杂：太平兴国元年（976）生，年八岁受具足戒于钱塘龙兴寺，996 年二十一岁传天台三观于奉先寺源清法师，三年而源清圆寂，尝习《净名》大义于石壁山，既而离群索居，留意于笔削。景德年间（1004—1007）在水心寺，大中祥符四年至八年之间（1011—1015）在钱塘西湖

---

　　① 《武林西湖高僧事略》（1 卷），（宋）元净、元复撰，《续藏经》第七十七册，第 584 页。

　　② 《补续高僧传·序》，崇祯辛巳（1641 年）思仁居士范景文曰："（河公）阅三十春秋。成此一书。自赵宋至昭代四百余载，不分宗派，凡真正佛子，略已概括。"《补续高僧传》（26 卷）卷第二，（明）明河撰，《续藏经》第七十七册，第 381 页。

　　③ 《人天宝鉴·序》，绍定三年（1230）四明沙门昙秀序："且昔之禅者未始不以教律为务，宗教律者未始不以禅为务。至于儒老家学者亦未始不相得而彻证之，非如今日专一门擅一美，互相诋訾如水火不相入。噫！古者之行非难行也，人自菲薄以谓古人不可及尔，殊不知古人犹今之人也。"《人天宝鉴》一卷，（宋）昙秀辑，《续藏经》第八十七册，第 7 页。

崇福寺讲院讲经、著述，任崇福寺方丈，同时至迟于大中祥符六年在大慈山崇法寺任方丈，大中祥符九年（1016）春三月二十有九日买孤山玛瑙坡之后，居住在玛瑙院。他的主要活动地点就是以钱塘为中心北宋时两浙地区（今江苏南部与浙江境内）。乾兴元年（1022）二月十七日，自作祭文，十八日作挽词三首，其一曰"平生宗释复宗儒，竭虑研精四体枯。莫待归全寂无语，始知诸法本来无"。十九日示寂。中庸子预自铭之曰墓志"清净本然，无变无迁。为藏陶器，密迩闲泉"。门人奉遗训，研院之后山。敛以陶器，合而瘗之。后十五年积雨山颓。启陶，睹师真身不坏，爪发俱长，其唇微开，齿若珂雪。北宋徽宗时崇宁三年（1104）追谥为"法慧"大师。①

虽然，智圆生平简略，然而在中国佛教历史上，智圆义学的庞杂以及后人对其评价的迥然不同，使其成为了中国佛教史上最有争议的义学领袖之一，其在宋学思想史上的贡献更多有未发覆之意。本书致力于以孤山智圆为中心的宋学思想作为研究对象，因而首先涉及的是对"宋学"以及"宋学先觉"的界定。

一 "宋学先觉"的界定

1. "宋学"的界定

近代关于宋代学术思想的研究，可以上溯至 20 世纪前半叶，例如梁启超②、王国维③、钱穆④等，其后有冯友兰、林科棠、侯外庐、唐君毅、季羡林、邓广铭、漆侠、陈植锷等相继从哲学、历史学的角度进行了或全面、或细节的考察。而其中关于宋代学术思想的定名，目前学术界仍然有至少四种不同观点，即"道学"、"理学"、"新儒学"、"宋学"等，各种说法形成的历史背景、思想内涵、研究对象和价值指归等各有不同，各具

---

① 见《武林高僧西湖事略》（1 卷），（宋）元净、元复，《续藏经》第 77 册。

② 梁启超：《中国近三百年学术史》，中华书局 1987 年版。

③ 王国维：《宋代之金石学》，《王国维遗书》第五册《静庵文集续编》，上海古籍书店 1983 年版。

④ 钱穆：《中国学术思想史论丛》（卷一——五），安徽教育出版社 2004 年版。

学术价值与意蕴，都有其存在合理性与理论意义①。

　　本书采取的是"宋学"。《四库全书总目提要》卷一《经部总叙》谓经学发展凡有"六变"，将汉至清初的经学历史分为六个阶段，即两汉、魏晋南北朝隋唐宋初、宋、元至明初、明、以及清初；又总归为汉学、宋学两个学派，其中，隋唐以前属"汉学"，宋、元、明三朝属"宋学"，清代"则不过汉学、宋学两家互为胜负"。此说提出之后，江藩《国朝汉学师承记》、《国朝宋学渊源记》，阮元《国史儒林传序》，以及皮锡瑞《经学历史》等，往往因袭其说，或略作损益。其中，最有影响的是江藩的《宋学渊源记》，其后学者往往沿袭他的分类，在近代采用"宋学"之说的有钱穆②、林科棠③、贾丰臻④、夏君虞⑤等人。宋学这一概念，在历史学界、文学界和一些海外学者⑥中得到应用，不过在大陆哲学界以及宗

---

　　① 陈植锷：《北宋文化史论述》，第二章第一节"宋学概说"，中国社会科学出版社1992年版。这些名称中出现最早的当属"道学"，中唐韩愈和李翱提出了"道统"的概念，被北宋诸子广泛接受，道学成为儒学之异称。但此时"道"、"学"并重，道学还没有成为一个专门的名词，直到南宋淳熙年间，朱熹开始广泛地使用"道学"这个概念，朱熹所用的道学有两种意涵，广义的道学是指孔子开创的儒家传统，狭义的道学则指继承孔孟道统而以周张二程之学为主干的思想体系，并认为他们代表儒学道统发展的新阶段，俨然以道统自居。朱熹的说法在当时就受到了以浙东学派陈亮、叶适为代表的其他一些儒家学者的批评。"庆元党禁"（1195—1202）中，朱子及其学派被指称为伪学，遭到政治压制，许多人被放逐，此后，虽则《宋史》专列"道学"，而后世多不用，一般乃改称为"理学"。另外，因"道学"一词易与道家三学之说中的道学相混，因而当代学者也多不采用。"理学"应该在北宋末期二程死后在南宋初期形成，而真正定名应在南宋末年，在元代，张九韶辑北宋五子及南宋朱子之言，辅以荀子以下数十人之说，成《理学类编》一书。不少学者认定"理学"一词开端于此。然随着理学的发展，"理学"逐渐成为"性理之学"的省称，而非泛指一般的义理之学或仅指程朱学派，明代，"理学"成为专指宋代以来形成的学术体系的名称，不但包括周张程朱的道学，也包括陆九渊等人的心学，此用法一直延续至今，如侯外庐等撰的《宋明理学史》，就是以宋明理学的整体为对象的第一部全面性研究著作。陈来在《宋明理学》一书"序"中对理学的正名、内容、定位等进行了深入的探讨，指出"理学"是指"宋明（包括元及清）时代占主导地位的学术体系"，并按传统分类将"理学"分为两大派：程朱"理学"（道学）与陆王"心学"。其三"新儒学"，"新儒家"由冯友兰先生创造，他在《中国哲学简史》中说明，新儒家就是继承韩愈和李翱的道统的"道家"，分为两个主要学派，分别由程颐开创朱熹完成的程朱"理学"和由程颢开创陆九渊继续王守仁完成的陆王"心学"。后来张君劢、陈荣捷、狄百瑞等都用这一词，部分中国学者也逐渐接受与运用。

　　② 钱穆：《中国学术思想史论丛》，安徽教育出版社2004年版。

　　③ 林科棠：《宋儒与佛教》，商务印书馆民国十七年版。

　　④ 贾丰臻：《宋学》，商务印书馆民国三十四年版。

　　⑤ 夏君虞：《宋学概要》，商务印书馆1937年版。

　　⑥ 如"日本宋学研究六人集"，上海古籍出版社2005年版。

教学界较为少见。

　　需要注意地是，"宋学"一词包括广义的宋学和狭义的宋学。著名宋史专家邓广铭先生以"宋学"之名反对"理学"时，强调"把宋学和理学加以区别"，"'理学'是从宋学中衍生出来的一个支派"，不能把理学等同于宋学①。邓广铭之后漆侠、陈植锷等进一步发展了"宋学"的思想，对宋学的发展和演变进行了系统的阐述。邓广铭为代表的"宋学"一词指狭义的宋学，与理学相对，主要是北宋学术思想②。

　　而广义的"宋学"应至少包含纵、横两个层面。早在 1937 年夏君虞在《宋学概要》中认为宋学以经学为核心③，包括了赵宋一代的义理学、象数学、功利学、历史学、文献学、杂学等内容，这可以说是"宋学"横的内容。纵的内容是指儒、释、道多元文化在宋代经过创造性整合而形成的不同于汉唐文明形态的一个新的学术思想，如陈寅恪先生所说："华夏文明之文化，历数千载之演进，造极于赵宋之世"，所谓"宋代学术之复兴，或新宋学之建立是已"④，又曰："中国自秦以后，迄于今日，其思想之演变历程，至繁至久，要之，只为一大事因缘，即新儒学之产生，及其传衍而已。"⑤

　　本文在使用"宋学"一词时，指广义"宋学"，包括以上"宋学"纵横两个层面的含义，具体界定如下：在北宋初期形成的、以儒释道三家核心经典之学为精神主旨，包括儒释道三家哲学、史学、文学和教育在内，在北宋时期思想文化占主流的、并对宋以后的文化形态产生重大影响

---

　　①　邓广铭先生认为：理学是在二程逝世后，由他们的及门弟子和私淑弟子在南宋前期（具体地说是在宋高宗在位晚期和宋孝宗即位初期）大力宣扬后形成的，邓广铭先生还引用了南宋反对理学家最为有力的陈亮的著作中找到证据。参见邓广铭《邓广铭治史丛稿》"略谈宋学"、"关于周敦颐的师承和传授"二文，北京大学出版社 2000 年版。

　　②　邓广铭先生也用"宋学"一称概括两宋学术之全部，但因为史学界比较强调以宋学来反对理学，所以其"宋学"重点主要是狭义的，指北宋学术思想。

　　③　陈植锷认为宋学为经学之专指，乃是由于江藩《国朝宋学渊源记》中的分法影响，而江藩的总结只限在清代，不过，他也同时认为，宋学虽非经学所持之狭义，但就其核心内容来讲，仍不离儒家经典之阐发与研究。参见陈植锷《北宋文化史述论》，中国社会科学出版社 1992 年版。

　　④　"邓广铭《宋史职官志考证》序"，参见陈寅恪《金明馆丛稿二编》，生活·读书·新知三联书店 2001 年版，第 277 页。

　　⑤　陈寅恪："冯友兰中国哲学史下册审查报告"，《金明馆丛稿二编》，生活·读书·新知三联书店 2001 年版，第 282 页。

的学术模式。这个学术模式支撑赵宋王朝在内忧外患中度过了 320 年，创造了封建时代最为兴盛的精神文明和深刻的思想财富①。宋学突破了汉唐经传训诂的藩篱，倡导义理之学，追求心性修真，及明体达用，经国济世，内圣外王的统一，以天下苍生为己任，从而具有了"致广大，尽精微"的博大精深以及整合儒、释、道的万千气象。

2. "宋学先觉"的界定

在上述"宋学"学术模式中，其横向内容至少包括了以下基本特征②：

第一：倡言经学，特别是生生之易学；

第二：注重经国济世，反对空谈；

第三：出入释老，从义理上融合儒释道三教；从佛教吸收从而开发儒家原较少论及的心性之学，然以生生之性理为中心。

第四：强调中庸思想；

第五：遥尊韩愈，建立道统与学统；

第六：文学上号召古文，大多数宋学家同时也是文学家，力图通过改变文风来实现易风移俗；

第七：信古而不迷，具有良好的历史和考据功底，伴随疑古思潮，形成宋学的怀疑精神。

以上之特征，反映了宋学在纵向内容的三个方面与汉唐学术形态发生

---

①　近代学术大师王国维先生认为："前之汉唐，后之元明，皆所不逮也"（王国维《静庵文集续编·宋代之金石学》，《王国维遗书》第五册，上海古籍书店 1983 年版。参见《新华文摘》2007 年第 1 期，"宋代文明的历史地位"（王曾瑜）、"重新认识宋代的历史地位"（朱瑞熙）、"宋代历史再认识"（邓小楠）、"瞻前顾后看宋代"（张邦炜）。

②　本文通过对宋学建立时期宋代代表人物思想的考察，发现这个宋学模式中有一些基本原则："宋学即性理学也，……然以生生之性理为中心。"（（民国）林科棠《宋儒与佛教》，商务印书馆民国十七年版，第 2 页。）"（北宋一代的儒学们）他们的思考方法及其钻研的课题已与汉唐的儒生们大不相同，他们所具有的共同特点是：1. 都力求突破前代儒家们寻章摘句的学风，向义理的纵深处进行探索；2. 都怀有经世致用的要求。""宋学又是儒释道三家的学说，经过长时期的互相交流、互相斗争、互相排斥、互相渗透、互相摄取的一个产物。他们从佛道两家所提取的，笼统说来是偏重在义理方面和心性修养方面的一些东西。"（参见邓广铭"略论宋学"，《邓广铭治史丛稿》，北京大学出版社 2000 年版，第 165 页）

了根本变化：

1. 儒学自中唐韩愈以来，开始自觉，但直到宋学初期才逐渐重新确立；

2. 三教关系在论衡中实现了明确的义理定位和现实融合；

3. 隋唐以来佛教义理的开发，促使儒学吸收佛学并形成了一个新的阶段。

而宋学的形成，是一个历史的、现实的进程，这个进程主要可划分为四个阶段①：

（1）宋真宗在位时期（997—1022）的宋学萌芽时期。这一时期较为系统地提出了宋学的问题，并提出了较为客观而理性的解决方案。

（2）宋仁宗庆历前后（1041—1048）的宋学形成时期：以范仲淹（989—1052）②、欧阳修（1007—1073）③为核心，包括晁迥、蔡襄、夏竦、李觏、周敦颐和宋初三先生等一大批倡导政治改革、古文运动的杰出思想家和政治家，并逐渐形成了融儒释道于一心、重经世致用、兼容并蓄、博大精深的宋学思想。

---

① 漆侠和陈植锷关于宋学发展阶段的分法最具有代表性，漆侠侧重以现实变革为线索，陈植锷则更关注深层理论的演变，但在宋学阶段的划分上两人基本大同小异，两人都以宋仁宗一朝为宋学的肇端时期。（参见漆侠《宋学的发展和演变》，河北人民出版社 2002 年版；陈植锷《北宋文化史述论》，中国社会科学出版社 1992 年版）但随着近年来宋代学术思想等研究的进一步深入，他们的划分就凸显出两个问题：（1）"宋学的发生与发展同政治史的段落划分，整整错过了一个时期。在宋太祖、太宗、真宗三朝约占整个北宋五分之二的时间里，在学术方面占统治地位的仍然是注疏之学和辞章之学"（参见陈植锷《北宋文化史述论》，中国社会科学出版社 1992 年版，第 183 页）。（2）漆侠与陈植锷的对宋学阶段的分法是以儒学为本位的，没有考虑到宋学中的佛学与道学因素。本文认为，宋真宗时期是宋学萌芽和初步形成的重要时期，因此在吸收两位学者形成、发展、演变三阶段的思想基础上，确立的是宋学四个阶段，即：萌芽期、形成期、发展期、演变期。

② 范仲淹（989—1052），字希文，苏州人。北宋著名政治家、思想家、哲学家、文学家、军事家，宋学形成时期的代表人物。宋真宗大中祥符八年（1015）进士（为孤山智圆写序的吴遵路与范仲淹为同年进士）。康定元年（1040），以龙图阁直学士、陕西经略安抚副使兼知延州，防御西夏侵扰，措施得当声望大增；政治上主张改革，仁宗庆历三年（1043）任枢密副使、参知政事，继而向仁宗提出改革政治的十项主张，并主持"庆历新政"。《宋史》卷三一四给以范仲淹极高评价。范仲淹"行求无愧于圣贤，学求有济于天下"，被后世尊为中国士大夫的典范。

③ 欧阳修（1007—1073），字永叔，号醉翁、六一居士，吉州吉水（今属江西）人。北宋著名政治家、思想家、文学家、史学家、北宋古文运动的领袖，"唐宋八大家"之一。天圣进士。官馆阁校勘，因直言论事贬知夷陵。庆历中任谏官，支持范仲淹，要求在政治上有所改良，被诬贬知滁州。官至翰林学士、枢密副使、参知政事。与宋祁合修《新唐书》，撰《新五代史》，著有《欧阳文忠公集》。

（3）宋仁宗嘉祐初年（1056）到宋神宗元丰末年（1085）的宋学发展时期；以王安石（1021—1086）[①]、张载（1020—1078）[②]、张伯端（983—1082）[③] 为代表；形成各具特色的荆公学派（王安石）、温公学派（司马光）、苏蜀学派（三苏）和以洛（二程）关（张载）为代表的理学派等四代学派。其中荆公学派影响最大，在学术上居主导地位达 60 年之久。本书在宋学发展阶段即以张载、王安石、张伯端、苏辙等人思想为代表来考察。

（4）南宋高宗乾道、淳熙年间（1165—1189）宋学演变时期，即北宋后期南宋理学时期，与之对立的是以吕祖谦、陈亮、薛季宣、陈傅良和叶适为代表的浙东事功派。

智圆正是宋学萌芽时期的重要代表人物。太祖、太宗、真宗三朝，被宋代称为"祖宗家法"确立时代，宋真宗一朝（997—1022），赵宋王朝更是进入一个相对稳定的历史阶段，建立合理的政治、经济、文化和社会制度，以保证专制王朝的长治久安成了一个亟待解决的历史问题，也是促成宋学形成的根本原因，在宋史和宋学发展中具有重要地位。

思想建构比宋学形成时期大约早 30 余年的孤山智圆，作为北宋初期一代伟大的思想家，立足天台教学，深入儒、释、道三家，倡导"准的五经"特别推崇易学，整理经典垂裕后世，其以生生之心性学所简择的儒释道三家经典，佛教十经、儒家《中庸》、道家《阴符经》都成为宋学的核心经典，从而为宋学从义理上融通三教奠定了现实的基础；他具有良好的史学功底、极高的文学成就和严谨的考据功底，重视教育与教化的社会功能，号召作古文遵古道，建立学统与道统，并身体力行，以求"立德"、"立功"、"立言"于后世，等等，对"宋学"纵、横二个方向的问题，进行了全面、理性而深入的探讨。

---

① 王安石（1021—1086），字介甫，晚号半山，封荆国公，抚州临川（今属江西）人。北宋著名政治家、思想家、文学家，是中国历史上最伟大的政治改革家之一。宋神宗熙宁变法的主持人，荆公学派的领袖，宋学发展时期儒家的代表人物，宋学的集大成者。

② 张载（1020—1078），字子厚，凤翔郿县（今陕西眉县）横渠镇人，世称横渠先生，宋学发展时期"关学"的代表人物，其学说对明清之际的王夫之有很大影响，并为其所继承和发展，所著有《正蒙》、《经学理窟》、《易说》等，编入《张子全书》。

③ 张伯端（983—1082），又名用成，字平叔，号紫阳，天台人。北宋道教与道家发展史上最重要的人物之一，北宋内丹学集大成者，全真教南宗的创始人，著有《悟真篇》。

至于孤山智圆似为"宋学先觉"的思想，最早提出者应是陈寅恪先生，他的立足点主要是智圆的中庸思想：

> 北宋之智圆提倡《中庸》，甚至以僧徒而号中庸子，并自为传以述其义（孤山《闲居编》其年代犹在司马君实作《中庸广义》之前①。孤山，卒于宋真宗乾兴元年，年四十七）似亦于宋代新儒家为先觉。二者之间关系如何，且不详论，然此一例，已足见新儒家产生之问题，犹有未发之覆也②。

陈寅恪先生关于智圆"似亦于宋代新儒家为先觉"的说法，虽然只是基于智圆在北宋"首倡中庸"而言的假设，仍可谓是智圆宋学先觉说最早的表述了。先生对智圆的评价，虽然只是寥寥数语，然中肯准确，对本书极具启发意义。

本书在写作中，既倾向用"宋学"一词，对陈寅恪"似亦于宋代新儒家为先觉"的说法进一步明确表述为"宋学先觉"，根据上文中对"道学"、"理学"、"新儒学"、"宋学"等词的解说，"宋学先觉"的提法与陈寅恪先生"似亦于宋代新儒家为先觉"的提法当为一致。漆侠对智圆思想更是大加赞赏，在《宋学的发展和演变》中专列一章"宋学形成前儒释道三家思想的渗透、沟通及其向纵深处发展（上）：释智圆对儒学思想的认识"，显然，虽然没有明确讲到，他一定赞同智圆为"宋学先觉"的提法。

二　本书的研究现状与学术意义

1. 本书的研究现状

目前关于智圆思想的研究，传统上主要受到以山家为主的研究思路，

① 智圆圆寂于 1022 年；而司马光的《中庸广义》在至少 50 年后。其间，宋仁宗天圣五年，仁宗送给新科进士的见面礼即为《中庸》，参见（宋）李焘撰《续资治通鉴长编》卷一百零五，天圣五年四月辛卯条，中华书局 2004 年版。

② 陈寅恪："冯友兰中国哲学史下册审查报告"，《金明馆丛稿初编》《二编》，生活·读书·新知三联书店 2001 年版，第 284 页。司马君实，即司马光，是宋学发展时期的代表人物之一。

智圆被定位为北宋初年天台宗山外派的一位高僧。虽然中日一般天台宗通史或宋代佛教中都讲到智圆，并没有给予充分重视，且主要是基于山家山外之争的论述，少见正面论述智圆思想的①。由于历史的原因，在佛教界，天台宗山家山外争论往往被看作天台内部法净而没有给予充分的学术与思想认可，当前对于北宋天台的研究主要是以知礼为中心的考察；我们称此为智圆研究中的"排斥"派与"不重视"派。

"排斥"派，基于对以智圆为代表的"山外"一系非天台正统的认识而一力排斥。吕澂先生继承了南宋末年《佛祖统纪》的说法，认为智圆等山外师"受了贤首、慈恩学说的影响"，遭到了山家代表人物知礼的强烈反对；而"知礼门下广智、神照、南屏三家继续发挥师说，影响巨大，终至以山家之说代表天台一家，而盛于南宋一世"②。牟宗三《佛性与般若》，对于山外诸师以及智圆给予了严厉的批判。

"不重视"派中，这是目前关于智圆思想认识中最具代表性的，有些学者已注意到南宋末年关于山家山外争论说法中可能存在的问题，但并没有进一步深入认识到智圆思想的价值。郭朋先生是其中比较有代表性的一位。郭朋在《宋元佛教》认为在"佛教儒化"上，智圆"算得上是一位相当重要的代表人物"，但山家山外之争"其中心内容，完全是僧侣主义的，并不具有什么哲学理论的意义"，因而没有进行更深入研究的必要。

在"排斥"、"不重视"之外，在智圆思想研究中还有"重视"派。重视派中对智圆思想的关注主要集中在两个方面：一个是他的儒学思想，一个是他的三教关系论。这两个方面构成了重视派的主要内容。重视派的内容大多散见于天台学、宋代佛教史、宋代文学史以及宋代思想史中。如，陈垣注意到晁以道在《景迂集》中对智圆的推重，并把"山家山外

---

① 然其中多有可资借鉴之处。如朱封鳌、韦彦铎合著的《中华天台宗通史》，董平的《天台宗研究》，赖永海、龚隽等的论文笔者都多有见知，在正文涉及相关问题时，再一一述及。其中 2000 年吴忠伟博士论文《智圆佛学思想研究》和 2001 年潘桂明、吴忠伟合著《中国天台宗通史》中的相关内容较具代表性，对智圆的佛学思想亦给与了极高的评价，认为智圆代表的山外思想更代表了宋以后佛教发展的走向。不过因为受传统以山家为主的研究思路，局于山家山外的争辩、以及关注山家如何取得正统的过程，因而对智圆佛教思想的把握过于模糊，对智圆思想在当时代和宋以后的思想和实际影响未加考辨，同时没有把智圆的思想纳入到北宋初年思想的历史演进中考察，因而仍然未能彰显智圆宋学思想的内涵、价值与意义。

② 吕澂："宋代佛教"，《中国佛学源流略讲》附录，中华书局 2002 年版。本书认为吕澂先生的说法值得商榷，请参见本书第二章和第六章的相关内容。

之争"比喻为"此犹儒家今古文之争也"①。钱穆《中国学术思想史论丛》中把智圆纳入到宋学思想体系中考察，并给予极高评价②。其中最具代表性的是宋史专家漆侠先生的观点，他在《宋学的发展和演变》中，明确将智圆专列一章"宋学形成前儒释道三家思想的渗透、沟通及其向纵深处发展（上）：释智圆对儒学思想的认识"。2004 年河北大学韩毅的历史学博士论文《宋代僧人与儒学研究》，也论及智圆的儒学思想，基本延续的是漆侠的研究理路。杨慧南教授③、张曼涛④、蒋义斌⑤等人的研究也值得注意，他们多从理学的角度出发，对两宋时期儒学与佛学的互动关系多有论述⑥。

　　日本著作主要从天台宗派立场涉及孤山智圆的思想，比较有代表性的包括：岛地大等《天台教学史》，石津照玺《天台实相论の研究》，佐佐木宪德《天台教学》、《天台缘起论展开史》，安藤俊雄《天台性具思想论》、《天台思想史》、《天台学根本思想とその展开》，高雄义坚《宋代佛教史の研究》，福岛光哉《宋代天台净土教の研究》等，但从整体来看，日本学者由于宗派的立场对山外及智圆思想没有给予应有的重视，对于智圆"宋学先觉"思想及其历史影响较少涉及。另外，荒木见悟⑦和常

---

①　陈垣：《中国佛教史籍概论》，"（契嵩）《传法正宗记》"、"《释门正统》《佛祖统纪》"条，中华书局 1977 年版。

②　钱穆先生认为"值佛门方盛""儒学尚未兴，朝廷大臣如杨亿、王钦若、陈晓叟、夏竦之徒皆佞佛，范仲淹、胡瑗尚年少"，并且认为："盖自唐李翱以来，宋人尊《中庸》，似无先于智圆者"，而智圆能够推挹韩愈、尊崇《中庸》、唱扬三教，难能可贵。"读智圆《闲居编》"，参见钱穆《中国学术思想史论丛》卷五，安徽教育出版社 2004 年版。

③　"孤山智圆《金刚碑显性录》中的山外主张——色不具三千"，杨慧南撰，《中华佛学学报》1995 年 7 月 12 日。

④　张曼涛：《谈宋儒与佛教》，《佛教思想文集》，台北大乘文化出版社 1980 年版。

⑤　蒋义斌：《宋儒与佛教》，台北东大图书公司 1997 年版。

⑥　此外，黄启江、黄敏枝等人对北宋佛教史有关问题的探索，蓝吉富主编"现代佛学大系"第 32 册"天台山家山外论争之研究"与 37 册"天台教学史"和张曼涛主编的《现代佛教学术丛刊》中涉及的天台思想和天台典籍研究，论及智圆或山外思想，多有启迪。唐君毅先生虽然没有正面论述到智圆的思想，但是他在《中国哲学原论》（原道篇卷第三）则略说湛然以降宋之天台学，其思想发展重点之转移与新问题所在，指出山家山外两家之论议之"相反与相承"，其立论和思想史的论证独辟蹊径、有一定的借鉴价值。

⑦　参见 [日] 荒木见悟《佛教と儒教——中国思想を形成するもの》，平乐寺书店 1966 年版。

盘大定①在研究中国佛教与儒学交涉中的研究，涉及北宋的相关内容，具有一定的学术价值。田中正树②、金井凌纯③、久保田量远④等的研究成果亦在本书中得到体现。值得一提的是，在日本获得博士学位的林鸣宇博士论文《宋代天台教学の研究》对整个宋代天台脉络进行了一番梳理，特别是他对日本金泽文库整理后出版的《〈天台文类〉〈天台法数〉校释》，为研究智圆思想补充了宝贵的原始材料。

西方学者的研究中，北宋天台学的研究主要是以知礼为中心，如Siming Zhili and Tiantai Pure Land in the Song Dynasty（Getz，Daniel Aron）、The Tiantai Philosophy of Non-Duality：A Study in Zhanran and Zhili（by Ra，Lang E）、Chih-li and the Crisis of T'ien-t'ai Buddhism in the Early Sung（by Chi-Wan Chan）、Buddhism in the Sung（by N. Gregory and Daniel A. Getz，Jr）等，因而仍然主要是以山家为天台正统的论调。另外，历史学者们的研究主要集中在北宋思想史的转型上，例如包弼得⑤、刘子键⑥、田浩⑦、狄百瑞⑧等，另外如荷兰学者许里和⑨等人，虽然他们未能涉及智圆的思想，但他们的研究方法和独到视角，亦对本书启发良多。

---

①　参见［日］常盘大定：《支那に于ける佛教と儒教道教》，百花苑 1980 年版。

②　参见［日］田中正树："宋代士大夫と儒教・佛教・道教"，《私学研修》私学研究福祉会，1995 年。

③　参见［日］金井凌纯："孤山智圆の三教观"，《天古学报》30 号，1988 年。

④　参见［日］久保田量远：《支那儒佛道三教史论》，大东出版社 1943 年版。

⑤　参见［美］包弼得（Peter K. Bol）《"斯文"——唐宋思想的转型》（"This Culture of Oues"——Intellectual Transitions in Tang and Sung China），江苏人民出版社 2001 年版；《唐宋转型的反思：以思想的变化为主》，《中国学术》第三辑，商务印书馆 2000 年版。

⑥　参见［美］刘子键（James T. c. Liu）《中国转向内在：两宋之际的文化内向》（China Turning Inward：Intellectual-political changes in the early Twelfth century），赵冬梅译，江苏人民出版社 2002 年版。

⑦　参见［美］田浩（Hoyt Cleveland Tillman）《朱熹的理学世界》（Confucian Discourse and Chu His's Ascendancy），陕西师范大学出版社 2002 年版。

⑧　参见［美］狄百瑞（Wm De Bary）《心学与道统》（The Message of the Mind in Neo-Confucianism），New York，Columbia University Press，1989；《道学与心学》（Neo-Confucian Orthodoxy and the Learning of the Mind-and-heart），New York，Columbia University Press，1981。

⑨　参见［荷兰］许理和（Erich Zurcher）《佛教征服》（The Buddhist Conquest of China：The Spread and Adaptation of Buddhaism in Early Medieval China），李四龙、裴勇等译，江苏人民出版社 2003 年版。

但，需要注意的是，即便"重视派"在考察智圆思想时仍然存在着一些缺陷和不足：

（1）脱离智圆的天台思想，把智圆的思想理解成儒学为本，这极大降低了智圆作为"如来使"的身份和其学术旨归。如，《佛教史》在肯定"山家山外之争是天台宗史上的重要事件，也是宋代佛教理论领域的大事"的同时，认为"智圆的复性说则是（李翱）《复性书》的翻版，不过他是用儒家的人性论改造佛教的心性论"。①

所以，首先从根本上把握智圆天台思想的实质以及天台思想在智圆整个学术思想中的地位是本书面临的第一个难题。

（2）没有全面厘清智圆以天台思想和其他宗派思想为整体而建构的佛教思想的主旨和意图。

（3）没有考察智圆在宋学中的事迹和影响力，因而"重视派"的思想缺乏现实的和历史的基础。

（4）根本没有考察智圆的道教思想，完全忽略了智圆三教思想的复杂性和现实指向性，因而对智圆三教思想的把握往往是不准确和简单化的。

（5）在考察智圆在宋以后学术的影响时，主要是以他的儒学思想为视角，而没有考虑佛教和道教思想的因素，这对于以三教融合为主旋律的宋学来说，智圆思想的影响力是缺乏说服力的。

（6）没有把智圆宏阔的思想及其历史背景作为整体来考察，片面地理解他的某些观点，难以全面考察智圆作为北宋初年一代思想家、"宋学先觉"思想的全貌，等等。

以上这些问题在既往研究中几乎都未能涉及，因而智圆的义学成就和在宋初的影响力未能充分认定与彰显，本书将力图从天台学、佛学、儒学、中国哲学、历史学、社会学等多重视角，对以上问题进行深入的解析，从而揭示出智圆作为"宋学先觉"其思想的合理因素以及在宋学中的影响。

---

① 杜继文主编：《佛教史》，中国社会科学出版社 1995 年版。本书认为"儒佛一致"论并非智圆思想的真实表述，并且智圆的复性思想立足于天台佛性论，与儒家复性思想有根本区别。

2. 本书的研究意义

北宋初期是佛教中国化发展史上的一个重要阶段。唐会昌灭佛之后，历经五代十国之乱，而"三武一宗"之厄的最后一次后周世宗大规模毁佛的伤痛仍深深烙在佛教有识之士的心中，中唐以来韩愈为代表的新儒学的自觉与复兴，再加上"僧纪荡存，典籍散失，五代之世实六朝以来佛法极衰之候也"①，佛教发展面临着巨大挑战；而此时，伴随着北宋王朝的建立与中央集权的巩固，社会人口与经济的迅速发展，内忧外患的强大现实压力，尔后思想领域的发展必然是"宋代学术之复兴，或新宋学的建立"②。因此，北宋初年包括佛教界、道教界、儒生士大夫们的先觉们痛定思痛，深入反思，寻找佛教在中国文化中的定位、在社会生活中的定位从而为佛教的未来发展奠定思想和现实基础，北宋初期为佛教中国化历程中的重要阶段，对于宋以后佛教和中国传统文化的思想与格局影响巨大。

北宋初年佛学的发展是理解佛教从隋唐向宋明转型的关键，是宋学建立的直接刺激因素，也是我们以史为鉴思考佛教发展方向的重要内容。在上述先觉中，孤山智圆是其中非常有代表性的人物。智圆在历史上被称为"十本疏注"③，因为文献的散佚也成为了历史的谜团，而仅以智圆作为在宋元以后影响巨大的"《楞严》疏注"来考察，他的影响就是不可忽视的；在南宋末年把智圆排为山外的《释门正统》，也不得不称赞智圆"虽传奉先清观法，然青出于蓝，尤多自得。又承韩昌黎排斥之后，扶竖有功，著十疏通经，道俗赸之"④。而他在宋初多元文化发展与建构中所表现出严肃的学术精神、出世的佛教追求、超脱的修行品质、坚定的天台立场以及悲天悯地的现世关怀都值得我们研究与学习。

---

①　汤用彤：《隋唐佛教史略》，中华书局1982年版，第295页。

②　陈寅恪："邓广铭《宋史职官志考证》序"，《金明馆丛稿二编》，生活·读书·新知三联书店2001年版，第277页。

③　（南宋）宗鉴集：《释门正统》（8卷）卷五"荷负扶持传·智圆传"，《续藏经》第七十五册，第318页。

④　（南宋）宗鉴集：《释门正统》（8卷）卷三"弟子志"，《续藏经》第七十五册，第287页。

因此，本书研究是以孤山智圆思想为中心，以天台山家山外争论与宋学的萌芽和形成为外缘，以宋学代表人物的思想为旁证，以心性论为契入重点，通过孤山智圆宋学先觉思想与影响，来考察处于唐宋转型期重要环节的宋初天台义学的变化、宋初思想的旨趣、三教关系的互动，特别是形成变化的原因、表现以及对后世的影响。并以此为基础，重新观照天台义学在北宋初年儒学复兴中的地位，以及它与宋学的内在关联性：宋初儒学以及北宋中后期道教内部结构性的转化固然是其学术思想内在的时代发展，而佛教特别是天台义学的外在刺激亦不可忽视。孤山智圆宋学先觉思想的研究可以帮助我们进一步深入理解北宋思想史的演变和宋学的精神，具有重要的理论和现实价值。

三　"山外"与"孤山"：智圆其人与著述

1. "山外"之说

"山外"① 是智圆义学思想最为后人所知的一个称名，也是宋初山家山外争论对后世的一个直接影响。以《佛祖统纪》为代表，"恩清兼业于前，昭圆异议于后"，志磐认为："自荆溪而来九世二百年矣，弘法传道何世无之？备众体而集大成，辟异端而隆正统者，唯法智一师耳"，为了确立知礼一系的正统地位，他极力把智圆推为山外，并且强调"今浙河

---

① "山家"、"山外"是天台后学的称名。根据林鸣宇在《宋代天台研究》中的考察，"山家"之用语，最初出典于湛然的《弘决》，其所称之山家乃意指天台教门。并且认为宋初天台，论争双方均自称"山家"，其意犹指"天台正统教学"。《宋代天台教学の研究——金光明经の研究史をとして》，山喜房佛书林 2002 年版，平成 15 年，第 7—10 页。本书认为此观点值得商榷。智圆在自陈天台立场时称"山家"或较多的使用"一家"，如："应知初学寻读，既粗知其旨，必欲修习，须依止观十境十乘方有所到，若固执诸文即可修证，既昏大旨，便坏一家。请自揣心，何须腾口？一家所谈如明踰日月，其有目者仰首皆见，吾何所云？"（《维摩诘略疏垂裕记》卷第六，（宋）智圆撰，《大正藏》第三十八册。）又如"是知儒以五常为治国立身之要，造次颠沛不可暂忘，故历事常念也。而况大雄垂教，意在达本识心，故一家所明，宗承有地，他人不受，归过谁欤？"（《涅槃经疏三德指归》卷第一，（宋）智圆撰，《大正藏》第三十七册。）至少，在智圆的学术中"山家"并不是主要的提法，更不能作为主张天台正统的根据。

东西号为教黉者，莫不一遵四明之道。回视山外诸师，固已无噍类矣"①，认为在他所处的南宋包括智圆在内的山外诸师已毫无影响了。

孤山智圆这一身份，极大地阻碍了人们对于他的思想和影响的评估与进一步深入研究。18 世纪日本天台宗安乐派的代表人物光谦和尚②对智圆的《涅槃经疏三德指归》极为推崇，对于智圆对弘扬涅槃思想的巨大贡献，给予充分的赞扬。因为《涅槃经》与《法华经》不仅为天台最为重要的经典，而且指示了宋以后佛学与中国传统哲学、社会融合的方向，意义重大。然而，天台智顗大师仅疏《法华》，未及《涅槃》，仅章安灌顶作疏，荆溪湛然再治，此外，有道暹、行满二记，但"虽有暹满二记，不满人意，议者众矣！"所以"是故古今学徒。患乎此疏。文古义幽。难解难晓"，而：

> 宋孤山圆师，以高世之才，师安之学，作《三德指归》二十卷，于是其难解难晓者，皆涣然冰释，粲然日明，大有益于物，则亦可谓备矣！况复题以三德者，欲俾学者，由记以通疏，由疏以会经，乃悟一心三德，其意甚好矣！③

然而，就是这么一位对智圆《涅槃经疏三德指归》给予无上之赞誉的日本天台宗义学领袖，一想到智圆的"山外"身份，似乎就有些恨意难平，进而怀疑他的思想了：

> 第恨其为山外宗师，而间陈其所相承也，故其所示三德，亦似不

---

①　《佛祖统纪》卷第八"十七祖法智尊者知礼传"后"赞"，《大正藏》第四十九册，第194 页。

②　［日］灵空，讳光谦（1652—1739），日本天台宗安乐派创始人妙立（1636—1690）法嗣。《日本天台史》引公辨亲王的话，把妙立和光谦二人比为中国天台宗的智者大师和灌顶之见的关系，公辨亲王说："妙立の灵空するは犹智者の章安するが如しと"。光谦的弟子很多，日本江户时代最重要的佛教思想家华严宗凤潭，从灵空光谦修天台学；另外，如本纯，对《金刚錍》和《维摩诘经》多有研究。参见上杉文秀《日本天台史》第 715、719 页。初版，破尘阁书房 1935 年版；再版，国书刊行会，1972 年（昭和四十七年）发行。

③　"刻涅槃经疏三德指归序"，［日］光谦撰，《续藏经》第三十七册。此序作于日本国中御门天皇正德（1711—1715）乙未（1715）年（中国值清康熙五十四年）。

臻乎圆极矣！①

还有，明末清初著名文人钱谦益（1582—1664）② 对孤山大师的思想也极为推崇，"今按孤山教义分明，文词富有，十部疏主，宜其擅名"。然而，由于其"山外"身份，就断然宣称"盖亦山外一家之言，非此经通义也"③。

上例二人，一个日本天台宗义学代表，一个中国明清之际文坛领袖，对孤山智圆的思想不可谓不推崇矣，然而因为"山外"之说，都难免底气不足，非得批评其"山外异见"，以彰显自家正见。又何论他人哉！闻"山外"之名，则唯恐避之不及，其代有人乎！④

今人曾其海先生在《天台佛学》沿袭"山外之说"，在书末谈及（高丽）义天（1055—1098）所传教观时，断言"义天传的是山家教观"，原因有三：一是通过山家、山外长达三十年的争论，天台教观经知礼的清肃，直到北宋末年，江浙之间，无不传山家之教；二是从师承看，义天传的是山家教观。此二者我们暂且不论。曾先生的第三条理由是"从义天历二十年搜集整理编纂而成的《新编诸宗教藏总录》中的书目看"，曾先生在文中列出了"其中的天台教观书目"，有天台智顗大师（略）、荆溪湛然（略）、知礼著述十二种 25 卷，还有梵臻、继宗、仁岳、慈辨这几个人，根本没有孤山智圆的名字！曾先生"从以上的目录可以看出，没有山外派教典"。果真，义天在智圆圆寂后半个世纪所作《新编诸宗教藏总录》，根本未录智圆之著述吗？

考察（高丽）义天《新编诸宗教藏总录》，我们很轻易地就发现，义

---

① "刻涅槃经疏三德指归序"，〔日〕光谦撰，《续藏经》第三十七册。此序作于日本国中御门天皇正德（1711—1715）乙未（1715）年（中国值清康熙五十四年）。

② 钱谦益（1582—1664），明末清初常熟人。字受之，号牧斋，晚号蒙叟。明万历进士。崇祯初官礼部侍郎。清兵南下后迎降，以礼部侍郎管秘书院事。生平博览群籍，精于史学，诗文在当时负有盛名。

③ （明）钱谦益钞：《楞严经疏解蒙钞》（10 卷）卷一，《续藏经》第十三册，第 504 页。

④ 在论文资料收集中，笔者发现，闻"山外"之名，而避之惟恐不及的大有人在。如《中韩佛教关系一千年》（陈景福，宗教文化出版社 1999 年版）中讲到义天《新编诸宗教藏总录》中的天台宗义章疏记时，举智者、湛然、知礼等人著作后便说："以上这些主要撰述，绝大部分是阐述天台宗正统学说（包括'山家派'学说）的，'山外派'的撰述一种都没有，'后山外派'的撰述也只有两种。这也明显地反映了义天所传教观的属性"等等。

天不仅编录了山外的著述，而且卷数极为丰富。仅以智圆的天台著述为例，义天编录的多达二十七种119卷，比起知礼的十二种25卷，其影响我们暂且不论，怎能说"无山外教典"呢?①，义天《总录》所引智圆著述详目请参见附录。

然而，以上几例，或喜孤山之学，或力求客观，却都因智圆"山外"而不由自主排斥其说，恰恰说明，智圆的"山外"身份，使后人往往戴着有色眼镜，局于天台宗内部，特别是以山家知礼为中心的山家山外争论中看待他的思想，这不可避免严重阻碍了去认识作为宋学先觉的智圆广博的思想，难以正确评价他可能对宋以后思想领域的影响和价值。

2. "孤山"之称

与近代学者多以"山外"之称智圆相比，作者在宋以后佛教史籍中发现，历史上更多以"孤山"来称智圆。"孤山"一词有三层含义，一曰智圆所居之地，二曰智圆高世之节，三曰智圆义理之不群于众。

一曰智圆所居之孤山。《释门正统》称孤山"其山崛起湖心，杳在尘外，水湛琉璃之色，波扬码瑙之名"，并且说"后人尊其教，因以为号"②。智圆文集中对孤山多有描述，但并不仅仅于描摹自然。"孤山颂"中说道："山以卑狭不附于众峰而皆悦之，士有居下位不附媚于权要，不托附于形势者，虽包仁抱义耸出伦类，众必睚眦之，凌侮之，由是名不能显，道不见用"。因为孤山"不与众山连接，孤然处湖中，似不阿附于众

---

① 另外，义天《总录》中虽然未见晤恩、源清、庆昭等山外师文集，但可见:《资中疏证真钞》六卷（洪敏述）、《指滥》一卷（继齐述）等。如果把广义的山外（即与山外思想渊源更近的后山外）包括在内，则还有净觉仁岳、神智从义、南屏梵臻、处谦、宗印等等人，仅列收录的仁岳文集如下:《首楞严经集解》十卷（已佚）、《文句》二卷（已佚）、《熏闻记》五卷（存）、《说题》一卷（已佚）、《说题科》一卷（已佚）、《礼诵仪》一卷（已佚）、《金刚錍礼赞文》一卷（已佚）、《十不二门文心解》一卷（存）、《科》一卷（已佚）、《论三千书》一卷（已佚）、《金刚般若经疏》二卷（已佚）、《发轮钞》三卷（已佚）、《科》一卷（已佚）、《十谏书》一卷（存）、《小阿弥陀经新疏》二卷（已佚）、《新疏指归》二卷（已佚）、《科》一卷（已佚）、《四十二章经通源记》二卷（已佚）、《科》一卷（已佚）、《佛遗教经助宣记》二卷（已佚）、《南山读日礼赞文》一卷（已佚）、《施食须知》一卷（已佚）、《四教仪科》一卷（已佚），共计44卷。《大正藏》第五十五册。

② 《释门正统》（8卷）卷第五"智圆传"，《续藏经》第七十五册，第317页。

山，有自得之状"①，所以"孤山"一词具有了第二和第三重的含义。

二曰极赞智圆的高世之节。《补续高僧传》称智圆"雪骨冰心，傲然物外"②，《人天宝鉴》赞其"高卧西湖之滨，权势不得屈，贵骄不得傲，世俗不得友"③。《武林西湖高僧事略》赞道"鸿毛贵势，蝉蜕尘嚣。赢然一榻，叠简飞毫。屹屹孤山，云林寂寥。迹则划矣，弗夷其高"。④

智圆这种高世之节，在北宋佛教士夫化、世俗化的氛围中，在杭州这个经济政治中心中，极为可贵，甚至罕见。结交权贵的做法在北宋释子中也是很普遍，宋代有相当的僧人是通过直接干谒权贵的方式来建立自己的声名的。北宋很多释子有诗才，但若无名人士大夫推荐则无名于当世。如欧阳修在"酬学诗僧惟晤"中所描写的："嗟子学虽劳，徒自苦骸筋。勤勤袖卷轴，一岁三及门。惟求一言荣，归以耀其伦。与夫荣其肤，不若启其源。韩子亦尝谓，收敛加冠巾。"⑤ 为了求得"一言荣"，就连连登门，欧阳修对这种方式极为反感，"子虽为佛徒，未易废其言，其言在合理，但懼学不臻。子佛与吾儒，异辙难同轮。子何独吾慕，自忘夷其身。苟能知所归，固有路自新"。欧阳修话说得不可谓不重矣，而他的看法，在北宋是具有很强代表性的。即便是以隐逸清名闻于当时的人物，往往也难免与世事相干戈。例如，比智圆略早一些的逍遥子潘阆，"疏荡有清才，最善诗"，"所交游皆一时豪杰"，因为与王继恩关系好，不仅"往往直造卧内，饮笑于妇女间"，甚至出妄语谋立储嗣⑥。

对于北宋佛门释子多热衷结交权贵的现象，智圆严肃批评和反对，认为"求知于有位"乃是士人之事，而不是释门之本分。他自称"未尝登

①　《闲居编》卷十六，《续藏经》第五十六册，第889·页。
②　（明）明河撰：《补续高僧传》，《续藏经》第七十七册，第381页。
③　（宋）昙秀撰：《人天宝鉴》，《续藏经》第八十七册，第7页。
④　（宋）元净、元复撰：《武林西湖高僧事略》，《续藏经》第七十七册，第584页。
⑤　"酬学诗僧惟晤"，《居士集卷第四》第26页；欧阳修文中多见对热衷于结交权贵的释子的批评："佛说吾不学，劳师忽款關……林泉苟有趣，何必市尘间？"《居士外集卷第五》律诗，参见（宋）欧阳修撰《欧阳修全集》，中国书店1994年版，第397页。
⑥　（宋）江少虞：《宋朝事实类苑》卷第七十一"诈妄谬误"，上海古籍出版社1981年版，第951—952页。潘阆，号逍遥子，太宗、真宗有诗名，与王禹偁、王继恩等等多有交往。如王禹偁在雍熙四年丁亥（987）三十四岁时与潘阆交好甚密，有赠诗。在此之前他曾应太子中舍、知萧山县事李允之请，撰《潘阆咏潮图赞并序》，转引自徐规《王禹偁事迹著作编年》，商务印书馆2003年版，第63、66页。

有位者之门"，因为"澹台灭明非公事，未尝至于偃之室。矧吾方外之人乎，求知于有位者，士人之事耳！吾削染矣，敢乱四民之业哉?"①

而北宋初年，士大夫对于释门净秽混杂之批评日盛，在智圆圆寂之后宋学建立初期，以宋初三先生（胡瑗、石介、孙复）为代表的反佛声音达到最高峰。孤山智圆对此的忧虑和伤痛，时时溢于言表：

> 世有细人，滥学其语，心非邪见，内唯饕餮，遂影附邪魔之踪，荧惑无知之俗，率多背佛像以说己法，轻佛经而崇己语，及贵有位者奴召隶役，颐柱气使则兢兢战栗，趋走不暇，及得其言或刻之琬琰，或写之简牍，奢夸珍贵，惟日不足，及睹佛像佛经轻若草芥，以此验其心，进非达道，退非邪见，唯苟求利养，诳惑愚俗，欲彼尊崇于己耳。呜呼!②

智圆所追求的"高世之节"，在宋学传统中受到无上的尊崇。天禧三年（1019 年），山家知礼得秘书郎杨亿推崇，请丞相寇准上奏朝廷，宋真宗敕赐紫服，高僧大德名士显宦纷纷奉书为贺，门人神照本如（982—1051）也从台州东掖山寄诗，曰："弥天才笔洞悬河，独步当年解义科。国士听经春梦少，江僧从化昼禅多。半千衲子传新钞，积代宗师解旧讹。只恐吴皇命同辇，妓人无处献笙歌。"③ 知礼收到此诗，却说："（予）三术寡修，致名达于朝彦。寻蒙帝泽，令被紫衣，有耻无荣，何劳致贺? 汝宜深修内行，藏隐名闻。莫堕流俗之僧，如于我也。"④ 可见，身披紫衣的法智大师知礼，并不以"名达于朝彦"为荣，也是认为释子的本分应该"深修内行，藏隐名闻"。

然而，孤山智圆的高世之节亦给后人一种错觉：即其不喜结交人事，超越世俗，不干世务，所谓"视人间之世如纤尘，过目了不关怀"。这使智圆立足于社会现实的关注成为了空中的楼阁，也使人们大大忽略了智圆在 11 世纪思想领域和社会领域的实际影响力。事实上，虽然智圆不喜交

---

① "中庸子传下"，《闲居编》卷第十九，《续藏经》第五十六册，第 895 页。

② （宋）仁岳撰：《楞严经薰闻记》卷第五引孤山语，《续藏经》第十一册。

③ 《大正藏》卷四十六，第 915 页。

④ （宋）宗晓撰：《四明尊者教行录》（7 卷）卷第六"四明法师受命服门人神照作致语"、卷第五"付神照法师书"，《大正藏》第四十六册。

接，然而时有往来者，则高僧巨儒耳！更为重要的是，智圆具有强烈的事功精神，敏锐的社会观察力，他不仅仅是在思想领域里倡导，而且他充分利用宋真宗时期三教共弘的政治氛围，印刷技术的迅速普及，以及经济发展带来普及思想的大好时机，拣择并刊行一些词明、意远、文赡的经典。而正是在这些经典迅速传播的过程中，智圆思想已经成为宋学的一部分了。

三曰称道智圆之义理学识，广博而不与他群。晁以道《景迁集》中称赞"往年孤山智圆，凛然当世有名，读书甚博"①。《补续高僧传》称智圆"著十疏以通经，述诸钞以释疏，翼赞弘宣，其功伟矣！"②《人天宝鉴》称其"以奇才奥学，翼赞经论，盈于千万"③。《释门正统》大量引用智圆的文字与思想，给与智圆极高的评价，正如在"荷负扶持传·序"中说道："楚狄敝中国而齐桓霸，叔带危宗周而晋文兴。会昌籍没，五代分崩。不有大士起而救之，则中兴正派不可待而授也。障狂澜，弭酷焰。功岂浅哉！"④

虽然，历史上多赞智圆博学勤著，但智圆到底写了多少著述？这是一个谜一样的问题。《佛祖统纪》赞孤山"于二十四年，著书百二十卷。勤矣！"是否切实？智圆著述是任性而为，亦或是承担历史的勇气驱使他这么不顾身体之病生活之困而作？智圆在他广博的著述中是"一以贯之"，还是多有变化？如果是"一以贯之"，那么这个"一"是什么？这个"一"何以又是如何贯穿智圆著述之"博"呢？本书在阐明智圆于宋学的先觉思想之时，也力求能够解开这个历史的疑团。

---

① （宋）晁说之：《景迁生集》卷十四"懅说赠然公"，景印文渊阁四库全书第 1118 册，第 269 页。另《宋朝事实类苑》卷第五十九，第 779 页"广知博识"中"能万卷"条曰：余杭能万卷者，浮屠之真儒，介然持古人风节，有奥学，著典类一百二十卷。天禧中，秘馆求书，王冀公钦若时请附焉。冀公尤所礼重，其居延庆寺，在大慈坞，时儒皆抱经授业。师居常喜阅唐韵，……（《湘山野录》未见录"余杭能万卷者"之名，疑即为孤山智圆，从所列时间、地点，"能万卷"、"浮屠之真儒"、"介然持古人风节"、"有奥学"、"（王钦若）冀公尤所礼重"、"常喜唐韵"等描写来看，当指孤山智圆。但"居延庆寺"、"在大慈坞"之说未能确证，有俟后来者也。

② （明）明河撰：《补续高僧传》，《续藏经》卷第七十七册，第 381 页。

③ （宋）昙秀撰：《人天宝鉴》，《续藏经》第八十七册，第 7 页。

④ （南宋）宗鉴集：《释门正统》（8 卷）卷第五"荷负扶持传·序"，《续藏经》第七十五册，第 316 页。

"孤山"一词更喻智圆学术思想"不与他群",所谓"立事垂言信不群",正如智圆描述杜牧时所说"后世名垂远,当时道亦孤"①。孤山智圆的三教思想,不是浅层次的,而是建立在对三教思想的深刻理解和生命体验上,这与智圆早勤儒学、旁涉老庄,出入儒、佛、道、隐的心路历程是不可分离的:

> 某幼缘宿习,雅好空门,于龆龀之年,即毁其发坏其服而为浮屠徒也。洎年迄升冠,颇好周孔书,将欲研几极深,从有道者受学,而为落发之师拘束之,不获从志。由是杜门阒然,独学无友,往往得五经之书而自览焉!虽文字不及尽识,句读不及尽分,而好求圣师之指归而会通其说焉,譬若九方堙之相马,略玄黄而谈神骏也,而与夫嘈嘈诵声者寻章摘句者,已胡越矣②。

智圆深入佛教藏经与儒家经史,敢于旁征博引,而又不害天台与儒家等之本意;他重视"事功",而坚守佛教之出世;他唱心性,而不离弥陀净土。智圆的诗歌创作,更是充分显示了智圆之思想超越了当时一般的僧人和士大夫,他以天台之止观,佛教之出世超然,儒家之入世务实;既摆脱了一般僧人的学识浅薄,又超越了一般儒生之蝇营于世。智圆之"孤",体现在他孤独地思考,孤独地为信仰而奋斗,孤独地被遗忘,其思想却正如他意想中地被士大夫和普通百姓所受用,他自己也融入宋学的进程之中。

四　研究方法与文献

本书将从以下几条线索交叉进行研究:

天台学的线索,包括天台思想史和天台宗派史的线索。天台思想史的线索,又分为横竖两条,竖线主要上溯至龙树、慧思、智顗、湛然的思想

---

① "读《杜牧集》",《闲居编》卷四十九,《续藏经》第五十六册,第942页。

② "谢吴寺丞撰'闲居编序'书",《闲居编》卷二十二,《续藏经》第五十六册,第898页。

为参照，横线以知礼、遵式的思想为参照，但为了"正直舍方便"，则但说智圆自己的思想；天台宗派史的线索，是以智圆为中心，对北宋初期天台教的繁荣、天台教与宋学代表人物的交涉进行微观的考辨，力求历史的真实。

佛教学的线索，也分为佛教思想史和佛教宗派史的线索。前者侧重于考察北宋佛教在 11 世纪面临的发展际遇与挑战，后者以孤山智圆为中心，分别对当时律宗、华严宗、禅宗、净土宗等的发展状况进行考察。

中国哲学史的线索，或者称为思想史或者学术史的线索，把智圆思想纳入到佛教中国化以及宋学萌芽建立的进程中，重点通过义理的考察，进行宏观论证。

历史学的线索，包括政治学、社会学和经济学的线索，智圆生活的宋太宗、宋仁宗时代，政治内忧外患，经济迅速发展，文化面临转型，社会追求安定，正是北宋各项制度发生重大变革与建立时期，这些对于佛教的发展都产生了一定影响，因而也在智圆的思想中得以体现。

以上四条线索密不可分，构成一个有机整体，在论述某个问题时可能侧重运用某条线索，但所谓"一三三一"，四条线索都以论证孤山智圆"宋学先觉"思想为中心，乃是圆融整体，不可隔历。

围绕以上线索，本书研究以孤山智圆现存和散落的著述为中心，其他原典类参考文献主要分为五类：

1. 天台典籍类（原典和史籍），如智顗《法华玄义》、湛然《金刚錍》、宗鉴《释门正统》、志磐《佛祖统纪》等；

2. 天台宗外其他佛教类（印度佛教经典、中国佛教、宋代其他宗派的核心与相关经典以及各种僧传、碑志、铭刻），如《首楞严经》、《维摩诘经》、《法华经》、《宗镜录》、赞宁《高僧传》等；

3. 宋学代表人物著作和文集类，如王禹偁、晁迥、范仲淹、欧阳修、王安石等人的文集等；

4. 中国哲学类（包括儒家和道家原典籍），如《易经》、《论语》、《中庸》、《悟真篇》等；

5. 历史地理类，如《宋史》、新旧《五代史》、《宋大诏令》、《续资治通鉴长编》等。

第1章

历史背景与问题意识

1.1 宋学先觉思想的历史背景

1.1.1 宋真宗时期的社会背景

孤山智圆出生于宋太宗即位初年，其活动时间主要是宋真宗在位（998—1022）的二十五年间。宋真宗（968—1022年），《宋史》称其为"英悟之主"[①]。真宗统治前后，北宋政治、经济、文化和社会都发生了巨大的变化，唐中叶五代以来的混乱逐渐走向了和平，中央集权代替了封建割据，社会经济关系发生了巨大的变革，随之而来，文化思想领域也发生了重大变化，这一阶段对宋以后形成"祖宗家法"、建立斯文昌盛至关重要，是唐宋转型的一个关键环节[②]。

由于"太祖以神武定寰中，肇基王业"，"太宗以润文化天下，光阐鸿图"，所以作为第三代皇帝的宋真宗继承了宋太祖和宋太宗建国以来的

[①] 原名赵德昌，后又改名元休、元侃。太宗第3子。先后受封为韩王、襄王、寿王。淳化五年九月进封寿王，加检校太傅、开封尹。至道元年八月立为皇太子，改今讳，仍判府事。葬于永定陵（今河南省巩县东南蔡家庄）。谥号为"文明章圣元孝皇帝"，庙号"真宗"。名赵恒，是北宋历史上的第三位皇帝，也是第一位太平皇帝，太宗于997年3月病死后，他以而立之年于同月继位，第二年改年号为"咸平"。任用王旦、李沆、张齐贤、吕蒙正、向敏中、吕端、寇准、毕士安、梁颢、王钦若等大臣。

[②] 《北宋文化史述论》'序引'"，邓广铭撰。邓先生认为，宋代文化的发展，既超越了居于它之前的唐代，也为居于它之后的元明两代之所不能及，这却是无可争辩的事实。参见陈植锷《北宋文化史述论》，中国社会科学出版社1992年版。

主要政策，其即位赦文①可看作他的施政纲领，赦文中最后一部分为：

　　　　念先朝庶政尽有成规，谨守奉行，不敢失坠。所宜开谏诤之路，
　　拔茂异之材。鳏寡无告之民，悉令安泰；动植有生之类，冀获昭苏。
　　庶几延宗社之鸿休，召天地之和气。更赖中外百执，左右荩臣，各馨
　　乃诚，辅兹不逮。

　　在这段文字中，宋真宗强调了三点：一、谨守太祖太宗的成规，从而
在宋真宗时期形成了对宋代长久影响的"祖宗家法"；二、开谏诤之路，拔
茂异之材，因而形成了历史上思想和言论最为自由的时期之一；三、追求
社会安定，天地和气，以求建立宋代王朝的长治久安。宋真宗在位期间，
"每念为君之难，且思继志之重"②，"瘝寐贤良""亲临庶政"，"期及小
康，志在日新"③，"方崇政本，庶厚时风"，"恢富国强兵之术，陈制礼
作乐之规"④，也切实贯彻了这个赦文中体现的施政纲领，为40年后北宋
的第一个改革"庆历新政"进行了充分的制度、思想和人才的准备。

　　景德元年（1004）秋，宋真宗亲临澶渊，孤注一掷，签订了"澶渊
之盟"⑤。

　　此后1008年，宋真宗率群臣东封泰山⑥，并改号为大中祥符。1011

---

　　①　发布于至道三年（公元997年）四月，参见《宋大诏令集》，中华书局1997年版，第
1—2页。

　　②　见"第五表上尊号允批答"，《宋大诏令集》，中华书局1997年版，第12页。

　　③　发布于景德元年（公元1004年），见"改景德元年赦天下制"，同上《宋大诏令集》，
第6页。

　　④　"遣中使召种放诏"，同上《宋大诏令集》，第594页。

　　⑤　公元1004年，辽国萧太后、圣宗亲自率领20万大军南下，直逼黄河岸边的澶州（今河
南省濮阳县）城下，威胁宋的都城。宋真宗亲临澶渊，鼓舞士气，消灭了辽军数千，射死了辽军
主将萧达兰。萧太后见辽军陷入被动，要求议和。经过寇准的坚持和使者曹利用到辽营一再讨价
还价，于12月正式议定由宋朝送给辽以岁币银10万两，绢20万匹，换得辽军撤走。从此，岁
币成为北宋人民长期的沉重负担。"澶渊之盟"的签订，是维护了和平发展，还是最终导致宋朝
的积贫积弱，真宗朝时、历史上和当今学者对此多有争议，但是"澶渊之盟"使宋朝在强大而
有野心的强辽重压下获得了百年的和平，应属历史的事实。

　　⑥　这是宋代唯一行泰山封禅之帝，也是中国最后一位泰山封禅之帝，《宋史》对此事前后
有详细记载，宋人笔记和文学多论此事，孤山智圆"《请观音经疏阐义钞》（及序）"等作品的写
作时间即标为"时皇宋三叶登封之明年"。

年，西祀汾阴①。大宋王朝和百姓获得了中唐五代近三百年来未尝有过的社会安定，这个安定局面在北部大辽国的强大压力下持续了百余年，为北宋创造政治、经济、文化和社会的高度文明打下了历史条件②。宋学的大发展，就是建立在社会经济大发展的基础之上的。

宋真宗非常重视农业、关心农业生产，并大力推广占城稻③，农业生产力大大提高，"因而促成了 11 世纪初期中国社会生产力的重大变化，直接推动了北宋中期（仁宗时期）经济之空前繁荣"④。咸平四年（1001）十一月二十日，真宗在崇和殿阅张去华所著《元元论》与《国田图》后，说道："经国之道，必以养民务稼为先。朕常冀边鄙稍宁，兵革粗息，则可以力行其事，富庶吾民矣！"⑤熙宁五年，日本来访的成寻（1011—1081）在他的日记中记载"见市头卖买，金银珍宝不可记尽"，应该是比较真实记录了宋学大发展时期的社会经济状况⑥。

---

① 孤山智圆《闲居编》中多以西祀汾阴来记述其时间，如"时皇宋三叶圣驾祀汾阴之明年岁次壬子二月十一日"等。

② 契丹由耶律阿保机建于唐末 907 年，947 年耶律德光建国号"大辽"，至"澶渊之盟"时期，已建国几近百年。后金国 1115 年兴起，大辽 1124 年左右西迁，史称西辽，于 1211 年南宋后期方才亡国。

③ 《湘山野录》卷下《真宗求占城稻种》条记载宋真宗"深念稼穑，闻占城稻耐旱，西天绿豆子多而粒大，各遣使以珍货求其种。占城得种二十石，至今在处播之。西天中印土得绿豆种二石。始植于后苑，秋成日近臣尝之，仍赐占稻及西天绿豆御诗。""真宗求占城稻种"，（宋）文莹撰《湘山野录·续录·玉壶清话》，中华书局，唐宋史料笔记丛刊 1997 年版，第 57 页。

④ 陈植锷：《北宋文化史述论》，中国社会科学出版社 1992 年版，第 140 页。

⑤ "观赏"，《宋会要辑稿·崇儒》，苗书梅等点校，河南大学出版社 2004 年版，第 423 页。

⑥ ［日］成寻：《参天台五台山记》卷四，第 72 页。"大日本佛教全书"，佛书刊行会编纂，株式会社名著普及会刊。《参天台五台山记》八卷，又称《善惠大师赐紫成寻记》。成寻，俗姓藤原氏，其父为著名书法家藤原佐理。日延久四年、宋熙宁五年（1072）三月，以六十余岁高寿，携徒搭乘宋人商船西渡，巡礼天台山、五台山，后居汴京太平兴国寺传法院。宋元丰四年（1081）圆寂，葬于天台山国清寺。《参天台五台山记》为成寻自延久四年（1072）三月十五日至延久四年（1074）六月十二日，一年三个月中，共有四六四篇日记。近代学者认为，这部日记的史料价值，决不亚于入唐僧圆仁的《入唐求法巡礼行记》，为后人了解当时中日海路交通、宋代佛教概况、北宋政治制度、经济发展状况及社会风俗等提供了珍贵的原始资料。参见张伯伟编《域外汉籍研究集刊》第二辑，曹家齐《略谈〈参天台五台山记〉的史料价值》和蔡毅撰《从日本汉籍看〈全宋诗〉补遗》两文，中华书局 2006 年版。

　　同时，宋真宗时期科学技术的发展也是促成宋学产生及智圆思想形成的一个客观条件，特别是新兴的印刷技术给当时社会发展带来了极大的机遇。虽然唐朝中后期开始出现较为成熟的雕板印刷术①。但因为时值藩镇割据，人心动荡，后又历五代，社会混乱，因此，雕版印刷术技术的成熟并推进活字印刷术的出现，是在北宋建立以后。由宋太祖发愿雕造、至太宗时才完成的官版大藏经是我国第一部汉文大藏经《开宝藏》②。但太宗只是完成了初刻本，之后，在真宗朝乃至以后一百余年间不断地有所增补才形成六千余卷的庞大规模。

　　中国社会进步到北宋时期，由于经济的发展、商业的繁荣和文化的兴盛，都需要迅速地大量地传播信息，是中国古代雕版印刷的鼎盛时期。这个时期不仅从政府到地方、学校、书院都非常重视印刷，民间印刷也极为活跃，印刷数量和种类大增，经、史、子、集以及农业、技艺、医学等书籍以及佛经都大量印刷。毕升活字印刷术正是为解决这个社会需要所提出的问题而产生的，并在沈括《梦

---

　　①　现存文献中有关雕板印刷术的最早记载的是诗人元稹为白居易《长庆集》作序时，说到当时扬州和越州一带处处有人将白居易和他自己的诗"缮写模勒"，在街上售卖或用来换茶酒，"模勒"就是刊刻。元稹作这个序的时间是唐穆宗长庆四年十二月十日，即公元825年1月2日。公元836年，唐文宗根据东川节度使冯宿的报告，下令禁止各道私置日历版。冯宿在他的报告中说："每年中央司天台还没奏请颁布新历书的时候，民间私印的历书已飞满天下。"可见当时民间从事雕板印刷业的人是很多的。1900年在甘肃敦煌县千佛洞发现的藏书中有一卷雕版印刷的《金刚经》，其末尾题着"咸通九年四月十五日王玠为二亲敬造"一行字。咸通九年，即公元868年。这是目前世界上发现的有确切日期的最早的印刷品。

　　②　《开宝藏》不仅在佛教史上是划时代的，在世界文明发展史上也有着重要的意义。是以《开元释教录略出》为底本，从宋太祖开宝四年（公元971年）至太宗太平兴国八年（公元983年），历时12年。因始雕刻于开宝年间，故称《开宝藏》，又由于这部藏经是在当时益州（今四川成都）雕造的，也称为《蜀藏》。请参见李富华、何梅《汉文佛教大藏经研究》，宗教文化出版社2003年版；童纬编著《北宋〈开宝大藏经〉雕印考释及目录还原》，书目文献出版社1991年版。童纬论及《开宝藏》在卷末加盖印刷时的印工名章和施经愿文及执事僧等墨迹的事实，并详细描述了《阿维越致遮经》卷上末加盖的墨迹，这个墨迹为单边长方形，文字三行，共47字，文曰："熙宁辛亥岁（即宋神宗熙宁四年，1071年）仲秋初十日中书札子奉圣旨赐大藏经版于显圣寿禅院印造提辖管勾印经院事演梵大师慧敏等"。童纬认为，这个墨迹明显表明《开宝藏》在刻成竣工后，又历经修订，近九十年后方交给寺院管理印刷流通。此观点值得进一步地关注与印证。

溪笔谈》① 中有所记述，这个时间正是北宋仁宗庆历元年至八年间（即公元 1041—1048），充分反映了印刷术的发达。杭州、东京、蜀中、福建成为举世闻名的印刷业中心②，而两浙地区造纸业、印刷业更是居全国前列。而除了刊刻佛教典籍外，诸多儒家、道教典籍也广为流传。印刷技术的提高和印刷业的发达，为藏书提供了基本的保障，宋真宗景德二年（1005）真宗视察国子监图书馆，问国子祭酒邢昺（932—1010）书版多少，邢昺说：

> 国初不及四千，今十余万，经史正义皆具，臣少时业儒，观学徒能具经疏者百无一二，盖传写不给。今版本大备，士庶家皆有之，斯乃儒者逢时之幸也③。

可知，真宗朝乃是"北宋刻本印书激增之始"④。11 世纪初期的宋真宗时代不仅对于百姓，对于士大夫来说也是个信息大爆炸的时代，孤山智圆身居杭州，深得其利，他常引用的佛教经典有百余种之多，包括原始、部派及大乘经典，儒家典籍包括了经、史、子、集等，可知出版业、印刷业的发达，为出现象智圆这样兼通内外的思想家提供了极为便利的客观条件。

1.1.2　宋真宗的三教政策

宋代新王道的建立应基于三教的和谐，可以说是自宋太祖、太宗立国

---

① 沈括（1031—1095），杭州钱塘（今杭州）人，北宋著名科学家、政治家。他曾参加过王安石的变法运动，在对辽和西夏的斗争中也作出了贡献。沈括著《梦溪笔谈》30 卷，写于1088 年左右，是一部优秀的百科全书，是我国科学发展史上的珍贵遗产。内容涉及天文、数学、物理、化学、生物、地理、地质、气象、医学、工程技术、文学、历史、音乐、美术等方面。其中，自然科学部分总结了我国古代，特别是北宋时期自然科学的成就，对毕升所发明的泥活字印书方法有着较详细的记载。

② 蔡美彪等编《中国通史》第五册，人民出版社 1978 年版，第 71 页。

③ （宋）李焘撰《续资治通鉴长编》卷五十九"景德二年五月戊申"条，中华书局 2004年版。

④《北宋文化史述论》第 140 页，陈植锷又引《长编》大中祥符三年宋真宗与资政殿大学士向敏中的对话对此加以旁证：（真宗皇帝）谓（向）敏中曰："今学者易得书籍。"中国社会科学出版社 1992 年版。

以来所坚持的核心理念，同样也是宋真宗思想的核心理念。三教并举的政治氛围促进了学术思想的多元化，并形成了百家争鸣的局面。

《佛祖统纪》有一段记载：

> 真庙之在御也，并隆三教，而敬佛重法，过于先朝。故其以天翰撰述，则有《圣教序》、《崇释论》、《法音集》，注《四十二章》、《遗教》二经，皆深达于至理。一岁度僧至二十三万，而僧众有过者止从赎法。……至于继世译经，大开梵学，五天三藏，云会帝廷，而专用宰辅词臣兼润文之职，其笃重译事有若是者。当时儒贤如王旦、王钦若、杨亿、晁迥辈，皆能上赞圣谟，共致平世，君臣庆会，允在兹时。稽之前古，未有比对①。

稽考北宋其他史书、文集、笔记等的记载，《佛祖统纪》关于宋真宗朝三教政策的记录基本可信，但这段文字由于记载在佛教的经典中又多论及宋真宗的佛教政策，因而往往给后人形成真宗在三教中尤重佛教的错觉。"并隆三教"是准确的，而"尤重佛教"则可能并不准确。

首先，关于宋真宗三教并隆、专用宰辅词臣兼润文之职、重视佛教超于前代的记录是可信的。宋真宗于大中祥符六年（1013）告示宰相王旦②：

> 三教之设，其旨一也，大抵皆劝人为善，惟达识者能一贯之。滞情偏执，于道益远。③

---

① （宋）志磐撰：《佛祖统纪》卷第四十四"法运通塞志第十七之十一真宗"，《大正藏》第四十九册，第406页。

② 王旦（957—1017），北宋著名太平宰相，在相位时间自1006年至1017年，长达11年之久，宋真宗与王旦共同继承和发展了宋太祖、太宗以来的国家政策，奠定北宋的"祖宗家法"，根据史料，宋太宗曾对王旦说："祖宗创业，削平天下，与卿（王旦）共守成宪，可致太平。"字子明，谥"文正"，大名莘县（今山东）人。《宋史》二百八十二卷列传第四十一有"王旦传"。仁宗即位后，为其立碑，并亲笔御书"全德元老之碑"。有文集20卷，已佚。其事迹可参见（宋）王素《王正文公遗事》，中华书局点校本1991年版。

③ （宋）志磐撰：《佛祖统纪》卷第四十四"法运通塞志第十七之十一真宗"，《大正藏》第四十九册，第405页。

　　同年 8 月，兵部侍郎译经润文官赵安仁奉诏编修大藏经录成，凡二十一卷，赐名《大中祥符法宝录》，宋真宗仍赐御制序①。自太平兴国以来，凡译成经律论四百十三卷，秘书监杨亿、光梵大师惟净等编次，又请以两朝御制佛乘文集编入大藏。同时，佛教藏经对外流传，并成为沟通的重要工具。天禧三年（1019）十一月东女真国入贡，乞赐大藏经，诏给与之。并在同一年，传到了高丽国，《宋史》卷四八七《外国三》记载"三年九月登州言：高丽进奉使礼宾卿崔元信至秦王水口，……十一月元信等入见，……求佛经一藏。诏赐经，……"②

　　更为重要的，宋代所译佛经虽然在佛教史上影响不大，但是译经活动在客观上对宋学形成三教融汇的方向起到了促进作用，特别是真宗朝开始的以宰辅担任"译经润文使"制度。除了上文所提大中祥符六年（1013）八月，兵部侍郎兼译经润文官赵安仁奉诏编修大藏经录成，凡二十一卷，赐名《大中祥符法宝录》。早在咸平元年（998），真宗即位之初，诏知制诰朱昂兼译经润文官。天禧元年（1017）九月，更以宰相王钦若兼译经润文使。天禧五年，门下侍郎平章事丁谓兼译经润文使。翰林学士晁迥李维兼润文官③。以宰辅担任"译经润文使"制度极大推动了士大夫们对佛学的理解，也在客观上进一步提出了从义理上沟通儒释道三家的必要性和迫切性。

　　宋真宗三教并隆、专用宰辅词臣兼润文之职尤重佛教，虽基本可信。但是，这往往令学者特别是佛教学者忽略了另外两个问题：宋真宗的崇道和重儒。

　　北宋历史上，宋真宗是被认为最为崇道的君主之一，在弘扬道教方面多有所为。真宗时期可谓是道教历史发展中的一个重要环节。真宗时期首先对《老子》、《庄子》、《列子》等道家核心经典进行了大规模的校勘与

---

　　①　［日］成寻《参天台五台山记》全文抄录了此文，题名为"大宋新译圣教序"，序中有"大矣哉！我佛之教也。化道群迷，阐扬宗性。广博宏辩，英彦莫能究其旨，精微妙说，庸愚岂可度其源？义理幽玄，真空莫测"之文《参天台五台山记》卷第六，第109—110页，［日］成寻著，"大日本佛教全书"，佛书刊行会编纂，株式会社名著普及会刊。

　　②　李富华教授认为这是《开宝藏》第三次传入高丽，前两次分别是宋太宗端拱二年（989）和淳化二年（911），参见《汉文佛教大藏经》，第118—119页。

　　③　《佛祖统纪》卷四十四"法运通塞志十七之十一真宗"，《大正藏》第四十九册，第402页、第406页等。王钦若、晁迥等人不仅为北宋著名政治家，而且多出身翰林学士，具有很高的儒学背景，而且大多佛学、道学造诣极高，对宋以后三教思想有极大影响。

雕印颁行[①]。值得注意的是，本次校勘的目的是为了雕印颁行新的《道藏》。宋真宗时期前后进行了两次大规模的《道藏》整理。第一次是在大中祥符年间，从祥符二年到祥符九年（1009—1017）[②]。其成书上进在1017年：“（大中祥符）九年二月己酉，王钦若上详定《道藏经》，凡三洞四辅、四千三百五十九卷。初，唐明皇撰《琼纲》，裁三千余卷……钦若总之。删一百二十卷，又求得七百二十七卷，总为目录，诏赐名，圣制序。”这就是宋真宗祥符年间的《宝文统录》[③]。

---

① 咸平六年（1003）四月，“诏选官校勘《道德经》，命崇文院检讨，真秘阁杜镐、秘阁校理戚纶、直史馆刘锴同校勘，其年六月毕。并《释文》一卷送国子监刊板。”校后立即刊版，可见宋真宗的重视程度。景德二年（1005）二月，国子监直讲孙奭言：“诸子之书，《老》、《庄》称首……今诸经及《老子释文》共二十七卷已雕印颁行，唯阙《庄子释文》三卷，欲望雕印，冀备一家之学。”宋真宗立刻命孙奭与龙图阁待制杜镐等共同校定并刻板。至“大中祥符元年六月，崇文院检讨杜镐等校定《南华真经》摹刻板本毕，赐辅臣人各一本。”这次校勘还包括在众家注本中选定郭象之注：“又《庄子》注本前后甚多，率皆一曲之才，妄窜奇说，唯郭象所注特会庄生之旨，亦请依《道德经》例差官校定、雕印。……（杜）镐等以《庄子序》非郭象之文，因删去之。……真宗尝出《序》文谓宰臣曰：‘观其文理尚可，但传写讹舛耳。’乃命翰林学士李宗谔、杨亿、龙图阁直学士陈彭年等别加雠校，冠于首篇。”（“勘书”，《宋会要辑稿·崇儒》，苗书梅等点校，河南大学出版社2004年版，第212页）这次校勘自景德二年开始，至大中祥符元年正文校毕，历时三年有余；其《序》文则在大中祥符四年才开始校正，前后延续六年有余。大中祥符四年（1011）三月又校列子《冲虚真经》：“诏崇文院校勘到列子《冲虚真经》，仍如‘至德’之号。时真宗祀汾阴朝陵回，至中牟县幸列子观，因访所著书，命直史馆路振、崔遵度、直集贤院石中立校勘。至五年，校皆，镂版颁行。”（“勘书”，《宋会要辑稿·崇儒》，第213—214页，同上。《冲虚真经》的作者是列子，即战国时郑国的列御寇，其书本名《列子》，至唐封列子为“冲虚真人”，遂号其书为《冲虚真经》。至宋真宗时，又为列子加封“至德”之号，故其书亦名《冲虚至德真经》。

② 在东封泰山之后，“（大中祥符）二年己酉，诏左右街选道士十人校定《道藏》经典。至三年，又令于崇文院集馆阁官僚详校，命宰臣王钦若总领之。”（《混元圣记》卷9，引自《道藏》第553册）

③ 《玉海》卷52“祥符《宝文统录》”，又见《宋史》（中华书局1977年版。下同）卷8《真宗纪》。《宋史》将上进时间系于大中祥符九年三月，然三月为丙子朔，无己酉日，故今从《玉海》。此次情况在《佛祖统纪》中也有详细记载：“东封毕，诏加司命真君为九天司命保生天尊，敕两街道士修斋醮科仪。命知枢密院王钦若，定罗天醮仪十卷，选道士十人校道藏经，旧录三千三百三十七卷，钦若详定增六百二十卷。赐名《宝文统录》。御制序以冠之。初奉诏取释道藏经互相毁訾者，并删除之”。本次校勘开始时仅有道士参加，后则由馆阁共同完成；且校勘前亦有搜求；前后历时七年之久，参加人数众多；在内容上有增有删，其成书之卷数则超过唐代的《三洞琼纲》六百余卷；而且编制了总目录；御赐名，真宗又亲为作序。又修建玉清昭应宫，刻玉天书，安于宝符阁，真宗以其“御容”侍立于玉皇天帝之侧。又召龙虎山天师道第二十四代天师张正随，赐号为“真静先生”，立授箓院、上清宫，蠲其田租，封号准其世袭。这是天师道历代“天师”受“先生”封号之始。又各路亦遍置道观，以侍从诸臣退职者领之，另为“祠禄”（《宋史礼志》）等，极为重视。

尽管如此，宋真宗对此次道藏的校勘似乎仍然不满，因为不久又开始了第二次的大规模校勘，第二次校勘以张君房为负责人，"臣于时尽得所降到道书，并续取到苏州旧道藏经本千余卷，越州、台州旧道藏经本亦各千余卷，及朝廷续降到福建等州道书、明使摩尼经等，与诸道士依三洞纲条、四部录略，品详科格，商较异同，以诠次之，仅能成藏，都卢四千五百六十五卷，起《千字文》'天'字为函目，终于'宫'字，号得四百六十六字，且题曰《大宋天宫宝藏》。"完整的《大宋天宫宝藏》并没有保存下来，然而张君房在《大宋天宫宝藏》中择其精要万余条，于天圣三年至七年（1025—1029）间辑录一部大型道教类书，即《云笈七籤》①，进献给仁宗皇帝。而张君房称编纂此书的目的是"上以酬真宗皇帝委遇之恩，次以备皇帝陛下乙夜之览，下以裨文馆校雠之职，外此而少畅玄风年"。

在现存《道藏》中的《云笈七籤》中，可以看出"赵玄朗"信仰的出现与逐渐形成有宋一代的祖宗信仰。例如将真宗所制《先天纪叙》和《轩辕本纪》列于纪之首，位居《元始天王纪》《太上道君纪》《混元皇帝圣纪》之上。传则首录宋真宗制序、以宣扬宋王朝君权神授为主要特征的《翊圣保德真君传》②，然后继以上清众真传记。赵玄朗圣祖信仰和翊圣保德真君信仰进一步支持了宋王朝的道教政策。

另外，真宗对于当时的道家隐士极为礼遇。北宋960年建国以后，对于"不事王侯，高尚其事"的道隐士颇多礼遇。其中最有影响的当属陈抟。陈抟③在五代末期已负盛名，宋太宗太平兴国中来朝，受到太宗及大

---

① 道教称藏书之容器曰"云笈"，分道书为"三洞四辅"七部，故张君房在该书的序言中有"掇云笈七部之英，略宝蕴诸子之奥"等语，因名《云笈七籤》；《云笈七籤》素为道教界和学术界所重视。《大宋天宫宝藏》早已亡佚，幸赖此书得以可见其概貌。因此书具有系统、全面和简明等优点，故而人称"小道藏"，是了解和研究道教必备的资料。

② 此传于大中祥符九年（1016）由王钦若编成，颁至全宋境内。翊圣，太宗时封为"翊圣将军"，真宗时加封为"翊圣保德真君"，徽宗时又加封为"翊圣应感储庆保德真君"。

③ 陈抟（871—989），字图南，自号扶摇子，五代宋初著名隐士和道学的重要代表人物。历史上有很多关于陈抟和宋太祖、宋太宗之间关系的传说，例如，《续湘山野录》、《河南邵氏闻见前录》等，后人多以为不可信。《宋史》"陈抟传"说他"好读《易》，手不释卷"。著有《指玄篇》、《无极图》等，大多已佚，周敦颐的《太极图说》和邵雍的《先天图》对其道家思想多所继承，对后来明理学的形成与发展有很大影响。

臣门的极高礼遇①。在大中祥符三年（1010）二月二十六和四月十二，先后赐华山隐士郑隐与泰山隐士秦辨号为"正晦先生"、"贞素先生"②。正如天禧四年正月《处士魏野赠官制》中所说："兹所以褒逸民而厚时俗也"③。

　　宋真宗的道教政策与崇道的活动是我们在研究智圆"宋学先觉"思想时不可忽略的背景之一。同时，更为重要的，宋真宗作为北宋的第一位太平皇帝，在重建儒学方面的努力更是不遗余力，他的努力包括郡县、乡学的建设，科举制度的改革，收集儒家经典与组织校勘，重新确立儒家的经学宗旨等，并开始逐渐重视《孟子》之学。

　　真宗时，河阴节度判官张知白上疏论三教不可并进，必须使儒家超出百家之上，并统驭百家，真宗采纳了张知白的意见，还对他进行嘉赏。真宗于大中祥符五年（1012）撰《崇儒术论》，指出：

> 儒术污隆，其应实大，国家崇替，何莫由斯？故秦衰则经籍道息，汉盛则学校兴行，其后命历迭改，而风教一揆。有唐文物最盛。朱梁而下，王风寝微。太祖、太宗丕变弊俗，崇尚斯文。朕获绍先业，谨遵圣训，礼乐并举，儒术化成，实二后垂裕之所致也。④

---

　　① 《宋史》"陈抟传"曰："周世宗好黄白术，有以抟名闻者，显德三年，命华州送至阙下。留止禁中月余，从容问其术，抟对曰：'陛下为四海之主，当以致治为念，奈何留意黄白之事乎？'世宗不之责，命为谏议大夫，固辞不受。既知其无他术，放还所止，诏本州长吏岁时存问。五年，成州刺史朱宪陛辞赴任，世宗令赍帛五十四、茶三十斤赐抟。"太平兴国中来朝，太宗待之甚厚。九年复来朝，上益加礼重，谓宰相宋琪等曰："抟独善其身，不干势利，所谓方外之士也。抟居华山已四十余年，度其年近百岁。自言经承五代离乱，幸天下太平，故来朝觐。与之语，甚可听。"因遣中使送至中书，琪等从容问曰："先生得玄默修养之道，可以教人乎？"对曰："抟山野之人，于时无用，亦不知神仙黄白之事，吐纳养生之理，非有方术可传。假令白日冲天，亦何益于世？今圣上龙颜秀异，有天人之表，博达古今，深究治乱，真有道仁圣之主也。正君臣协心同德、兴化致治之秋，勤行修炼，无出于此。"琪等称善，以其语白上。上益重之，下诏赐号希夷先生，仍赐紫衣一袭，留抟阙下，令有司增葺所止云台观。上屡与之属和诗赋，数月放还山。

　　② "赐先生号"，《宋会要辑稿·崇儒》，苗书梅等点校，河南大学出版社2004年版，第374页。

　　③ "政事七十三"之褒恤"处士魏野赠官制"文，《宋大诏令集》，中华书局1997年版，第845页。

　　④ （元）脱脱等撰：《宋史》卷二八七列传第四十六"陈彭年传"引，又《宋史本纪第八》真宗三中说"辛酉，作《崇儒术论》，刻石国学"。中华书局1997年版。

欧阳修《归田录》卷二中说："真宗尤重儒学，今科场条制，皆当时所定。"① 咸平四年（1001）六月，"诏诸路郡县有学校聚徒讲诵之所，赐九经书一部"②。景德四年（1007）二月，在西京建国子监武成王庙，并且"当议置讲说，及赐九经书"③。大中祥符二年（1009）二月十四日，"诏应天府新建书院"④。等等，虽然，北宋全国性三级学校（太学、郡县学和乡学）主要是宋仁宗庆历新政时期所建立的，而宋真宗时期的努力和发展也是不可忽视的，特别是宋真宗在学校教育中提倡儒家传统的"经学"。

宋太宗在太平兴国九年正月即下诏书曰："国家勤求古道，启迪化源；国典朝章，咸从振举；遗编坠简，宜在访求。"⑤ 宋真宗时期更是"国家大崇儒馆，博访艺文"⑥。咸平四年（1001）十月二十七日，诏曰："购求虽致，验开元之旧目，亡佚尚多。庶坠简以毕臻，更出金而示赏式。广献书之路，且开与进之门"，并且给出了明确的赏金，"应中外士庶有收得三馆所少书籍，每纳到一卷给千钱"云云，真宗朝亦屡屡记有献书之事⑦。

对于搜求来的书严加校勘。景德元年（1004年）三月，"直秘阁黄夷简上校勘新写御书凡二万四千一百六十二卷，……以校勘官刘筠等六人并为大理评事、秘阁校理"⑧。大中祥符五年（1012）十月，"诏国子监校勘

---

① （宋）欧阳修撰：《归田录》卷二，《欧阳修全集》，中国书店1994年版，第1024页。

② "郡县学"，《宋会要辑稿·崇儒》，苗书梅等点校，河南大学出版社2004年版，第78页。

③ "政事十"之学校"西京见建国子监武成王庙诏"，《宋大诏令集》第590页。另，五代时即已有冯道（882—954年，连任五朝宰相）主持刻印的监本《九经》，历史上监本印刷的开始，在印刷史上占有重要的地位。始于后唐明宗长兴三年（932年），中经后晋、后汉，至后周广顺三年（953）完成，历时21年。汉代开始，把《诗》《书》《礼》《易》《春秋》称为"五经"。唐代把"三礼"（《周礼》《仪礼》《礼记》）、"三传"（《公羊传》《穀梁传》《左传》），连同《易》《书》《诗》称为"九经"。

④ "郡县学"，《宋会要辑稿·崇儒》，苗书梅等点校，河南大学出版社2004年版，第79—80页。

⑤ "诏求三馆阙书诏"，太平兴国年正月，《宋大诏令》，中华书局1997年版，第596页。另参见"求遗书 藏书"，《宋会要辑稿·崇儒》，第234页。

⑥ "政事十一"之"征召""访遗书诏"，咸平四年十月。《宋大诏令》，中华书局1997年版，第597页。

⑦ 《宋会要辑稿·崇儒》"求遗书 藏书"第236—238页，"献书升秩"第267—270页。

⑧ 《宋会要辑稿·崇儒》"勘书"，第211—212页。

《孟子》，直讲马龟符、冯元，说□吴易直同校勘，判国子监、龙图阁待制吴奭，都虞员外郎王勉覆校，内侍刘崇超领其事"①，校勘《孟子》已显示了国家对四书重视的端倪。

与此相关，宋真宗非常重视书院传统中的儒家教育②。咸平四年（1001），应潭州知州李允则之请，宋真宗赐国子监九经释文、义疏及《史记》、《唐韵》等书给岳麓书院。大中祥符二年（1009），亦赐九经给嵩山书院③。大中祥符八年（1015），第二次赐书岳麓书院，其时山长周式以"学行兼善"，办学富有成绩而受到宋真宗皇帝的召见，并任命为国子监主簿。以周式坚请回山教授，乃赐给内府中秘书，对衣鞍马及御书"岳麓书院"匾额。前后不到 15 年时间，就两次得到御赐书籍。故此书楼遂改名御书阁，以表其荣。皇帝赐书的主要目的和赐田赐额一样是为了奖赏书院办学以替代官学培养人才的贡献；并借机推广官方标准读物，以求统一思想，但客观上有利于书院藏书事业和儒学思想的推进④。

虽然，《宋史》批评宋真宗好大喜功之心在一些大臣如王钦若、丁谓等人的鼓动下，日渐膨胀⑤，"及澶州既盟，封禅事作，祥瑞沓臻，天书

---

① 《宋会要辑稿·崇儒》"勘书"，第 214 页。

② 宋代书院的兴盛与皇家的重视紧密不可分。在宋初天下四大书院中，就有白鹿洞、嵩阳、岳麓三书院得到过皇帝的赐书。白鹿洞得书的时间最早，在太平兴国二年（977）。当时应江州知州周述之请，宋太宗皇帝赵光义将国子监所印《诗》、《书》、《易》、《礼记》、《仪礼》、《周礼》、《左传》、《公羊传》、《谷梁传》等儒家九经赐予白鹿师生学习，并派车船专程送到洞中。嵩阳书院第一次得书在至道二年（996）七月六日，"赐嵩山书院额及印本九经书疏，从本道转运使之请也"。

③ 在至道二年（996）七月六日，宋太宗就曾"赐嵩山书院额及印本九经书疏，从本道转运使之请也"。按：是时书院尚名太室书院，乃改五代周时所建太乙书院而成，至景二年（1035）奉敕重修时，始改名嵩阳书院。

④ 宋代书院在中国文化和思想史上具有特殊的意义。以书院为基地，研究学术，传播思想，培养后人，奠定学派，使书院与学术之间形成了一种互为表里、互为倚势、隐显同时、荣辱与共、融为一体的特殊关系。书院重学术的倾向，决定了它对书籍的重视，因为书籍作为文化的载体具有多重性。积累知识、研究学问、创造新说、传播理论等各个环节都离不开它。

⑤ 这从宋真宗的尊号变化即可见此变化，宋真宗即位之初，多次拒绝了臣下上尊号的请求，但其尊号仍在不断变化，咸平二年为"崇文广武圣明仁孝皇帝"（八字），咸平五年为"崇文广武应道章德圣明仁孝皇帝"（十二字），大中祥符元年为"崇文广武仪天尊道宝应彰感圣明仁孝皇帝"（十六字），大中祥符三年为"崇文广武仪天尊道宝应彰感钦明上圣至德仁孝皇帝"（二十字），大中祥符五年改为"崇文广武感天尊道应真佑德上圣钦明仁孝皇帝"（十八字），天禧三年则是"体元御极感天尊道应真寔运文德武圣钦明仁孝皇帝"（二十字）。参见《宋大诏令》卷第三"尊号批答"、卷第五"尊号册"，中华书局 1997 年版。

屡降"①，宋真宗伪造"天书"，封禅泰山，广建宫观，劳民伤财，政治腐败，社会矛盾趋于尖锐。但也指出宋真宗三教并崇，很可能是"神道设教"的做法，"宋之诸臣，因知契丹之习，又见其君有厌兵之意，遂进神道设教之言，欲假是以动敌人之听闻，庶几足以潜消其窥觎之志欤？"从整体而言，北宋建立以后，加强思想文化统治，统一意识形态，是皇帝们和政治家、思想家们所面临的首要课题。在三教并弘的基准上，宋真宗仍然考虑的是建立儒家的正统地位。北宋统治者对于三教的基本出发点，是优先考虑儒家的正统地位，并以它为准绳，对佛、道两教既利用又控制。

宋真宗的三教政策是非常明确的，是理性的选择，符合宋真宗时期以及北宋王朝长治久安的需要。这一时期的士大夫以及普通百姓在受益于宋真宗的自由精神、文明昌盛的同时，亦为这个王朝的长治久安思考着、担忧着、探索着，宋学正是在这样一个矛盾的背景中产生的。

1.1.3　宋初佛教的发展状况

在三教共扬、恢复斯文的背景下，宋朝建国以来，宋太祖、太宗在内外压力下对佛教就确立了既扶持又抑制的政策。宋太祖即位不久，就在扬州造寺赐额建隆②，派遣僧行勤等一百五十人出游西域③。开宝四年（971）开始刊刻《开宝藏》，重修同州龙兴寺舍利塔，耗费百万④，又铸修"高七十三尺""四十二臂"的正定铜观音大悲菩萨像，"诸节度、军州差取到下军三千人工役"⑤。乾德二年，重修杭州昭庆律寺，规制宏伟，

---

① （元）脱脱等撰：《宋史·真宗纪》，中华书局 1997 年版。

② （元）念常撰：《佛祖历代通载》（22 卷）卷一八，《大正藏》第四十九册。

③ （宋）李焘撰：《续资治通鉴长编》卷七"太祖乾德四年三月癸未"条，中华书局 2004 年版。（元）脱脱《宋史》卷二《太祖纪》作"僧行勤等一百五十七人，各赐钱三万，游西域"。夏竦在 1035 年所作"传法院碑铭"中记曰："先朝乾德中临遣僧行勤等一百五十有七人，各赐装钱访经西域，今继有还者。嗟其翻译之废。载祀二百。非国家削平多垒，淹宅四海，通道夷貉，暨声蕙雪，大事因缘，畴能复之？"

④ 《金石萃编》卷一二五"重修龙兴寺东塔记"，王昶编，《宋代石刻文献全编》，国家图书馆善本部金石组编，北京图书馆出版社 2003 年版。

⑤ 《金石萃编》卷一二三《正定府龙兴寺铸铜像记》，王昶编，《宋代石刻文献全编》。

花费无数①。关于宋太祖与佛教渊源的故事，历史上也颇有记载②。

宋太宗亦是崇尚释教，《长编》卷二四《太宗太平兴国八年冬十月甲申条》记载宰相赵普语，称他"以尧舜之道治世，以如来之行修心，圣智高远，动悟真理，固非臣下所及"。宋太宗仿唐制，恢复了译经院，建开宝寺舍利塔等等。孤山智圆在《闲居编》中曾赞太宗"之于我教也，有继绝存亡之道与！"③然而，太宗对于当时佛教的发展状况也是有着比较清醒的认识。《宋朝事实类苑》卷第二祖宗圣训，记载了宋太宗的一段话，曰：

> 古者，一夫耕，三人食，尚有受其馁者，今殆二十人矣。东南之俗，连村跨邑去为僧者，盖慵稼穑而避徭役耳。泉州奏，未剃僧尼系籍者四千余人，其已剃者数万人，尤可惊骇。④

太宗对于当时的佛教发展状况已大大惊骇，经过几十年的和平发展，宋真宗⑤时代的情况又将如何呢？

正如顾吉辰在《宋代佛教史稿》所说："真宗在位二十五年左右，差不多遇到干旱水灾、风雪冰霜、虫蝗灾异等，几乎都上佛教寺院祈雨、祷晴，并设道场祭祀。"景德三年十月，真宗下达"僧尼、道士、童行十人更放一人诏"，大中祥符二年正月又下"特度僧道诏"⑥。大中祥符三年，又于全境共设戒坛七十二处，其中两浙路十五：杭、苏、明、越、湖、润、常、秀、睦、温、台、衢、婺、处、江阴⑦。

---

① （宋）潜说友纂修：《咸淳临安志》卷七六"寺观"，《宋元方志丛刊》第六册。

② 如北宋欧阳修《归田录》卷一、蔡绦《铁围山丛谈》卷五、志磐《佛祖统纪》卷四三等等，在此不多赘述。

③ "《翻经通纪》序"，《闲居编》卷十，《续藏经》第五十六册，第881页。

④ （宋）江少虞：《宋朝事实类苑》，上海古籍出版社1981年版，第23页。

⑤ 历史上有传说真宗嗣位乃与僧人有关。《宋人轶事汇编》卷一《真宗》条引《孔氏谈苑》记载：太宗三子，真宗第三，封寿王。诏一异僧遍相诸王，僧已相二王，惟寿王未起。僧奏云："遍觏诸王，皆不及寿王。"上曰："卿未见，安知之？"僧曰："适见三仆立于门，皆将相材器，其仆即尔，主可知矣。"三人乃张相耆、杨相崇勋、郭太尉承祐也。虽野史笔记不足全信，不过亦可见真宗在位期间对佛教多有优待与扶持。

⑥ 《宋大诏令集》卷二三二《道释》，中华书局1997年版。

⑦ （清）徐松辑：《宋会要·道释》二之一，《宋会要辑稿》，中华书局1957年版。

　　孤山智圆所在的两浙地区，历史上"尚浮图之教"①，北宋朱文长《吴郡图经续纪》卷中《寺院》云："钱氏帅吴，崇响尤至。于是修旧图新，百堵皆作，竭其力以趋之，唯恐不及，郡之内外，胜利相望，故其留风余俗，久而不衰。民莫不蠲财以施僧，华层邃庑，斋馔丰洁，四方莫能及也。"天禧年间越州（今浙江绍兴）知州高绅的描述是"瓯越之民，僧俗相伴！"②

　　《佛祖统纪》记载，（宋真宗）景德三年（1006）八月，恭谢圣祖大赦天下。节文云"虚皇妙道西竺真乘，咸昉化源敢忘崇奉？应天下僧尼道士女冠系帐童行，并与普度。尚书右丞林特提举祠部文牒。是岁度僧二十三万百二十七人，尼万五千六百四十三人。"③ 15 年后，天禧五年即 1021 年，僧尼的数量多达 45 万余，"是岁天下僧数三十九万七千六百十五人，尼六万一千二百四十人"④，其中，北方地区 115188 人，南方 327000 余人，南方信仰佛教的人数接近北方的 3 倍，而其中两浙僧尼数为 82220 人，约占当时总数的 20%，福建 71080 人，占 15.5%⑤。

　　这个数字相当触目惊心，这意味着在孤山智圆生活的最后几年中，僧尼人数快速增加，成为社会中独立的一个阶层，在传统的士农工商四民（加兵）之外已出现了一个独立的僧侣阶层⑥。为了管理这样一个独立的阶层，又衍生了一个庞大的僧官体制，苏轼在称赞钱塘佛教之盛时，"钱塘佛者之盛，盖甲天下"，就曾记述道："道德才智之士与妄庸巧伪之人杂处其间，号为难齐，故于僧职正、副之外，别补都僧正一员。"⑦ 在宋

---

　　① （元）脱脱等撰：《宋史 地理志四》，中华书局 1997 年版。

　　② （宋）李焘撰：《续资治通鉴长编》卷九十三"天禧三年二月壬寅"条，中华书局 2004 年版。

　　③ 《佛祖统纪》卷四十四"法运通塞志十七之十一"，《大正藏》第四十九册，第 406 页。

　　④ （清）徐松辑：《宋会要辑稿》道释一之二十三，《宋会要辑稿》，中华书局 1957 年版。

　　⑤ 程民生撰：《论宋代佛教的地域差异》，主要通过对《宋会要辑稿 道释一》之十三的考察，《世界宗教研究》1997 年 1 月。

　　⑥ 在《元宪集》中我们可以看到"赐彰信军三军将吏、僧道、百姓等为授王随本军节度使示谕诏书"、"赐定国军三军将吏、僧道、百姓等为授王德用本军节度使示谕敕"的说法，（宋）宋庠、宋祁撰《元宪集》卷二十八，中华书局"丛书集成初编"1985 年版，第 297 页。

　　⑦ （宋）苏轼："海月辩公真赞"，《苏东坡全集》，中国书店 1994 年版，第 666 页。

仁宗时代，僧官的制度也因此发生了一些变化：

> 天圣八年五月，开封府言：勘会左、右街正僧录管干教门公事，其副僧录、讲经论首座、鉴义，并不管干教门公事。诏今后左、右街副僧录并同管干教门公事。①

这种变化，从"不管"，到"同管"，与 11 世纪初期全国僧尼数目剧增有着直接的关系。更为重要的，佛教的发展进一步加剧了佛教与现实的距离：

> 承平既久，户口岁增，兵籍益广，吏员益众。佛老、外国耗蠹中土，县官之费倍于昔，百姓亦稍纵侈，而上下施困于财。②

在这样一个庞大的队伍中，不可避免地出现了一系列的问题，突出的问题包括：社会劳动力和军队后备人数的匮乏、寺院经济的膨胀、用度奢靡的社会效应、僧众素质低下等等③。以僧众的素质为例，这是在北宋初期佛教受到士大夫普遍诟病的一个直接因素。天禧四年（1020）正月，右街讲经秘演等，请以《御制释典法音集》命僧笺注，凡三十卷，乞附大藏。诏可。初是杨亿提举其事，集中有六种震动之语。一僧笺之，将三百，暗碎不可观。亿削去，自注云："地体本静，动必有变"，人服其简④。欧阳修《归田录》中记载："宋宣献公（绶）夏英公（竦）同试童行诵经。有一行者诵《法华经》，不过。问其习业几年矣。曰：十年也。二公笑且闵之。因各取《法华经》一部诵之，宋公十（一作五）日，夏公七日，不复遗一字。人性之相远，如此！"⑤ 宋明以后，各种小说对于

---

① 《宋会要 道释》一之一一。

② 《宋史·食货志》。

③ 这些问题已引起了学者们的广泛注意，参见《宋代佛教社会经济史论集》（黄敏枝，台北学生书局，1989），《北宋佛教史论稿》（黄启江，台北商务印书馆 1997 年版）、《宋代寺院经济史稿》（游彪，河北大学出版社 2003 年版）、《宋代佛教史稿》（顾吉辰，中州古籍出版社 1993 年版）等。

④ 《佛祖统纪》卷四十六，《大正藏》第四十九册，第 406 页。

⑤ 《归田录》卷一，《欧阳修全集》，中国书店 1994 年版，第 1020 页。

佛门炎凉、僧人自孽、僧人不法甚而恶僧淫杀之事多有微词和批判，虽然宋以前已有其端倪，但因宋代社会的世俗化而更加广泛，受到了更多的关注与谴责。

　　然而，与此互动的是，北宋初年出现了一些义理渊博、梵行清净的学问僧以及一些有特殊技能的僧人，他们成为入宋以后为士大夫们所尊重的如来使，如受到苏轼赞扬外科技艺高超的"古道者"、擅长针灸的医僧海渊、长于冶金技术的凤翔老僧、具有外交才能的僧智缘、兵器制造专家僧法仙、著名桥梁专家僧怀丙、著名建筑师浙东喻皓，还有许多具有艺术才能者如琴师、画师等，这些人作为佛教的优秀分子，以佛教的出世心，行慈悲事，受到了北宋士大夫的尊重和普通百姓的景仰。百姓精神信仰的需要，进一步保证了佛教存在的现实必要性：

　　　　农夫深耕，利于早熟；蚕妇织纴，以勤女红；乐岁家给人足，斥其赢，奉佛惟谨。故民居与僧坊栉比，钟呗之声相闻。①

　　佛教自身的矛盾问题在北宋内外交困的背景中，往往成为社会问题的一个焦点。宋学正是在这种佛教高速发展、形成巨大社会力量，而斯文坠地、僧纪涣散、信仰不明、教学无准，力图振兴儒学、富国强兵、以天下为己任、建立社会新秩序的一股思想潮流和社会实践潮流。就儒学体系而言，宋学的萌芽，也正是发端于反佛的思潮。在孤山智圆之前，王禹偁和赞宁是其中优秀的代表人物。

1.2　智圆之前的宋学萌芽

1.2.1　王禹偁的抑佛思想

　　伴随着佛教在宋初的迅速发展和宋初儒学的自觉，抑佛思潮也逐渐萌芽。太宗朝以来，见诸正史、笔记、佛教文献的言辞极端的反佛资料逐渐

---

　　①　《韵语阳秋》卷二载潘大临事，《历代诗话》，中华书局 1981 年版，第 500—501 页。

出现，其中如田锡①、陈恕②、孙奭③等都是其中的先锋人物。

对于抑佛或反佛的思想，宋真宗基于"三教共弘"的思想，往往是"存而不论"。从其佛教政策来看，宋真宗对于现实还是有着较为清醒的认识，"鼓励中有限制"可以说是宋真宗佛教政策的中心内容。在这股抑佛思潮中，王禹偁的思想最具代表性。

王禹偁（954—1001）④，宋初著名政治家、思想家、古文运动家，在宋初具有重要的影响力⑤。"王元之素不喜释氏，始为知制诰，名震一时。丁晋公、孙何皆游门下"⑥。

至道三年（997），太宗崩，真宗即位，下诏求直言。王禹偁时任知

_____

① 太宗端拱二年（989）取杭州释迦舍利，度开宝寺建舍利塔，前后超过八年，巨丽精巧，近代绝无，所费亿万计。时知制诰的田锡上书反对，其言切直，"众以为金碧荧煌，臣以为涂膏衅血"。参见（宋）李焘撰《长编》卷30《太宗端拱二年八月》条，中华书局2004年版。

② 《宋史》对陈恕评价很高，称他"颇涉史传，多识典故，精于吏理，深刻少恩，人不敢干以私。前后掌利柄十余年，强力干事，胥吏畏服，有称职之誉。善谈论，听者忘倦"。参见《宋史》卷267"陈恕传"。《佛祖统纪》中记载"咸平二年（999）礼部侍郎陈恕言：译经院久费供亿，乞罢之。上以先朝盛典不许"（《佛祖统纪》卷四十四，《大正藏》第四十四册，第402页）。这段情况《宋史》也有记载，《宋史》卷267"陈恕传"说："素不喜释氏，尝请废译经院，辞甚激切。"其后在咸平六年（1003年），时知开封府的陈恕说"僧徒往西天取经者，臣尝召问，皆习学经业，而质状庸陋。或诸藩必招轻慢。自今宜试经业察人材。择其可者令往"。真宗"诏可"，这也表明真宗对于当时佛教的发展状况是清楚的。

③ 景德三年（1006），诸王府侍读孙奭奏请减损修寺度僧。上曰："释道二门有助世教，人或偏见往往毁訾，假使僧道时有不检，安可即废？"另外，反佛抑佛的还有许多，如景德四年（1007），臣寮言："愚民无知佞佛过度，谓舍财可以邀福，修供可以灭罪，蠹害国政宜加禁止。"大中祥符六年（1013）二月诏天下官吏试童行经业，方许剃度。天禧元年（1017）四月，诏曰："金仙垂教实利含生，贝叶誊文当资传译。苟师承之或异，必邪正以相参。既失精详寖成讹谬，而况牟血之祀甚渎于真乘，厌诅之辞尤乖于妙理。其新译频那夜迦经四卷不许入藏。自今后似此经文不得翻译。"等等。

④ 王禹偁，宋初著名政治家、文学家。字元之，北宋济州钜野（今山东巨野）人，出身贫苦，宋太宗太平兴国八年（983）进士，由州县地方官吏升至右拾遗、左司谏、知制诰、翰林学士，是北宋政治改革的先驱。因其为人刚正，居官直言敢谏，仕途相当坎坷，八年中三次遭贬。其诗崇杜甫、白居易，文尚韩愈、柳宗元，特别是他继承了杜甫、白居易诗歌的现实主义传统，从创作实践和创作主张两个方面，力摒晚唐五代以来的浮华诗风，独开宋诗新风气，是北宋诗文革新运动的先驱者，在宋代文学史上是一位承前启后的重要作家。

⑤ 中日历史学界和文学界已对王禹偁的思想已有一定的研究和关注，例如徐规先生《王禹偁事迹著作编年》一书，〔日〕东英寿"从行卷看北宋初期的古文复兴——以王禹偁为线索"一文，都是这方面的优秀成果，非常值得学习和借鉴，本书亦从中受益匪浅。

⑥ （宋）叶梦得撰：《石林燕语》卷十，中华书局2006年版，第145页。

扬州事，应诏上疏，要求真宗"治之惟新，救之在速"，提出五项"军国大政"的改革主张，其中，第四条为："沙汰僧尼，使疲民无耗"。① 王禹偁认为"古者惟有四民"，士、农、工、商，皆不可缺；自秦以后，强兵定天下，虽然"执干戈卫社稷，理不可去"，然而，于四民之外而为五也，所以"农益困"。"汉明以后，佛法流入中国，度人修寺，历代增加，不蚕而衣，不耕而食，是五民之外而为六也，故魏晋而下治道不及于两汉"。复引韩愈谏宪宗迎佛骨表之文，曰：

> 是知古圣人不事佛以求福，古圣人必排佛以救民。假使天下有僧万人，每日食米一升，岁用绢一匹，是至俭也，而月有三千斛之费，岁有一万缣之耗，何况五、七万辈哉？而又富僧巨髡穷极口腹，一斋之食，一袭之衣，贫民百家未能供给。此辈既不能治民，又不能力战，不造器用，不通货财，而高堂邃宇丰衣饱食而已，不曰民蠹，其可得乎？臣愚以为，国家度人众矣，造寺多矣，计其费耗，何啻亿万。先朝不豫，舍施又多，佛若有灵，岂不蒙福？事佛无效，断可知矣！陛下深鉴前王，精求理本，亟宜沙汰，以厚生民。若以嗣位之初，未欲惊骇此辈，且可一、二十载不令度人，不许修寺，使自销铄，渐而去之，亦救弊之一端也。②

王禹偁把"沙汰僧尼"限制佛教发展作为"军国大政"提出的思想决不是心血来潮。早在端拱元年（988），宋太宗下诏求直言。时年 35 岁的王禹偁初拜右拾遗（谏官）、直史馆（史官），先后奏上《端拱箴》与

---

① 这件事在《历朝释氏通鉴》（12 卷）卷第八也有记载："真宗即位，改元咸平，内翰王禹偁疏陈五事，一曰'澄汰僧尼'。恐惊骇，且罢度人修寺，一二十年，容自销铄，亦救弊之一端也"，（元）熙仲集，《续藏经》第七十六册。

② 这段文字《小畜集》未收，根据宋史专家徐规先生的考证，吕祖谦《皇朝文鉴》卷四二录全文，题名为《应诏言事疏》。范仲淹于二十八年后天圣三年 1025 所上《时务书》，三十年后天圣五年（1027）之《上相府书》及四十六年后庆历三年（1043）之《十事疏》，乃王禹偁《应诏言事疏》内容之继承与发展。南宋叶适在《习学记言序目》卷四八〈皇朝文鉴·奏疏〉条中曾对此疏大加赞赏。所引文字由徐规据《皇朝文鉴》录载，并参校《国朝诸臣奏议》卷一四五〈上真宗论军国大政五事〉、《历代名臣奏议》卷八一、《宋会要辑稿》帝系九之三、《续资治通鉴长编》卷四二、《容斋四笔》卷十四〈王元之论官冗〉条、《宋史·王禹偁传》等。

《三谏书序》。《三谏书序》云"因采掇古人章疏可救今时弊者，凡三篇"，其二，"以齐民颇耗，象教弥兴，兰若过多，缁徒孔炽，蠹人害政，莫甚于斯，臣故献韩愈《论佛骨表》。"

第二年（989），契丹破易州①。右正言、直史馆王禹偁再次上奏②，提出"外任其人有五者"、"内修其德有五者"，其中"内修其德"第五项措施为"禁止游惰，厚民力也"，请求访问有司，明"僧道蠹人者"等，"望陛下少度僧尼，少崇寺观，劝风俗，务田农，则人力强而边用也"，"臣恐以三分勤耕苦织之人，赡七分坐待衣食之辈，欲求民泰，不亦难乎？""若辇运劳于外，游惰耗于内，人力日削，边用日多，不幸有水旱之灾，则寇不独在外而在乎内也。惟陛下熟计之。"而太宗览奏，深加叹赏，当时的宰相赵普尤器之。

王禹偁的这段上疏代表了智圆时代的抑佛声音，概括了宋初抑佛的几个主要原因：1. 经济原因；2. 军事原因；3. 社会原因。王禹偁的抑佛思想在宋初是最有代表性的。这股抑佛思潮不仅仅表现为简单的反佛，而是基于宋初富国强兵的愿望、对佛教发展状况的担忧，同时亦是儒学复兴之初的一种直接表达。雍熙三年丙戌（986）王禹偁时以大理评事知苏州长洲县，正月撰成《长洲县令厅记》，其中对长洲民俗记载道："好祀非鬼，好淫内典。学校之风久废，诗书之教未行。"而在同时，王禹偁个人又与佛教、道教多有交涉，他更是与下文讲到的赞宁保持着良好的友谊，曾撰"赠赞宁大师"、"左街僧录通惠大师文集序"等文③。

应该说王禹偁思想是宋学萌芽时期的一种代表倾向，他关注国计民生，倡导古文，抑佛与融佛的理性化，在北宋初年抑佛思潮中具有一定的代表性。

---

① 《辽史》卷十二"圣宗记"。

② 此奏即著名之《御戎十策》或《御戎十事》。（赵汝愚《国朝诸臣奏议》卷一二九，《续资治通鉴长编》卷三十，明黄淮等编《历代名臣奏议》卷三二二，参考《小畜集》卷八〈谪居感事〉自注，《小畜集》、残本《外集》均未登载此奏。转引自徐规《王禹偁事迹著作编年》，商务印书馆2003年版，第84页。

③ 《小畜集》卷七，四库影印本，第1086—1154页；《小畜集》卷二十，四库影印本，第1086—1196页。

1.2.2 赞宁三教共弘的尝试

面对北宋初期的抑佛思潮，佛教中的先觉者和领袖者在努力解决佛教内部的问题时，也试图应对外部的强大压力。应对的方法可能很多，但我们可以把它们分为消极的和积极的两种。

在北宋初期，佛教内部对于外部的应对可能更多的是消极的、自守的。《宋朝事实类苑》"光梵大师"条记载，庆历年间（1041—1048），朝廷百官度例务减省，惟净大师知道"言者必废译馆，不若预奏乞罢之"，于是主动上书"臣闻在国之初，大建译园，逐年圣节，西域进经，合今新旧，何啻万轴？盈函溢屋，佛语多矣。又况鸿胪之设，虚废禄廪，恩锡用给，率养尸素，欲乞罢废"。仁宗听后反而不忍，曰："三圣崇奉，朕焉敢罢？"因不允。此后不久，孔中丞（道辅）果乞废罢，宋仁宗拿出惟净疏示之，方已①。

赞宁所代表的是对外部积极的主动的应对。赞宁（919—1002）②，有大学问，洞古博物，兼通儒佛，工于诗文。孤山智圆对赞宁非常崇敬，称赞其"寂尔归真界，人间化已成。两朝钦至业，四海仰高名。旧迹存华社，遗编满帝京"③。赞宁的学术理念对智圆产生了一定影响。

明代《缁门警训》④有"右街宁僧录三教总论"，这段文字以对答的方式记录了赞宁的三教思想。首先，赞宁清醒认识到皇权对于三教的现实需要是三教存在与发展的立足点，他说：

古人著述用则阙如，会不知三教循环终而复始。一人在上高而不

① （宋）江少虞撰："仙释僧道""光梵大师"条，《宋朝事实类苑》卷第四十四，上海古籍出版社1981年版，第578页。

② 俗姓高，号通慧大师（通惠大师），又称明义宗文大师、圆明大师，欧阳修《六一诗话》"颇读诗书，博览强记"，僧文莹《湘山野录》"洞古博物"，兼通佛儒，工于诗文，驰誉宋初。《释门正统》《佛祖统纪》均有传，宋代文集多有记其故事。所著《大宋高僧传》三十卷，《僧史略》三卷，《入藏内典集》一百五十二卷，《外学集》四十九卷，《筝谱》十卷，《物外集》皆别行等，今仅存《宋高僧传》、《僧史略》。

③ "经通慧僧录影堂"，《闲居编》卷四十七，《续藏经》第五十六册，第938页。

④ （明）嘉禾如卺作："重刊《缁门警训》序"，《大正藏》第四十八册，此序作于成化六年（1470）。

危，有一人故奉三教之兴，有三教故助一人之理。且夫儒也者，三王以降则宣用而合宜；道也者，五帝之前则冥符于不宰。昔者马史跻道在九流之上，班书拔儒冠艺文之初。子长欲反其朴，而还其淳，尚帝道也；孟坚思本其仁，而祖其义，行王道焉。自夏商周至今，凡几百千龄矣。若用黄老而治，则急病服其缓药矣，由此仁义薄礼刑生，越其礼而逾其刑，则儒氏拱手矣。释氏之门周其施用，以慈悲变暴恶，以喜舍变悭贪，以平等变冤亲，以忍辱变嗔害，知人死而神明不灭，知趣到而受业还生，赏之以天堂，罚之以地狱①。

也就是说，儒道二家在现实的功用上乃是社会之"缓药"，不如佛教之对症与有效。

其次赞宁认识到三教之和，乃是佛教长久发展、佛法常住的根本保障：

是以帝王奉信，群下归心，草上之风，翕然而偃。……夫如是则三教是一家之物，万乘是一家之君。视家不宜偏爱，偏爱则竞生，竞生则损教。已在其内自然不安。及已不安，则悔损其教。不欲损教，则莫若无偏。三教既和，故法得久住也②。

所以，赞宁特别强调佛教内部的自律，以及与儒、道的和平共处，否则"帝王不容，法从何立"：

奉劝吾曹，相警互防，勿罹愆失。帝王不容，法从何立？况道流守宝不为天下先，沙门何妨饶礼以和之，当合佛言一切恭信。信于老君先圣也，信于孔子先师也。非此二圣曷能显扬释教，相与齐行致君于牺黄之上乎？……况为僧莫若道安，安与习凿齿交游崇儒也。为僧莫若慧远，远送陆修静，过虎溪重道也。余慕二高僧好儒重道，释子犹或非之。我既重他，他岂轻我？请信安远行事，其可法也。《诗》曰："伐柯伐柯，其则不远"。《孟子》曰："天时不如地利，地利不

---

① （明）如卺集："右街宁僧录三教总论"，《缁门警训》卷三，《大正藏》第四十八册。
② （明）如卺集："右街宁僧录勉通外学"，《缁门警训》卷二，《大正藏》第四十八册。

如人和"。斯之谓钦!①

　　虽然皇权从国家政策上确立了三教共弘的原则，"重佛道，崇玄门，行儒术"。然而，在实践中，还有许多理论和现实问题需要解决，方可能真正实现三教共弘的目的"副帝王之兴"，不过对于作为佛教高僧的赞宁来说，他的三教思想终究是落著于佛教的发展，"欲中兴佛道，令正法久住也"②。赞宁以兼通儒道的道安和慧远为释子人格的代表，注重佛教自身清修的同时，以开放的心态，鼓励僧人学习儒道思想，与中国文化的融通③，应该是宋学萌芽时期从佛教内部对强大外力的一种积极主动的回应。

　　赞宁不仅从理论上认识到三教和谐的重要性，在实践中也试图推进三教互摄的关系，其中欲与李昉等结九老会就是一个尝试，虽因种种原因，九老会未能如愿，但九老会结社之事早在 995 年，结社尝试本身即具有特殊的三教沟通的内涵④。赞宁不仅与王禹偁、徐铉等宋初思想家、政治家多有往来⑤，和宋学先驱人物之一、古文运动的最早倡导者之一柳开亦有往来⑥。

---

① （明）如卺集："右街宁僧录勉通外学"，《缁门警训》卷二，《大正藏》第四十八册。

② （明）如卺集："右街宁僧录三教总论"，《缁门警训》卷三，《大正藏》第四十八册。

③ 同上。

④ 此事见（宋）王禹偁撰《小畜集》之《右街僧录通惠大师文集序》，云："先是，故相文正公悬车之明年，年七十一，思继白少傅九老之会。得旧相吏部尚书宋琪年七十九，左谏议大夫杨徽之年七十五，鄞州刺史判金吾街仕事魏丕年七十六，太常少卿致仕李运年八十，水部郎中直秘阁朱昂年七十一，庐州节度副使武允成年七十九，太子中允致仕张好问年八十五，大师（赞宁）时年七十八，凡九人焉。"

⑤ 后人对于赞宁以义学成就得王禹偁等政治家赏识之事，津津乐道，颇多记述，《武林西湖高僧事略》"宋僧统宁法师"中说："内翰王禹偁作文集序，极其赞美，及有书称其文辞"，《佛祖统纪》"法运通塞志十七之十一"说："师尝着《通论》有驳董仲舒难王充斥颜师古，证蔡邕非史通等。禹偁见之大服其说，作书与师曰：'辰借通论。日殆三复。使圣人之道无伤于明夷，儒家者流不致于迷，复自周秦以降作者众矣。至于斥杨墨而尊姬孔，不无其人，如此历诋诸家丕显圣道者，吾未之见也。'"又引道法师《序僧史略》称"内翰王公抵排释氏，过于韩子，而独于宁通慧推服之不暇。盖其学行才识有可取也。……是知王公之于通慧不敢排以佛。而独有取于学识之高，可谓能诚服矣。"《佛祖统纪》卷四十四，《大正藏》第四十九册，第 402 页。

⑥ 《宋朝事实类苑》记述：柳仲涂（开）因曰：余顷守维扬郡，堂后菜圃，才雨阴则青燐夕起，何耶？宁曰：此磷火也，……柳遽拜之，曰：……因赠以诗，中有"空门今日见张华"之句。参见（宋）江少虞《宋朝事实类苑》卷第五十九，"僧赞宁"条，上海古籍出版社 1981 年版，第 778 页。

可以说，王禹偁和赞宁是宋初宋学萌芽的最早期人物，他们分别从儒学和佛学的立场，面临斯文坠地、佛教发展等一系列问题所作出的积极应对，对于真宗以及其后的宋学思想都产生了极大的影响。然而，由于王禹偁身居高位，赞宁位居僧录，再加上历史本身的局限，他们同样未能更进一步对于宋学面临的问题进行全面而深入的探索，历史在发展，问题也逐渐尖锐化，讨论随之全面而深入，而北宋天台宗山家山外之争事实上是佛教天台内部如何应对外部强大压力的一次突出表现，孤山智圆的人生和思想正是在这场争论中成长和成熟起来，然而他又跳出了天台宗和佛教的局限，因而使这场原本为天台宗内部的争论具有了宋学萌芽的色彩与思想内涵，从而成为了一场宋学萌芽时期的学术之争①。

1.2.3　智圆的"宋学先觉"问题意识

智圆称自己外披佛衣裳，内有儒志气，常恨其徒不能像韩愈有功于儒学一样有功于如来之道，智圆强调"扶持"将坠之学、"救弊"世道人心、"垂裕"后世子孙，所以他的问题意识可以说是散落在他文字的任何角落，认识智圆所说需要"救弊"、"扶持"和"垂裕"的内容，也正是本书写作的目的。不过，为方便起见，我们姑且把它分为几个方面，仅供从整体上把握智圆的问题意识与他的解决思路：

1. "辩讹从正，去滥传真"，针对宋初典籍混乱的现象注重版本的校刊与整理。

---

①　这场讨论，正如《中国天台宗通史》中所说："从争论内容的深度、广度，争论双方严肃认真的态度，以及不避敌辩、追求佛法大义的精神看，中国佛教史上几乎无出其右者。在某种意义上我们可以说，山家山外之争是一场学术运动，这一独特的精神文化现象理应得到重视。"参见潘桂明、吴忠伟《中国天台宗通史》，江苏古籍出版社2001年版，第389页。山家山外之争，是北宋佛教史以至思想上重要的一个环节。然，一般天台通史和以山家知礼为中心的考察对此问题多有述及，关于山家山外争辩的情况与内容，可参照《中国天台宗通史》及吴忠伟博士论文《智圆佛教思想》，在此不加详述。但是，（1）虽然智圆一般被认为是山家山外争论中的山外代表人物，不过从现在留存的典籍来看，与山家局于天台教内、与山外辩论为主的文字风格不同，智圆乃是以自说为主，他基本上是在建立中有批判，重点是在义理的建立和实践的推进，所以本书不拟对此问题详加讨论，只是围绕本文论点以及智圆在这场争论历史进程中的作用而略加说明。（2）以往山家山外之争的论述，多以山家为中心，与本书以智圆为中心，颇有不同。因此，在争论的分期以及争论的结果等重大问题上，本书亦有不同意见。不同之处，随文之处，请读者详查。

智圆说："辨讹从正，去滥传真，吾之职也"①，"某不佞学浮屠道有年矣，既粗领其指，而颇有扶持心，非敢私于己焉，而实欲公于万世，以救其弊也。"② 从本章前文中我们已看到，北宋政权稳定以来，收拾中唐以来的残乱，在文化领域首先面对的就是文献版本的错讹以及由此导致的人们的无所适从，"辨讹"与"去滥"是"从正"、"传真"的前提与基础，儒、释、道都面临着共同的问题，时代呼唤出现先觉者们的"立功"于后世。因此，包括智圆在内的儒、释、道三家的先觉们以及中央政府都试图首先从典籍整理入手来厘清宋初面临的思想界的问题，因而这个时期形成了大规模的儒、释、道三家典籍整理的风潮，以迎接很快就要到来的一场以文化普及为主要标志的世俗化进程。孤山智圆所具备的良好的考据功底与考据意识，是他成为宋学先觉的一个前提。

2. "摧邪显正，激浊扬清"，从义理的角度发挥儒释道三家的核心思想。

智圆说："夫阐教之士，负法王之优寄为如来之所使，必以摧邪显正、激浊扬清，为后学著龟作生灵耳目，为其己任也，苟弗能之而默然自守者，则尸禄备员于佛门矣，虽讲授亦奚以为？"③ 而由于典籍的散佚与错讹，有些问题难以考辨，如何处理呢？山外一系的传统是深入经典，而以义解。正如吴遵路在《闲居编序》中称赞智圆"夫折理者意远则理优，宣理者理高则文胜，盖先本而后末，撷实遗华，然后大羹不致而遗味存，大圭不琢而天质露，岂与夫咬哇之末响，雕刻之繁文，较其能否哉！"④ 智圆深入儒、释、道三家经典，得其心性之旨，又以此心性义理之旨，参校广博的儒、释、道三家经典。智圆心性义理之学，功在于立也。

3. 面对"文道驳杂、儒术陵夷"的现象，提倡古文与周孔之道为核心的儒学复兴。

智圆认为："自五代以来，文道驳杂，儒术陵夷"⑤，"唐祚既灭，五代之间，乱亡相继，钱氏霸吴越奉王室者，凡百年。罗昭谏、陆鲁望、孙希韩辈既没，文道大坏，作雕篆四六者，鲸吞古风，为下俚讴歌者，扫灭

---

① "详勘《金刚般若经》印版后序"，《闲居编》卷九，《续藏经》第五十六册，第879页。
② "与骆偃节判书"，《闲居编》卷第二十一，《续藏经》第五十六册，第897页。
③ "与嘉禾玄法师书"，《闲居编》卷第二十一，《续藏经》第五十六册，第897页。
④ （宋）吴遵路撰："《闲居编》序"，《续藏经》第五十六册，第865页。
⑤ "与骆偃节判书"，《闲居编》卷二十一，《续藏经》第五十六册，第897页。

雅颂，大夫士皆世及，故子弟耻服儒服，耻道儒言，而必以儒为戏。当是
时也，孰肯作苦涩辞句，张皇正道，速谤于己，背利于时，为世之弃物
耶?"① 智圆认为儒术乃有功于天下，治国修身不可须臾离也，"文道驳
杂，儒术陵夷"不是社会的正常现象。

联想到几十年后北宋两位著名思想家张方平（1007—1091）与王安
石（1021—1086）之间的一段对话，"儒门淡薄，收拾不住，皆归释氏
耳!"② 智圆于宋真宗时期儒术淡薄之时，弘扬古文古道、中庸与生生之
易的思想，智圆之远见卓识，诚为可贵矣。

4. 对佛教内部存在的"法度弗行，律仪弗修"，而招致"蚕食蠹耗
之谤，无道失国之罪"，进行全面的论辩，并通过主张戒、定、慧三学的
学习沟通佛教，来纯净佛教僧团，提高社会的认可度。

北宋时期，佛教已历经三武一宗的劫难，特别是五代时期后周世宗
"从儒家的政治理想和宗法伦理角度，废除淫祠，整饬佛教教团"③，带给
佛教的不仅仅是现实中的打击，更重要的是它严重挑战了佛教生存的意义
与价值。排佛与融佛，伴随着五代的历史成为宋学中的一个不可避免的话
题。再加上佛教内部的"法度弗行，律仪弗修"，佛教何以处之? 历史面
临着需要对佛教存在的价值与合理性给出解释。

智圆所处的真宗时代，生逢圣主，正值太宁，经济迅速发展，佛教经
济也成为社会经济中不可忽视的因素。特别是随着北宋城市的繁荣，手工
业和商业发展，"建立于隋唐的'无尽藏'，被扩充成了纯粹商业性的经
营，称之为'长生库'。寺院还普遍开设碾磑、店铺、仓库等商业性服务
项目，发展盈利事业"④，寺院经济同世俗社会的联系越来越紧密。其中
一些数量极大的僧门释子往往"法度弗行"、"律仪弗修"，非但有损个人
之修行、佛教之形象，亦将招致整个佛教之大不幸也，法难兹由于此也。
虽然，宋初三先生（胡瑗、石介、孙复）为代表的反佛思想还未形成，
但王禹偁、种放等的言论已在社会产生影响，佛教甚至面临"无道失国"

---

① "佛氏彙征别集序"，《闲居编》卷第十，《续藏经》第五十六册，第 881 页。

② 陈善：《儒释迭为盛衰》，《扪虱新话》上册卷 10，据儒学警悟本校印，上海商务印书馆
1920 年版。转引自方立天著《中国佛教哲学要义》"绪论"，中国人民大学出版社 2004 年版，第
1—2 页。

③ 《佛教史》，杜继文主编，中国社会科学出版社 1995 年版，第 332 页。

④ 杜继文主编《佛教史》，中国社会科学出版社 1995 年版，第 484 页。

之罪的严厉质询。智圆从儒家传统入手来批驳，指出即便像中国历史上最伟大的圣人尧舜周公，也不可避免有丹朱商均不肖之子、管叔蔡叔不仁之弟，罪不在尧舜周公，并引文中子王通的话说"诗书盛而秦灭，非仲尼之罪也。虚玄长而晋乱，非老聃之罪也。斋戒修而梁国危，非释迦之罪也"。① 并进一步认为，不能因为部分佛教僧徒的不肖而归罪于或否认佛陀的教化：

> 于是蚕食蠹耗之谤自兹而生也，斯乃好之者事之者之失尔，非教之罪也。而往世君民者不察其所由，视其徒之不肖而迁怒于善人教法者有焉，往往造毁佛之律，行挟释之诛。亦何异乎以丹朱而罪尧，因商均而过舜，服药失度而归咎于神农，纵火致焚而反怨于燧人邪？②

正是在这种涉及佛教生存的强大压力下，智圆在认真思考着佛教的发展之路。智圆认为佛教发展的根本乃是僧团的品格，因此智圆谆谆教导他的弟子们，其辞铿锵有力，殷殷之情溢于言表：

> 大法下衰，去圣逾远。披缁虽众，谋道尤稀。竟声利为己能，视流通为儿戏。遂使法门罕辟，教网将颓。寔赖后昆，克荷斯道。汝曹虚心请法，洁己依师，近期于立身扬名，远冀于革凡成圣。发挥相法，舍子而谁？③

智圆希望每一个真正的佛门弟子都能够承担其应有的责任，语言之铿锵，信念之坚定，实令后人学习。

以上问题又可以总括为两个方面，智圆的思考首先着眼于当时的现实需要。应该说在所有问题中，两个问题是最为核心的，一个是斯文坠地，儒门凋零，文道大坏；一个是法难仍在，反佛持续，僧团混乱。这两个问题体现了智圆的两大忧患，对中华文化衰落的忧患和对佛法衰落的忧患。

---

① 智圆说"昔李斯学儒于荀子，元嵩学佛于亡名，李斯相秦而坑儒焚书，元嵩辅周而灭释毁佛。岂归罪于师耶？抑又圣如尧舜周公，而子有丹朱商均之不肖，弟有管叔蔡叔之不仁，岂尧舜周公教之不至耶？"《维摩诘略疏垂裕记》卷第一，参见（宋）智圆撰《大正藏》第三十八册。
② "与骆偃节判书"，《闲居编》卷二十一，《续藏经》第五十六册，第896—897页。
③ "惩恶劝善"，《闲居编》卷三十，《续藏经》第五十六册，第909页。

围绕以上两个方面，现实的问题还包括寺院经济发展，法度弗行，淫祀之弊，释道斗法，佛教内部的不和谐，禅门、天台思想的混乱、道家思想的混乱等一系列问题。针对以上问题，智圆主要在以下两个方面作了大量的工作：

1. 对那些"古无赞述，世弗流通"的儒释道三家核心经典给予大力阐扬。

智圆感叹："嗟乎！古无赞述，世弗流通，予实无似辄为解释，虽鸿笔丽藻大有愧于前修，而考文责实亦无惭于来学云。"① 也就是说，他在考据散佚文献、建立心性义理之学时，发现儒、释、道三家之一些根本经典都已淹没在广博浩瀚、无有边际的书籍之中，对于中人初心的学习是极为不利的。如何舍弃末而求其本，撷其实而遗其华呢？智圆所撷取的这些"古无赞述，世弗流通"的三家教典，大多义远而辞明、简略而有功，与宋学所追求的心性修养、生生为易、裨益世风的精神一致，智圆进行整理、注疏，并刊刻、流布，使三家强调心。

这些核心经典至少可以起到三个方面的作用：首先，核心经典是义理的根本。儒、释、道三教均是经纶浩瀚无边，义理博奥难量，即便是研究者也很难穷尽，又何况一般的学习者；无论是研究者或学习者，首先都需要在经典中找到思想的落点，义理过于繁复或深奥的理论离人情过远，不能为初心学者之依凭，容易陷入虚无主义；可靠、确定、简易有功的经典文本将成为正确把握一种文化精神实质、日用修习最好的根本。第二，核心经典最接近儒、释、道本然的教化，核心经典在保持三教特质方面的功用是任何其他东西都无法替代的。第三，通过核心经典的研修能够最大限度地在三教之间与各自内部实现求同存异，不仅对社会有利，更能有功于儒、释、道事业的永久流传。

2. 一方面，"智者之所说、荆溪之未记者，悉得记之"；另一方面，对那些智者、湛然之未说，而现实需要之思想理论，智圆以天台思想为依据进行阐发，推动了天台思想在新时代的阐扬以及天台宗的发展。

天台教学在中国佛教中，具有特殊的历史地位和义理地位。特别是进入北宋以后，推行以文治国，士大夫阶层大量出现，并形成了国家政权中具有极大影响力的一支力量。特别是宋真宗、宋仁宗时期的科举考试制度

---

① "《瑞应经疏》序"，《闲居编》卷二，《续藏经》第五十六册，第 872 页。

的改革，使大量出身平民而具有较高文化水准的知识分子涌现于历史的舞台。而士大夫阶层的意趣与普通百姓有较大区别，先在的经验促使他们更容易倾向与传统儒家思想一致，并具有道家玄学思辨的学说。

五代、宋以来文字禅的出现，正是对中唐以来禅宗"以心传心，不立文字"的一次否定。永明延寿（904—975），在宋初就开发了这次否定的进程，撰一百卷的《宗镜录》，指出了"近代或有滥参禅门不得旨者，……并是指鹿为马，执影是真，以病为法"①。此后，宋代出现了大量的语录与灯录②，《文献通考》的作者、元马端临指出"（禅宗）本初自谓'直指人心，不立文字'。今四灯总一百二十卷，数千万言，乃正不离文字耳"③。

在佛教系统中，天台教学可能是比较符合宋初国家统治以及士大夫心理要求的。智圆作为一位天才的思想家，对于入宋以后思想领域的方向性以及天台哲学所蕴涵的丰富资源，具有极强敏感性。因此，智圆着力于"智者、湛然之未说"，索求幽隐，垂裕后学，既开拓了天台学由中唐以来的转向，又启发了以天台心性学融摄三教的努力；既为北宋天台学的复兴奠定了思想的基础，又以心性义理之学沟通了宋学三教。例如，以智者天台三止注疏并弘扬《首楞严经》，在北宋成为广为儒生士大夫所喜爱的佛教经典之一，虽然，智圆的思想并非完美，但其开发之功不可没矣！

正如前面所说，智圆具有强烈的"扶持"、"救弊"、"垂裕"的意识和"立德"、"立功"、"立言"的愿望，而这些意识和愿望都建立在他明确的问题意识中，智圆文中多有"问曰"（或者云，惑者）"对曰"之词，智圆所说都有强烈的时代特征和针对性。

智圆的先觉意识推动着他"不佞识昧、学寡、才短，故非立言之人

---

① 《宗镜录》（100 卷）卷二五，《大正藏》第四十八册。关于永明延寿大师思想及其影响，因学者多有研究，虽其亦为入宋以后重要的佛教思想家之一，然在本书中不作过多论述。智圆《闲居编》及其他现存疏文中未见引用《宗镜录》，亦未提到永明延寿大师。关于永明延寿大师思想，有兴趣者可参见《永明延寿大师研究》（第二届吴越佛教文化与社会学术研讨会暨纪念永明延寿大师诞辰 1100 周年论文集），宗教文化出版社 2005 年版。

② 如道原撰《景德传灯录》（30 卷），李遵勖撰《天圣广灯录》（30 卷），惟白集《建中靖国续灯录》（30 卷），悟明集《联灯会要》（30 卷），正受编《嘉泰普灯录》（30 卷），普济编《五灯会元》（20 卷），以及赜藏集《古尊宿语录》（48 卷），师明集《续古尊宿语录》（6 卷），智绍集《人天眼目》（6 卷），宗昊集《正法眼藏》（6 卷），等等。

③ （元）马端临：《文献通考》卷二二七，中华书局 1986 年版。

也，窃念斯文坠地传授道息，于是辨理解纷而笔记之，"① 实现"立德"、"立功"、"立言"的愿望。"近期于立身扬名，远冀于革凡成圣。发挥像法，舍子而谁？"智圆作为宋学先觉勇于担当的精神，实在值得当今学习，也是本书研究智圆先觉思想的追求之一。

---

① （宋）智圆撰"《涅槃玄义发源机要记》序"，《大正藏》第三十八册。

第 2 章

孤山智圆天台思想

2.1 孤山智圆与"山家山外之争"

2.1.1 智圆与山家山外之争

关于山家山外之争①的原因，学界经常引用的一段资料来自《释门正统》（山家）"知礼传"：

> 初景德间，《光明玄义》有广、略二本，抗行于世。时慈光恩师制《发挥记》解释略本，乃谓："广本有十法观心等文，盖后人擅添"，遂以四失评之。又其弟子清、敏二师，共构难词，辅成其义，欲废广本。宝山信致书请师辨析。师曰："夫评是议非，近于诤竞，非我志也。矧二公乃吾宗先达焉，可率尔拒之?"信重请曰："法鼓竞鸣，何先何后?"师逊让不获，遂有《扶宗释难》之作，力救广本

---

① "山家山外之争"是北宋初年天台史上的一件大事，中日学者已多有论述，但中日学者大多是以山家知礼为中心的考察，结论认为山家取得了胜利，即便如潘桂明、吴忠伟《中国天台宗通史》对山外一系给予极高评价，也只是认为山外一系在山家派取得天台正统地位之前，山外派的实力和影响要远远大于山家。本书对此有不同意见，本书认为知礼山家一系的成功主要是以忏法所取得的政治上的和现实上的成功，而在义理上山家从来没有构成对山外的威胁，但智圆论著基本以自说为主，本书也不拟在此作全面的论述，而是以山外与孤山智圆在此次辩论中所起的作用为主线索，力图说明山外一宗在此争论中始终处于主导地位，孤山智圆积极参与、广泛推动并在这场争论失去其历史意义时，借助行政终止了这场争论，开始了独立的宋学先觉探索之路，并通过自身的"立功""立言"最终实现了这场争论从天台内部到宋学的转向。

十法观心等文，及斥不解发轸拣境之非，观成历法之失。清弟子梵天
昭、孤山圆又撰《辨讹》驳《释难》之非，救发挥之得。于是两家
构词设难，往复各五，绵历七载。①

这场争论的发端在于天台文献版本的混乱，而天台所面临的文献版本
的混乱，也正是宋学发展初期所面临的问题之一的反映，如何辨讹刊正是
宋学发展首先要解决的问题，因而宋学虽为义理之学，然其考证学、版本
学以及历史学极为发达，也正因为北宋义理学乃是建立在考证学、历史学
基础之上，则其义理方不为无源之水、无本之木。

作为山外派的鼻祖晤恩（912—986），是北宋早期天台义理学的代
表人物，历史上对其评价极高。孤山智圆称其祖"高节不群，清风肃
物"（钱唐慈光院备法师行状）"高尚廉简"（大宋高僧慈光阇梨塔
记）。《大宋高僧传》卷第七"义解篇"中"大宋杭州慈光院晤恩传"②
中说道：

> 先是天台宗教，会昌毁废，文义残缺。谈妙之辞，没名不显。
> 恩寻绎十妙之始终，研覈五重之旨趣，讲大《玄义》、《文句》、
> 《止观》二十余周，解行兼明、目足双运。使法华大旨全美流于代
> 者，恩之力也。又慊昔人科节与荆溪记不相符顺，因著《玄义》、
> 《文句》、《止观》、《金光明》、《金錍论》科，总三十五帖。见行
> 于世。③

这段文字非常值得我们注意。北宋初年，"文义残缺"，直接导致的

---

① 《释门正统》（8 卷）卷第二"中兴教观法智大师世家"，《续藏经》第七十五册，第 280
页。此文可能来自 1076 年知礼法孙继忠所撰《四明十义书·序》，其文大同，《四明十义书》（2
卷），《大正藏》第四十六册。

② 孤山《大宋高僧慈光阇梨塔记》中称"卒于雍熙间，寿七十五，腊五十五"，考《宋高
僧传》记载为"雍熙三年八月"，想智圆因《塔记》开始即指出"阇梨事迹载在《僧史》"，所
以后面不必烦琐。

③ 晤恩圆寂于雍熙三年（986）八月，二年后端拱元年（988）十月赞宁完成《大宋高僧
传》，其中记录晤恩的"大宋杭州慈光院晤恩传"当为最早、最原始也最为可靠的晤恩传。

是思想界的混乱。天台典籍自日本、高丽的去珠复还①，在引发社会关注的同时，给思想界提出了艰巨的任务，如何对这些海外归来和散佚的典籍进行去伪存真的整理、刊正以及简择呢？

从历史的记载看，晤恩是宋初最早开始广为文字，从义理上以求澄清。但是，他的文章没有一篇完整的保留下来，其中只有一篇《金光明经玄义发挥记》，因为直接引发了"山家山外之争"，而在山家的引用中可以看到一些思想的片断。

最早的记录出现在知礼的《释难扶宗记》中，他说，"《金光明玄义》，早岁闻浙阳慈光恩师，专守略本，非观心等义，谓后人擅添。受其旨者，则有奉先清、灵光敏，皆广构难词，形乎篇卷，谓观心等文文理乖舛，私欲废之。"文中知礼还分析了出现广本、略本的原因，一是"此教兴来，年月寝远，中间传者，见解浅深"。二是"大师说授随机，有广有略。门人纪录不定，或缺或圆"②。知礼的这篇《释难扶宗记》，是直到真宗咸平三年（1000）他41岁时才完成、其时晤恩已圆寂14年了，并未知晓在他身后所发生的这场辩论。

根据《中国天台宗通史》"宋代天台佛教的复兴——山家山外之争"中对上文的分析，可以看出，"慈光晤恩为当时巨匠，他写《发挥记》，以为广本为后人擅添不是无缘无故的，想必当时天台教界有人鼓吹广本的真实性，从而威胁到钱塘教学的权威性，他所谓的'后人擅添'当不是泛指，针对的正是四明一系"。

然而，"奇怪的是，尽管晤恩早十几年就对广本的真实性予以否定，为何四明一派迟迟未有回应，直至十几年后又旧话重提呢？"③ 何况，在晤恩之后，他的弟子源清又于雍熙三年（986），也就是晤恩圆寂之当年。④ 明

---

① 关于北宋初年天台海外典籍回归引发天台复兴的问题，学者已有所注意，沈海波在"北宋初年天台教籍重归中土史实"（《中华佛学研究》2000年第四期）一文中，认为"天台教籍得自日本"，张风雷在"五代宋初天台教籍复归中土问题的再讨论"一文中认为，"最有可能的大概还是往日本、高丽两国皆曾遣使求取天台教籍"，《江西师范大学学报》（哲学社会科学版）2004年第6期。本书赞同张风雷的观点。

② （宋）知礼撰《释难扶宗记》（1卷），《四明仁岳异说丛书》（宋）继忠集，《续藏经》第五十六册，第848页。

③ 潘桂明、吴忠伟：《中国天台宗通史》，江苏古籍出版社2001年版，第425页。

④ 或曰作于至道元年995年之前，见《议宋国新书考》。

确指摘别行本"此文疵谬多矣"、"幸为辨惑"①。

由此,在 1000 年知礼重挑"山家山外之争"之前,事实上有一个"前山家山外之争",前山家山外之争是由山外晤恩发起,其轮下弟子源清、洪敏②、甚而文备,承后为主力,这个时间至少可以上推至 980 年以前。这个时期山外派乃是天台的主流派。

不过,在公元 1000 年,知礼重挑"山家山外之争"时,山外派乃是由源清的大弟子、智圆的师兄庆昭出战,年仅 25 岁的智圆只是辅战,二人共构《辨讹》,"验《释难》之非,救《发挥》之得"③。不过,这一时期,智圆思想尚未成熟,庆昭与知礼多次辩论④,此时山家知礼一方占据了一定优势并产生了一定影响⑤。

其后,1003 年,因日本国僧寂照等,持本国天台山源信禅师于天台教门致相违问目二十七条,知礼的声望日隆,此后撰《十不二门指要钞》,并于 1004 年正月九日作序以资流布。这是知礼少有的自说而非争辩的文集之一,其目的非常清楚,并且也是知礼的代表作之一。然而,就是这篇《十不二门指要钞》显然直到两年后都没有流布后杭州山外所在的大本营,以致庆昭作书催促:

　　先知足下造《指要钞》,解《十不二门》,为一理之康庄,辨二家之得失。二年前虽许垂示,未睹斯文,翘望之切,如饥渴矣。或苟无食言。必具简惠然而来,博我圆解,约我圆行。岂独(愚)之幸,亦杭之学徒幸矣!又见吾足下诲人无倦之至焉。⑥

①　(宋)源清:《法华十妙不二门示珠指》后记,《续藏经》第五十六册。

②　(高丽)义天《总录》中有洪敏述《首楞严经资中疏证真钞》六卷,《大正藏》第五十五册,第 1169 页。后世称为"楞严大师"子璿就是向洪敏学习的《首楞严经》,《释门正统》卷第八称"(子璿)听洪敏讲《楞严》,至动静二相了然不生有省",《续藏经》第七十五册,第 359 页。

③　见知礼法孙继忠于熙宁九年(1076)所撰《十义书序》,《大正藏》第四十六册。

④　继忠《四明十义书序》记载:"法智存谦光之礼,撰《问疑书》诘之。昭师不逊,有《答疑书》之复。法智复有《诘难书》之征,昭师构《五义》之答。法智复作《问疑书》之责,昭师稽留逾年。法智复有《覆问书》之催答。昭师有今之《释难》,翻成不腆之文矣"。《大正藏》第四十六册。

⑤　此时的知礼,自 996 年得保恩院为天台十方讲院,与余杭释异闻戮力经营,三载 999 年讫役,并开始专务讲忏。

⑥　"钱唐昭讲主上四明法师书",《四明尊者教行录》,《大正藏》第四十六册。

因有"二年前"之说，庆昭此书当作于 1005 年间。知礼在 1003 年完成的《十不二门指要钞》为何迟迟两年还未传到钱塘山外手中？

　　原来在《十不二门指要钞》在完成后不久，就受到了当时天童山景德寺住持释子凝的严厉批评。知礼在《十不二门指要钞》中引达磨门下三人语，子凝与之累书往返辩难，达二十书，今仅存三书，见《草庵录记天童四明往返书》①。其中，子凝第一书作于正月十八，知礼二十四回复；子凝第二书作于正月二十八，知礼二月初七回复；子凝第三书作于二月十四。可见，斯事之急矣。子凝文中批评道，"教主大师……自当依经解义，续智者之真风，何必采鄙俚之言，玷启迪之旨乎？愿削传闻，自扶本教，无使滞名相者而取效焉。""且夫达磨之得二祖，亦犹思大之有智者。垂范作则，千古皎如。傥智者之言教成非，而达磨之子孙亦谬，岂容缄默？须议师承。非之，则谤因谤缘，空招捝落；是之，则正人正己，信奉讴和。""纲格之言，岂容繁剖？所谓过而不改，斯有归矣！"语气是越来越重，而子凝批评中亦显示了这场山家山外争论的直接参与者并非局限于天台宗内部，而是整个佛教界的有识之士。

　　1005 年，钱塘山外集团终于见到了知礼两年前所撰的《指要钞》。此时，源清的另一位弟子、智圆的同门好友、与孤山智圆为忘年友的继齐②挺身而出，作《指滥》。此时的智圆正是而立之年，他在得到继齐《指滥》之后，立即撰写了"与嘉禾玄法师书"，书中对于此时继齐与知礼的争论进行了记录，并且力邀嘉禾子玄的参与：

　　　　有四明知礼法师者，先达之高者也，尝为天台别理，立随缘之

---

　　①　释子凝，太宗、真宗时僧人。见《四明尊者教行录》卷四《天童寺志》卷三、《全宋文》第十册，第 132 页。

　　②　智圆对继齐有很高的评价，他尝专门作"叙继齐师字"，称"貌庄而气清，志高而辞正"，因为"曩者学止观法门于奉先，而与予同门习《净名》大义于石壁，而与予同道，是以熟其行，知其德"。智圆博引《书》、《孔子传》、《雅》等，考"齐"为"中"意，称赞继齐"俾解希乎中无空有之滞，行希乎中无偏邪之失，事希乎中无狂狷之咎，言希乎中无讦佞之弊。四者备矣，修之于身则真净之境不远，而复化之于人则圣人之教不令而行。夫如是则称其字而思过半矣，彰德之义于斯见矣"。《释门正统》卷五"继齐传"大多来自智圆之说，《续藏经》第七十五册，第 319 页。

名，而鲸吞《起信》之义焉①。有永嘉继齐上人者，后进尤者也，谓礼为滥说耳。繇是并形章藻，二说偕行，如矢石焉。杭诸宗匠，莫有评者，翾尔学徒，甚以为惑。矧兹争论是佛境界，惟法师业天台之道，穷理尽性；传《起信》之义，微显阐幽。庶几乎用为法之心，详其得失；挥弥天之笔，定彼是非。俾无穷之机，识正真之路，是所愿焉！夫如是则岂忝法王之优寄，亦如来之所使哉！②

在这篇"书"中，智圆指出"君子无所诤"而"不得不诤也"，智圆显然不点名地批评了山家知礼"或未晓言教之是非而言急于修证者，其犹见弹而求诸鸮炙，太早计也"，"岂若极深研机，为己为人俾如说如行为益广耶"？③ 这个时期的智圆极力推动"山家山外争论"，他认为争论可以"摧邪显正、激浊扬清"，作为佛门释子，更应以"为后学蓍龟、作生灵耳目为其己任"：

> 夫阐教之士，负法王之优寄，为如来之所使，必以摧邪显正、激浊扬清，为后学蓍龟，作生灵耳目为其己任也，苟弗能之而默然自守者，则尸禄备员于佛门矣，虽讲授亦奚以为？或谓诤论纷纭无益自

---

① 这是在现存智圆《闲居编》中唯一一次提到知礼的记录。并且是智圆现存文集中少有提到《起信论》的地方，现有资料不能证明智圆以及山外一系思想受到了《起信论》的影响。但《释门正统》和《佛祖统纪》都有关于山家知礼一系修习《起信》的明确记载，如《释门正统》说义通"及冠受具，即传《华严》、《起信》，彼尤宗仰"（卷二"义通传"，《续藏经》第七十五册，第279页），说知礼"信符起信"（卷二"知礼传"，《续藏经》第七十五册，第281页），《佛祖统纪》中记载知礼撰《起信融会章》，并说"师于起信论大有悟入，故平时著述多所援据，后人扁其堂曰起信，示不忘也。"（《佛祖统纪》卷第八"知礼传"，《大正藏》第四十九册，第194页）限于本书主题，未详加考察，但当知简单地以山外倾向《起信》讲"性起"而背离了天台的宗旨，决不符合历史事实。

② 智圆此书末署题为"秋八月望日书"，并未指明年份。本书根据"山家山外之争"的演进而考其作于景德二年，即1005年，见《闲居编》卷二十一，《续藏经》第五十六册，第897页。另，嘉禾子玄（生卒不详），《释门正统》列为"或有功法门、或章藻相涉，未详承禀者"，无传，见《释门正统》卷三"弟子志"，《续藏经》第七十五册，第297页。《佛祖统纪》列名于"未详承嗣传"中，无传，见《佛祖统纪》卷二十二，《大正藏》第四十九册，第244页。

③ "与嘉禾玄法师书"，《闲居编》卷二十一，《续藏经》第五十六册，第897页。

行，愚谓之不然也。夫因筌然后得鱼，体教然后修行，名教未正，行
如之何？故不得不诤也①。

嘉禾子玄在智圆的邀请下，撰《随缘扑》，知礼有《别理随缘二十
问》。其后山外一系又有天台元颖撰《随缘征决》，此次，知礼本人未作
应答，而是由其座下首座仁岳（992—1064）② 撰《别理随缘十门析难
书》：

> 永嘉继齐立《指滥》以难之，谓"不变随缘，是今家圆教之理，
> 别理岂有随缘？"师乃垂《二十问》以祛其蔽。天台元颖复立《征
> 决》以代齐师之答，而嘉禾子玄亦立《随缘扑》以助齐、颖。时仁
> 岳居座下，述法智义，立《十门折难》总破三师，人谓净觉御务之
> 功居多。③

不过，由于数年后，仁岳对自己的思想进行反思后，认为乃是知礼一系错
误，所以离开知礼而到遵式门下。因此，此《十门析难书》并不足为知
礼山家思想的代表。

景德三年（1006）腊月间，知礼撰《四明十义书》"问义于浙阳讲主
昭上人"，其中，庆昭围绕《金光明玄义》广略本之争的四篇论文《辨
讹》（与智圆共著）、《答疑书》、《五义书》、《释难书》的重要观点都被
知礼收入。知礼撰《四明十义书》后，于第二年派弟子神照持《十义书》
前往钱塘，庆昭撰《答十义书》；知礼遂撰《观心二百问》，庆昭又以

---

① "与嘉禾玄法师书"，《闲居编》卷二十一，《续藏经》第五十六册，第 897 页。
② 仁岳，又称寂静，自号潜夫，俗姓姜氏，湖州（今浙江吴兴）人。曾先后从律师
择梧、天台知礼、遵式，在学术义理上则多尊崇孤山智圆，为宋学形成天台理的代表人
物和领袖，被天台后人称为后山外或杂传派。住石壁、灵芝等寺，后徙永嘉净社。年老还
乡，胡宿为请赐号"净觉法师"。见《释门正统》卷五，《补续高僧传》卷二，《吴兴掌故
集》卷四。
③ 《佛祖统纪》卷第八"知礼传"，《大正藏》第四十九册，第 192 页。这个时期是
山家山外争论中最为直接和针锋相对的一段，此阶段的主题是"别理随缘"与否。不过，
正如《中国天台宗通史》中所指出的：在宋初诸宗交汇的大背景中，不管是山家还是山外
都不可能排斥华严，其争论的核心也不是要不要"随缘"，而是如何判释"真如随缘"的
问题。

《钱塘昭讲主上四明法师书》作答。

此时的争辩，可能已经离开了智圆所期望的方向①，因此，智圆不再希望这场争论再继续下去：

> 景德四年，孤山圆师，为昭师轮下之席端也。法智遣住东掖山神昭大师本如在轮下日，驰《十义书》并《二百问》，往钱塘诘之。会稽什公，希望辅之翼之，共辨矣。孤山观二公之论辨，如面敌，必重席也。自谓："义龙安肯伏鹿？"遽白钱塘守②。答以公据，不为遣也。③

山家山外争论之后的智圆，不再牵涉其中，而是开始了独立地著述立说、讲经说法，功于当代、垂裕后世。但是，此后山家经典即开始出现孤山智圆之名，知礼最主要的几部传世之作，几乎都是围绕智圆开立的问题。例如，1017 年知礼的《对〈阐义钞〉辨三用一十九问》并序、《消伏三用章》就是质询 1009 年智圆所撰《请观音经疏阐义钞》的义理，在智圆圆寂第二年 1023 年知礼的《金光明经玄义拾遗记》乃是质询智圆于 1018 年所撰的《金光明经玄义表微记》。在知礼 1028 年圆寂之时尚未完成的《金光明文句记》，则更是多采智圆 1018 年所撰《金光明经文句索隐记》中的内容。

---

① 如陈英善在评论山家对山外的批评时就发现，知礼对山外思想的批评是"无效的"，"可说是种偏解及过度之推演所致"。《天台性具思想》，东大图书公司 1997 年版，第 111—112 页。

② 据北宋经抚年表知景德四年杭州太守为王济。王济（962—1010），《宋史》卷 304 有传，称其"济颇涉经史，好读《左氏春秋》，性刚直，无所畏避。"并记述王济景德四年拜本曹郎中，出知杭州，后迁刑部郎中。钱塘湖边溉田千余顷，因为久久湮塞，王济"命工浚治，增置斗门，以备溃溢之患，仍以白居易旧记刻石湖侧，民颇利之"。当时，睦州境内有狂僧突人州廨，出妖言，王济与转运使陈尧佐按其实，斩之。宋真宗上嘉其能断。大中祥符三年，徙知洪州，兼江南西路安抚使。属岁旱民饥，躬操官吏为糜粥，日亲尝而给之；录饥民为州兵，全活甚众。是岁卒，年五十九。遗奏大旨以进贤退谀佞、罢土木不急之费为言。智圆虽然不登有位之门，不交无道之人，不过，从此文可以看出，王济与智圆应该是相知的，可能还会有一些交涉。但限于资料，这是我们知道的关于王济和智圆交涉的全部内容。

③ （宋）继忠："《四明十义书》序"，《续藏经》第五十六册，第 785 页。

宋学大发展时期，知礼的后世法孙神智从义①在其《金光明经文句新记》中作过以下评论：

> 　　四明记潜用孤山大小法门，何止一处，而于序中乃云："借于孤山《索隐记》中俗书，以为裨功。庶不事相之关情，但思理观之为益耳"。岂非内心抑他长，致使秉笔前后矛盾？况大宗匠，内明三学，外晓六经，儒释兼通，方顺开化。岂大师所说有涉于儒宗，而弘传者弃之不习邪？②

当代宋代天台教学研究学者林鸣宇在《天台文类·天台法数 校释》序文中指出：金泽本《天台法数》所录的"二解脱人"、"二种性义"③，皆注明引自智圆的《索隐记》，这两项解释也同样见于知礼的《金光明经文句记》，只是知礼并没有明确提到其为智圆的说法而已。由此可知，从义的批驳并非无中生有，知礼的《金光明经文句记》不光是采用了智圆的俗典说明，在佛教教义的诠释上也有参照智圆的可能。

智圆圆寂以后，庆昭的大弟子咸润担纲起山外重任④。《释门正统》中记载庆昭在天禧元年（1017）圆寂之时，把象征天台传法信物的"炉拂"传授给了咸润，"天禧初，徙舍郡之隆教。昭示寂，授以炉拂，嗣宅梵天，讲说四辨，远近宗仰"⑤。参照智圆天禧四年（1021）所作"故梵天寺昭阇梨行业记"中有"传业弟子自咸润而下，凡九十七人"的说法。《四明仁岳异说丛书目次》现存两篇当时代表山家的仁岳所作《止疑书》

---

　　①　神智从义（？—1091），学于四明扶宗，但其学术思想更多地受到智圆山外一系的影响，是继霅川仁岳之后天台宗的义学领袖之一，被称为"后山外派"之泰斗。所著有《大部补注》十四卷，《光明玄义顺正记》三卷，《光明文句新记》七卷，《观经往生记》四卷，《十不二门圆通记》三卷，《义例纂要》六卷，《四教仪集解》三卷，《金錍寓言》四卷，《净名略记》十卷，《搜玄记》三卷，见《佛祖统纪》卷二十一"诸师杂传第七·法师从义"，《大正藏》第四十九册，第 242 页。

　　②　（宋）从义：《金光明经文句新记》（7 卷）卷二，《续藏经》第二十册。

　　③　林鸣宇撰《天台文类·天台法数 校释》，上海古籍出版社 2005 年版，第 184、187 页。

　　④　智圆在世之时，咸润即有声名，并与智圆相交。智圆在《闲居编》中有诗"寄咸润上人"："流俗不知处，深栖趣转幽。闲房扃翠岳，远信隔沧州。定起花残砌，诗成雪满楼。相怀未能去，南北路悠悠"。《闲居编》卷五十一，《续藏经》第五十六册，第 946 页。

　　⑤　（南宋）宗鉴集：《释门正统》（8 卷）卷五"咸润传"，《续藏经》第七十五册，第 319 页。

与《抉膜书》，均明确指出争论的对象乃是咸润①。

由上文可以看出，在"山家山外之争"之前，有前山家山外②，虽然未形成争论，而以晤恩为代表的山外整理散佚典籍、发挥天台主旨为主导，围绕宋初典籍回归引发的版本真伪、文字增损错讹以及逐渐显露的世俗化、僧团品格、佛教方向、民众信仰等问题，进行著书立说、讲经说法，并从而引发了山家山外争论的主题"观心"论。随着知礼山家一系的挑战，双方在1000—1006年间进行了关于天台教旨的争论，宋以后典籍所谓"往复各五，绵历七载"是也。孤山智圆正是在这场引起后世无限关注的争论中成熟和发展起来，他继承了山外一系"独立"、"批判"之精神，"考据"、"义理"的传统，先是积极参与争论，随后广泛推进争论，但当这场争论已走向他所不愿意看到的方向时，他毅然主动求助钱塘太守以行政手段终结了这场不再会有任何实际意义的争论，然后潜沉索隐，发微吊深，开始思考时代面临的问题以及他所能做的，真正开始了他的义理建构和"立德"、"立功"、"立言"之路，从而也在客观上根本扭转了山家山外之争的方向，使之从佛教的天台一宗之争而面向了整个宋学的课题。而智圆本人也在这个进程中成为了宋学的先觉。

---

① 《止疑书》（继忠编，题名为《法智遗编止疑书》，实际为仁岳所作，见《四明仁岳异说丛书目次》）中曰："中秋后七日，四明山客（仁岳），再奉书于钱塘梵天阇梨润公（讲次），前者盛制《指瑕》之外，复有《签疑》数纸，亦斥予师释《请观音疏》中消伏三用也。师鄙其谬说，委诸侍者，用充脂烛。予窃阅以详之，因签以解之。所有疑情，皆为此息，即用《止疑》二字"。《抉膜书》（《法智遗编抉膜书》，实际为仁岳所作，见《四明仁岳异说丛书目次》）中曰："中秋既望。四明山客（仁岳）。谨致书于钱塘梵天阇梨润公（讲次）。近睹阇梨撰，以《指瑕》投予所禀法师，盖拒《妙宗钞》文，解《十六观疏》之义也"。《抉膜书》乃置于《止疑书》之后送达钱塘咸润。然，苦苦搜求，未见咸润之作答。并且，1027年冬，仁岳反思自己思想，离开了知礼，在遵式座下，反与知礼展开争辩，1028年知礼圆寂，则山家山外之争在1006智圆以《金刚錍显性录》为标志，其后"高世之才，弥天之笔"，著述立说，广为流布，其义理之影响明矣。

② 一般学者往往把山家山外之争广义化，从而把山家山外之争分为"山家山外之争期"、"后山家山外之争期"、"山家山外之争绪余期"，时间跨度长达百年，从北宋一直到南宋。本书反对这样的分期，这种分期导致的结果既掩盖了山家山外争论在宋学萌芽时期的学术意义，也可能会误导我们对山家山外的评价。相对于上面的分期，本书更倾向于分为"前山家山外之争"与"山家山外之争"，但此为一独立问题，不在此予以讨论。

附：山外派谱系（高论清竦天台国清寺——慈光志因系）：

慈光晤恩——奉先源清——梵天庆昭（传炉拂）——永福咸润——永福善朋法师、奇玉①

　　　　　　　　　　　　　　　　　　　　　　　　——报恩智仁

　　　　　——永嘉继齐

　　　　　——孤山智圆　　　　——孤山惟雅、为政、思齐、浩才

　　　　　——崇福庆峦

　　　　　——开元德聪②

　　　——灵光洪敏③

　　　——慈光可严——广慧蕴常④

　　　——慈光文备⑤

海南怀挚

钱塘义清

雍熙可荣⑥

---

①　《释门正统》卷五"咸润传"称"越之文雅忠公泹其徒奇玉入京，誉师道素"，《续藏经》第七十五册，第 319 页。《佛祖统纪》卷十"梵天昭法师法嗣·咸润传"中称李淑为咸润"撰传教弟子题名记，善朋为之首"，《大正藏》第四十九册，第 205 页。《昭和现存天台书籍综合目录》"《无量义经》"条下参考栏中，除智圆所撰《无量义经疏》外，在《谦顺录》中还有齐玉撰的《杂珠记》二卷（释孤山《无量义经疏》）。疑"奇玉"与"齐玉"为一人。《昭和现存天台书籍综合目录》（上下卷），涉古亮泰编，法藏馆。

②　《释门正统》中有庆峦、德聪之名，无传。《佛祖统纪》"高论旁出世家"有庆峦、德聪名，亦无传。《补续高僧传》中有"德聪传"，圆寂于天禧元年（1017），疑即为此开元德聪。智圆《闲居编》中有"寄德聪师"一首，诗曰："古院稽山下，幽栖狎客寻。机心禅外尽，诗思病来深。瓶水寒渐结，杉风晚磬沉。他时若招隐，香火继东林"（卷四十三，《续藏经》第五十六册，第 929 页）。因《闲居编》另有闻聪师与智圆相善，智圆有"钱唐闻聪师诗集序"、"次韵酬闻聪上人春日书怀见寄"、"赠闻聪师"，则另有题为"和聪上人悼梵天阇梨"、"春晚言怀寄聪上人"、"题聪上人林亭"、"寄题聪上人房庭竹"等诗，不知所赠为何人。《释门正统》、《佛祖统纪》、《补续高僧传》均无"闻聪"之名，而世传德聪为诗僧，或是德聪、闻聪混淆，亦未可知，然未得求证，知者有以教也。

③　《释门正统》《佛祖统纪》均有名无传，然在"子璿传"中均说子璿"听洪敏讲《楞严》，至'动静二相，了然不生'有省"。（高丽）义天《总录》中记其有"《（首楞严经）资中疏证真钞》六卷"，后世如（元）惟则会解（明）传灯疏《楞严经圆通疏》中多录有其文片段，称洪敏为"携李法师"。（《闲居编》"钱唐慈光院备法师行状"说"嘉禾沙门洪敏撰《真赞》"）

④　《释门正统》《佛祖统纪》可严、蕴常二师，均有名无传。

⑤　文备（926—985），智圆撰"钱唐慈光院备法师行状"，称其"实行潜光，高而不名"，通慧大师赞宁在杭修僧史之日，深贵其文。（《闲居编》卷二十一，《续藏经》第五十六册，第 898 页）《释门正统》、《佛祖统纪》均有传，其传似乎均来自智圆所撰"行状"，并称智圆"犹子述行业记"。撰《四十八愿颂》一卷，《九品图》一卷，《十六观经科》一卷，《圆觉经科》二卷，《禅源科》一卷，《念佛救苦喻》一篇，《四悉檀喻》一篇，《四不生喻》一篇，文集一卷，诗集一卷。诗什中有《对雪感事》、《经曹娥庙》二篇最为诗人所许。《闲居编》卷二十一，《续藏经》第五十六册，第 897—898 页。

⑥　《释门正统》《佛祖统纪》仅列上三师之名，与晤恩同为钱塘志因弟子，未见传。

2.1.2　宋初天台教学的转向

山家山外的争论从形式上在 1007 年被智圆以借助行政的方式中止。不过,这场争论义理上的终结可能在前一年,即 1006 年,就因为智圆《金刚錍显性录》的出现而从根本上逆转了 1000—1006 年间山家山外争论的方向,从而使这场原本天台教内的义理之争最终成为了宋学萌芽的表现。

《金刚錍》(一卷),中唐天台宗代表人物荆溪湛然撰,以答客问的形式系统论述"无情有性"思想。"无情有性"涉及的是佛性普遍性的问题,是佛性论中的一个重要问题。湛然在给佛性普遍性问题给以肯定回答的同时,强调了"无情有性",明确地把"于无情境立佛乘"列为天台"所立异于诸家"之"妙境四"之一①,"无情有性"乃是圆教独说。

当代学者大多认为,"无情有性"思想把道生"一阐提人皆得成佛"的思想又大大推进了一步,是佛教中国化的一个重要阶段,更是湛然中兴天台的旗帜,是湛然被后世尊祖的重要原因②。但是,俞学明在《湛然研究——以唐代天台中兴问题为线索》中指出,"即使在湛然的体系中,'无情有性'的发挥也不是他的立论目的",而作为最重要的护法弟子、力主湛然中兴地位的梁肃,在其多次概说天台宗义的行文中,也都没有提及湛然"无情有性"的思想③。那么,《金刚錍》又如何在入宋以后成为天台宗最重要的经典之一呢?

正是 1006 年在山家山外争论之中,智圆以《金刚錍显性录》标明《金刚錍》佛性论的主旨,从而使湛然"无情有性"思想得到彰显,并且转向修行论的关注,是中国佛性论发展史上一个新的阶段④。

---

①　(唐) 湛然撰:《止观义例》,《大正藏》第四十六册,第 450 页。

②　例如赖永海《中国佛性论》、潘桂明《智者评传》都基本持此态度。

③　俞学明:《湛然研究——以唐代天台中兴问题为线索》,中国社会科学出版社 2006 年版,第 194、197 页。

④　方立天先生指出:"在中国佛教史上,竺道生首次提出的'一阐提'即断了善根的众生也有佛性论,可看作是佛性论的第一次开展。湛然的'无情有性'说突破了唯有众生才有佛性的传统说法,最大限度地扩大了佛性的存在和成佛的范围,这可说是佛性说的第二次开展"。参见《中国佛教散论》,中国人民大学出版社 2003 年版,第 325—326 页。

智圆在《金刚錍显性录》序文中写道：

> （《金刚錍》）发挥佛旨，拟议圆宗，融万法于一心，息异论于千古，抑又开后昆之智眼，喻金錍以立名，叙前代之权疑，寄野客而兴问。其道甚大，嘉言孔彰。俾佛性昭昭，无为昏情所隐者，其此论矣①。

智圆认为：

> 此论正由世人执《涅槃》权文，谓"瓦石无性"，故荆溪运乎慈心，愍斯倒惑，乃依《止观》不思议境所，明刹那心中具三千法，染净依正，因果自他，摄无不尽，刹那既遍，佛性遂周，则了瓦石唯我心性。②

智圆以天台五重玄义来解《金刚錍》，明确指出"一譬喻为名，二佛性为体，三观行为宗，四破迷为用，五醍醐为教"③。智圆认为"金刚錍"乃是依据《涅槃》金錍喻来立名，是借医治眼疾的手术刀，并以三指之说，譬一谛三谛，即空假中，也就是要以天台三观，方见佛性④。由此方能"闻名识体，得鱼忘筌，不滞譬喻之名，要达佛性之理"。

关于此经佛性为体，智圆解释道：

> 体者，主质为义，三德佛性为论主质，而此佛性即五阴，是五阴不出色心，色从心造，全体是心，此之能造，具足诸法，所以唯指刹那妄心即是佛性妙理，遍摄一切，不隔无情，即今论正体也。

---

① （宋）智圆撰："《金刚錍显性录》序"，《续藏经》第五十六册，第515页。

② 同上。

③ 同上。

④ 智圆在《金刚錍显性录》中引《涅槃经·如来性品》说，一个医生用金錍给盲人治眼疾后，伸出一指问"见否？"盲人说："我犹未见。"然后医生又伸出二指三指，病人才逐渐稍微看到。智圆认为以一指示之盲人不见，是比喻入真谛，不见佛性；伸出二指仍不见者，是譬喻空假二谛，亦不见佛性；直到伸出三指，病人才稍微看见，这是比喻以一谛三谛即空假中方见佛性。参见《续藏经》第五十六册，第515页。

佛性即五阴，五阴不出色、心，色从心造，则全体是心。而心是能造，具足万法，所以"所以唯指刹那妄心，即是佛性妙理，遍摄一切不隔无情"①。

　　关于此经醍醐为教，智圆认为，《金刚錍》一文所宗之义通于一切大乘，其文旨乃是兼《法华》开权显实与《涅槃》扶律谈常的精神，所以虽伸瓦石无情，成于诸法实相也：

　　　　教者圣人被下之言，相者分别同异之论。虽伸涅槃瓦石之妨，所宗之义通依一切大乘，如文云"《华严》依正不二，《大集》染净融通"等。核其文旨，正在二经，一宗《法华》显实，二宗《涅槃》谈常。故文云"今搜求现未建立圆融也"。又，虽正在二经，然其要的唯宗《法华》。故文云"指的妙境出自《法华》也"。是故虽用《华严》三无差别，《涅槃》虚空佛性，皆为成于《法华》诸法实相耳。当知约时则正宗第五时，约教则唯宗圆极教，故以醍醐为教相也②。

在此，智圆坚持了智者大师以来"性具实相"的思想内涵，这在他的理论中是自始至终明确贯彻的。智圆之所以在山家山外争论中以《金刚錍显性录》一文全面开展自己的学术思想，其指向是非常明确的。"佛性是立教之本意，修行之大旨"，达性方能成修，由此，智圆在彰显湛然佛性论主旨的同时，强调了佛性论在修行（实践）论中的指导意义。

　　《显性录》是智圆天台义理的里程碑，它不仅昭示了荆溪湛然中唐以来所倡导的佛性论，同时也是智圆欲以此《显性录》扭转"山家山外之争"的方向，从而开立了北宋天台学的新课题，并使之从天台之争走向宋学心性之学③。

────────────────

　　①　需要注意的是，在此"心"乃是能造，与"真心"中的以真心为所观之境是不同的，因为"心"字内涵的丰富，也是导致智圆思想引起后世歧义的一个原因。

　　②　（宋）智圆撰《续藏经》第五十六册，第517页。

　　③　与智圆相反，山家知礼并未特别重视"无情有性"，大多偶然用"无情有性"来印证其他观点，只是在《再答日本国问》中，才正面作了解答，然而也是随问随答，"无情有性"的问题在知礼的理论中并没有特殊位置。参见《四明尊者教行录》卷四，《大正藏》卷46，第890页。

台湾著名新儒家的代表人物之一唐君毅先生认为湛然《十不二门》一文①是引起山家山外争论的重要经典之一，他说：

> 然湛然之学之思想方法及重点所在，则与智者不必同。如湛然之以十不二门撮智者之十妙，其思想方向，乃重在将智者所开为十妙，以言四教之分者，及言法华之纯圆独妙之种种义者，加以收摄而说。此以《不二》标名，乃还至吉藏、智者以前之如僧肇《维摩诘经》、《成实论》、《中论》之重此不二之义者。盖自成实论师至吉藏、智者，皆由不二义言中道、中谛，以成三谛。今湛然再以十不二门收摄智者之十妙，正是还至智者以前之重此不二义者也。
>
> 在此后来天台学，其由湛然所提示之义，而引起后之天台学者种种问题者，其要者有三：其一为缘湛然之重言心色、依正不二、无情成佛，而引起者；其二为缘湛然之以一念理具三千，言内外因果不二，而引起者；其三为由湛然之重言染净、性修不二、及佛性有恶，而引起者②。

唐君毅先生的分析是有道理的③，"十不二门"确实是山家山外争论中的一个重要问题，"十不二门"的主旨乃是天台的实相论，是天台哲学的理论基础。

智圆在 1011 年撰有《十不二门正义》，一方面来伸张荆溪湛然《十不二门》的思想，另一方面可能是对知礼所撰《十不二门指要钞》的回应：

> ……荆溪大师恐后昆昧旨，乃于《释签》更立十门，结束十妙，

---

① （唐）湛然撰《十不二门》1 卷，《法华玄义释签》卷十四有关"十不二门"的别钞本，在中唐以后天台教学中具有重要地位，收于《大正藏》卷四十六。

② 唐君毅撰：《中国哲学原论》（原道篇卷三）"第十五章湛然以后天台宗之佛道与他宗佛道之交涉"，台北学生书局 1974 年版。

③ 如龚隽先生也认为《十不二门》、《大乘起信论》是山家山外争论中最重要的文本依据。参见"北宋天台宗对《大乘起信论》与《十不二门》的诠释与论争"，《中国哲学史》（季刊）2005 年第 3 期。

咸归止观一念三千不思议境，方显教不虚设悟理有从，故云"故摄
十妙为观法大体"，又曰："彼此昭著法华行成"，又云"故重述十门
令观行可识，故知摄归心境点示观门，俾造次颠沛不忘行法。"荆溪
述作，旨在兹焉。

并且指出：

> 今此十门，正示因果，自他同归，此理或以即假收，或以空中
> 摄，或单就内境，或兼约内外，附事融义，去就有别，须知理体只一
> 无差。预晓斯旨，至文易见。是故《十门》指归在此。①

不过，唐君毅先生把山家山外的争论归结为"十不二门"上，恐怕
是难以行通的。在"不二""性具"的哲学本体论上，山家山外并没有区
别；山家山外的区别关键在于"不二而二"，"二"的取向不同。智圆曾
说："迷不二故为生，悟不二故为佛，迷悟虽异，不二理同。"② 因此，与
《十不二门》相比，《金刚錍》更显示了天台山家山外之争在宋学萌芽时
期的学术旨趣。智圆正是以《金刚錍显性录》一文，用天台三观、四教
为准，他在坚持"不二"的原则上，面向现实，以"真心"为境、"理
性"为总，从而开显了与山家不同的取向。

由于孤山智圆"度越诸师众矣"，所以他的时代很多人对他的理论不
能够完全理解。宋学发展时期，天台义学领袖之一神智从义对于这个问题
的论述具有相当的代表性：

> 昔孤山撰《显性录》，解《金錍》，专约有情体遍，明无情有性；

---

① 荆溪《十不二门》的思想由于"辞理高远"，"义家抄录往往别行，标立题目，二三其
说，吾将适从？"智圆于是依据行满法师的古本，但"别行之本与古《释签》其辞不同，凡二十
余处"，对于文词的错乱，"难将文定，宜以义求。今所申释不以今古局其文，不以情执限其义，
在文在义择善从之，俾荆溪微旨无隐乎尔。"智圆在《正义》中一定对当时天台思想关于《十不
二门》思想的混乱进行，惜佚失。（宋）从义撰《法华经三大部补注》（14卷）多引《正义》之
文，但前并未注孤山之名。因其中多引《周易》、《论语》之语，则应为智圆所撰之《〈法华玄记
十不二门〉正义》无疑。

② （宋）智圆撰：《般若心经疏诒谋钞》《续藏经》第二十六册。

而四明直论外色有性，破于孤山约有情体遍。自昔至今七十余载，天下学者皆宗四明之说，以黜孤山之义。余昔亦然，近方许究《金錍》，初云无情有性，次云今立众生体遍，后云只是一一有情心遍性遍，乃知《金錍》正是约于有情体遍，以明无情有佛性耳。自是历观《辅行》、《十义》莫不皆然。仍又博考他人章疏，则知《金錍》《辅行》所斥野客执于离无情物名为佛性，乃是正破清凉观师，傍破贤首藏法师耳。复虑近日末学肤受，罔测端由，但循伪妄，于是乃出《寓言记》四卷以申《金錍》建立之旨。今既解于妙境四中第一意云：于无情境立佛乘义，专约法身体遍而说，故与《金錍》《辅行》相关，所以如向委叙纲格，幸希后德试为详之。是故当知《金錍》《辅行》依经明文立义破于清凉贤首，而孤山云"有情体遍即是无情有佛性义"，其意甚当。四明直论外色之性，不许有情体遍之义，良恐不然。①

正如从义所说，智圆"专约有情体遍，明无情有性"，不仅完全符合湛然《金刚錍》的核心思想，而且明确点出"有情体遍即是无情有佛性义"，也就是说通过有情的"理性"体认宇宙性的存在，体达天道而行人道，这是智圆一贯的追求，也是宋学的核心精神之一。

天台本身是承印度的性宗，侧重于法性与实相，而非心性与染净。孤山智圆在宋初上承印度法性思想、隋代智者实相论、中唐湛然无情有性说，强调"有情体遍即是无情有佛性义"，也就是：印度性宗→智者实相说→湛然《金刚錍》无情有性说→智圆《金刚錍显性录》的无情有性乃"专约有情体遍"而言之说，从而形成了宋朝的天台式心性论→宋朝的三教心性学。从理论内容上看，这实际上是从法性论到佛性论再向心性论的转向。唐君毅把天台法净的根源追溯到《十不二门》是有道理的，因为该论虽然没有真正摆脱泛法性论的倾向，但作为从"观心门"立论，实际上是（而且只能）侧重于"心性"的，其种种"不二"的核心是侧重于心性的心性之与诸法的同一性。这样来看，天台法争源于荆溪，更上溯源于智者所强调的"观心"模式。智圆承源开流，把这种转向推向了宋代的中华文化的整体趋势，即宋学的心性论趋势。

---

① （宋）从义撰：《摩诃止观义例纂要》卷三，《续藏经》第五十六册。

　　智圆重新确立自晤恩、源清以来的山外立场，更重要地是他超越了天台内部的争论，立足宋初佛教和社会的现实，并从此开始了他全面、系统地建构以天台三观为中心的圆融哲学和实践方式。在《显性录》之后，智圆开始了深入三教经史，广构其天台、佛教、儒学和道家义理体系，直到 1022 年他 47 岁圆寂前的 17 年间，著述之丰，思想之广，有宋一代罕有匹及者。

2.2　三观与四教

　　天台宗作为中国佛教史上最早形成的佛教宗派之一，其缜密、圆融、辩证的理论构架一直受到学者的广泛关注。智颛在陈隋之际，在中国封建社会由南北分裂而趋于统一的时代，以"高远的抱负、非凡的才智，把握历史的机遇，顺应时代的潮流，融汇南北，总揽众流，批判取舍，整合创新"，建立了一个极为波澜壮阔、有着深厚哲学内涵、体现了极高思维水平的天台理论体系。这套理论体系，是天台宗在中国佛教界独树一帜的根本，也是天台宗发展的根本。然而，唐中叶以后，禅宗的异军突起，整个佛教都面临着世俗化与平民化的趋势，天台理论的庞大在一定程度上成为阻碍天台宗发展的因素。而唐武宗的灭佛和社会动荡在一定程度上加剧了这种理论的混乱。在五代时期，一些天台宗的高僧已经开始了这个课题的研究与解决。但五代时期天台教籍的回归并没有使这个问题得到解决，版本的混乱反而又导致出现了更多的问题。如何对天台思想进行澄清和抉择，成为北宋初年天台宗所面临的一个历史课题。而在所有的问题中，"天台以何为宗"成为了首要的问题。

　　《释门正统》中在记载智圆的时代，"盖世之学天台者，未睹堂奥，即首问天台以何为宗，或答云'法性'，或答云'性具'"[①]。"法性"，又名实相真如，法界、涅槃等，异名同体也。性之为言体也，不改也，真如为万法之体，在染在净在有情数在非情数，其性不改不变，故曰法性。此"法性"，小乘多不言之，大乘诸家则盛论之。天台智颛在《法华玄义》、

---

　　①　（南宋）宗鉴集：《释门正统》（8 卷）卷第五"荷负扶持传·智圆传"，《续藏经》第七十五册，第 317 页。

《法华文句》、《摩诃止观》等多谈"法性"。而"性具"说，更是被认为是天台之宗极，天台教学之根本特色。"性具"，又曰体具，理具，谓本觉之性，具菩萨界以下九界之恶法及佛界之善法，总具十界三千之善恶诸法也。天台始发之，荆溪盛详述之。他宗虽言性具善，然不言性具恶，台家独谈性具恶也。因之天台分之为别圆二教，以他宗之极说未尽性具，总谓之别教。性具说可涵摄法性说，所以我们称在"天台以何为宗"的问题中，占主导的是"性具说"，既包括实相论上的性具实相说，又包括修行论上的性具善恶说。

然而，智圆却明确反对"性具"为宗的思想，他主张的是"三观"为宗，智圆何以不以"性具"为宗，而以"三观"为宗？以"三观"为宗和以"性具"为宗，在宗趣上有什么异同？对于性具、法性、实相、四教、三谛、六即、观心等等一系列天台重要思想，智圆的"三观"说又是如何统摄呢？智圆的"三观"为宗的思想是否符合天台宗趣，后来的天台宗人又如何来评价他以"三观为宗"的思想呢？本章将对以上问题一一进行探索，至于智圆以天台三观思想为方法论来解析佛教思想与儒家思想的内容，将分别在本书第三章与第四章中探讨。

2.2.1 天台智顗"三观"思想

三观思想是天台止观的基本观法。"三观"一词，并不是智顗的创造，而是源于《璎珞经·贤圣学观品》："三观者，从假名入空二谛观，从空入假名平等观，是二观方便道，因是二空观，得入中道第一义谛观。"① 在中国佛教史上，慧文最早承袭此说，智者进一步结合他的实相论丰富和发展了三观思想，智者的三观思想包括次第三观和圆融三观。

同时，智顗对应三谛提出"三观"的学说，丰富了慧文提出的三观思想。另外，智顗还结合着《中论》"三是偈"，把上述三观称为空观、假观、中道观，"若一法一切法，即是因缘所生法，是为假名，假观也。若一切法即一法，我说即是空，空观也。若非一非一切者，即是中道

---

① 《璎珞经·贤圣学观品》，《大正藏》第二十四册，第 1014 页。

观。"① 智顗强调的三观乃是圆顿止观，把大乘止观特别是圆顿止观的修习，归结到对"诸法实相"的认识和体悟上来。此三观不是隔历的，它们不是三种不同的观法，而是同一种观法的三个方面或三种方便称名，"三观"乃是圆融互具的，智顗圆顿三观的思想最终表述为"一心三观"（"一心"的问题我们将在后面继续讨论，本节重点在于"三观"）：

> 一空一切空，无假、中而不空，总空观也。一假一切假，无空、中而不假，总假观也。一中一切中，无空、假而不中，总中观也②。

而"三观"的思想，在智顗后期的撰述中，《摩诃止观》、《法华玄义》、《维摩经玄疏》、《三观义》、《观音玄疏》等，显得极为突出。《维摩诘经玄疏》强调"三观"为"能观之智"，用"三观"的思想来解释维摩诘之名意，"三观断迷二谛三谛之惑，显二谛三谛之妙理。真理皎然名之为净，惑障斯尽谓之无垢。观与理合大用无方故名为称也"，指出"若不解三观法门入文玄旨，实为难见"。《三观义》系统阐述了"三观"思想的渊源、内涵与在整个天台教理体系中的地位。"三观义乃是入佛法之要门，多所关涉"，所以《维摩诘经玄疏》和《三观义》文中都各以七重玄义来解释三观之义。《三观义》中详细分析了"三观"的内涵及其与二谛的关系：

> 所言从假入空观者，无而虚设，目之为假。观假知无，名之入空。若观诸法如幻如化。但有名字，即入真谛也。而说为二谛观者，或就情智二谛，或约随智二谛观耳。次释从空入假观者，若不住空，还入幻化，假名世谛，分别无滞也。而言平等者，若破一用一，不名平等。前观知假非假，破假入空；次观知空非空，破空入假。空假互破互用，名为平等也。次释中道观者，中以不二为义，道以能通为目，照一实谛，虚通无滞，是中道观也。故云是二观为方便道，因是

---

① （隋）智顗撰：《摩诃止观》卷五，《大正藏》第四十六册，第55页。
② 同上。

二空观得入中道，双照二谛，心心寂灭，自然流入萨婆若海①。

另外，智顗强调"三观摄一切诸法"，他说：

> 三观即是三智，三智即是般若。般若摄一切诸法，即是三观摄一切法也。今明三观摄七种法故，即摄一切佛法也。七种法者，一摄理，二摄结业，三摄依正二报，四摄智，五摄行，六摄位，七摄教。今略约七法摄一切佛法，罄无不收②。

为什么说"三观摄一切理"呢？

> 一从假入空观摄真谛，二从空入假观摄俗谛，三中道观摄中道第一义谛。三观摄三谛之理，理无不周，三谛之外更无别理。但有时约因果为四谛，有时合为二谛一谛。已依前释今不重明。二明三观摄一切惑者，迷理之惑不过三种，若是见思取相之惑，九十八使皆从迷真而起；若说初观对破此惑，说药知病。即摄九十八使也。若说尘沙无知是迷俗之惑，为第二观之所治。说药知病即摄一切恒沙无知也，无明住地惑者，此从迷中道第一义而起见思别惑。若说中道第一义观，正治无明别惑之见思。说药知病。即摄无明界外一切别惑也。③

也就是说，约"境、智"而言，"三观即是三智"中；约"能、所"而言，"三观即是能观。所以，约"境、智"、"能、所"而言，三观乃是"能观之智"，所谓"能观之智即三观"。"三观"作为"能观之智"，其对立面为"所观之境"，乃是"十二因缘二谛三谛之理"。

以上可以看出，在智顗后期的思想中，非常重视"三观"思想，"在《摩诃止观》里架构了庞大的禅观体系，最终落实在'一心三观'这个方

---

① 《三观义》（2卷），（隋）智顗《续藏经》第五十五册。《三观义》原是《维摩诘经玄疏》第二卷，在唐代有别行本流传于世。但，驹泽大学山口弘江博士论文（未刊稿）根据（宋）遵式《天台教观目录》和《天台教随函目录》的记载，认为在北宋初年已不见《三观义》别行本。所以，智圆很可能并未见到别行本的《三观义》，敬请读者详查。

② 同上。

③ 同上。

便法门上，其他的重要思想，譬如'三谛圆融'和'一念三千'，也在这个框架内实现"。但是，智顗作为天台思想的实际创始人，其理论构架极其庞大而深刻，如何一以贯之把握智者天台思想的实质，以及融摄儒、释、道三家思想是智圆和他同时代天台学者所面临的问题。智圆的答案是天台以"三观为宗"。

2.2.2 "三观为宗"

前引《释门正统》之文说到，对于"天台以何者为宗"① 的问题，当时的天台学者或以"法性"、或以"性具"作为天台之宗要，只有智圆强调以"三观为宗"：

> 独师作《〈法华十不二门正义〉序》云："原夫一家宗趣，道传三观，悟自《法华》。故恢张龙猛之宗，解释鹫峰之典"云云。盖圣人设教，意在修行，四教开合，不出三观。②

《释门正统》对智圆以"三观为宗"的评价很高，认为他超过了当时的诸多学者；同时，这段文字在我们充分了解孤山智圆的宋学先觉思想后，从智圆思想的理论体系来看，深刻感受到宗鉴对智圆思想的判定也是非常准确的。天台宗在中国佛教中是义理极为复杂的一派，从隋唐之际至中唐又至宋初的历史发展中，其争端迭起，学者莫执。

在《闲居编》中，孤山常常自谓"要道传三观"③，"忝训人以三观学"④，"专以三观训人"⑤ 特别需要注意他强调"予忝学天台之道，誓欲用三观法门，撰十疏以伸十经，以为法施之资焉"⑥。

---

① 所谓"宗"者，智顗《法华玄义》中有云："宗者，要也。所谓佛自行因果以为宗也。"智圆也说道："自行曰宗，化他曰用，自行既著，外用乃彰"，见《金刚錍显性录》卷一，（宋）智圆撰《续藏经》第五十六册。

② 《释门正统》（8 卷）卷第五"荷负扶持传·智圆"，《续藏经》第七十五册，第 317 页。

③ "湖居感伤（五十四韵）"，《闲居编》卷四十九，《续藏经》第五十六册，第 941 页。

④ "《金光明经文句索隐记》序"，《闲居编》卷四，《续藏经》第五十六册，第 874 页。

⑤ "玛瑙院重结大界记"，《闲居编》卷十三，《续藏经》第五十六册，第 885 页。

⑥ 《佛说阿弥陀经疏》，《大正藏》第三十七册。

　　孤山自称为天台智顗"一十六世法孙"①，"荆溪九世之法孙"②，尝叹天台宗教，自荆溪没后，其微言坠地者多矣，于是留意撰述，且有扶持之志，"于天台之学，劳其筋骨，苦其思虑，孳孳然有扶树心"③，将扶圣道以潜润于人。智圆被后世称为"十部疏主"，而他对十部经的注疏以三观法门为宗旨，其对天台三观思想的重视可窥一斑。

　　从整体来看，智圆的"三观"思想完全延续了天台智顗的三观思想。智圆的"三观"思想与天台智顗一样，在整个天台教理中，它与实相论、性具说、佛性论、判教说、六即义等互为一体，在"三观"思想内涵中，则以"境、智"、"能、所"、"藏、通、别、圆"等进行逻辑架构，复以"理、事"、"性、修"、"心、色"、"心、性"、"真、妄"、"因、果"、"三因（佛性）、三德"、五蕴、十二入、五时等说经纬交错，说于无说，究竟真常（真心、自性清静心、如来藏、佛性）。

　　关于"三观"之学的传承以及智顗重视止观行门的原因，孤山道：

　　　　佛灭度后十有三世，至龙树菩萨始用文字，广第一义谛，嗣其学者号法性宗。元魏高齐间有慧文禅师默而识之，授南岳思大师，由是有三观之学，洎智者大师，蔚然兴于天台而其道益大。④

　　　　原夫一家宗趣，道传三观（南天竺国龙树菩萨造《智度论》，大明三观之义，以广一性之宗，北齐慧文，依论立观，口授南岳，思传智者），悟自法华（智者始于法华开悟），故开张龙猛之宗，解释鹫峰之典，于是鼎分部帙、翼张教行，更相映显以成大猷。所谓《玄义》释题，止谈化意；《文句》解经，但事消文，至于《止观》，方

---

　　①　"智者十德礼赞序"，《闲居编》卷第八，《续藏经》第五十六册，第 878 页。另，智圆还有智者"十四世法孙"之说，参见"书智者大师碑后序"，《闲居编》卷十二，《续藏经》第五十六册，第 882 页。

　　②　"书荆溪大师碑后序"，《闲居编》卷十二，《续藏经》第五十六册，第 883 页。另，智圆还有荆溪"十世法孙"之说，参见"《涅槃经疏三德指归》序"，《闲居编》卷六，《续藏经》第五十六册，第 875 页。

　　③　"对友人问"，《闲居编》卷十六，《续藏经》第五十六册，第 889—890 页。

　　④　《涅槃经疏三德指归》卷第一，《续藏经》第三十七册。另，《般若心经诒谋钞》（1 卷）中说法略有不同，兹录以作参考："龙树即付法藏第十三祖。以去佛逾远，学路不一，诸宗诡杂，故龙树作《大智度论》，释《摩诃般若经》，大明中道之义，名法性宗焉。于后秦世，教流此土，北齐慧文依论立观，口授南岳，传智者，故三观之学大行于华夏矣。"《续藏经》第二十六册。

谈行法。故教在《玄》、《文》，行在《止观》，意令解行相济，成我自心，是故三部相须，阙一不可。然末代得言者众，悟理尤稀，故于行门，勤勤点示。①

孤山非常清楚，天台三大部是一三三一的关系，"意令解行相济，成我自心"，但因为"末代得言者众，悟理者稀"，所以需要勤勤点示的是"行门"。智圆进一步把"观"意明确为行门的了惑：

> 了三惑一心是观达义，而惑破前后是观穿义，俱观中理，如到金刚。是则观达约横，观穿约竖。横竖虽异，三惑无别②。

智圆"三观为宗"的思想，不仅确立了智顗次第三观和圆融三观的内核，而且把佛教认识和修行的根本归结为反观内求的"观心"活动上，虽然诸法实相，不一不异，心佛众生三无差别，然此只是约性而非约修，性无善恶而修有善恶，性一而修异。智圆之所以在他的理论中强调"三观为宗"，他的主张乃是不离日用的佛教修行论。关于智圆三观的内容，我们将在下文讨论。

2.2.3　智圆"三观"思想

观心乃是天台基本的修行法门。上文已提到，1000—1006 年山家山外之争第一阶段中，问题的关键不是要不要观心，而是"如何观心"，讨论的乃是观心方式的问题。智圆与庆昭合撰的《辨讹》中：

> 观有二种，一曰理观、二曰事观。今云不须观心，乃不须附事而观也。何则？所谈十种三法，始凡终圣，亘果该因，无不以一法性而贯之，无不以六即位而成之。则使诸法等而无差，混而为一。事事全

---

① "《法华玄记十不二门正义》序"，《闲居编》卷第十，《续藏经》第五十六册，第 880 页。

② （宋）智圆撰：《维摩诘略疏垂裕记》，卷九"观众生品"，《大正藏》第三十八册。

成于法界，心心全显于金光。如此则岂非纯明理观乎？①

　　智圆在此强调观心的方式。虽然，以理观法性，而不是事观法性，但如《涅槃经疏三德指归》中所说"夫事观名助，理观名正"，"达事即理，正助合行"。建立在理事相即而纯明理观的基础上，智圆在其总结山家山外之争而作于景德三年（1006）的《显性录》中，明确提出了"三种三观"，他说道：

　　　　夫一家所谈三观，……唯有三种：一者从行，唯于万境观于一心，万境虽殊，妙观理等，此如《止观》，观阴等十境即其意。二者约法相，如《法华玄》约四谛五行之文，入一念心为圆观。三托事相，如王舍耆山名从事立故，借事为观，以导执情，亦如《止观》、《方等》、《普贤》，其例可识。故凡欲造修，须依《止观》约行。《观心》诸文托事、附法，既未示三千为境，未明十乘观法，故初心人未可依之修习。若已依《止观》，观乎三千三谛者，则能以此三千三谛正观之心，依诸文所明摄诸事法。观此事法不出三千，名修事法观也②。

　　智圆对此三种三观"约行"、"约法"、"约事"非常重视，文中多有论及。③ 可能是与当时关于"观心"说的不同认识有关。《维摩诘略疏垂裕记》（作于 1015 年）中，智圆明确指出"夫一家明观，统唯三种"后，说道：

　　　　如《止观》所明直观阴心即是三谛已他互遍。三无差别名约行观心也，余二种者则摄彼法相事相，归乎三谛净心。附事达理名为附

———————
① 《四明十义书》卷上，《大正藏》第四十六册。
② （宋）智圆撰：《金刚錍显性录》卷三，《续藏经》第五十六册。
③ 《请观音经疏阐义钞》卷二也讲到此三种三观，曰："例明一家观心，不出三种。谓约行、附法、托事。约行则存乎止观。事法则遍在诸文。然应深晓止观所谈心性三千遍摄一切大小理惑智行位教。若依若正不离己心了矣。诸文随表对其旨有归。是知观虽有三意唯在一。以附法托事扶成约行耳。今释大林精舍。即附事观心也。故万德之言并约己心非指他果。若指他果必迷自境。若了心境自即他故他即自故。不了此境自尚成他。况观他耶？"《大正藏》第三十九册。

事，附法亦然。今明三分即附法也，下明庵园即附事也。然类虽有三，要归一揆。恐着外闻，内忘约行。故须二种指而归之。后学至此，弥须留意。一家宗极，其在兹乎！①

"约行"、"附法"、"附事"三种观法，"类虽有三，要归一揆"，"恐着外闻，内忘约行"，智圆认为这才是天台一宗的宗极，"一家宗极，其在兹乎！"

智圆笔下另有一种三种三观，他在《显性录》中引说道：

故《止观》云：天台传南岳三种止观，谓渐次、不定、圆顿，同是大乘，俱名止观，俱缘实相，实相即佛性也。是故渐次解顿行渐，不定解顿行或顿渐，圆顿则解行俱顿，三行虽殊，以解顿故初心俱知佛性，近期分真开发，远期妙觉究竟②。

在《涅槃经疏三德指归》中他引《净名记》云：

故《净名疏》明三种三观，一别相，即次第三观也；二通相，亦谓一空一切空，无中假而不空，其但在空，不能即假即中，一假一切假等亦然，故谓通相三观也。三一心三观③。

三观中，从假入空观、从空入假观、中道观，为"次第三观"，一心三观为"圆教三观"，在智圆思想中又有"通相三观"之说。智圆的说法看来在当时有很多人不是很清楚，尤其是"通相三观"与"一心三观"的关联：

问："此三，何教所修耶？"答："《净名记》云：别相三观，的在别教，历别观三谛；通相一心，的属圆教"。问曰："此两观既并是圆教，何意为两？"答曰："通相三观约通论，此恐是方等教，带

---

① （宋）智圆撰：《维摩诘略疏垂裕记》卷一，《大正藏》第三十八册。
② （宋）智圆撰：《金刚錍显性录》卷一，《续藏经》第五十六册。
③ （宋）智圆撰：《涅槃经疏三德指归》卷十六，《续藏经》第三十七册。

方便之圆，非如《法华》所明也。"《释》曰："言带方便之圆者乃
部中圆接通，别人所修也"。如于入空位受接者，乃能达空即假即
中，虽三谛圆融，而从本受称，但通名空观也。例如声闻至法华后，
已是菩萨，而从旧立号且曰罗汉，出假修中二位被接，类空可知故。
《净名记》又云："通相虽圆，然带方等，乃成圆中之别相耳"。有谓
通相三观，是修渐次止观者，且《净名记》自云：通相三观是方等
教，非如法华所明，今渐次止观是法华行，故不相类①。

在上文中，智圆指出，声闻至法华后已经是菩萨，智圆"通相三观"
的提法，乃是成熟与有针对性的。在"《维摩诘略疏垂裕记》序"中，说
道"后世童蒙执记寻疏。而文义回互难以措怀，又其间所谈理事记有不
释者，往往闻其率情，谬说多矣！"其中第二谬即为："通相三观，既昧
阶位，莫定其人"②。

智圆认为"通有利根，即解圆法，通相三观意在此也"③。也就是说，
通人有利根，能"即解"圆法，"通相三观，义在圆者"，所以，通相三
观仍非纯圆，存次第意，乃是"次第三观"。而从根本上言，"文中且约
次第三观以明三分，说虽次第意归一心"④。智圆所说三观乃是圆教之
"一心三观"。一心三观的思想是由慧文⑤首先提出的，慧文在东魏北齐之
间，受北方禅学盛行的影响，特别注重修习禅定，并且他根据《大智度
论》"三智（道种智、一切智、一切种智）一心中得"的思想，联系
《中论·观四谛品》的"三是偈"——"因缘所生法，我说即是空，亦为
是假名，亦是中道义"，认为"我说即是空"的"空"是真空，是真谛，

① （明）一如等所撰《三藏法数》对"通相三观"的解释："即于一观中圆解三谛也。谓
若从假入空，非但知俗假是空，真谛中道亦通是空；若从空入假，非但知俗假是假，真谛中道亦
通是假；若入中道正观，非但知中道是中，俗假真空亦通是中。但以一观当名，解心皆通，是名
通相三观"。
② （宋）智圆撰："《维摩诘略疏垂裕记》序"，《大正藏》第三十八册。
③ （宋）智圆撰：《维摩诘略疏垂裕记》卷八问疾品，《大正藏》第三十八册。
④ （宋）智圆撰：《维摩经略疏垂裕记》卷一，《大正藏》第三十八册。
⑤ 慧文（生卒年不详），天台二祖，其活动时间约在东魏孝静帝天平二年（公元 535 年）
至北齐文宣帝天保八年（公元 557 年）之间。参见《释门正统》卷一"北齐慧文传"，《续藏
经》第七十五册，第 263 页；志磐《佛祖统纪》卷六"慧文传"，《大正藏》第四十九册，第
178—179 页。

讲的是一切现象的共相、通相，相当于"三智"中的"一切智"；"亦为是假名"的"假"是假有，是俗谛，讲的是不同现象的差别相，相当于"道种智"；"亦是中道义"的"中"是非空非假、亦空亦假，是中道、中谛，讲的是对一切现象的共相和殊相的全面认识，相当于"一切种智"，从而创立了"一心三观"的圆顿禅门，主张一心中可以同时从空、假、中三个方面来观照事物。这个慧文独创的思想经过慧思传到智颉①。智颉说道：

> 一空一切空，无假、中而不空，总空观也。一假一切假，无空、中而不假，总假观也。一中一切中，无空、假而不中，总中观也。即《中论》所说不可思议一心三观。②
>
> 一心三观者，此出《释论》，论云：三智实在一心中得。只一观而三观，观于一谛而三谛，故名一心三观。……此观微妙，即一而三，即三而一。一观一切观，一切观一观，非一非一切。如此之观，摄一切观也。③

会昌法难后，义学不振。禅宗发展迅猛。永明延寿（904—975），邀天台、贤首、慈恩三宗义学，互相质难，自觉以心宗衡准，以"一心"统摄。但，智圆一心的内涵和旨趣显然与之有极大区别，在此不论。智圆认为，修习的内容就是一心三观，"十界一心三观，融摄涅槃无名之旨，不离方寸皎在目前"④：

> 既云修习，即是修一心三观，观三谛境，观即能归，境即所归。所谓心造诸法，诸法即心，心空假中即诸法空假中，诸法空假中即心

---

① 慧思（515—577），天台三祖，天台宗创始人智颉的老师，曾从慧文禅师在嵩岳学禅。参见《释门正统》卷一"南岳慧思传"，《续藏经》第七十五册，第263—265页；《佛祖统纪》卷六"南岳尊者慧思传"，《大正藏》第四十九册，第179—186页。张风雷在《智颉评传》中指出，"'一心三观'的思想是慧文在《大智度论》'三智一心中得'的启发下提出来的。智颉继承了慧文的这一思想，并进一步把'一心三观'作为认识'诸法实相'的根本方法"，京华出版社1995年版。

② 《摩诃止观》卷五，《大正藏》第四十六册，第55页。

③ 《观无量寿佛经疏》1卷，《大正藏》第三十七册，第187页。

④ （宋）智圆撰：《涅槃玄义发源机要记》卷二，《大正藏》第三十八册。

空假中也。水造于波，波即是水，以喻合法，大旨可见①。

"一心三观"观的乃是"一心三谛"，"以一心三观照一心三谛"、"念即三观之总名。实相乃三谛之异号。盖用一心三观观一心三谛遍融诸法"②，在"此一心三观"中，我们清楚看到智圆强调的乃是三观之用，智圆认为修一心三观目的在于"了佛性""证涅槃"。

智圆天台以"三观为宗"的思想得到了天台学者的认同，《释门正统》中记载遵式"祖述孤山之说，谓今家以三观为宗，实见诸师所未见也"③。天台三观思想，从本质上来说，"不同于一般的哲学认识论，而是一种带有一定的认识论特点的——或者说，是一种以认识论形式表现出来的——佛教境界论和佛教修行论"。智圆独以三观为宗，是由于把三观提到"道"的高度。他说得非常明白，"圣人设教，意在修行"，因此，天台之宗是修道，其修道法门就是三观，故以"三观为宗"，实际上是对天台宗作为实践性宗教的实践面的强调。智者大师"宗"的概念缺乏清晰性的，但其"一乘因果为宗"之说侧重于修因道果是明显的；智圆从"圣教在修行"角度强调"道传三观"是继承和智者的实践精神。与宋学中知行观相比较，可以发现智圆"道传三观"的思想具有宋学知行观的特点。智圆和宋学的代表人物一样，不仅仅是单纯的理论家，而且是理论的实践者。

2.2.4　四教之道

根据学者的研究，智𫖮的判教理论乃是在对南北朝诸家批判的基础上建立和发展起来的，特别是对南北朝时期"南三"（三家为南地师所说）"北七"（七家为北地师所说）批判的基础上提出来的，智𫖮在《法华玄义》卷十上一一对此十家理论进行了详细分析，从而提出了五时八教的教相判释理论，这已为当今大多数学者所认可，并称之为"一种全新的、理论化体系化的判教学说"，"不仅是对南北朝时期中国佛教教判思想的

---

① （宋）智圆撰：《涅槃经疏三德指归》卷六，《续藏经》第三十七册。
② （宋）智圆撰：《维摩经略疏垂裕记》卷六，《大正藏》第三十八册。
③ 《释门正统》卷五"遵式传"，《续藏经》第七十五册，第 321 页。

批判总结，而且更是中国佛教史上的一次重要的理论创新。它标志着中国佛教教相判释理论的成熟，影响和开启了隋唐时期中国佛教各个宗派对教相判释理论的建设，在中国佛教发展史上产生了巨大的影响"①。

学者们的评价毫无疑问是准确的。然而，纵观智𫖮的撰述，其"五时八教"的思想并不是由智者大师自己明确提出的，而是分散并湮没在智者大师庞杂的思想中，难以为世人和天台学子所把握。虽然，灌顶大师撰有《天台八教大意》（1 卷），第一次把"化仪四教"和"化法四教"合称为"八教"，一卷的篇幅也极易为学者把握，然而"五时八教"的理论框架尚未完成，对于智者判教思想的全面而深刻的把握难以实现。中唐时期的湛然也非常重视智者大师的判教思想，但在"五时八教"的理论框架的明确建立上，也是未能有所作为。

这个历史的任务直到北宋初年才得以完成。那么，智圆在此又起到了什么作用呢？

明确指出"五时八教"理论框架的著作是署名（高丽）谛观②的《天台四教仪》（1 卷）。《佛祖统纪》"谛观"传中称其"尝以所制《四教仪》藏于箧，人无知者。师留螺溪十年，一日坐亡。后人见故箧放光，开视之唯此书而已。由是盛传诸方，大为初学发蒙之助云。"③

根据历史记载，谛观所撰《四教仪》分为上下两卷，上卷明一家判教之义，下卷明南北诸师宗途异计。而后人所传的只是上卷，并且多是赞同止取上卷流通的做法。"刻天台四教仪引"中说④：

---

① 张风雷著《智𫖮评传》，京华出版社 1995 年版，第 114—126 页。

② 谛观（？—969/970），在《释门正统》中被列入"或有功法门、或章藻相涉，而未详承禀者"，并被称为"四教仪谛观"，无传。《释门正统》（8 卷）卷第三"弟子志"，《续藏经》第七十五册，第 297 页。《佛祖统纪》以高丽谛观法师与吴越钱忠懿王并列为"净光旁出世家"，屡称谛观。《佛祖统纪》卷八"十五祖净光尊者羲寂"传中记载："案二师口义云：吴越王遣使，以五十种宝，往高丽求教文，其国令谛观来奉诸部。……据此则知，海外两国（日本、高丽），皆曾遣使。若论教文复还中国之宝，则必以高丽谛观来奉教卷为正"。（南宋）志磐撰，《大正藏》第四十九册，第 190—191 页。北宋初年，谛观从高丽持天台教卷用还于宋，天台之北宋中兴，谛观实有功焉。

③ 《佛祖统纪》卷十"净光法师旁出世家"，《大正藏》第四十九册，第 206 页。

④ 《四教仪缘起》，《大正藏》第四十六卷，第 774 页，"壬午春佛欢喜日病居士冯梦祯撰"。

今所传者上卷耳，言约义该，实为台教之关钥，学者了此则一化
大纲，思过半矣。……因追前志，舍赀刻四教仪一卷并科文，行于
世。同志者，其遂执钥洞关，以穷海藏，令一家教观，如日轮当午，
川流赴壑。

谛观二卷本的《四教仪》何以广为后人称道的是一卷本的呢？智圆
有功于此乎？正是智圆。《四教仪》"缘起"，明确记载了《四教仪》由
二卷到一卷的过程，以及智圆的贡献：

观能探索大本录出《四教仪》之文成二卷，其上卷明一家判教
立义，下卷明南北诸师宗途异计。后至孤山圆法师校勘刊板，但行今
上卷之文者，盖由辞句简要，义旨易明，学者诚资之可了其一化大
纲，岂曰小补之哉！下卷则破斥南北古师，文义浩漫，故得以缓之。
如此文末指云"自从此下略明诸家判教仪式"，亦可见后卷之大
略也[①]。

删繁就简，义旨易明，然后校刊刊版，裨学者资之可了"其一化大
纲"，正符合智圆"立功"的一贯追求。而根据智圆《让李习之》的观
点，以及作派，为了《四教仪》的流通，智圆很可能对谛观的《四教仪》
进行了较大的文字修饰，甚而是局部的义理和结构的调整。所以，我们在
研究智圆的思想时，完全可以采纳《四教仪》的内容。

智圆的判教思想在《四教仪》中有着充分的说明，《四教仪》开篇即
明确提出：

天台智者大师，以五时八教，判释东流一代圣教，罄无不尽。言
五时者，一华严时，二鹿苑时（说四阿含），三方等时（说维摩、思
益、楞伽、楞严三昧，金光明、胜鬘等经），四般若时（说摩诃般
若、光赞般若、金刚般若、大品般若等诸般若经），五法华涅槃时，

---

① （清）性权记《四教仪注汇补辅宏记》10 卷，亦见此说，文字大同，略其文云："观探
索大本，略出四教仪二卷。其上卷明一家判教立义。下卷明南北诸师宗途异计。"后孤山师谓：
"上卷词旨简要，学者资之，可了一化大纲。下卷乃破斥古师，可缓。是以但行上卷也"。

是为"五时"，亦名"五味"。言八教者，顿、渐、秘密、不定，藏、
通、别、圆，是名"八教"。顿等四教是"化仪"，如世药方。藏等
四教名"化法"，如辨药味。

这应该是对智者大师所开立的判教思想最为扼要、也最为明确的
"五时八教"的提法。他在《显性录》中说道："八教即化法、化仪各四
也，化仪四：顿、渐、秘密、不定也。华严时即顿教，鹿苑方等般若即渐
教，不定秘密更无别体，但于顿渐教中约化法四教而论，是故藏等四名能
牢笼于八教也。"①

从经过智圆校刊后的《四教仪》和参照智圆其他文集可以看出，经
过智圆校刊后的《四教仪》中的思想和智圆其他著述中的思想是一致的。
智圆在北宋时期，深入智者大师在吸收和批判"南三北七"基础上所建
立的判教思想，并将之明确地简择为"五时八教"。但需要指出的是，在
此"五时八教"中，智圆最为重视、强调并在一卷《四教仪》中广为详
说的是"化法四教"，正如智圆在上文中所比拟的"化仪四教"如世间的
药方，"化法四教"才是真正的药味。所谓"化法"，就是佛教用以教化
众生的思想义理。

藏教，即三藏教。一修多罗藏（四《阿含》等经），二阿毗昙藏（《俱
舍》《婆沙》等论），三毗尼藏（五部律），此之三藏名通大小，而在此所
说乃小乘三藏。《四教仪》指出，三藏教中有三乘根性，初"声闻人"，依
生灭四谛教；次明"缘觉"，亦名独觉，值佛出世，禀十二因缘教②。次
明"菩萨位者"，从初发心，缘四谛境，发四弘愿，修六度行。并特别对
四谛教中"苦"谛和"道"谛进行了简略而清晰的解释，例如"四道谛
者，略则戒定慧，广则三十七道品。此三十七合为七科"。在智圆《闲居

---

① （宋）智圆撰：《金刚显性录》卷第四，《续藏经》第五十六册。

② 《四教仪》中对十二因缘教进行了简略而明晰的解释："所谓一无明（烦恼障烦恼道），
二行（业障业道，此二支属过去），三识（托胎一分气息），四名色（名是心，色是质），五六入
（六根成此胎中），六触（出胎），七受（领纳前境好恶等事，从识至受名现在五果），八爱（爱
色男女金银钱物等事），九取（凡见一切境，皆生取着心。此二未来因，皆属烦恼，如过去无
明），十有（业已成就，是未来因属业道，如过去行），十一生（未来受生事），十二老死。此是
所灭之境，与前四谛开合之异耳"。为什么说十二因缘与前四谛开合呢？《四教仪》称"无明、
行、爱、取、有，此之五支合为集谛，余七支为苦谛也。既名异义同"。四谛与十二因缘何故重
说呢？《四教仪》说"为机宜不同故。"

编》中有一首六十四句长诗"四谛具惑释义颂"解释《俱舍》中"苦下具一切,集灭除三,见道除于二见,上界不行恚"的含义①。

通教,通前藏教,通后别圆,所以称"通教"。又从当教得名,谓声闻、缘觉、菩萨"同以无言说道,体色入空,故名通教"。"此教三乘因同果异,证果虽异,同断见思,同出分段,同证偏真"。同时又把菩萨分为利钝二种,谓"钝则但见偏空,不见不空,止成当教果头佛。行因虽殊,果与藏教齐,故言通前","若利根菩萨非但见空,兼见不空,不空即中道。分二种,谓但不但,若见但中别教来接,若见不但中圆教来接,故言通后"。

别教,此教明界外独菩萨法,教理智断行位因果。别前二教,别后圆教。故名别也。别教以因缘假名、诸法无量为教理,以从空入假观为观法,认为宇宙事物和现象尽管在本质上是空无自性的,但仍有假名假相的存在。

圆教,圆名、圆妙、圆满、圆足、圆顿,故名圆教也。圆教以"性具实相"、"三谛圆融"为教理,以"一心三观"为观法,圆妙不可思议,乃是一佛乘之教②。

智圆认为智者大师化法四教的思想能够全面总结佛教用以教化众生的大小乘核心义理,是佛教作为教化之道的全部,四教该被大小乘之法:"三藏即小乘法,通、别、圆即大乘法,诸佛施教不出此四。"③ 藏、通、别、圆四教,在智圆思想中没有高下之分,只是动机不同而已:"藏约教理,通约二种涅槃,别约自他,圆约性遍。"所以"四教虽殊,同归佛性。""圆教理教俱实,名随自意;藏通理教俱权,名随他意;别教教权理实,名自他意。""虽云种种,岂出四教?收摄四教,还归三德"④。

同时,智圆在四教修行中,指出"然依上四教修行时,各有方便正

---

① (元)元粹述《四教仪备释》(2卷)、(清)性权记《四教仪注汇补辅宏记》10卷都全文引此颂,亦可见智圆的四谛观与他的三藏观。

② 天台理论中又多以六即的思想来判圆教之位次,所谓六即,则是理即、名字即、观行即、相似即、分证即、究竟即,《四教仪》指出:"然圆教位次,若不以六即判之,则多滥上圣。故须六即判位,谓一切众生皆有佛性,有佛无佛性相常住"。所谓六即,则是理即、名字即、观行即、相似即、分证即、究竟即。

③ (宋)智圆撰:《金刚显性录》卷四,《续藏经》第五十六册。

④ (宋)智圆撰:《涅槃经疏三德指归》卷二,《续藏经》第三十七册。

修，谓二十五方便十乘观法"，特别重视圆教之十乘观法①，智圆《涅槃经疏三德指归》中同样强调了"十乘观法"在天台观行中的地位：

> 若欲修行，必依十乘，委明十乘，在乎止观。故知《摩诃止观》通为一切圆顿大乘经教之行门也。四种三昧，何经不摄？十乘十境，何教不用？教行相济，方有所归。自非一家未闻斯说。②

十乘观法即：一观不思议境，二真正发菩提心，三善巧安心止观，四破法遍，五识通塞，六道品调适，七对治助开，八知位次，九能安忍，十离法爱。

智圆的四教观是与他的三观四教紧密相连的。他认为："四教三观，纽解行之宏纲"（《闲居编》），"三观四教，旨远辞高，故非浅识之所好也。《垂裕记》"正如"四教义从观出教，依教开解。三观义融教入观，依解立行。目足相扶。殆罔俱治之，二书盖阙一不可也"③。智圆的四教首先是在三观的基础上开立的：

> 内依空观外说藏通。内依假观外说别教。内依中观外说圆教。又一心本具十界依四圣法界说四教法。内观既明外说无怗。④

四教的思想又是智圆重视教道的学术体系的核心，他往往用藏、通、别、圆来深化解释佛教中的一些概念与思想，如他在解释沙门时说"沙门者，此翻勤息，谓勤劳息断烦恼故。《瑞应经》云："息心达本源，故号为沙门。若乃息见思之妄心，达真谛之本源，藏通沙门也。息尘沙之妄心，达俗谛之本源，别教沙门也。息无明之妄心，达中道之本源，圆融沙门也。又次第息三惑达三本者，是别沙门。一心中息三惑者，是圆

---

① 《四教仪》。智圆对于圆教"十乘观法"有极高的评价，《涅槃经疏三德指归》中说"圆四念处，即是用十乘观，观于阴境，名依念处严心而住。若无十乘，何以至道？"《续藏经》第三十七册。

② （宋）智圆撰：《涅槃经疏三德指归》卷二十，《续藏经》第三十七册。

③ ［日］东睿山凌云院僧正智愿海藏撰："《三观义》序"，《续藏经》第五十五册。

④ （宋）智圆撰：《维摩诘略疏垂裕记》卷一，《大正藏》第三十八册。

沙门。"①

　　智圆四教思想，叹大、圆，但不斥小、藏通别，"相"虽有异，而"教"为一也。智圆对于那些蔑"小"的观点给予了批驳：

　　　　戒定事境与藏无殊，但内解不同，境随解转，故有四教之别。世有学大者蔑小事相，一何谬哉!②

　　智圆之后，北宋天台学多以四教化四根性，来理解佛教根本教义与建立天台教学。例如，雪川仁岳"今家四教，判尽东流一切经论，岂诸宗立教，不得以分齐收耶?"③，神智从义又依雪川之科文，于治平四年（1067）撰《四教仪集解》（后又于熙宁九年（1076）修改琢磨刊行）。（元）元粹述《四教仪备释》（2 卷）多引孤山之文。溯其源流，孤山智圆之功巨矣! 而与"五时"、"化仪四教"相比，"化法四教"更突出佛教义理的内涵、品位的不同以及修习的次第。智圆在北宋初期准确地把握了智者大师判教的核心精神，以三观约四教，即小而大，即藏、通、别而圆的趣向，一方面反映了宋学中融通的趣向，另一方面则强化了天台教学的次第理论，与宋学传统中重视教学思想完全符契，成为智圆宋学先觉思想中重要的内容。

2.3　真心与理性

　　天台思想富有强烈的辩证法思辩色彩，在真妄的问题上往往是说：即妄而真、即真而妄、真妄不一不异，真妄一二二一或者真妄和合等等。然而，铠庵在评说智圆的思想，明确指出："言境观则以真心为境，论总别则以理性为总。"④ 在天台理论中，"境"乃是与"智"对应，"总"乃是与"别"对应，"境""智"、"总别"都是不一不异的关系，铠庵指出智

---

　　① （宋）智圆撰：《涅槃玄义发源机要》卷一，《大正藏》第三十八册。

　　② （宋）智圆撰：《涅槃经疏三德指归》卷一，《续藏经》第三十七册。

　　③ （宋）继忠编：《四明仁岳异说丛书目次》，《续藏经》第五十六册。

　　④ （宋）志磐撰：《佛祖统纪》卷第十"高论旁出世家"，《大正藏》第四十九册，第205页。

圆的"真心"是约境而言，也就是说智圆是以"真心"为所观，而非能观；"理性"约总而言，也就是说智圆是从根本上、普遍意义上说"理性"，而不是从个别的、部分的意义上说理性。境则对智，总则异别。那么，铠庵的评价是否准确呢？智圆又如何在上述"三观为宗"的思想为基础提出他的真心论与理性论呢？为什么智圆要把智者大师的"一念无明法性心"简为"真心"呢？真心与《法华》显实、《涅槃》谈常之见有什么关联吗？

2.3.1　"真心"为境

众所周知，在智者大师的理论中，"一心"即"一念心"，乃是对晋隋之际真心派（如地论师、楞伽师）和妄心派（如摄论师）的批判基础上建立的非真非妄和合识，所谓"心即实相"①。作为智者大师传人，并以弘扬三观法门为己任的智圆当然不可能对此误解。智圆说：

> 一家所谈，刹那妄心，即三谛理具足三千依正之法，唯在止观阴境之初②。
> 是故妄心则万法永殊，真心则一理无外。是故唯心之言，即妄而真，方为尽善。故真心即遍，妄心亦遍，以真妄相即，如波水故，所以离妄指真，如弃波求水耳。
> 若唯真心，则离妄有真，如避空求空，是故不可偏指清净真如也。若唯妄心者，妄心遍计诸法永殊，何名唯心邪？③

即妄而真，即真而妄，立"一念无明法性心"，"一念心具三千诸法"，这是天台学者的共识，作为一代高僧的智圆非常清楚。那么真心、妄心之争关键在哪呢？大多数学者在论及山家山外之争时，多从理事角度来阐发真心、妄心之别，认为山家知礼所主张的以"一念"为事中一念不同，山外智圆所主张的"一念"乃是理中一念，固有其合理因素矣。但本书更

---

① （隋）智者撰：《法华玄义》，《大正藏》第三十三册。
② "《法华玄记十不二门正义》序"，《闲居编》卷十，《续藏经》第五十六册，第880页。
③ （宋）智圆撰：《金刚錍显性录》卷三，《续藏经》第五十六册。

赞同铠庵的评说"言境观则以真心为境"①，智圆乃是"约自行"，从个体修养的角度来谈真心，"真心"观应属于天台的证道体系。智圆"真心为境"的思想应立足于天台"境妙"和"境智不二"的理论。

根据《法华玄义·迹门十妙之境妙》，可知智者大师从十如境、因缘境、四谛境、二谛境、三谛境、一谛境、无谛境、诸境之开合、境之超越，详细描述了作为证道体系中玄妙不可思议之境。"境"，在此所指乃是所缘之对象，是知识性的"理境"。"境妙"，是指圆教所缘的理境为不二之实相，离言绝待，妙不可言。其中，特别"随情"、"随智"、"随情智"②而广说"二谛境"，开藏、通、别入通、圆入通、别、圆入别之七种二谛，立"绝待妙"之境，以为圆教观心。所以智圆说：

> 观谓不思议观，心谓不思议境。境为所观，观为能观。所观者何？谓阴、界、入，阴、界、入不出色、心。色从心造，全体是心，此之能造具足诸法，所以但观六识妄心即三谛妙性，假故三千宛尔，空故当体泯然，中故心性不动。而此一心，三无差别，如是观者名观心性③。

智圆强调"观心"可方便为二：观为"不思议观"，是能观；心为"不思议境"，是所观。所观又可分为阴、界、入，即五蕴、十八界和十二入。五阴，指色、受、想、行、识；十二入，指眼、耳、鼻、舌、身、意、色、声、香、味、触、法；十八界，指六根、六境、六识。此五阴、十二入、十八界，传统上称为佛教的"三科"。智者大师在《摩诃止观》中立此三科为"第一观阴入界境"，"第一观阴入界境者，谓五阴、十二入、十八界也。"之所以立阴入界为第一观境，正是因为阴入界是凡夫日

---

① 朱封鳌注意到了"关于观的对境问题，北宋时期由于各家见解不一，以致引起山家派妄心观与山外派真心观的争论与对立。"正如朱先生所分析的，"其实此事追本溯源，可从智顗在《摩诃止观》十乘观法中的说法，来加以正确判断"。参见朱封鳌《天台宗史迹考察与典籍研究》，上海辞书出版社 2002 年版，第 165 页。

② "随情说"，随顺众生之执著之情，而施设各种方便，即"随他意语"。"随智说"，以佛自显的真实秘意，即依自证而说，也称为"随自意语"。"随情智说"，不违佛的自内证而又顺应闻法者的机宜，与其作同一的说法，又称为"随自他意语"。

③ （宋）智圆撰：《金刚錍显性录》卷三，《续藏经》第五十六册。

用而不知之境。而智圆进一步认为，此五蕴、十八界、十二入，不出色、心二法。而"色从心造，全体是心"，先了万法唯心，方可观心，能了诸法则见诸法，唯色唯心当知一切由心分别，诸法何曾自谓同异，所以但观六识妄心即三谛空、假、中之妙性，乃是"三千宛尔"、"当体泯然"、"心性不动"，此一心，乃是心、佛、众生三无差别。

在智圆上述的论述中，我们可以看到智圆所说之"心"有二意。"色从心造，全体是心。此能造心具足万法"的心乃是能观，"心佛众生三无差别"之心乃是所观，一"心"乃有能、所不二。这在理论上是否行得通呢？

> 问："为即心以为能观，为心外别有能观？若心外别有能观，则所观境摄法不尽。若只识心以为能观，如何以心而能观心？"①

智圆对此问题是胸有成竹，

> 应知无始妄心，本是理性妙境妙智，而随妄转不觉不知。今既闻名，知心即是。即此阴心，而能成观，是故以心为境，心亦能照，能所俱心，心体俱遍，心心相照，于理甚明。故《止观》云："不可思议境即是观"，故虽即心是观，而境观宛然。是故若了此问，则方解因中境观不二之谈，果上法报相冥之旨也。②

他认为"无始妄心"本来与理性妙境妙智为一也，所以以心为境，心亦能照。并且认为，只有了达此一心能所不二，才能够真正理解"因中境观不二"、"果上法报相冥"的因果思想。

在1009年也就是东封泰山改元大中祥符的第二年所写《请观音经疏阐义钞》中，智圆进一步说道：

> 夫境智二法，不分而分，故前释境乃对智明，今文释智还约境说，是知境非智莫显，智非境莫成。义虽相仍，文有傍正。观因缘下

---

① （宋）智圆撰：《金刚錍显性录》卷三，《续藏经》第五十六册。
② 同上。

标藏智，观因缘空标通智，二谛观者假是虚妄俗谛。空是审实真谛。今欲去俗归真。故言观。因缘空假是入空之诠。先须观假知假虚妄而得会真。故言二谛观。出假下标别智。从空而出故言出假。入在假内亦曰入假。故出入二名诸文互立。别虽三观以假为正平等观者。望前称平等前破假用空。今破空用假破用既均故名平等。中道下标圆智。虽三观一心从胜彰名故指中道。三皆名观。复名智者通而为论。观智义一。别而往目，因果两分。①

又曰：

若依名字为便应，先明观智，次辨世境。若解义为便，前明世境，次辨观智，以先有境，可得论观，若未有境，何所可观？譬如镜鼓后方映击，今从义便故，先境次智。三谛三境者。止观明理性是一，对止名谛，对观名境。诸文所明谛即是境。不云二别。今亦同之。所以然者。诸文但云三观不论三止故。且止观行门。方乃委示。一因下列名此之三境者。谓此三境不一不三，唯在一念，遍摄诸法三无差别，彼彼互融，但以情迷不能觉了，遂于无缚法中强生系缚，谓有情无情事异理异。于无脱法中而妄求解脱。遂厌苦欣乐舍有入空。离二边求中道。故有凡夫生死及三教境智之异，故云为智所观，即为四也。②

既然智圆认为，一心乃是能所、境智、真妄不二，那又为何要约境言心？首先我们来看智圆所说"境"者为何。智圆曰：

《普门玄》云："境不出二，内谓即心而具，外谓众生与佛"。《不二门》云："凡所观境，不出内外"。总而言之，只是《华严》心、佛、众生三无差别，《涅槃》虚空、佛性，《法华》诸法实相耳。③

---

①　（宋）智圆撰：《请观音经疏阐义钞》卷一，《大正藏》第三十九册。
②　同上。
③　（宋）智圆撰：《维摩诘略疏垂裕记》卷九，《大正藏》第三十八册。

在智圆的理论中"一宗《法华》显实，二宗《涅槃》谈常"，虽"用华严三无差别，《涅槃》虚空佛性，皆为成于《法华》诸法实相耳。"①也就是说，智圆的"境"与天台实相论和涅槃真常思想都紧密不可分②。基于此，他反对别教立真如清静心，以为"初叙唯有清净性者，但谓真如自性清净，随缘能为染净，不了真如净性本具三千性染净依正等法"③。

另外，智圆经常在文中引到是《占察经》④，《占察经》中"但说一切诸法依心为本"，所以"当知一切诸法悉名为心"。在此意义上说"心义"则心有两种相，一者心内相，二者心外相。而"心内相"又有二种："一者真，二者妄"。

> 所言真者，谓心体本相，如如不异。清净圆满，无障无碍，微密难见，以遍一切处，常恒不坏，建立生长一切法故。所言妄者，谓起念分别觉知缘虑忆想等事。虽复相续能生一切种种境界。而内虚伪无有真实不可见故。

智圆这种真心乃是"实相真心"⑤ 论，是智者大师"心即实相"的进一步明确，这里的"实相真心"乃是"约自行"而非"化他"而言，所以，属于"证道"体系。这种实相真心论与《占察经》"依一实境修两种观"颇为相通。所谓"一实境"，是指"众生心体，从本以来，不生不灭，自性清净，无障无碍，犹如虚空，离分别故。平等普遍无所不至，圆满十方究竟一相。无二无别不变不异无增无减。以一切众生心一切声闻辟支佛心一切菩萨心一切诸佛心皆同不生不灭无染寂静真如相故"。所谓"修两种观"，指"一者唯心识观。二者真如实观"。之所以修两种观，

---

① （宋）智圆撰：《金刚錍显性录》卷一，《续藏经》第五十六册。

② 实相论乃是天台理论的哲学论基础，也是智顗思想的最重要组成部分，因内容复杂，学者多有论述，请参见张风雷《智顗评传》。

③ （宋）智圆撰：《金刚錍显性录》卷四，《续藏经》第五十六册。

④ 全称《占察善恶业报经》，天竺三藏菩提灯译，孤山智圆注疏中多引此经，并宋以后论著亦见多引此经。吕澂先生认为《占察经》是伪经，抄自《大乘起信论》，参见"《大乘起信论》考证"，吕澂《吕澂佛学论著选集》第一册，齐鲁书社1996年版，第317—318页。

⑤ （宋）智圆撰：《维摩诘略说垂裕记》卷七菩萨品，《大正藏》第三十八册。

因为"人有二种"。人有利根与钝根之分，利根之人"先已能知一切外诸境界唯心所作虚诳不实如梦如幻等。决定无有疑虑。阴盖轻微散乱心少。如是等人。即应学习真如实观"，而钝根之人，"先未能知一切外诸境界悉唯是心虚诳不实故。染着情厚盖障数起心难调伏。应当先学唯心识观"。

所以，对于智圆"真心"思想必须从天台实相论入手，而不能隔离真妄、心色、能所：

> 若圣若凡者，圣即真心，凡即妄心，若唯真心，则离妄有真，如避空求空，是故不可偏指清净真如也。若唯妄心者，妄心遍计诸法永殊，何名唯心邪？故云二俱有过，是知近人偏指妄心，其过非少，应知烦恼心性本具三千，即妄而真，体常周遍。①

> 所以他宗若解若观皆偏指于真，今家所立离真无妄，离妄无真，指无明心即三谛理，故止观观乎阴心、烦恼心、病心等，皆成不思议也。故《辅行》云："今用阴等十法为境，不同常途，别立清净真如，无生无漏。如是观者，如离此虚空，别更求空"。须知一家所立心性，即妄而真，若解若观，其理咸尔，偏真尚失，偏妄可知！故下文问云佛性常、无常邪？常应不变，无常非性，是以无常即常，妄即真，故二法一揆，方离偏指之失。亲见学斯宗者，不了此旨，乃云今家偏指妄心为境，未得言真，遂偏立妄心为解行事理之要，不知即妄而真方为要也，当知偏指于真，似偏指于水；偏指于妄，如偏指于波，即波是水，方为要的。寄言学者，研详得失。②

智圆以上的这番不点名的批评，很可能针对的是知礼为代表的山家。山家对山外的批评，很可能并非是要坚持传统天台的圆义，而是有意识地"偏指妄心为境"、"偏立妄心为解行事理之要"，以保持与山外的区别③。

---

① （宋）智圆撰：《金刚錍显性录》卷三，《续藏经》第五十六册。
② （宋）智圆撰：《金刚錍显性录》卷二，《续藏经》第五十六册。
③ "北宋天台宗对《大乘起性论》与《十不二门》的诠释与论争"，参见龚隽《中国哲学史》（季刊），2005 年第 3 期，第 88 页。

所以智圆批评偏真偏妄，坚持"即妄而真，方为要也"，是天台实相论和修行论的真正统一。

智圆"真心为境"思想的简择很可能和上述《占察经》的思考一致，虽然，境智、真妄不一不异，然而相对而言，"真心为境"的思想对众生修行的落脚点更为可靠与扎实。智圆的真心说不是魏晋南北朝时期真心观的简单回归，南北朝时期的真心观更多的是试图圆满解释众生成佛可能性的问题，因而不仅是地论师持有真心思想，那些主张阿赖耶识为染污识的摄论师，也希望从"妄心"里开出一个"真心"、"自性清静心"。以智圆为代表的山外真心说，乃是贯通天台实相而重在观"境"的学说。智圆的真心，"说《妙法华》则合多归一，示万境会同于真心"①，成为了山外的一个标志。真妄虽一而二，乃是为了强调凡圣之性同而修别，意谓在"修"，所以说"不取众生为佛心者，当来成佛是真心，非今日妄心也"，"佛心亦尔者，果佛真心，亦非本作凡夫时妄心也"。"修心者，三止圆修，十乘妙运，名为修"，"众生妄心则三惑喧动，如来真心则三谛寂灭"，"缘真心者，即更缘理而修成四果向故名为学"②。《首楞严经正脉疏》引智圆文说"妄心见妄境"③，希冀众生以"真心见真境"可能是智圆基于天台实相论的一个现实愿望。

2.3.2　"理性"为总

宋学以"讲求义理为形式，研究性理为内容"，宋学的主题也便是"性和理"了，"性"、"理"作为宋学的基本范畴，后人往往引程颐"性即理也"，殊不知孤山智圆在程颐前七十年左右，已多讲"理性"了④。

① "《无量义经疏》序"，《闲居编》卷一，《续藏经》第五十六册，第872页。

② （宋）智圆撰：《涅槃经疏三德指归》，《续藏经》第三十七册。

③ （明）真鉴：《首楞严经正脉疏》（10卷）卷四，《续藏经》第十二册。

④ 事实上，早在庐山慧远的时代，"理学"就成为佛教义理之学的代称。《弘明集》卷二（东晋）宗炳（375—443）的《明佛论》中就有"理学"之称："远和尚澄业庐山……高洁贞厉，理学精妙，固远流也"。远和尚即庐山慧远。所谓理学即佛门义理之学或性理之学的简称。慧远理学，大要见其所著《法性论》："至极以不变为性，得性以体极为宗"（关于庐山慧远的佛学思想，敬请参考方立天教授《慧远及其佛学》，中国人民大学出版社1987年版）。佛教传入中国之后，性理之学得到了长足的发展，天台教学中的性具说更大大丰富和发展了传统的佛教性理之学。

那么智圆所说的"理性"内涵是什么？铠庵为何评价智圆"论总别则以理性为总"？

"理性"这个词并不是智圆的首创，在今传的"《妙法莲花经》序"中我们就读到了"化城引昔缘之不坠，系珠明理性之常在"①，智者大师《法华玄义》、《法华文句》、《四教义》等著作中已多用"理性"之词②，从智者大师的运用中，可知"理性"乃是万有永恒不变之真性、本体，理性本自清净，又称为"理体"或"性理"，"理"指始终不变的本具理体；"性"以不改为义，不待其他因缘，无始以来，法尔存在之本具因种，是本具之理体，终始不改，谓之"理性"，谓诸佛众生，理性平等，自然相关。理性乃是就心本体而言，所以也可直接称为"心体"。用现代哲学观念来看，"理性"是一种主客体、基质与规则都混沌未分的本体，包括三个方面的内容：物自身（体）、抽象本质（性）和规律（道、理），而这三个方面是混通、圆融、"不可思议"的玄妙。智圆常称天台为"一性之宗"，虽未见详细说明，但当为此"理性"之"性"，也就是本体之性，所以铠庵评价智圆所谓"论总别则以理性为总"，就是从本体而说的。

这里，需要注意的是，由于中国语言的多义，智圆及天台宗内"性"字的使用，至少有两个不同层次："理性"与"性具善恶"；"理性"是本体之"性"，无善无恶，是"理"；"性具善恶"之"性"，有善有恶，属"事"；这是两个层面的逻辑范畴。但是，这两个层面又不是截然分立

①　（唐）道宣述："《妙法莲花经》序"，《大正藏》第九册。
②　抄其中一二如下：（1）三轨即三道，是为理性，行于非道，通达佛道。（2）决了名为妙，一切众生理性菩提。（3）二明眷属者，又为五种。一明理性眷属，……一理性眷属者。众生如佛如一如无二如理性相关。任运是子。故云我亦如是。众圣中尊世间之父。一切众生皆是吾子。此是理性。不关结缘不结缘。皆是佛子也。（4）实相名为性净涅槃。修因所成为方便净涅槃。今以理性为性净涅槃。修因所成为圆净涅槃。此则义便。薪尽火灭为方便净涅槃。此文便若将修因所成。为方便涅槃者。以薪尽火灭为何等涅槃。故知应有三涅槃。三涅槃即是三轨。（5）问："众生机圣人应，为一为异？若一，则非机应，若异，何相交关而论机应？"答："不一不异……众生理性与佛不殊，是故不异。而众生隐如来显，是故不一。不一不异而论机应也，又同是非事非理故不异。众生得事圣人得理，又圣人得事凡夫有理。"（6）今明双照二边，理性毕竟清净。《法华文句》。（7）第五约通教明位释净无垢称义者。大士位在补处真谛之理性自皎然，名之为净。《四教义》。

的，所以我们可以说：约总则理性无善恶，约别则性具善恶①。

智圆写于 1006 年的成名之作《金刚錍显性录》明确指出"三千理性为大教之本"，"藏性、理性，皆佛性异名也"，"真如即所显之理性也"。可知，智圆所说"理性"乃约总、约体而说佛性。又说别教虽有性说，而未即"具"意，唯有天台为圆满之说。

智圆的"理性论"首先是天台的"性具说"，智圆认为性具说乃是天台宗作为圆教，区别于藏、通、别三教的根本：

> 三问唯心。唯只是心者，以只是二字解唯字义，以一切法只是心故。故云唯心也。唯识云"唯遮外境，识表自心"，语与今同，但他宗解义，不了性具，乃与今异②。

> 藏通避生死入偏真，别人避二边入但中，通教虽即避事咸同，岂知性具三千彼彼互融，一如无二，无所去取等者。魔即佛，故无所去；佛即魔，故无所取。魔佛一如，有何滞碍？如是观者，名为能觉，不为境动，所以能降。岂闻佛即是魔，便求魔法？须了即魔是佛，所以能降。凡云相即，意显理融。布教之宗，本令舍恶，事理真妄，魔佛内外，一切皆然。将来学者幸宜留意③。

智圆还进一步以性具说对四教中圆、别二教的根本分立进行了论述：

> 当知他宗明圆，得在唯心，失于心具。近人不晓，乃谓华严、起信宗师所谈圆极但是今家别教者，谬之甚矣。

> 应知，今言真如随缘等者，用异他说，以他但云清静真如，不知真如具三千法④。

---

① 如智者大师《法华玄义》中说"若大乘观心者，观恶心非恶心，亦即恶而善，亦即非恶非善；观善心非善心，亦即善而恶，亦非善非恶。观一心即三心，以此三心历一切心，历一切法，何心何法而不一三？一切法趣此心，一切心趣此法，如此观心，为一切语本、行本、理本"。"即恶而善"是理体观；"即善而恶"是事相观；"非善非恶"是无分别观，离言绝待也。

② 《金刚錍显性录》卷三，《续藏经》第五十六册。

③ 《维摩诘略疏垂裕记》卷七菩萨品，《大正藏》第三十八册。

④ （宋）智圆撰：《金刚錍显性录》卷二，《续藏经》第五十六册，第 534、535 页。

"总释即境智合辨，别释即境智开说"①。智圆的"理性"说与智者大师"性具"说，就其总而言，则为一；就其别而言，则有异。二者的取向，由于历史背景的原因，已有所区别。智者大师的"性具实相"说，体现的是一念三千、心物无碍的哲学本体论；"性具善恶"论，则是以实相论为基础的十界平等说。而智圆更强调"性一修异"，众生与佛性一，而修异，所以智者大师说"烦恼即菩提，生死即涅槃"之实相也，而智圆所要阐述的乃是"烦恼即菩提，生死即涅槃"之修行之路也，即一而二也。

其次，智圆的"理性说"反映了天台"事理具融"的思想。"理、事"是天台学中的一对范畴，智圆曾撰长文赞叹"事理融即"：

> 初叹即事之理，二叹即理之事。（初叹即事之理）理即三千三谛之理，生佛一贯因果无殊。事即十界迷悟之事，始终两异新故有别。然而即事而理，波即水也。即理而事，水即波也。故此事理是今经之所诠，斯教之极致故。于文首举而叹之②。

事，即事相，属于现象；理，如上文所说，指理实、理体，属于本体。③不过，在讲到佛性时，智圆乃是"约理"而言，《金刚錍显性录》中解释"理具方有事"、"欲修观但观理具"两句时分别说道：

> 并由理具，方有事用（此总示生佛无差，不出一家唯观心性之意，众生由心性具三千，故能遍造遍计。圣人由心性具三千，故能现土现身。如清浊二水，并由湿体无差具波性，故方能为波），今欲修观，但观理具（既事境全由理变，是故但观理具三千，则全事是理，如波浪全由水成，是故但观水具波性，则全波是水）。一家点示，唯观心性，意在此矣！④

① （宋）智圆撰：《请观音经疏阐义钞》卷一，《大正藏》第三十九册。
② 《涅槃玄义发源机要记》卷一，《大正藏》第三十八册。
③ 在此"理""事"内涵与现代的"理""事"不同，现代的"事"属于客观的事实领域，"理"指规律或抽象原理，属于知识领域。
④ 《金刚錍显性录》卷二，《续藏经》第五十六册。

更为重要的，智圆的"理性"思想还突出了天台"三因"、"三德"与"三轨"的思想。

三因佛性是智者大师创立的佛性体系，源自《大般涅槃经》："一正因佛性，离一切邪非之中正真如也，依之成就法身之果德；二了因佛性，照了真如之理之智慧也，依之成就般若之果德；三缘因佛性，缘助了因，开发正因之一切善根功德也。依之成就解脱之德。"① 智圆在《金刚錍显性录》中更加明确地提出了"理性三因"：

> 本有三种者，谓无始本迷，三道流转，此三道事即三德理，道即德种，如波为水种，故云本有三种，而此三理非因了达体元周遍，故云三理元遍，此即理性三因也。②

而智圆把"三因"作为"生死之始"，智圆的思想似乎与人们所认可的佛教观念产生不同。根据《涅槃玄义发源机要》中的记载，当时就有人问："向以无明生死为始，今何故以佛性三因为始耶？"智圆的回答极其简单："无明生死体即三因"③。所以智圆又把理性三因称为"种性"：

> 此即三道，是三性之种，故名种性，有生性故，故名为种，生时此种纯变为修。修性一如，无复别体，始终理一，故名为性。波是水种，水是波性，岂不信哉！又种义复有二别，一者相对论种，如向文中；二者就类论种，类谓类例，亦修得也，众生无始，恒居三道，于中谁无一毫种类？是故一切低头举手即解脱种，一切世智三乘解心即般若种，夫有心者皆当作佛即法身种。④

智圆认为，此三因种性之说，"解脱种"、"般若种"、"法身种"乃藏通

---

① 智者大师《金光明玄义》曰："云何三佛性？佛名为觉，性名不改，不改即是非常非无常，如土内金藏，天魔外道不能坏，名正因佛性。了因佛性者，觉智非常非无常，智与理相应，如人能知金藏，此智不可破坏，名了因佛性。缘因佛性者，一切非常非无常功德善根资助觉智开显正性，如耘除草秽掘出金藏，名缘因佛性。"

② 《金刚錍显性录》卷二，《续藏经》第五十六册。

③ 《涅槃玄义发源机要记》卷一，《大正藏》第三十八册。

④ 《金刚錍显性录》卷四，《续藏经》第五十六册。

所无，唯有天台"此即示种性之体，非但周遍，而有具法之德"，所以"一家明义须论体德简显方明，故论主于此义中方斥他说，当知种等三名，唯出今论，足可拣余宗未了之说，足可显一家尽理之谈，后学牢知，诚堪愍矣，幸希同见，常用照怀"。

"三德"，即涅槃三德。《涅槃经》所说大涅槃所具之三德：一、法身德，为佛之本体，以常住不灭之法性为身者。二、般若德，般若译曰智慧，法相如实觉了者。三、解脱德，远离一切之系缚，而得大自在者。此三者各有常乐我净之四德，故名三德。而此三德，不一不异，不纵不横。"夫三德者，实诸佛之所证也，众生之所具也。生佛不二，同归于心"，所以智圆在"《涅槃经疏三德指归》序"中说：

> 俾夫来者识经之所诠疏之立义，尽在于生佛无差一心三德之理也，无奔走于迷途。姑务于理观讲授矣，惟怀道者知我志乎！①
>
> 以理事对一性二修。共成三德。一性是理，以配法身。虽理本具三。今对修成一。二修是事，虽智断俱冥于理。今对性但二。此即合性为一，合修为二。若约开说，则修性各三。理具三法身，智即三般若。断即三解脱。开虽成九，九只是三，三九互融展转无碍。②

"三轨"，即智者大师所立"迹门十妙"中之"三法妙"，《法华玄义》卷五下曰："言三法者，即三轨也。轨名轨范，还是三法可轨范耳。……三轨者，一真性轨，二观照轨，三资成轨。名虽有三，只是一大乘法也。""真性轨"，无虚伪谓为真，不改谓为性，指真如实相之本体也；"观照轨"，指观达真性之智慧也；"资成轨"，指资助观照之智而使开发真性之万行也，是如次第有境智行三者。此三轨不一不异，不纵不横，如伊字之三点，首罗之三目。故名三法妙，以此三轨类通一切三法，故名三轨之法门。智圆说："三轨在一念心即理性也"③，并且认为：

> 众生心因既具三轨，此因成果名三涅槃，因果无殊，始终理一，

---

① （宋）智圆撰："《涅槃经疏三德指归》序"，《续藏经》第三十七册。

② （宋）智圆撰：《涅槃玄义发源机要记》卷一，《大正藏》第三十八册。

③ 《金刚錍显性录》卷二，《续藏经》第五十六册。

故即因心而具果德。①

智圆"理性为总"的说法得到了后人的认同。宋《翻译名意集》中附明"修性离合之法",其中说道:"欲显三点非纵横相,当示修性有离合法。三道至迷,理性之法法圆具。二因开悟,修习之事事融通。开则各离为三,对乃共合成一。"并引孤山《金刚錍显性录》中之文来说明"(理)性(事)修离合之法":

> 孤山《显性录》示离相曰:"一家修性正义即约《玄文》前三妙也。境即性三,智即智三,行即行三。行之所阶即有诸位。若至初住。名随分果。则分证三法也。若就合说即合性为一,合修为二。合理性三为一,正因法身德也。合智三为一,了因般若德也。合行三为一,缘因解脱德也。故开虽具九,九只是三。三九虽殊,其理常一"。②

(清)智铨述《法华经玄签证释》10 卷中,又引《翻译名意集》的内容,明确指出用"孤山解,不用四明解",因为"解此门四明不及孤山故,此门分科亦准孤山",以智圆思想来说明天台"修性不二门",亦可见智圆"理性为总"思想在后世的影响。

从"理性"说出发,必然是真心说,但这个"真心"不是真妄相对的真心,而是绝对(绝待)真心,即"三观"中的"中道第一义",是自在与自为、法性与心性同一的"绝待妙"之心。按照天台"正直舍方便,但说无上道"的逻辑,特别是智圆强调藏通别圆之教道体系,天台是推崇直入理体的。

智圆在北宋强调心佛众生三无差别之理,其理性论兼有佛性和人性论的色彩,佛性、人性理一而事异,性一而修异,智圆看到了心佛众生理性一而事修异,"性任融凡圣,修宜示否藏"③。理性一,则平等;事修异,则有凡圣焉,有君子小人焉,有真妄焉,有净秽焉,则中人之性,得无

---

① (宋)智圆撰:《涅槃经疏三德指归》,《续藏经》第三十七册。
② (宋)法云集:《翻译名意集》卷六,《大正藏》第五十四册。
③ "湖居感伤(五十四韵)",《闲居编》卷四十九,《续藏经》第五十六册,第941页。

诚乎？

2.3.3　智圆与北宋涅槃学

东晋时期首先玄学化的般若学研究盛行一时，接着，僧伽提婆来华，掀起了一股阿毗昙学的研究热潮。此后，鸠摩罗什、僧肇一系对般若学正清本源，般若学的演习达到了顶峰。而在鸠摩罗什去世后不久，《泥洹经》（即《涅槃经》异译本）传入后，学者们的研究重心又从般若学转向了涅槃学。东晋佛学思潮转向，《泥洹经》的传入在其中起到了关键作用①。

隋唐之际，智者大师作为当时代思想的集大成者，判《法华》、《涅槃》为醍醐之教，《法华》显实，《涅槃》谈常，所谓"遍被末代，则今时学人所当急研讨也"。对于《涅槃经》可谓重视矣！然而，智者大师作为一代思想家并没有来得及为《涅槃经》注疏。此后，灌顶所撰、中唐时期荆溪湛然再治的《涅槃经会疏》多达 36 卷②，"古今学徒，患乎此疏文古义幽，难解难晓"：

> 然智者大师之弘经，但疏《法华》，而不及《涅槃》，虽固可惜。而章安尊者，依智者义意，作《涅槃疏》。则两疏并行，宛观双璧。荆溪尊者之作记，亦但释《法华疏》，而不及《涅槃疏》。岂非缺乎？虽有遑、满二记，不满人意，议者众矣！且迫近世亡而弗传。是故古今学徒，患乎此疏文古义幽，难解难晓。宋孤山圆师，以高世之才，师安之学，作《三德指归》二十卷，于是其难解难晓者，皆涣然冰释，粲然日明，大有益于物，则亦可谓备矣！③

也就是说，由于隋唐以来天台史上智者大师和荆溪湛然都是对《法华经》进行了疏、记，留下了《涅槃经》的空白，虽其中也有灌顶作疏、道暹

---

① 《泥洹经》的传入适应了当时中国社会及中土佛教思想界的需要，竺道生也通过对《涅槃经》的注疏建立了自己的本体论，并奠定了自己在中国哲学史和中国佛教史的地位。

② （唐）灌顶撰：《大般涅槃经疏》33 卷，《大正藏》第三十八册。《涅槃经会疏》36 卷，（唐）灌顶撰（唐）湛然再治，［日］本纯分会，《续藏经》第三十六册。

③ "刻《涅槃经疏三德指归》序"，《闲居编》卷六，《续藏经》第五十六册，第 875 页。

行满作记，但终是"不满人意，议者众矣！"历经中唐、五代之际的混乱，更是导致了《涅槃经》的"亡而弗传"。而智圆以高世之才，继承了道安以来的涅槃思想，发挥灌顶宋以后《涅槃经》的重视和《涅槃》扶律谈常思想的流传乃智圆之功矣，正如智圆自己所说，"痛微言之将坠，慨后学之不闻"：

> 迩世空文仅存，莫有传者。钱唐沙门释智圆字无外，其荆溪十世之法孙也，痛微言之将坠，慨后学之不闻。于是乎撰记以申明之，勒成二十卷，号《三德指归》。凡于文高旨远言约义微之处，而皆离坚合异、派深析重、指而归之。俾夫来者识经之所诠、疏之立义，尽在于生佛无差一心三德之理也，无奔走于迷涂。姑务于理观讲授矣，惟怀道者知我志乎！
>
> 窃念斯文坠地传授道息，于是辨理解纷而笔记之，乃有《玄记》两卷、《疏记》二十卷……俾斯经斯疏光大于时，导无穷之机入秘密藏者，岂不功由于我邪！①

智圆先后在大中祥符四年（1011）和七年（1014）分别撰有《三德指归》（即《疏记》，今存十九卷）、《发源机要》（即《玄记》）②。智圆又于1015年，撰《涅槃百非钞》并"序"。智圆二记指出了《涅槃经》之要，乃是"扶律谈常，收渐归顿"（或曰"扶律谈常，开小即大"）③，而《涅槃》以前诸部大乘，都没有"扶律谈常"，不称灭后机缘：

> 《大般涅槃》具足二用，而对治适时。向来文殊执有为无常，故纯陀以无为常住治之。今纯陀执常请住，故佛以无常等治之。又无常约事，常住约理，事即理故，无常即常，理即事故，常即无常，此仍理事待对而说。若约绝待，非常非无常，而此绝待，即是心性，在因

① "《涅槃玄义发源机要记》序"，《闲居编》卷二，《续藏经》第五十六册，第873页。

② 义天《总录》记为"《大涅槃经科》二十卷、《三德指归》二十卷、《科》二卷、《发源机要》二卷"。（高丽）义天《新编诸宗教总录》3卷，（高丽）义天，《大正藏》第五十五册，第1168页。

③ "扶律谈常"之说，遍在《涅槃经疏三德指归》、《涅槃经疏发源机要》之文，读者可自览。

在果，理事俱融，性具三千，二用具足，九界无常，佛界即常。十界一心始终无改，二鸟双游，于兹可识。故此一经，或谈于常，或说无常，或理，或事，去就有别，妙性常融。若了此旨，岂迷异说？

智圆在《三德指归》中指出其文之义："凡于文高旨远言约义微之处，而皆离坚合异派深析重指而归之，俾夫来者识经之所诠，疏之立义，尽在于生佛无差、一心三德之理也。无奔走于迷途，姑务于理观讲授矣"[1]。

遍览《大正藏》《续藏经》，宋以后《涅槃经》的注疏可谓寥寥无几矣！智圆之外，整个有宋一代未见其他《涅槃经》的疏解，元以后仅有（元）师正分科、（明）圆澄会疏的《涅槃经会疏解》[2]。宋以后于义理渐疏明也，智圆在宋初撰《涅槃经疏三德旨归》、《涅槃经玄义发源机要》、《涅槃百非钞》，指出《涅槃经》"扶律谈常，收渐归顿"的旨趣，于宋以后涅槃学之功实大矣！[3]

2.4　天台三止与《首楞严疏》

本章 1.0 我们看到智圆以"三观为宗"，力图备该庞杂的天台教义。严格说来，"一心三观"还只是圆顿止观中"观"的方面。《摩诃止观》："纯一实相，实相外更无别法。法性寂然名止，寂而常照名观。虽言初后，无二无别，是名圆顿止观"。若从"止"的方面而言，另有"一心三止"。根据张风雷教授的研究，"三止"是智顗"随义立名"，自己创造出来的，在以往的大小乘佛教经论中，都没有如下"三止"的说法。《摩诃止观》卷三上曰："止有三种：一、体真止；二、方便随缘止；三、息二

---

① "《涅槃经疏三德指归》序"，《闲居编》卷六，《续藏经》第五十六册，第 875 页。

② 《科南本涅槃经》（36 卷，元师正排科，可度重订）以及《涅槃经会疏解》（36 卷，元师正分科明）。

③ "与隋唐佛学相比，山家山外派在教义的体系性、宏大性方面要逊色不少，但从义学研究的细致深入和佛学新主题的开拓性来看，宋代天台义学家们确有超迈前人之处。考虑到晚唐以后义学不振的普遍情形，宋代天台佛学家们的理论贡献尤属可贵。"参见潘桂明、吴忠伟《中国天台宗通史》，江苏古籍出版社 2001 年版，第 389 页。

边分别止。"①"体真止"，诸法由因缘而生，因缘假和合之法体为性空，止息一切之攀缘妄想者。证空理谓之体真，空即真也。是对于空观之止也，《三藏法数》称"谓体达无明颠倒之妄，即是实相之真，是名体真止"；"方便随缘止"，又名系缘守境止，菩萨知空非空，停止于诸法幻化之理，分别药病化益众生者。知空非空谓之方便，分别药病随缘历境谓之随缘，安住假谛之理而不动，谓之止，是对于假观之止也，《三藏法数》称"谓随缘历境，安心不动，是名方便随缘止"；"息二边分别止"，又名制心止。第一止偏于真，第二止偏于俗，俱不会于中道，今知真非真，则空边寂静。知俗非俗则有边寂然。即息真俗之二边，而止于中谛者，是对于中观之止也，《三藏法数》称"谓不分别生死、涅槃、有无等二边之相，是名离二边分别止"。已上三止前后次第。为别教之三止。三即一，一即三，三相即为圆教之三止。"止"又有三义层含义：止息、停止、不止之止之义。

在智圆的天台理论中，作为天台特色的"三止"思想又如何体现呢？《金刚錍显性录》、《发源机要》较少有"三止"之说，"三止"的思想主要体现在《首楞严经疏》中。《首楞严经疏》是智圆以天台三观所注十疏之首，智圆亲手删订的《闲居编》收集的各种序跋中即以《首楞严经疏序》为首，智圆对此疏的重视可想而之。《释门正统》中记述净觉仁岳"叹其得经之深，非诸师所可企"②。

而《首楞严经》在北宋不仅受到了佛教各派的关注，而且成为儒生士大夫修习的重要法资，如晁迥所说"明法身之体者，莫辩于《楞严》"，又如苏东坡在"跋柳闳《楞严经》后"所说"《楞严》者，房融笔受，其文雅丽，于书生学佛者为宜。"晁、苏二人以《楞严》得"法身之体"，其为"书生学佛者为宜"。智圆"一心三止"阐首楞大定，于宋初首疏《楞严》，对于《首楞严经》的阐发和宋以后的广泛流传起到了至关重要的作用。

2.4.1　智圆《首楞严经疏》

《首楞严经》，全名为《大佛顶如来密因修证了义诸菩萨万行首楞严

---

① 详细内容请参见张风雷《智顗评传》，京华出版社 1995 年版，第 172—173 页。
② 《释门正统》卷五《荷负扶持传·智圆传》，《续藏经》第七十五册，第 317 页。

经》，是在中国佛教史上一部最有争议、最具特殊性的经典之一。自中唐出现后，虽然智升将其列入《开元释教录》中，元照撰写《贞元新定释教目录》也收录了此经，但从一开始就被一佛教学者怀疑为"伪经"①。但是，认同《首楞严经》的学者也代有人在，特别是在宋以后，《首楞严经》广为宋人所接受，《首楞严经》的各种注疏有三十余部。

《首楞严经》，中印度人般剌蜜帝译②，大概译于神龙元年乙巳（唐中宗 705 年）5 月，菩萨戒弟子前正议大夫同中书门下平章事清河房融笔受。后因南使入京。经遂流布。唐代，最早为《首楞严经》有惟悫法师、资中沇公③，各著疏解之④。五代时期后周护佛有功的福先寺道丕立礼《首楞严经》⑤。

（明）钱谦益《钞》立"古今疏解品目"对唐代的《首楞严经疏》及其后的传承进行了分梳。根据其中的记载，知崇福惟悫法师所著《玄赞》为三卷，文义幽颐，盛行西北，实此经疏解之祖也。长水子璿之疏，"人知长水释楞严用华严宗旨，而不知其原本于悫公也"，实"于《玄赞》

---

① 吕澂先生曾撰《楞严百伪》一文，认为"《楞严》一经，集伪说之大乘。"参见吕澂《吕澂佛学论著选集》第一册，齐鲁书社 1996 年版。杨维中指出，唐释智升在同一年所作的《开元释教录》和《续古今译经图记》对《楞严经》及其传译者的记载的不完全契合，是造成后世《楞严经》真伪之争的一个直接原因；并通过对智升、赞宁《宋高僧传》"惟悫传"、宋子璿《首楞严义疏注经》的考较，认为：智升的说法虽然简略，然而却是确实可信的，《楞严经》并不存在"此经的流传深有可疑"的问题。请参见"论《楞严经》的真伪之争及其佛学思想"一文，《宗教学研究》2001 年第 1 期。
② （宋）赞宁撰："唐罗浮山石楼寺怀迪传"，《宋高僧传》卷三，中华书局 1997 年版。
③ 《宋高僧传》"义解篇"第二"唐京师崇福寺惟悫传（附慧震、弘沇）"：释惟悫，俗姓连氏，齐大夫称之后。……因受旧相房公融宅请，未饭之前宅中出经函云，相公在南海知南铨，预其翻经，躬亲笔受《首楞严经》一部，留家供养。今筵中正有十僧，每人可开题一卷。悫坐居第四。舒经见富楼那问生起义，觉其文婉其理玄。发愿撰疏，疏通经义。……一说《楞严经》，初是荆州度门寺神秀禅师在内时得本，后因馆陶沙门慧震于度门寺传出，悫遇之着疏解之。后有弘沇法师者，蜀人也，作义章开释此经，号《资中疏》。其中亦引震法师义例，似有今古之说，此岷蜀行之，近亦流江表焉。
④ 参见《宋高僧传》般剌蜜帝传，即"唐广州制止寺极量传"，传曰：……神龙元年乙巳五月二十三日，于灌顶部中诵出一品。名大佛顶如来密因修证了义诸菩萨万行首楞严经，译成一部十卷，乌苌国沙门弥伽释迦（释迦稍讹。正云铄佉。此曰云峰）译语。菩萨戒弟子前正议大夫同中书门下平章事清河房融笔受，循州罗浮山南楼寺沙门怀迪证译。量翻经事毕，会本国王怒其擅出经本遣人追摄，泛舶西归，后因南使入京。经遂流布，有惟悫法师、资中沇公，各著疏解之。
⑤ （宋）赞宁撰："周洛京福先寺道丕传"，《宋高僧传》卷十七，中华书局 1997 年版。

采撷多矣!"《万松录》载悫师八处征心科解，尤奇崇福。继崇福之后作疏的是资中沇公，以义海诸书，参之今疏，略可考见。其解奢摩他三法云大意与一心三观相应，此则原本止观，乃是孤山诸师用台观解经之祖也，而"长水疏经，多引沇师旧文，而不举其名"。此外，钱谦益还补充记载了魏北馆陶沙门慧振的科判，"振公初立《义例》，即此经科判之祖也。资中已下，皆所遵用"。钱氏称"古今疏解，惟此三师，导其前路矣"①。

五代时期，吴越国永明延寿《宗镜录》中，"折衷法门，会归心要，多取证于《楞严》，所引古释即悫、振、沇三家之说也"。特别是引悫公论楞严六十圣位，深契华严圆融法界之旨。进入北宋，孤山智圆之前亦有二家：真际崇节法师撰《删补疏》、槜李灵光洪敏法师撰《证真钞》，但钱氏已未能见此二文，不知流通情况如何矣。

不过，我们清楚的是，综观有宋一代的《首楞严经》注释，最有影响力的主要是三家"孤山以衡台立观，长水以贤首弘宗，温陵以禅解竖义"，然温陵戒环作《楞严经要解》，时已北宋末期宋徽宗年间，其流通在南宋初期宋高宗建炎年间，彼时宋学已蜕变为理学，理学一统天下，戒环之解《楞严》未能有事于宋学，不论可知也。入宋以后，唯一可与孤山疏抗衡的就是贤首弘宗的长水子璿。根据王随《首楞严经疏序》的时间，子璿《首楞严义疏注》当作于天圣八年（1030）前后；又（1061）怀远根据子璿疏注所作《楞严经义疏释要钞》中的记载，子璿先是"天圣年间（1023—1031）"受钱塘府主胡侍郎的邀请，在相符寺讲《首楞严经》，"讫三十遍后"，方在海监保寿院制疏。《佛祖历代通载》《释氏稽古略》都明确记为庚午年，即1030年，子璇以贤首宗教疏楞严经十卷，子璿之疏作于智圆圆寂（1022）之后无疑。且，子璿的华严师承并不明确，他"初依洪敏师学《楞严》"，后趋临济汾阳善昭系下琅琊惠觉修禅，主张禅教融合。根据魏道儒的分析，子璿并没有明确以华严教义解《楞严》，而是到净源最早指出子璿乃是以注解《楞严》宣扬华严教义②。其后

---

① （明）钱谦益撰：《楞严经疏解蒙钞》（10卷）卷首"古今疏解品目"，《续藏经》第十三册。

② 净源在《教义分齐章重校序》中说："若清凉（澄观）之释大经，圭峰（宗密）之解《圆觉》，长水（子璿）之注《楞严》，皆所以抗志一乘，潜神五教。"参见魏道儒撰《中国华严宗通史》，江苏古籍出版社2001年版，第222—223页。

较早的应该是可度的《楞严经笺》，根据其序中的时间景祐四年（1037）推断，此经笺作于孤山圆寂后 15 年左右。

由于《首楞严经》出现较晚，智者大师、湛然大师都未能对此经判释，如何解读《首楞严经》成为北宋初年佛教面临的一个时代的课题。所以《释门正统》里记载说："一日门弟子以撰疏为请，曰：'《楞严》妙典前哲解之者适二三家，而学者犹踌躇于两楹。师胡不以龙猛三观、智者四教，约之申义，启沃后昆。"[1] 在对宋代各种《首楞严经》的梳理中，我们发现孤山智圆的《首楞严疏注》，最迟不晚于天禧四年（1020）已开始流传，是历经唐末、五代混乱后，进入赵宋后的最早的并且对后世产生重要影响的《首楞严经疏》之一[2]。佛教史多有肉身比丘以天台释《首楞严经》之说，其亦孤山之指乎[3]？

特别是孤山智圆以天台三止配楞严大定，其后不仅天台宗人，以三观三止解《首楞严经》，并且华严和禅宗也多有借鉴，正如传灯大师在《楞严经圆通疏前茅》中所说"至于长水本宗贤首，温陵原是禅宗，亦未尝不景行承用。以止观法门，是先佛世尊所说契经要义故也"。

正如钱谦益所说："自智者大师遥礼楞严入灭遗记。于是孤山圆师，首先奋笔，思应肉身比丘之谶，用三止三观贴释此经。吴兴岳师

_____

① 《释门正统》卷五《荷负扶持传·智圆传》，《续藏经》第七十五册，第 317 页。

《佛祖统纪》有类似的说法："门人有以撰疏为请，曰：'此经解者，已二三家，学者未安其说。师胡不以三观四教，约文申义以启后人？'师从之。"（《大正藏》第四十九册，第 205 页）参照《大正藏》、《续藏经》宋以后各种注疏解，可知此说可信。

② 目前在《大藏经》、《续藏经》保存的北宋早期《首楞严经》注疏，主要包括：雪川仁岳《楞严经熏闻记》、长水子璿《首楞严义疏注》、思坦《楞严经集注》、可度《楞严经笺》等。

③ 《释门正统》卷五"智圆传"中说："莹公《清话》云：《楞严》本在西域，秘而未传于此土，智者闻之，忍死数年。俟彼之来，无何入灭期逼。遗谶此经入汉，吾不得见之矣。当有宰官身菩萨，以文章翻译佛语。又数百年。当有肉身比丘，以吾教判此经，归中道第一义谛。兹言虽出假托。然亦颇符其意焉。"（《续藏经》第七十五册，第 317 页）志磐《佛祖统纪》亦在"智圆传"中，曰："《林间录》：天台闻西天有《首楞严》，以世主秘严不肯传布，天台常遥礼愿，早至此土。又《清凉》云：此经吾不得而见之矣，当有宰官菩萨以文章翻译佛语。又数百年，当有肉身比丘，以吾教释此经"，《佛祖统纪》卷第十，《大正藏》第四十九册，第 205 页。又（明）传灯《首楞严经圆通疏序》中说："天台遥礼楞严愿早至此土，既而迫于西迈则曰'楞严吾不得而见之矣，当有宰官菩萨以文章翻译，复有肉身比丘以吾教释经'。而房相国遂应宰官之记。"云云，佛教历史上多以智圆为此"肉身比丘"，不过因其"杂乎山外"而不特广其说而已。（南宋）宗鉴集，《续藏经》第七十五册。

力扶孤山，张皇其说，自时厥后，讲席师承，咸以台观部属楞严，无余说矣！"①

2.4.2　天台三止与《首楞严疏》

孤山智圆，自言"坐读《楞严》十轴经"②，在"言志"诗中，"牕列《楞严》典，要言长讽诵；真妄一无得，超然谁与共？""读楞严经"诗中有"案上《楞严》典"，"眼病花无果，心狂照失头；指空期识月，认指更悠悠"，《楞严》，"经妙荡烦惑"、"道明无去住"、"静玩知心寂"③。亲自删定的《闲居编》以"《首楞严经疏》序"为首，其随意而为耶？智圆感叹自己"生当像法，世偶太宁，舒卷斯文，悲喜交集"，所以他撰斯疏以伸斯经文。

为了阐扬《首楞严经》，智圆先后作《首楞严经疏》十卷，《首楞严经疏解》一卷，《首楞严经疏谷响钞》一卷，但很可惜至今已难见完整的疏、钞及解文，然而，上文提到宋以后 30 余部《首楞严经》疏解集中，其中有近 30 种大量引用了孤山智圆《首楞严经疏》及《首楞严经疏谷响钞》的内容并大多给予极高评介，并在很大程度上沿用了智圆的《首楞严经疏》的解释。我们借助于这些资料、《闲居编》中智圆的自述，以及智圆其他现存文集中关于《首楞严经》的论述，可以帮助我们正确获得孤山智圆在《首楞严经疏》及《谷响钞》要表达的思想。

首先，我们要问，孤山智圆何以要倡导《首楞严经》呢？"研核大义，以为智者三止之说，与经悬契"。"尝谓《楞严》一经，剧谈常住真心。的示一乘修证，为最后垂范之典"④。孤山智圆对《首楞严》的倡导与其天台思想的抉择是一致的，"常住真心"、"一乘修证"是他对《首楞

---

①　（明）钱谦益撰：《楞严经疏解蒙钞》（10 卷），《续藏经》第十三册。

②　（宋）智圆撰："养疾"，《闲居编》卷五十，《续藏经》第五十六册，第 944 页。

③　"谢可孜上人惠《楞严》《般若》二经并治脾药"，《闲居编》卷四十九，《续藏经》第五十六册，第 943 页。

④　《佛祖统纪》卷十《高论旁出世家·智圆传》，《大正藏》第四十九册，第 205 页。

严经》素朴而深刻的把握①。他在《闲居编》"首楞严经疏序"中说道：

> 大矣哉！《首楞严经》者，其《涅槃》之前阵欤展矣？阿难示淫室而遭摄于昭，调御演秘密而往救，恶咒既灭，佛所爱归，适引多闻而自咎，则三止之请斯彰，乃陈发心而因相，则七征之说方起。珠贯微言，环连妙义，使夫真妄两分而一体，事理二别而同归。盛矣！美矣！盖不可得而思议矣！②

智圆认为，《首楞严经》：

> 然而圆解既明，圆行须著，非夫解无以导其行，非夫行无以证其理，是故因华屋由门之求，乃大明乎治行之要道也，所以简圆通以直示其修焉，辨魔事以预明其发焉。当根易悟既如此，防萌杜渐又如彼，足使夫慧日增晖，邪网解纽，忽然越于出世，弹指超于无学者，不在兹经欤？③

当时，智圆之前有二、三《楞严经疏》，其中有资中沇师即试图以天台三观思想来解《首楞严经》：

> 昔资中沇师唯以天台三观而解，彼云："准《圆觉经》，奢摩他以寂静为相，三摩提以幻化为相，禅那俱离寂静为相。此大意与一心

---

① 关于《首楞严经》的思想宗旨，时人多莫知。《佛祖统纪》"宝云旁出世家·法师遵式传""楞严三关"的记载，即可观此一斑。有贵官注楞严求师印可。师烹烈焰，谓之曰："合下留心佛法，诚为希有，今先申三问，若答之契理，当为流通，若其不合当付此火。"官许之。师曰："真精妙元性净明心，不知如何注释？三四四三，宛转十二流变，三叠一十百千，为是何义？（昔师注者云。初变一为十。以三世四方互成十二。次变十为百。三世四方互成百二十。三变百为千。三世四方互成千二百。是为一根功德之数。总六根为七千二百。除眼鼻身三根。各亏四百。实得六千。为六根功德也。一为变生十百千为三叠。凡三番织成其数。）二十五圣所证圆通，既云定无优劣，文殊何得独取观音？"其人罔措，师即举付火中，于是"楞严三关"自兹而出。《大正藏》第四十九册，第 208 页。

② "首楞严经疏序"，所作年代不详，《首楞严经疏谷响钞》序作于天禧四年（1020），《闲居编》卷一，《续藏经》第五十六册，第 870 页。

③ "首楞严经疏序"，《闲居编》卷一，《续藏经》第五十六册，第 870 页。

三观相应，寂静相即空观也，幻化相即假观也，俱离相即中观也"①。

但资中沇师似乎是以天台别教来判定《首楞严经》：

> 沇师以天台别教释之。孤山斥曰：其失非小。应知人空是破五阴
> 假名，即见惑也；法空是破五阴实法，即思惑也；乃至破涅涅槃净
> 法，即五明也。俱空不生即平等空。所空既尽，能空亦灭。……如是
> 三空，皆以中道而为观体，苟非此者，何异解巾左右牵掣乎？②

更为重要的，资中是用《圆觉经》作三观释，而智圆是依《涅槃》
翻"奢摩他"为"止"。"今观二师，孤山所得多矣。……问：'资中以
奢摩他等对于三观，其义如何？'答：'对义无咎，但当时立名所主在定。
故以三止消之为便耳'"③。

并且，在后人的记载中我们可以看到，在北宋初期，《首楞严经》的
文义充满了争议。例如在解释到《楞严经》"无同异中炽然成异，异彼所
异，因异立同，同异发明。因此复立无同无异"一句的内涵时：

> 吴兴（仁岳）曰："炽然成异等三义，资中以《起信论》业转三
> 细配之"，乃至长水等亦复承用。洎乎孤山别以惑性具九界执，执有
> 执空及取中道三相释之④。

在孤山智圆之前以及他所处的时代，《首楞严经》的主旨并不是很明
确，甚至可以说比较模糊。其中一个原因在于对经中"奢摩他"等梵文
的理解⑤。智圆在《首楞严疏》中对经中的梵文进行了明确的定义与解

---

① （明）传灯述：《楞严经玄义》，《续藏经》第十三册。

② （元）惟则会解：《楞严经圆通疏》，《楞严经》，上海古籍出版社 1993 年版，第 101 页。

③ （宋）思坦集：《楞严经集注》，《续藏经》第十一册。

④ （元）惟则会解：《楞严经圆通疏》，《楞严经》，上海古籍出版社 1993 年版，第 69 页。

⑤ 智圆《指月钞》中有"五种不翻"之说：一者秘密等故不翻，即陀罗尼等故；二者多
含故不翻，谓薄伽梵具六义；三者此方无故不翻，如阎浮提树等；四顺古不翻，如阿（蓐）菩
提等顺摩腾；五生善故如般若尊重智慧轻浅故存。参见林鸣宇《天台法数》，第 344 页。《指月
钞》，即《首楞严经疏谷响钞》已佚，《翻译名义集》中亦引此段文字。

释，从根本上确立了《首楞严经》的"一经要旨"。智圆对于《首楞严经》的贡献很多，从根本义理而言，至少在以下几个方面：（1）以天台三止配首楞严大定，判"此经以圆通妙定为宗"；（2）以如来藏心即心性中道也，"以常住真心为体""；（3）"以反妄归真为用"；（4）唱导观世音耳根圆通法门；（5）以醍醐教判释。

智圆首先以天台三止配首楞严大定，判"此经以圆通妙定为宗"。惟则在自作"补注"中解释楞严大定时，引用智圆疏，"昔孤山尝用天台三止配之，一曰：体真止，止于真谛；二方便随缘止，止于俗谛；三曰息二边分别止，止于中道第一义谛，以止属于定故也"。

智圆用智者大师"三止"来解释《楞严经》中"奢摩他"、"三摩"、"禅那"之意，"奢摩他，寂静之意也；三摩者，观照之意也；禅那者，寂照不二之义也。义立三名，体唯一法。举一具三，言三即一，三一互融，故谓之妙，如是妙修，方曰楞严大定，此乃一经之要旨，趣理之玄门"[1]。

（明）传灯则进一步指出智圆乃是引《涅槃经》定《首楞严》之名与体：

> 孤山圆师唯以天台三止而释，盖准《涅槃经》中"奢摩他，此云止；毗婆舍那，此云观；优毕叉，此云止观等"。今经三名，既与《涅槃》一同二异，乃于彼奢摩他中开出三义，为奢摩他、三摩、禅那也。而云间师乃评之云："今观二师之释，孤山所得多矣。且如《圆觉》三法，经中亦名为定。如彼经云：尔时便有二十五种清净定轮（云云）。又偈云：辨音汝当知，一切诸菩萨，无碍清净慧皆从禅定生，所谓奢摩他、三摩提、禅那，是知彼圆觉尚可直作三止而释。况今经乎！矧《涅槃》显以奢摩他当定，又《圆觉》三摩名等持，禅那名静虑，并是定法名义，三止消文复何疑乎"。今详云间所评，引《圆觉》证成。今名可作定释。则孤山以三止消文所得果多。盖虽定体融通止即是观，而所主之者须从于别，如吴兴所谓阿难既以多

---

① （元）惟则会解：《楞严经圆通疏》10 卷，《楞严经》，上海古籍出版社 1993 年版，第7—8 页。

闻小慧自咎正以楞严大定为请也①。

　　二定体者，前之定名欲从所主，故偏以定称，若三止之体体无所局。故孤山亦会通云，此之三止即是三观，以即照而寂，即寂而照故。奢摩他即空观，三摩即假观，禅那即中观，所以天如会解引孤山三止已乃云："今复释而明之，奢摩他寂静之义也，三摩观照之义也，禅那寂照不二之义也"。此盖复出孤山会通之义耳。况经云：是种种地皆以奢摩他中毗婆舍那清净修证。又云：此是过去先佛世尊奢摩他中毗婆舍那（云云）。据此二文，则不唯此定止观融通，弥显孤山三止消文当于经旨，以云奢摩他中毗婆舍那故。②

　　（宋）思坦《集注》对智圆以天台三止配首楞严大定的思想给予了极高的评价：

　　而孤山专用天台三止配今三名者，斯又得经之深也。何则？止属于定，观属于慧。阿难既以多闻小慧自咎，正以楞严大定为请。大定非三止而何。况三摩禅那显是定名。虽此定即慧，而所主从别。若然则岂唯见孤山得经之深，抑亦知天台三止冥符圣言矣!③

定慧、止观的关系，正如智圆自己所说的："此定心即首楞大定，亦名"一心三止"；慧心即实慧般若，亦名"一心三观"。"舍心只是双亡二相，是故定慧遍融，诸法咸一"④。

　　第二，《经》中多有"本如来藏妙真如性"之说，而少见"常住真心"，智圆则融摄二者，并以"常住真心"为体来释经。约五百年后，（明）传灯《楞严经玄义》"正以常住真心为体，旁取如来藏文释义"，虽欲折中孤山、吴兴二家，但仍以孤山所说"常住真心"为正体，显然是继承了智圆的说法。

---

① （元）惟则会解：《楞严经圆通疏》10卷，《楞严经》，上海古籍出版社1993年版。
② 同上。
③ （宋）思坦集注：《楞严经集注》（10卷），《续藏经》第十一册。
④ （宋）智圆撰：《涅槃经三德指归》卷十七"师子吼品之四"，《续藏经》第三十七册。

古之宗台教而解释此经者不下十余家。于立五重玄义之所及见者唯孤山圆师之《经疏》，吴兴岳师之《说题》。孤山则以常住真心为体，吴兴则以空如来藏为体。虽泾渭分清，兰蕙竞秀，然于中间所得偏正，亦或不无容议，如孤山以常住真心为体，谓此经正宗之首。佛告阿难。"当知一切众生生死相续，皆由不知常住真心性净明体用诸妄想，此想不真故有轮转"。然依此而立是得经之正体者也①。

另外，从（元）惟则的《会解》中，可以看出智圆把常住真心与如来藏心以及心性中道进行了沟通：

《首楞严经》"佛言：善哉！阿难，汝等当知一切众生，从无始来生死相续，皆由不知常住真心性净明体，用诸妄想，此想不真故有轮转"。孤山曰："常住真心即下文如来藏心，圆融三谛也"②。

孤山曰：如来藏心即心性中道也。即俗而真，故曰性色真空；即真而俗，故曰性空真色；以真俗即中，故并云性；三谛圆融，不一不异，非纵非横，名如来藏。俗则十界备矣，真则生佛寂然。此言理具，非关事造，然理必融事，事岂殊理？理事双泯，故曰清净本然，心佛众生三无差别，彼彼相摄，一一相融，故曰"周遍法界"。"随众生心"下即如来藏随染净缘顺差别业，变造十界依正之事也③。

因此，智圆成功地沟通了"常住真心"、"如来藏"、"心性"、"中道"。

第三，关于《首楞严经》的"用"，孤山言简意赅，总结为"反妄归真"。

（宋）思坦在《集注》中引用了智圆的说法：

① （明）传灯撰：《楞严经玄义》（4 卷）卷三，《续藏经》第十三册。
② （元）惟则会解：《楞严经圆通疏》（10 卷），《楞严经》，上海古籍出版社 1993 年版，第 8 页。
③ 同上书，第 58 页。

孤山云："总此七番，似破四性。在内潜根见内似自性，在外似他性，中间似共性，随合无著似无因性。故龙树云：'诸法不自生，亦不从他生，不共不无因，是故说无生'"。是故知如来七番破，使介尔妄心无逃避处，妄贼既除真王得显，无生之理于兹见矣。利根上智已合潜悟，但为中下之辈更广说耳①。

明《正脉疏》"更不须疑，何劳多辩。若仍有大小偏圆，则佛之后言，乃成诳妄，安有此理！""且孤山谓教已开显。又云：既经发迹，皆指法华佛所显发，而吴兴谬辩其非，似谓孤山说诸圣各自开显。冤哉！斯言孤山之屈，何所伸乎！且吴兴执拗，强引不了义经，横分大小，而优劣差别，宛然不混，是已公抗佛旨，末却又引佛言并偈，乃谓开权显实之正文。殊不知汝分优劣差别。若是佛言则非。佛言若是，则汝分优劣差别则非。岂得二俱成是乎！是始而横说人非，终亦自无决定，其言类多如此。智者当察，孤山之言，元顺佛旨，本无过差也。"

第四，观音耳根法门。

（宋）思坦在《集注》中引用孤山智圆之文说道：

孤山曰：《法华》亦有此之较量，及观今经，方晓彼意。盖此方众生，耳根利故，受道者多。所以观音化胜，余根钝故，受道者少，所以诸圣化劣。是知行位虽齐，对机有异。总彼恒河沙数，但敌观音一人。故使持名二福正等，据此所说。已自密简圆通。为未晓者，更俟文殊详择。"孤山曰：观音耳根则顺，余圣诸根则逆。盖对此方之机说也。"②

第五，以醍醐为教相。

智圆根据天台宗的五味（五时）思想对《首楞严经》进行了教相判释，认为《首楞严经》开权显实、扶律谈常，与《法华》、《涅槃》同属佛陀涅槃前所说醍醐之教，具有同等的地位：

① （宋）思坦集注：《楞严经集注》（10卷），《续藏经》第十一册。
② 同上。

孤山《疏》云："以上妙醍醐为教相，唯被圆机，开权显实与《法华》无殊，扶律谈常与《涅槃》不异"。又云："如来三十成道，八十示灭，凡五十年说法，十二年中说阿含，八年说方等，二十二年说般若，八年说法华。最初华严，与鹿苑同时。此经最后垂范，涅槃临终乃说。俱在八年之内，即是第四十九年说此经。第五十年说《涅槃》也"。

智圆以上对《首楞严经》的解读[①]，极大确认了《首楞严经》的地位，宋以后学者大多沿用以上说法[②]。北宋的著名高僧（北峰）宗印所述《大佛顶首楞严经释题》："第二辩体"，"正依孤山以常住真心为体"，"第三明宗"，"取孤山之长也"，即"孤山疏云，此经以圆通妙定为宗。""第四论用"，"孤山疏以反妄归真为用"，赞叹孤山之说"语简理备矣"。（宋）思坦《集注》"又孤山以三止消今经文，则知天台三止有悬合矣。故《止观》云：此三止，名虽未见经论，映望三观，随义立名"。"然则成菩提之方便者。岂逾于三止三观耶？是知一经始末不出斯旨也"。元代惟则在序文中："考其所诠，则谈圆理以明真性，开圆行以示真修。其性也，体用双彰；其修也，果因一契"，"依究竟坚固之理，立究竟坚固之行；修究竟坚固之行，证究竟坚固之理，《楞严》教旨，大抵如是。"

智圆以三止配楞严大定，乃是双赢，一方面《首楞严经》的思想得

---

① 智圆在解读《首楞严经》时可能有着害怕后人误读的担忧，因此他在《首楞严经疏》后，"惧来者执言以起惑，封文以忘理，方躯驰于虚妄之途、出入于死生之域"，又作有《谷响钞》，并在"《首楞严经疏谷响钞》序"解释道："《谷响钞》者，况言说之本空也，一名《指月钞》，喻藉言以诠理也。"智圆立《谷响钞》之名乃是徵告之意，希望后来者知"《钞》之言如谷响也，则《疏》乎《经》乎亦谷响也。知钞之言如标月之指也，则疏乎经乎亦标月之指也"。

② 智圆对《首楞严经》思想的简择，有些内容受到了正受、传灯等后人的批评。如南宋嘉泰癸亥（1203）沙门正受《楞严经合论》（宋德洪造论　正受会合）"孤山以如来藏约三谛而分之，虽一时可观，恐非如来本意。何则？若以世出世间之法非之即之为三谛，该如来藏于楞伽当何以分之耶？"其中比较有代表性如钱谦益说"自孤山圆师禀天台三观三止，贴释《楞严》，霅川华亭，张皇其说。原其披文竖义，虽则印合楞严，实为开显台观。非以楞严注楞严也，乃以三观注楞严也；非以三观注楞严也，乃以楞严注三观也。枝岐日久，矛盾渐兴"。然而，虽钱谦益欲扫孤山而多有苛责，然仍尊孤山疏中五重玄义："以人法为名"、"以常住真心为体"、"以圆通妙定为宗"、"以反妄归真为用"、"以上妙醍醐为教相"，亦可见后世对孤山智圆楞严经疏的态度之一斑矣！智圆之深得楞严大旨，其意明矣！

以迅速传播，另一方面，这个由智者大师自造的"三止"之说，也得到了公众的认可，这可能能帮助我们更好地认识以下问题：为什么天台止观思想在宋以后得到空前的重视？

（宋）元照《修习止观坐禅法要序》中说："天台大师灵山亲承，承止观也；大苏妙悟，悟止观也；三昧所修，修止观也；纵辩而说，说止观也。……则知台教宗部虽繁，要归不出止观，舍止观不足以明天台道，不足以议天台教"①。元照的说法体现了宋以后天台宗的整体宗风。这个宗风的简择，孤山智圆不可谓无巨功矣！

事实上，智圆的《首楞严疏》中深刻体现了《涅槃》的思想，例如用三德解释"妙湛总持不动，尊首楞严王世稀有"：

> 孤山曰："妙湛赞真谛般若德也，总持赞俗谛解脱德也，不动赞中谛法身德也。又即三而一，故曰妙湛；即一而三，故曰总持。非三非一，故曰不动。……首楞严，大定之总名，此云事究竟也，冥三德之理，故曰究竟"②。

一方面体现了智圆以天台三观圆融无碍的思维方式，另一方面也在客观上形成了《楞严》与《涅槃》的双美，由此，智圆在坚持天台三观的思想基础上，又大大丰富和发展了天台思想的内涵，使天台思想在《楞严》和《涅槃》的传播中得以推广并产生社会影响。

正如此书开篇晁、苏二人以《楞严》得"法身之体"，其为"书生学佛者为宜"。北宋以后，《首楞严经》在士大夫阶层广为流布。与智圆大致同时期的一位儒生许洞在"新印《大佛顶首楞严经》序"（今保留部分文字）中写道：

> 《楞严经》者，括诸佛万行之枢纽也。通幽洞微，非二乘所赜；开物成务，乃十地攸宗。其文曲而达，其旨隐而畅。入于至妙之域，

---

① 《童蒙止观校释》"小止观序"，李安校释，中华书局 1988 年版。
② （元）惟则会解：《楞严经圆通疏》10 卷，《楞严经》，上海古籍出版社 1993 年版，第64 页。

出于无生之表。铿锵磅礴，群彙率化，穷玄绝圣其在兹乎！①

　　而宋学发展时期代表人物苏辙更可以成为北宋历史上《首楞严经》最忠实的在家信徒之二。熙宁六年（1073），苏辙在陈州始读《楞严经》，颇有收获"予久习佛乘，是知出世第一妙理，然终未了所从入路。顷居淮西，观《楞严经》，见如来诸大弟子多从六根入，至返流全一，六用不行，混入性海，虽凡夫可以直造佛地"②。崇宁元年（1102），苏辙"杜门幽坐，取《楞严经》翻覆熟读，乃知诸佛涅槃正路，从六根入"③。苏辙还劝勉亲友："更须诵《楞严》，从此脱缠缚"④。宣称自己"《楞严》十卷几回读"⑤。崇宁五年（1106），已久不出门的苏辙延僧至家讲《楞严》等等，则智圆以天台三止解《首楞严经》以遗后人的目的明矣！晁迥、苏辙是宋学史上重要的代表人物之一，智圆于宋初疏《楞严》之功可见矣！

小　结

　　智圆从浩瀚的天台教法中抉择了四个字："止"、"观"、"心"、"性"，并以三观三止、真心理性来统摄《首楞严经》、《涅槃经》、《维摩诘经》等经，形成了开权显实、扶律谈常、小大、四教普被的天台教学体系。三观、四教，真心、理性，其意必远乎后世之宋学也！

　　而本来作为佛教的修持法门，止观为各大小乘经论所重视，《长阿含》云："云何二修法？谓止与观。"⑥《中阿含经》云"以止观为车"⑦，《杂阿含经》有"止观具修"之说，《成实论》中专列"止观品"，更有

---

①　参见许明编著《中国佛教经论序跋记集》（宋辽金元卷），上海辞书出版社 2002 年版，第 517 页。许洞（约 976—约 1017），字洞天。吴兴人，少习武，及长力学。咸平三年进士，为雄武郡推官，忤知州，后返归乡里，专意著述，有文集。

②　（宋）苏辙撰：《栾城第三集》卷九《书传灯录后序》，《苏辙集》，中华书局 1999 年版。

③　《栾城后集》卷二十一"书楞严经后"，参见《苏辙集》。

④　《后集》"次远韵齿痛"，参见《苏辙集》。

⑤　《后集》卷三"春尽"，参见《苏辙集》。

⑥　《长阿含》卷九，《大正藏》第一册。

⑦　《中阿含经》卷一五，《大正藏》第一册。

"观除无明"① 的确论。而智者大师更是极为重视止观二法，把全部的佛教修习归结到止观二法。"以止观统摄全部佛教修行，是智者佛教实践学说的突出特点"，后人把天台宗称为止观宗，就在于智者大师"不仅把全部佛教实践都归结到止观上来，而且他还强调全部的佛教教义、佛教理论也要落实到修习止观的实际行动中。"② 所谓"台教宗部虽繁，要归不出止观"，正是天台理论的写照。

　　智者大师《三观义》中说："是知末世出家在家菩萨欲学佛法，求不思议解脱者，不可出三观法门也。"智圆说："要道传三观，真机得妙常"③。《释门正统》评价孤山智圆的天台思想，说他"训不失宗，学者成市。凡大师之说、荆溪所未记者，悉能记之。莫非祖述龙猛、宪章文思，以三观之旨，会同群经，几百万言，以广其道"。④ 那么，孤山对于天台宗思想的抉择，又蕴涵着怎样的深切思考呢？这恐怕是智圆留给我们后人的问题之一。在北宋初年的社会、时代背景中，针对当时的社会和思想问题，"誓欲用三观法门，撰十疏以伸十经，以为法施之资焉"。他的天台思想并不仅仅局限在天台思想和佛教思想内，而是作为哲学思想和心性修养的的方法论，从而使他不仅成为佛教的一代高僧，而且成为北宋初年思想发展中值得给予强烈关注的重要人物。天台三观法门在支援佛学思想中具有哲学方法论的意义。

　　"天台三观"在智圆思想中具有独特的认识论、方法论和修行论的意蕴，甚而体现了智圆的宗教和人生理想。"天台四教"，其教相判释的立场并不以判定经典内容的优劣为目的，而是"要以怎样的观点来学习佛教才能一贯地理解佛教"这种问题意识开始的佛教教道体系。智圆正是从天台三观所具有哲学方法论、认识论、修行论的内涵出发，不仅一以贯之地理解藏、通、别、圆四教的内容，还一以贯之地理解儒家和道家的思想。智圆在《闲居编》中一言道破："天台三观之学，可以指南群惑、研几心性"，孤山智圆正是以天台三观、心性之学而统摄在北宋对儒释道三教思想和经典进行简择。

------

　　① 《成实论》卷一八。

　　② 张风雷：《智顗评传》，京华出版社1995年版，第165页。

　　③ "湖居感伤"，《闲居编》卷四十九，《续藏经》第五十六册，第941页。

　　④ 《释门正统》卷五《荷负扶持传·智圆传》，《续藏经》第七十五册，第317页。

第 3 章

孤山智圆佛教思想

佛学是宋学的一个组成部分。宋学（包括理学）诸子多深入佛教，并通过批判而建立宋学（及理学）已是不争的事实。宋学的发展不能离开佛学而独立，因而宋学的发展与佛学在这个时期的发展演变是息息相关的，对立而统一。而对于宋初佛教学者来说，如何对浩瀚的佛教藏经进行简择，既能一定程度融会林立的佛教宗派，超越地域的经济纷争，规范僧团，净化佛教，同时使佛教能够迅速融入整个即将发展起来的宋学之中，是他们所面对的一个严峻课题。尤其，孤山智圆所处的宋真宗时期，正处于宋学发展的前夜，佛教发展史正处在一个重大的转折关头，在这个转折关头，该破什么，该立什么，如何辨别真伪，如何决断是非，这一切仍处于充满了荆棘的探索和创造之中。历史并没有标准答案。

3.1 智圆佛学思想旨趣

孤山智圆以高世之才、弥天之笔，撰十疏以伸十经，智圆对于佛教的抉择乃是以前章所述之天台思想为依据，具体地说，是以天台三观三止为方法论、以真心理性为修行论、以四教为教学论，对于浩瀚无边的佛教经典进行简择。然而，作为一代高僧的智圆，其简择的视野并不仅仅局于佛教，"立德"、"立功"、"立言"的追求并不仅仅是天台一宗而已，智圆十经的抉择，《四十二章经》、《佛遗教经》、《瑞应本起经》、《首楞严经》、《心经》、《阿弥陀经》、《普入不思议法门经》、《文殊说般若经》、

《观普贤行法经》、《无量义经》①，乃是立足于既保持佛教沙门之精神，并能成为儒生士大夫"游心"之学和普通百姓的"祈福"之教。

孤山智圆的佛教思想，有几个突出的特征。

第一，倡导佛教宗派的融合。智圆对于那些执著于门户之见的思想和行为，极力批驳：

> 既而未晓大猷，于是各权所据。习经论则以戒学为弃物，宗律部则以经论为凭虚。习大法者则灭没小乘，听小乘者则轻毁大法。但见人师偏赞，遂执之而互相是非。岂知佛意常融，苟达之而不见彼此。应当互相成济，共熟机缘。其犹万派朝宗无非到海，百官莅事咸曰勤王。未见护一派而拟塞众流，守一官而欲废庶绩。原夫法王之垂化也，统摄群品各有司存，小律比礼刑之权，大乘类钧衡之任。营福如司于漕挽。制撰若掌于王言。在国家之百吏咸修。类我教之群宗竞演。果明此旨岂执异端？当须量己才，能随力演布。性敏则兼学为善，识浅则颛门是宜。若然者虽各播风猷，而共成慈济。同归和合之海，共坐解脱之床。夫如是则真迷途之指南，教门之木铎也②。

智圆认为"戒慧分宗，大小异学，悉自佛心而派出，意存法界以同归"，学者应根据自身条件"性敏"或"识浅"来"随力演布"，而不是"各权所据"，并警示后来者"无矜伐小小见知。树立大大我慢。轻侮先觉，荧惑后生"。智圆这种试图突破四教分别，显然是对现实的一种反映："习经论则以戒学为弃物，宗律部则以经论为凭虚。习大法者则灭没小乘，听小乘者则轻毁大法。但见人师偏赞，遂执之而互相是非。"智圆

---

① 《观普贤行法经》和《无量义经》，分别为天台宗经《法华经》的开经和结经，三经合称"法华三部经"。《无量义经》（一卷），南朝萧齐建元三年481年（中天竺沙门）昙摩伽陀耶舍译，乃佛陀住世后期所说，因有情众生烦恼无量，是故佛陀说法无量，义亦无量，无量义生自一法，而此一法即无相之本性。后世认为，以"无量义"而与《法华》"实相"遥相呼应，不异而二。《佛说观普贤菩萨行法经》，一卷，刘宋元嘉年昙无蜜多译，乃是天台宗《法华》的结经。智顗对此二经未曾撰疏，只撰有《普贤菩萨发愿文》（一卷），《续藏经》第55卷。在智圆圆寂以后，遵式大师亦曾撰有"普贤观经"序，见《天竺别集》。后世多以普贤类与文殊类经典为华严经典，且北宋华严重视此经，所以为方便而列于智圆与后世华严宗的交涉而言。不过，孤山智圆乃以天台三观四教统摄佛教，但"于道无害，于世有益"，予不违智圆之训也。

② "诫恶劝善"，《闲居编》卷三十，《续藏经》第五十六册，第910页。

的倡导，在北宋成为了佛教义理上的现实。

第二，倡导并身体力行促进台与律、净的融合，主张"教宗天台，行归净土，以律为范"以及"自性弥陀"。

第三，突出佛教三世因果报应论。智圆以为儒道两家美则美矣，然而"谈性命焉则未极于唯心乎，言报应焉则未臻于三世乎！"（以上二、三特点，我们将在本章正文中详述）

第四，宣扬观音、文殊、普贤三菩萨法门。

智圆所倡导的十部经中，其中有三部，《观音普门经》、《文殊说般若经》、《观普贤行法经》，乃是专门倡导观音、文殊、普贤菩萨法门。另外，如智圆非常推重《首楞严》经中"观世音耳根圆通法门"，《闲居编》中"观音行门统摄众行论"，对当时人们对观音行门的疑惑进行了一一的批驳，必将对观音信仰在宋以后的流传起到了推动的作用①。

智圆于宋初弘扬观音、普贤、文殊三位菩萨法门，对于菩萨法门在宋以后的广泛流传一定起了极大的推动作用，但限于资料，我们难以进一步的证明和考察。但从现有的一些资料，我们可以看到智圆乃是以一贯的开权显实、扶律谈常的逻辑，而抉择了观音、文殊、普贤三位菩萨法门，此三菩萨法门既满足了北宋以后近世化发展的需要，又是中国文化自身逻辑发展和选择的一个结果。

3.2　复性与教道

3.2.1　首疏《四十二章经》

《四十二章经》（一卷），一般认为是中土最初之译籍，现通行本署

---

① 智圆对于菩萨法门的抉择，也是与他天台心性论的抉择有关，"观音行门统摄众行论"中智圆对于观音耳根圆通法门进行了两个层次的解释：一个是闻思修之三慧，一个是心性论。当有人问："若然者则观音所说三慧开悟之门，既总能摄众行，则应无自体矣。果于何法而开悟耶？"时，智圆对道："子之感深也，岂不知总摄之中，而有两异耶？一则专在耳根，非从余法；一则观理直入者，谓闻常住真心也。然后生灭既灭寂灭现前，故曰从闻思修入三摩地也。又曰何藉卒勤肯綮修证乎？若兼所摄带事兼修也。然则楞严开显，咸归心性，心性无外，摄无不周，若达此旨，虽修偏心亦成楞严之大定也；虽是粗心，还成妙境，扶律谈常事即理，故天台智者言正助合行者，其是之谓乎！"

为迦叶摩腾、竺法兰共译，就小大乘摄集四十二章，相传乃是汉明帝感梦遣使赴西域求法所得①。因其文字质朴平实，义理与中国传统思想符契，流传颇为广泛。然而，就是这么一部最早、最为重要的中国佛教经典，在传入中国后长达千年中，无一人为之作注疏。孤山智圆乃是首疏此经。对此，《释门正统》言之灼灼，曰"如来灭后，腾兰二大士先以《四十二章经》来化此土。孤山首疏此经。"②

根据（高丽）义天《新编诸宗教藏总录》③的记载，智圆先后曾撰《注四十二章经》（一卷）和《四十二章经正义》（一卷）④发挥经旨。此外，曾为山家知礼和遵式法嗣的雪川仁岳（992—1064）深服孤山智圆，多发挥其学，就《四十二章经》又作《通源记》（二卷）、《科》（一卷），来进一步解释智圆的《四十二章经疏》⑤，令人遗憾的是，智圆和仁岳的疏、记现均已佚失，幸运的是，我们依然可以通过智圆杂著《闲居编》中保存的"《注四十二章经》序"来了解智圆在《注》和《正义》的思想。此"序"虽短，但内涵却极为丰富，是智圆佛学思想的一个纲要，在理解智圆佛学思想中具有特殊意义。

---

①　关于《四十二章经》的翻译时代、版本和译者（或撰者）等问题，学者们多有讨论并有不同观点。历史上一直有人怀疑本经是东晋时的中国人撰述，又因《出三藏记集》说本经为《道安录》所不载，故疑此经非汉时译。在怀疑《四十二章经》为伪经的近代学者中，以梁启超先生的观点最具代表性，他说这部经"颇含大乘教理，其伪作者深通老庄之学，怀抱调和释、道思想"。汤用彤先生"《四十二章经》之版本"一文，通过对现存之版本，已对梁启超的观点进行了批驳，认为"古本《四十二章经》，既未申大乘之圆义，更不涉老庄之玄致。因而，梁启超据此而怀疑《四十二章经》为魏晋人伪造，必不可也"。请参见汤用彤《理学·佛学·玄学》"《四十二章经》之版本"一文，北京大学出版社1991年版。另外，吕澂在"四十二章经抄出的年代"一文中，指出《四十二章经》抄自汉译《法句经》，参见《吕澂佛学论著选集》第五册，齐鲁书社1996年版，第2857—2867页。

②　《释门正统》（8卷）卷三"护法志"，《续藏经》第七十五册，第301页。

③　（高丽）义天（1055—1098）为韩国高丽王朝时期的著名僧人，其父为高丽文宗王徽，母仁睿顺德王后李氏。义天于宋学发展时期即宋神宗元丰末（1085）、元祐初（1086）入宋求法。并于求法前后积二十年，搜求诸宗教藏章疏，编纂成《新编诸宗教藏总录》，并以此为基础编成大藏经，史称"高丽续藏经"。义天《总录》比较详尽地记载了宋学发展时期的宗教文献，是研究宋学发展时期智圆思想流传的重要资料之一。

④　《新编诸宗教录》（3卷），（高丽）义天撰《大正藏》第五十五册，第1172页。

⑤　同上《大正藏》第五十五册。仁岳的《通源记》，《佛祖统纪》中署名为《还源记》（二卷），并在注中明确说到"释孤山《四十二章经疏》"，《佛祖统纪》卷第二十五"山家教典志第十一"，《大正藏》第四十九册，第259页。

关于《四十二章经》，智圆首先明确表明：

> 《四十二章经》者，盖吾佛灭后，彼土圣贤辈于大小乘中，撮其
> 要言急于训世者，其章凡四十二焉，集而录之，为此经也。伊昔腾兰
> 至自梵国，以其真化初传华人，或未之深信，方且译斯文，以启迪之
> 也，以为广教之滥觞与！①

智圆强调《四十二章经》，作为"广教之滥觞"，乃是"于大小乘中撮其
要言、急于训世者"。关于为什么要注《四十二章经》的原因，智圆
说道：

> 圆，不佞心服至道，其有年矣。尝慨此经首传兹土，而古无训
> 说，后昆无得而闻焉，不亦殆于忘本乎！遂为之注，敷畅厥旨，庶几
> 乎扬吾佛之真风，翼吾君之仁化，俾黔黎跻寿域而履觉道也。②

《四十二章经》首传中国，而"古无训说"，后人又怎能正确认知，智圆
认为这简直是"忘本"。《四十二章经》既符合佛教真旨，可以"扬吾佛
之真风"，又能有助社会教化，可以"翼吾君之仁化"，所以智圆立志为
之撰注，敷演《四十二章经》的宗旨。

此《四十二章经》的宗旨，也就是智圆的"佛学纲领"，其内容主要
可分为四个方面。首先，智圆指出佛教出现于世之一大事因缘乃是"复
群生之性"：

> 古者能仁氏之王天竺也，象无象象，言无言言，以复群生之性，
> 由是佛教生焉。

"复众生之性"是智圆为佛教在中国思想框架中所确立的地位。在山家山
外争论（1000—1006）期间，于 1006 年智圆以《金刚錍显性录》一文，
扭转了山家山外争论的方向，开启了宋学以心性论贯通天道人事的思想，

---

① "《四十二章经》序"，《闲居编》卷一，《续藏经》第五十六册，第 870—871 页。
② 同上书，第 871 页。

对宋学主题与精神都产生了一定的影响。而在《注四十二章经》中，一定对这个主题进行了更加深入的探讨。

其二，智圆认为"复性以教化，教道有别"：

> 教之高下，视根之利钝，是故有顿焉，有渐焉，然后混而为一，是谓开显。而蚩蚩群汇，率其化，复其性，蹈乎大方，安乎秘藏者，可胜言哉？

智圆作为北宋天台巨擘，深入智者大师所建立的庞大的天台学理论，以三观为宗，而以四教为纲，特别注重藏、通、别、圆之天台教道和中人的修习。以心佛众生三无差别，则性一也；而心、佛、众生虽一而三，修异也；天台佛性论强调十界四圣六凡性一修异，性一则平等、善无恶、无真无妄、无净无秽、无君子小人焉，修异则有善有恶、有真有妄、有净有秽、君子小人区别焉。性一属天道，修异是人事，体天道而达人事，是宋学一贯的追求。

智圆的这篇序文历史上被给予了极高的评价。《释门正统》"护法志"在大量引用智圆上述"序"文内容后，赞叹道："而孤山此言，诚为确论！"① 人存法存，事非聊尔。外护虽切，内护尤深，智圆之内护佛教有功，宗鉴虽是山家立场以智圆为山外，然而其激赏智圆序文之至，又在"智圆传"中大量引用此序文②。《佛祖统纪》在"智圆传"中也引《注四十二章经序》文，更在第五十卷"名文光教志"中几乎全文引用③。

由于智圆《注》及《正义》均已佚失，《闲居编》中亦未记载智圆撰述的时间，所以我们不知道智圆"首疏《四十二章经》"的确切时间。不过，现有资料可以说明，智圆"首疏《四十二章经》"在当时可能产生了很大的影响，讲学《四十二章经》的风气很快流传开来。

《佛门正统》记载大中祥符七年（1014），四明知礼的弟子浮石崇

---

① 《释门正统》（8卷）卷三"护法志"，《续藏经》第七十五册，第301页。

② 《释门正统》（8卷）卷五"荷负扶持传"，《续藏经》第七十五册，第317页。

③ 《佛祖统纪》卷十"高论旁出世家·智圆传"，卷五十"名文光教志十八之二·《四十二章经疏》序"，《大正藏》第四十九册，第205页、第446—447页。

矩法师至京师。宋真宗闻其名，召入内殿，讲《四十二章经》，盛谈名理。上心大说，赐紫服金币香药①。并且，宋真宗深受此次讲《四十二章经》的影响，在天禧三年（1019）亲自撰《御注四十二章经》，并入藏颁行②。

宋真宗《御注四十二章经注》前有"昭文馆大学士、中奉大夫、掌诸路头陀教、特赐圆通玄悟大禅师、头陀僧"溥光所作序文讲述了宋真宗作《四十二章经注》的原因：

> 钦惟圣上……又以为《四十二章经》，乃释迦如来初成正觉，大弟子众记诸圣言，沙门释子、臣寮士庶，率可遵行③。

所谓"答列圣在天之灵，皇太后鞠阳之恩"固为真宗的目的，真宗颁行《四十二章经注》的目的更在于此经"沙门释子、臣寮士庶，率可遵行"，是符合当时社会时代和文化需要的：

> 适符汉明西迓声教之运，而大振玄风于天下后世，是其可以常情卜度拟议哉，意其必有冥数潜通诸佛密证，为震旦万世五乘之大本。五性之通达，妙道至理，存乎其间者欤④。

溥光特别指出"研其义味，盖为佛者在日用修进之际，造次颠沛不可须臾离之要旨乎！"盖此亦当是智圆造《注四十二章经》之意图所在也。而真宗以皇帝身份而注《四十二章经》，其劝勉沙门释子、臣寮士庶之心，昭昭然于天下。

孤山之所以首疏《四十二章经》，就是因为此经言近而意远。因为言近，在日用修进之际、造次颠沛不可须臾离也。《四十二章经》成为在宋学中受到缁素关注的一篇佛教基本经典，智圆其有功也。

---

① 《佛祖统纪》卷四十四"法运通塞志十七之十一真宗"，《大正藏》第四十九册，第405页。

② 《佛祖统纪》卷四十四，《大正藏》第四十九册，第406页。宋真宗《御注四十二章经》1卷，现存《大正藏》第三十九册。

③ 宋真宗《御注四十二章经》"溥光序"，《大正藏》第三十九册，第516页。

④ 宋真宗《御注四十二章经》1卷，现存《大正藏》第三十九册。

　　杭州六和塔现存有南宋绍兴二十九年（1159）石刻《四十二章经》，其石刻经文乃由以宰相沈该为首的四十二位官员书写，每人一章①。文末有西蜀武翃的跋文，其中说道："迦叶、竺法译于前，智圆训于中，骆偃序于后。"②骆偃为北宋古文运动家、思想家，有名望，智圆曾称赞他在古文复兴中的贡献："自五代以来，文道驳杂，儒术陵夷，而于先朝牵复淳古，摈黜浮华，搴旗乎异端，鼓行乎百氏者，惟吾丈与叔微尔，是故卢骆之名，于今藉藉于众口矣。"根据智圆在《与骆偃节判书》中的说法，智圆在完成《注四十二章经》后不久，就有好事者"以其文将图剞劂，欲布行于海内"，智圆请骆偃为序，为取信于后世矣。一百年后，至南宋初期，果如智圆所期望的，《四十二章经》文不仅得到了文人士大夫，甚至是朝廷的官方认可。智圆自言"颇有扶持心，非敢私于己焉，而实欲公于万世，以救其弊也"③，吾信其言也。

3.2.2　首疏《佛遗教经》

　　《佛遗教经》（一卷），鸠摩罗什翻译，《佛垂般涅槃略说教诫经》之略名，佛祖最后教弟子之语，以端心正念为首，而深言持戒，为禅定智慧之本，"夫化制互陈，戒定齐举，莫大乎《遗教经》焉！"④历史上有印度天亲菩萨所造《佛遗教经论》（一卷），真谛译，宋以前传说有隋朝灵裕法师、大唐怀素律师的义疏，但由于中唐以后的混乱，已散失不见。关于此经的流传情况正如智圆所说：

　　　　在昔天竺马鸣论之于前，杨隋灵裕疏之于后，逮乎李唐怀素律师者亦有斯述，慨兹两疏今也则亡，遂使兹经传授道息。嗟乎！法雨愆期，炎炎之火宅莫救；辨雷匿响，蠢蠢之迷蛰未发。每一思及，尝疚于怀，由是不揆梼昧，弥缝其阙。用马鸣之章句，遵智者

---

① 《金石萃编》卷一百四十九，沈该为"特进尚书左仆射同中书门下平章事、吴兴郡开国公"，《宋代石刻文献全编》（全 4 册）第三册，第 492—493 页，国家图书馆善本部金石组编，北京图书馆出版社 2003 年版。

② 同上书，第 493 页。

③ "与骆偃节判书"，《闲居编》卷二十一，《续藏经》第五十六册，第 897 页。

④ 《佛遗教经论疏节要》（1 卷），（宋）净源节要《大正藏》第四十册。

之法门，依经辨理亦已备矣。虽不足以下武前哲，而聊可以诒谋来
裔云。①

直到入宋以后，孤山智圆慨叹"斯经传授道息"，才首疏此经。所以世传
"《遗教经》，马鸣有论，孤山有疏"之说②，孤山之疏在《佛遗教经》中
国流传历史上的地位可知。

智圆之后，宋学大发展时期，高丽僧统（高丽）义天（1055—1098）
来到中国求法之时，《佛遗教经》的疏主要有四家：

《佛遗教经》　疏二卷、疏科一卷　已上　智圆述
　　　　　　　助宣记二卷　　　　　仁岳述
　　　　　　　注一卷、科一卷、统要钞二卷　已上　允堪③述
　　　　　　　论疏节要一卷、节要科一卷、广宣钞一卷　已上　净
源述

此后，出现了一位弘传律宗和净土教的高僧，灵芝元照（1048—
1116）④，后世称为律宗中兴的大师。在《续藏经》中保存着元照所著

---

① "《佛遗教经疏》序"，《闲居编》卷二，《续藏经》第五十六册，第 872 页。
② 《佛祖三经指南》（3 卷）"凡例"，（明）道霈《续藏经》第三十七册。
③ 昭庆允堪（生卒年不详），主要活动时间在北宋仁宗庆历、皇祐年间（1041—1054），
北宋著名律宗高僧，《续藏经》中录有其作品八篇，分别为：《四分律含注戒本疏发挥记》（卷
三），《四分比丘尼钞科》，（一卷），《四分律新受戒比丘六念五观法》，（一卷），《随机羯磨疏正
源记》（八卷），《四分律拾毗尼义钞辅要记》（六卷），《净心诫观法发真钞》（六卷），《衣钵名
义章》（一卷），《南山祖师礼赞文》（一卷）。没有上述的《佛遗教经注》、《科》和《统要钞》。
《释门正统》未见著录，《佛祖统纪》卷二十九中的记载及其简略：锡号智圆。庆历间主钱塘西
湖菩提寺，撰《会正记》，以释南山之钞。厥后照律师出，因争论绕佛左右衣制短长，遂别撰
《资持记》。于是会正资持，遂分二家。《大正藏》第四十九册，第 297 页。另参见《释氏稽古
略》"允堪"传。（南宋）宗鉴集，《续藏经》第七十五册。
④ 参见《释门正统》卷八，律师元照，余杭唐氏，初依祥符鉴律师。十八通诵妙经。试
中得度。专学毗尼。后与择映从神悟谦师。悟曰："近世律学中微，汝当明《法华》以弘四
方"。主灵芝三十年。众至三百。义天远来求法，为提大要授菩萨戒。《续藏经》第七十五册，
第 362 页。

《遗教经论住法记》①。《住法记》里面保存了一些对元照之前此《遗教经》的注疏情况，并且引述了部分智圆疏的内容，根据这些疏的内容。我们可以得知孤山智圆以天台四教观对《佛遗教经》进行了教相判释，并且成为了宋以后最为重要的观点。

对于《佛遗教经》的教相判释，当时对此颇有争论。以金陵疏为代表的"会同大小"说，认为："今垂示灭，总造遗音，岂分大小之殊？何简缁素之异？"但是，"机虽总集，教必有归"，"会同大小"说从教判角度来说并未作出判释。第二种以真悟律师为代表的"专判为大"说，此说乃是以《论》而判，但是，历史上，智者、南山皆判此经为小，而且经文本身只是四谛生灭，此说"斯并任情，妄生穿凿，宁思利物，只慕虚名。经论微言，于斯坠地"。还有一种就是以孤山智圆疏为代表的"定判为小"说，"约教则生灭教，约藏则修多罗"。②

对于为什么马鸣《遗教经论》中判为大乘、而智者大师《法华玄义》判为小乘的疑问，孤山进行了会通，并进一步给出了"小中之大"的说法：

> 仍自问云："《论》释此经而云大乘者，何耶？"答："此据小中之大，而此大乘犹是生灭小教，然彼宗有藏、通、别、圆四教，小乘名为藏教，此教具有三乘，即以菩萨六度为大乘，故云小中之大也"（霅溪《记》云：此教三乘虽有菩萨大乘之名，其实皆小乘耳）。又云："藏教三乘，以菩萨为首，故须从胜受名，以大乘为教也，即菩

---

① 元照，从神悟处谦（1011—1075）习天台教观，又因神悟劝令"阐明《法华》宗旨，以弘四分戒律"，他常对门徒说："生弘律范，死归安养，平生所得，唯此法门。"又说："化当世无如讲说，垂将来莫若著书。"元丰元年（1078），从广慈慧才受菩萨戒于西湖雷峰。此后，博究南山一宗律学。元照的思想，主张戒律和净土并重。元照力说比丘受持净戒的必要。元照又唱律、禅、教三学一源之说。他说："律，佛所制也；教，佛所说也，禅，佛所示也。"元照倡导律、净二学相结合。（高丽）义天在《新编诸宗教总录》中，没有提到大正藏中现存的宋代元照疏，而元丰八年（1085）十二月，义天率弟子众来求法，主客（接待外宾官名）学士杨杰陪伴到杭州，曾至西湖灵芝寺谒请元照开示律仪，时元照正讲《四分律删补羯磨疏》，即为演说律宗纲要并授菩萨戒，义天并请得元照所著书携归高丽雕板流通，元照疏的出现应在义天求法之后，即1086年之后。

② 《遗教经论住法记》（1卷），（宋）元照记《续藏经》第五十三册。

萨六度大乘，非圆融大乘"。①

智圆在《涅槃经疏三德指归》中对《涅槃经》"遗教品"中也谈到了这个问题：

> 问：此与《遗教经》同异耶？答：不同，彼小此大。故《法华玄义》明《遗教经》结阿含部，是小乘也。问："马鸣《遗教论》何故判为大乘耶？"答："马鸣据小中之大判为大乘，即三藏教中声闻为小乘，支佛为中乘，菩萨为大乘也。而此大乘犹是小教，故知马鸣、天台，其义无爽，得四教意，必无乖诤。应知《遗教经》中不谈常辨性，验是初教耳。"②

智圆"定判为小"的判教，显然是符合经旨与天台教旨的。根据元照在文中的判定"按经则定是小乘"之明证有五：一者"自古藏录并列小乘藏中"，开元录》云：此经旧录多在小乘，今以论中解释多约大乘，故移于菩萨藏也。二者"《南山律钞》标宗篇亦列小乘经中"；三者"智者《妙玄》判为结阿含部"；四者"经中佛问所疑，唯约生灭四谛"；五者"（经中）明断证乃据声闻四果"。元照的说法很可能来自智圆，至少智圆"定判为小"的依据应包括以上内容。

元照的判教为"按经则定是小乘，据论则义通大教"，不过，他的似是而非的判释显然受到了质疑，按经为小，居论属大，到底为小为大？在质疑中元照又说"释论随经，还从经判"，所以，虽然元照批评孤山智圆，元照的判释最终仍然是遵照了孤山的"定判为小"。

那么，为什么在最后涅槃法华时，佛陀还会说小乘呢？

> 问："小乘鹿园初转，那至涅槃复说耶？"答："孤山云机缘有三：一次第进入机（谓从鹿苑至法华者，及法华未度至涅槃者）；二始终闻大机（谓华严已来大机发者，五十年来无非闻大）；三始终闻

① （宋）元照记：《遗教经论住法记》（1卷），《续藏经》第五十三册。
② （宋）智圆撰：《涅槃经疏三德指归》卷二十"遗教品"，《续藏经》第三十七册。

小机（小机不息故常溃小）。由有始终闻小之机，遂使今经尚名小教"。①

另外，根据明代道霈的记载和大藏经所保存的资料，北宋中期以后的《佛遗教经》疏中影响最大的还有宋代净源疏"近所传者，宋净源法师疏"。晋水净源（1011—1088），著名华严宗学者，或尊为华严宗七祖（或十祖），继子璇之后，振兴华严的宗风，当时称为中兴教主。高丽僧统义天（1055—1098）于哲宗元祐元年（1086），航海来中国问道，朝廷令主客杨杰送到慧因寺受法于净源。严格说来，净源所撰并非完整的《佛遗教经》疏，"论节要而已"，"而云栖和尚尝为之补注"，今《大正藏》所存《佛遗教经论疏节要》，就是净源节要，袾宏补注的。

《节要》明确指出："今所述注，翻梵从华，发辞申义，则多录孤山疏文。"但由于净源批评智圆以天台解《经》，他意欲"遵《起信》论旨"解经，判此经为大乘，所以在正文中并没有一一标出在何处是"录孤山疏文"。至南宋初期，高宗绍兴甲子年间（1144），华严宗的笑庵观复撰《遗教经论记》（三卷），试图发挥净源疏的大乘旨意，对孤山智圆亦有批评。不过，我们仍然可以看出，净源的疏和观复的论记，都试图与孤山的疏抗衡，其意虽明，但是否如上文元照的结果一样，读者自可思之。孤山智圆疏的影响，可知矣！

智圆"《佛遗教经疏》序"曰：

　　夫法身无相，不生不灭；至理绝言，非小非大。既而茫茫万汇，迷而不复；冥冥群有，流以忘返。是故能仁大觉，运无缘至慈，出五浊恶世，应物现形，随机授道。或顿沾大益，或渐入佛乘，或圆机未熟，终禀小化。托余佛而决了，指他国以会归。既一期事息，故双林告灭。巍巍圣德，荡荡玄化。包十方而非广，亘九世而非远。盖不可得而思议焉！②

又曰：

---

① （宋）元照记：《遗教经论住法记》（1卷），《续藏经》第五十三册。
② "《佛遗教经疏》序"，《闲居编》卷二，《续藏经》第五十六册，第872页。

　　《佛遗教经》者，其终裹小化之谓与，将虑夫灭度之后也！戒珠掩耀，法乳浇薄，乃于中夜有兹顾命。于是乎，澡身浴德者，游泳于解脱之渊；跂高履尚者，驰惊于清净之道。正法由斯而久住，诸天于是以致敬。王臣庶几其化，士民寅亮其风。大矣哉！《遗教》之益也如此。非夫大悲淳至俯哀未习者，其孰能臻于此耶？①

　　惜乎！到明时智圆的疏似乎就已不为世人所见。明神宗万历丙戌（1586）年间古灵了童所撰"重刊遗教经注解序"及《佛遗教经注》，藕益智旭的《遗教经解》就没有提到孤山的疏了。诚如道霈记曰："《遗教经》，马鸣有论，孤山有疏，世不传。"不过，正是以孤山智圆等先觉的努力，《佛遗教经》才得以流传和发扬，后世才能从中得到启迪。智旭《遗教经解》"跋语"记曰：

　　旭未出家时，读此《遗教》，便知字字血泪，既获剃染，靡敢或忘。……承甫敦沈居士，固请解释此经！……藉此功德，回向西方。仍作迦陵频伽，代弥陀广宣法要，可矣！②

　　《佛遗教经》之功可见也。唐太宗时期，就曾下诏令淄素共同崇奉。唐太宗施行《遗教经敕》，明道霈《佛祖三经指南》录文，其中曰：

　　《遗教经》是佛临涅槃所说，诫勒弟子甚为详要。末俗缁素并不崇奉，大道将隐，微言且绝。永怀圣教，用思弘阐。宜令所司差书手十人多写经本，务在施行，所须纸笔墨等有司准给。其官宦五品以上及诸州刺史各付一卷，若见僧尼行业与经文不同，宜公私劝勉，必使遵行。③

---

①　"《佛遗教经疏》序"，《闲居编》卷二，《续藏经》第五十六册，第872页。
②　（明）智旭撰：《遗教经解》（1卷），《续藏经》第三十七册。
③　（明）道霈撰：《佛祖三经指南》，《佛祖统纪》亦节录此文，其意大同，《佛祖统纪》卷四十，《续藏经》第三十七册，第627页。

《佛祖统纪》亦节录此敕文，并述曰："太宗知务僧之本在于《遗教》，故能戒有司写经本，令公私相劝，俾免于过。"①

北宋时期多重《佛遗教经》。宋真宗就撰有《御注遗教经》，《释门正统》"法运通塞志十七之十一真宗"记载与《四十二章经》同时入藏颁行（今《大藏经》、《续藏经》未存）。熙宁六年（1073）三月八日，法师惟湛，在临终前举《涅槃》《遗教》，殷勤嘱累，趺坐而逝②。守遂、观复、净源、元照等都非常重视此经，并撰有著述。

智圆所说："仲尼为政必也正名，《涅槃》《遗诫》急在纠过"③，后世如云栖竹窗"谆谆于《四十二章》、《佛遗教》二经"，可知孤山智圆于宋初首疏《四十二章经》与《佛遗教经》之意也。正如（明）道霈《佛祖三经指南》所说：

> 昔世尊始成道，机缘未熟，不堪大法，于是于鹿苑中隐实施权，循循善诱，三乘五乘咸备焉，《四十二章》是也。诸乘既经法华开显，如来出世事毕，于是于双树间，唱入无余涅槃，扶律谭常，以为最后深诲，《遗教》是也。是二经者，时虽有始终，意实无二轨，但始则近而详，终则严而切，防妄情流逸，峻正法藩篱，谓非如来开物之妙权、群机必由之要道乎！④

3.3　台律融合——以《闲居编》为中心的考察

天台宗传统极为重视戒律。智者大师在入灭以前，弟子智朗问谁可宗仰，智者说：

> 波罗提木叉是汝之师，吾常说四种三昧是汝明导。我与汝等，因

---

① 《佛祖统纪》"法运通塞志第十七之六"唐太宗正观十四年，《大正藏》第四十九册，第365页。

② 参见《释门正统》卷六"中兴二世·惟湛传"，称"天台一宗盛于三吴自师始"，《续藏经》第七十五册，第332页。

③ "与嘉禾玄法师书"，《闲居编》卷二十一，《续藏经》第五十六册，第897页。

④ （明）道霈撰：《佛祖三经指南》，《续藏经》第三十七册。

法相遇，以法为亲，传统佛灯，是为眷属①。

波罗提木叉是别解脱戒的别名。而智者此"以戒为师"的思想，来自上节所述孤山智圆着力倡导的十经之《佛遗教经》，此经开篇即言：

> 释迦牟尼佛，初转法轮度阿若憍陈如，最后说法度须跋陀罗，所应度者皆已度讫，于娑罗双树间将入涅槃，是时中夜寂然无声，为诸弟子略说法要："汝等比丘，于我灭后，当尊重珍敬波罗提木叉，如闇遇明贫人得宝。当知此则是汝大师，若我住世无异此也。"②

如本书第一章中对"北宋佛教发展状况"以及智圆"宋学先觉问题意识"的分析，北宋初期佛教在社会近世化、经济高速发展进程中，仍然延续了中唐五代以后乱世之毫无秩序，暴露了一系列思想义理的空白和佛教戒律的松懈甚至是僧格的丧失与行为的放荡，这与北宋"太平盛世"的治国理念格格不入，作为佛教如不能发扬"以戒为师"的传统，即将到来的宋学难觅佛教之身影矣，佛教亦不能有功于宋学也。智圆每称"吾以定慧训乎来学，且知圣道以戒律为始"③，又曰"吾闻戒律之道，布在贝叶，得其人则其道举，亡其人则其道弛"④，智圆又如何于律宗"立德"、"立功"、"立言"呢？⑤

3.3.1　智圆与宋初律学

智圆《闲居编》中记载与智圆有交往的律僧包括：钱塘律主择梧元

---

① 《佛祖统纪》卷四，《大正藏》第四十九册，第 164 页。

② 《佛遗教经》，（姚秦）鸠摩罗什译《大正藏》卷十二，第 188 页。

③ "钱唐兜率院界相榜序"，《闲居编》卷三十四，《续藏经》第五十六册，第 915 页。

④ "钱唐律德梧公门人覆讲记"，《闲居编》卷十五，《续藏经》第五十六册，第 887 页。

⑤ 孤山智圆非常重视戒律，与浙东地区的律僧也有广泛的交往，因而《闲居编》为考察北宋律宗特别是宋真宗时代留下了极为宝贵而丰富的资料。又，智圆以天台三观四教来解读大小乘戒律，其戒律思想极为丰富，但也相当分散，在他的十部疏及其他作品中多可见到关于戒律的阐述，例如《涅槃经疏三德指归》、《涅槃经疏发源机要》强调扶律，《四十二章经》《佛遗教经》的主旨之一就是宣扬律学，《首楞严经》因兼《涅槃》扶律之德而成为智圆所着力弘扬的经典之一。限于篇幅与能力，本节仅以《闲居编》为中心。

羽、律僧庶几、谅律师、清义律师、子正律师、律宗主光迥、沙门觉猷等人。其中，几乎大多数人物在各种佛教史传中难觅踪影①，其著述也未流传下来，然而根据智圆"送庶几序"所说"时有一顾于吾者，皆名僧巨儒耳"，这些律僧在北宋真宗、仁宗时代应都有较大的社会影响力。

律僧庶几，应为北宋古文运动的先觉之一，我们将在"儒学先觉篇"中谈到他向孤山智圆求教古文之道，孤山智圆特作"送庶几序"阐明主旨。

沙门觉猷，苦心律学，撰《注〈删定戒本〉》，"遂迁澄照旧注，以释《删定》新文"，智圆以为"俾至要之说，利于来世，猷有力焉"，道宣的《删定戒本》能够利于后世，觉猷实是律门有功之人也，而智圆为觉猷《注》作序，提携后学，功亦大焉。②

另外，光迥是锡紫沙门，"纲领来学，为律宗主"，他大概在天禧二年（1018）左右，"忽振锡浙右，款关林下"，造访智圆，并且请他天台国清寺重结大界写序，智圆在三年后［天禧五年，即圆寂的前一年（1021）］写下了"天台国清寺重结大界序"，智圆在当时律宗领域的影响可想而知。③

当然，与智圆关系最为密切的还是被智圆称为"钱塘律主"的择梧元羽④，因他住在钱塘兜率院，智圆又常称之为"兜率律师"。择梧元羽（不详），未见僧传记载，撰有《律钞义苑记》，雪川仁岳曾从他学律⑤。择梧的《律钞义苑记》写成后，就是由智圆在1011年写的"后序"：

---

① 本书检索的范围包括《释门正统》、《佛祖统纪》、《续佛祖统纪》、《补续高僧传》等。

② "《注〈删定戒本〉》序"，《闲居编》卷八，《续藏经》第五十六册，第877页，智圆曰："初，耶舍诵梵本，罗什译为秦言，至南山为之注解，复嫌本文之过质又删定焉。自时诵习者咸舍旧而从新矣"，智圆以为"《删定》又为戒经之要也"。澄观指南山大师道宣，因道宣谥为"澄观"，故有此称，参见《宋高僧传》"明律篇第四"唐京兆西明寺道宣传。

③ "天台国清寺重结大界序"，《闲居编》卷三十一，《续藏经》第五十六册，第911页。

④ 智圆与择梧的私交似乎非常之好，从《闲居编》中频繁出现的"吾友"、"我友"、"友人"，以及"招元羽律师"、"谢择梧律师惠竹"、"将之雪溪寄别择梧师"等诗文，可看出二人相交甚深，思想可能互有影响。

⑤ ［高丽］义天《新编诸宗教藏总录》记载"《律钞义苑记》七卷择悟述"，（宋）慧显集、［日］戒月改录《行事钞诸家记标目》"行事钞义苑记七卷，右一部宋杭州择悟律师述。"《释门正统》卷五"仁岳传"记载"（仁岳）学律于钱塘择悟，能达持犯"（《续藏经》第七十五册323）。《释门正统》、义天《总录》、《行事钞诸家记标目》中的"择悟"即应为"择梧"之误。

　　钱塘大律师择梧者，字元羽，德高而名著，辩博而识达，尝撰《义苑》七轴，盖解《事钞》而作也，文约而理备，词明而义显，俾来学得其门而入，见删补之富止作之美者，繄斯文是赖；至若比之旧章，较之众说，钩深之是非，解纷之去就，览者别矣，不在谈悉。①

　　并且，此《律钞义苑记》是在智圆的再三建议下才刊刻流通的②：

　　尝谓斯文也，指南群惑，垂裕来裔，为不俟矣！且患夫后学劳于缮写，而损于学功，损学功则壅于流通矣，岂若刻板摸印以广其道哉！乃矢厥谋于律师，稽首以请律师，三让而后从礼也。③

　　智圆盛赞择梧与推进择梧《律钞义苑记》，与他对道宣为代表所传四分律的弘扬是分不开的。《事钞》乃《四分律行事钞》的简称，《四分律行事钞》具称《四分律删繁补阙行事钞》，三卷④，唐释道宣（596—667）撰。道宣为律学南山宗的创始人。智圆曾应择梧之请，于大中祥符七年（1014）仲秋五日撰《南山大师礼赞文》一卷⑤，后又作《寄题终南道宣律师塔》诗和《南山大师忌》文。在《南山大师忌》文中，智圆说印度律有五部之分，而中国独传四分律，则道宣之功大矣。智圆赞道：

---

　　①　"《律钞义苑》后序"，《闲居编》卷九，《续藏经》第五十六册，第 899 页。
　　②　并且，此《记》之刊刻流通乃是在两位"禅门之先觉"智海、可孜二上人的努力下，"爱有智海、可孜二上人，禅门之先觉也，以随喜之心专掌其事，于是笔札得其妙者，雕镂得其良者，不期月而成，厥功美矣哉。同声相应也如此"。台、禅、律三宗的先觉们"同声相应"成就了北宋佛教的一段佳话。
　　③　"《律钞义苑》后序"，《闲居编》卷九，《续藏经》第五十六册，第 899 页。
　　④　本书钞集比丘依律行事的教典根据，主要以《四分律》藏为基础，以三藏文字、圣贤撰述、古师章疏为补充，分三十篇说明律藏所摄的自修摄僧的各种事相行法。此与道宣所著的《四分律比丘戒本疏》和《四分律羯磨疏》同称为南山三大部，为律宗的权威著作，并为宋以后律匠所共传诵。
　　⑤　《续藏经》存，作《南山祖师礼赞文》（一卷）。后元符三年（1100），元照在《集南山礼赞序》中有"昔孤山法师首事秉笔，盖酬兜率择梧律师之请"之语。

恭惟南山律主，育灵隋世，阐化唐朝，撰《事钞》则法施于人，荷佛寄则名扬于世，垂范以作则，功德以昭明。止恶防非，颇择御而显著，其道甚大无德而称。①

虽然后人为本书作注释的极多，有六十二家，但现存入宋以后最早的主要是元照撰《四分律行事钞资持记》十二卷，另元照撰有《四分律行事钞科》三卷。后世往往以元照《资持记》最为精详，《四分律》学者多所推重②。然元照（1048—1116）之《资持记》的写作已在宋学向理学蜕变的转型期，晚于择梧至少六十年以上。择梧之为北宋律学先觉，无疑矣！

而择梧之北宋律宗先觉能为后人所知，有所待乎？必待于智圆之记也。关于择梧的生平与影响，智圆记述道：

公名择梧，字元羽，钱唐人也。立性直方，发言正淳，行甚高，名甚扬。虽学经论、通书史而专以戒律为己任，且欲示后学以复之之路，知发轸于律学也。故于律学既能言之，又能行之，而颓纲颠表自我强而树之。故吴越之僧北面而事者，不知纪极；其后学有济济跄跄动不逾闲者，人必知其由公门而出也。故从而赞之者多矣！

智圆本人亦是北宋律宗之典范，其高世之节前已述及，而智圆之《遗嘱》多为后人所称道"乃预凿土窟，藏陶器一，以为归全之具。吾没后，不须剃头，不须澡洗，宜敛以浴衣，不得停留，即时以钱若衣雇净人舁送窟所内陶器中，窟户用砖石三两重甃之。不得报俗眷及朋友门人，不得发遗书，不得变服号唃。人或慰之，戚容掩泣而已，此亦不坏世谛也。不得率众人钱以供丧事，所有衣钵什物一毫以上，准律分之卧蹋、卧具、书厨及内外典籍，除他人者，悉与如理。其玛瑙院，乃为政、思齐、浩才者，或经始之，或佐成之，仰现前僧，同付与三子。其或他行，则召来付

①　"南山大师忌"，《闲居编》卷三十五，《续藏经》第五十六册，第917页。
②　释《资持记》的著作有（宋）则安撰《资持记序解并五例讲义》一卷，（宋）道标撰《资持记立移注题拾义》一卷。1686年日本僧慈光、瑞芳二人将《资持记》编于《行事钞》文下，将元照《科》文系于其上，题名《三籍合观》。分为四十二卷。转引自《中国佛教》，《行事钞诸家记标目》"四分律行事钞"条。

之。任彼施为，或别请宗师，或昆弟共住，或承袭讲演，或易作禅居，或更为律院，苟无害于人，有益于道，则无不可。"①

孤山与择梧二人，同为佛教律宗之先觉，同气相交，同声相应，成就了北宋初期一段律宗之佳话，也奠定了北宋律宗思想义理之方向，为消弭宋初抑佛反佛之声音、推动北宋佛教之兴盛最终有功于宋学。1017 年春 2 月 16 日，孤山与择梧之间的一段关于北宋律宗状况的对话，充分显示了两位律学先觉的同气相交、同声相应，以及为北宋律学复兴而奋斗的决心：

（择梧曰:）释氏之道，我知之矣。非夫戒学则无以检其容杜其暴也，礼容修粗暴不作则禅静智明可得而发也，圣贤之域可得而跻也。是以能仁制之，上首受之，法密派之，南山嗣之，法既下衰，人之多僻以纵任为达道，指戒律为剩物，其将绝者犹一线耳，得不大惧乎！……无外②，于我道同矣，敢谋之。无外，以为如何哉？

（智圆曰:）吾跼然而对曰："吾闻戒律之道，布在贝叶，得其人则其道举，亡其人则其道弛。吾友之用心，果如是邪！吾敢贺戒律之家，得其人矣！其道何患于丧乎？"吾乐其善言，多其善诱，肆笔之为记。③

3.3.2　智圆结界之事理

智圆欲以佛教有功于宋学，必然强调戒律，而北宋社会世俗化与佛教世俗化之潮流势不可当，智圆何以为之？智圆强调以"结界"为先，他在《闲居编》中非常强调结界之事与结界之理。"结界"（佛教术语），建伽蓝或作戒坛，行一种之作法，而定其区域境界也。即其作法所限定之地，称谓结界地。结界有"结界石"（物名），标结界相之石也有二种：一为摄僧界中结大界标其外相之石榜。《四分律行事钞》所谓"最外一重，大界外相标"，又"结已，即须榜示显处，令后来者，主客俱委，无

---

① "遗嘱"，《闲居编》卷三十四，《续藏经》第五十六册，第 915 页。
② "无外"，孤山智圆之"字"，此乃以字称智圆也。
③ "钱塘律德梧公门人覆讲记"，《闲居编》卷十五，《续藏经》第五十六册，第 887 页。

有滥疑"是也；二为禁荤酒等入门内之石榜，亦称禁牌石，又曰荤酒牌，是禁荤酒等入结界内，令僧众道业精进也。另外，结界有五相：一方相，二圆相，三鼓形相，四半月相，五三角相，各以天然之山水或木石等为其界标。

《闲居编》中有明确记载的结界之事包括：孤山玛瑙院界相榜、宁海军真觉界相、玛瑙院重结大界、法济院结界、钱唐兜率院界相榜、华亭兴圣院界相榜、钱唐孤山智果院结大界、台国清寺重结大界、杭州法慧院结大界、结大界相回向等，特列表以明之：

寺名	寺院地点	历史沿革及智圆序文缘由	智圆文	智圆撰文时间
国清寺	天台	陈隋间，智者大师建。会昌毁，851 年重建。律宗主、锡紫沙门光迥天禧二年（1018）"以序引为请"于智圆。	台国清寺重结大界序	天禧五年仓龙辛酉春（1021）正月十三日
兜率院	钱塘	太平兴国元年（976）忠懿王所建，大中祥符九年（1016）夏四月十三日择梧律师由圣果寺而来居。	钱塘兜率院界相榜序	未明①
智果院	钱塘孤山	后唐同光三年（925）建，师终资及住持五世至有祥，天禧四年（1020）五月十日结界。	钱塘孤山智果院结大界序	天禧五年仓龙辛酉（1021）夏五月八日
法慧院	杭州	旧名"大中兴庆"，唐天祐四年青龙乙卯（907）武肃王钱镠建。慈化大师仁永解旧而结新，宝印大师法明乞智圆序文"以图不朽"。	杭州法慧院结大界记	天禧四年庚申（1020）夏六月
真觉院	宁海军	旧名"奉庆"，太平兴国元年（976）钱氏陪臣董询建。长老明集师请择梧律师结界，并寓书智圆"惟足下好闻善道，冀序其所以，垂之无穷"。	宁海军真觉界相序	未详②

---

① 按照《闲居编》一般以时间排序为原则，则可能是在天宋三叶大中祥符八年（1015）闰六月之后。

② 可能是在玛瑙院重结大界（即天禧三年［1019］六月十三日）之前。

续表

寺名	寺院地点	历史沿革及智圆序文缘由	智圆文	智圆撰文时间
法济院	钱塘郡之西北隅	钱氏霸吴越时陪臣衢州刺史曰翁某者构之，以为大长老庆祥师栖禅之境，即皇朝太平兴国某年也。长老去世，弟子齐政师承袭之，请择悟律师结界。虚白上人冀请智圆记之。	法济院结界记	未祥①
兴圣院（禅院）	华亭	本名长寿罗汉，圣朝两易其榜，初赐名犯圣祖讳，复换今名焉，汉乾祐二年太岁己酉（948），邑人张嗣子仁舍所居而建。院僧志笃、子华，智圆之徒，乞言求序。	华亭兴圣院界相榜序	未祥②
玛瑙院	孤山	后唐天成二年青龙丁亥（927）武肃王建，智圆于大中祥符九年（1016 年）春三月二十有九日买玛瑙坡居于此院。四月五日（或曰三日），择悟律师率徒众为结界。厥后来学既众，堂室迫隘，新构宇栋，择悟律师率徒众于天禧三年（1019）四月二十一日解旧而结新。	孤山玛瑙院界相榜序 玛瑙院重结大界记	未明确标明，可能为大中祥符九年（1016）四月五日。 天禧三年（1019）六月十三日。

　　从上表可以看出，智圆不仅在思想义理上重视佛教戒律，更加重视"结界"等方式，他不是消极等待而是积极参与佛教近世化的进程。智圆指出"结界"乃是禀于律仪之第一要：

　　　　我佛之出世也，立寺宇则随处结界，令咸禀于律仪。是以为邦国者，制度不可亡；为伽蓝者，律仪不可废。虽禅居律寺之别，拥毳横经之殊，既同奉法王，敢辄违戒范？③

---

① 可能是在玛瑙院重结大界（即天禧三年1019年六月十三日）之后。
② 可能是在玛瑙院重结大界（即天禧三年1019年六月十三日）之前。
③ "结大界相回向"，《闲居编》卷三十六，《续藏经》第五十六册，第918页。

　　智圆认为："房廊非不完，岁祀非不遥，而大界未及结，由是法度弗及行，律仪弗及修，识者耻之，我亦耻之。""建伽蓝者岂得不以结界为急务邪？夫号仁祠佛庙者盖行佛之制度之谓也，非轮焉奂焉之谓也。"① 智圆在指出成圣道者必以结界为资，结界之事为一而可功成数善也：

　　　　结大界者何？所以指其封域，俾同遵于律范也。律范者何？所以防过非而齐身口也。大界苟不结，则律范无以行。律范不行，则身口无以齐。身口不齐，则定慧无由著。定慧不著，则圣道无以成。以此计之，成圣道者不权舆于结界乎？②

又说：

　　　　作法既周，大界斯成，而今而后依是住者，为能秉有成济之功，为所召无奔驰之劳，摄衣焉，摄食焉，说戒焉，自恣焉，凡曰雾章可举而行，孰谓其地弱不胜乎？③

　　智圆对于结界之事之理极为严肃，这在其《与门人书》中得到了充分的体现。当智圆听说他所撰的"华亭兴圣院界相榜序"在勒石过程中"界"、"戒"二字误用时，他博引《庄子》、《史记》等可以假借的情况，但指出"疆界"的"界"字明显不可假借"戒律"的"戒"字，并且说道：

　　　　故结界、戒律之名，本诸律藏，二字元分，何辄改之耶？

智圆以为"正说难行，邪说易行，必然之理也。若然者，是吾乱名改作聋瞽于后学也，岂不大惧乎！以吾尚知大惧，汝误吾之文，诳后之人，安

---

① "宁海军真觉界相序"，《闲居编》卷十三，《续藏经》第五十六册，第884—885页。
② "杭州法慧院结大界记"，《闲居编》卷三十一，《续藏经》第五十六册，第911页。
③ "钱唐兜率院界相榜序"，《闲居编》卷三十四，《续藏经》第五十六册，第915页。

得不益惧于吾乎！汝宜速磨灭改正之，无贻我羞"。①

智圆强调"结界"之事理大于寺院之完葺：

> 噫！建伽蓝者岂得不以结界为急务邪？夫号仁祠佛庙者盖行佛之制度之谓也，非轮焉奂焉之谓也。噫！上栋下宇范金合土丰厨甘餐铿钟伐鼓，苟不行其律仪制度，谓之佛庙不可也，土室编蓬藜藋屡空沙聚塔形爪画尊容，苟行其律仪制度，谓之佛庙可也。视制度之用不用。而佛庙之是非可知矣！"②

智圆的戒律思想极为丰富，因本书着重简择其对宋学产生影响的内容，即便其《闲居编》中的律学思想也难以尽述，读者详查。另外，根据《闲居编》中智圆的自述，其当作有《讲堂击蒙集》五篇③、"讲堂条约"④、"讲堂铭"、"漉囊赞"、《新学击蒙》等文，可能都是北宋初期佛教律藏的重要资料，可惜均已佚失。不过，智圆以现实和社会为立足，充分论述了他关于佛教戒律的思想，并在宋初特别是以钱塘为中心的两浙地区产生实际的社会影响（智圆在其他论文中的戒律思想更着重从义理的纵深角度来阐述），应该已是一个不争的事实。

3.3.3　智圆戒律思想之特点与影响

孤山智圆号召"为人模范，慎尔威仪。行道有勇，击蒙忘疲。来而不距，往而不追。摧邪务本，显正务滋"⑤，其戒律思想，在中国佛教史上独树一帜。其特点主要体现在以下几个方面：

一、如上所言，智圆应对北宋的世俗化，以"结界"为戒律之第

---

① 根据《与门人书》及"华亭兴圣院界相榜序"，则知此《书》乃是智圆写给他的门徒、华亭兴圣院僧志筠、子华。参见本节之图，则知智圆在志筠、子华的请求下，为华亭兴圣院结界一事写下了"华亭兴圣院界相榜序"。此《书》则因"序"文在勒石过程中出现了纰漏。

② "宁海军真觉界相序"，《闲居编》卷十三，第 885 页。

③ "讲堂击蒙集序"，《闲居编》卷十二，第 883 页。"诫恶劝善"当为其中一篇，《缁门警训》抄录全文，题为"孤山圆法师示学徒"，其余四篇都佚失了。

④ "讲院条约序"，《闲居编》卷十二，第 883 页。

⑤ "讲堂铭"，《闲居编》卷三十四，《续藏经》第五十六册，第 916 页。

一事。

二、敢于旁征儒典，以儒家制度格义佛教律仪与结界，从而在强调结界及戒律重要性的同时，使佛教戒律思想更加容易深入人心。智圆在论述戒律思想时，充分体现了其三教融通的观念，仅举例如下：

> 洪儒之治国也，置公候则画野分邦，俾同遵于制度。我佛之出世也，立寺宇则随处结界，令咸禀于律仪。是以为邦国者，制度不可亡；为伽蓝者，律仪不可废。虽禅居律寺之别，拥毳横经之殊，既同奉法王，敢辄违戒范？①
>
> 古者圣帝明王以九州之大，四海之广，不可以独治，故分地而建侯焉。爵有五等，地有五服，敷五教以训诸民，而任土作贡以奉王室，礼乐征伐自天子出，五服之民皆天子民也。正朔制度悉禀之于天子，其有背是者，乃干纪乱常之人耳。法王设化岂不然耶？以刹浮之境广矣，秉法之际僧难尽集，故听随处局结，俾法成办无奔驰损道之愆也。律范仪轨，悉如来出；二部之僧，悉如来之臣子也。戒律之事，得不禀于佛与？苟有舍而不行，其天魔乎？其外道乎？则我教干纪乱常之人也②。
>
> 吾学佛外读仲尼书，知礼乐者，其安上治民移风易俗之本与。而礼主其减，乐主其盈，由礼检而人所倦，乐和而人所欢。故曰：礼减而进，以进为文；乐盈而反，以反为文。亦犹佛氏之训人也，有禅慧，有戒律焉。由是禅慧修，则物我亡；戒律行，则好恶辨。然则，禅慧虚通，人亦欢于所进；戒律检制，人亦倦于所行。其有于人所欢而能反于人所倦而能进者是贤乎！③

三、戒、定、慧三学乃佛教"复性"之道。

戒、定、慧，为小乘之三学，戒即禁戒，律藏之所诠，能防止人们造作一切身口意的恶业；定即禅定，经藏之所诠，能使人们静虑澄心；慧即智慧，论藏之所诠，能使人们发现真理而断愚痴。修此三学，可以由戒得

---

① "结大界相回向"，《闲居编》卷三十六，《续藏经》第三十六册，第918页。
② "华亭兴圣院界相榜序"，《闲居编》卷十三，《续藏经》第三十六册，第884页。
③ "法济院结界记"，《闲居编》卷十三，《续藏经》第三十六册，第885页。

定，由定发慧，最终获得无漏道果，所以三学又名为"三无漏学"。景德寺普润大师法云《翻译名义集》①"示三学法篇第四十三"引道安法师之言指出三学在佛教修习之功用：

> 安法师云："世尊立教法有三焉，一者戒律，二者禅定，三者智慧。斯之三者，至道之由户，泥洹之关要。戒乃断三恶之干将也，禅乃绝分散之利器也，慧乃济药病之妙医也"。

智圆在前述"《注四十二章经》序"中已指出，佛教为一大事因缘出现于世，即"复众生之性"，而在此他进一步指出"复性"之路在于戒、定、慧之三学。

> 古者能仁氏之王三界也，愍群迷失正性而可复，而不知复之之路，于是乎碍之以戒律，静之以禅定，照之以智慧，则迷妄可息焉，正性可复焉，大为之防，人犹逾之。舍斯三者而言行佛道趣大方者，何异乎北辕适越耶！②

智圆在《维摩诘略疏垂裕记》中，对"或尚理慧，则弃戒律。或尊戒律，而蔑理慧"的行者给予了批评，认为扶律谈常，即事显理，律即事戒，常即理慧。故知三学其犹一身，戒律外防以喻支体，定慧内照以喻

---

① 据"苏州景德寺普润大师行业记"所载，普润大师，名法云，字天瑞，自称无机子，戈姓。世居长州彩云里。曾学习天台教法，北宋末哲宗、徽宗时期即"德风四骛，芳誉遐蜚"。南宋绍兴二十八年（1158 年）圆寂，住世七十一年，为僧六十一腊（则其出生当于 1080 年），得弟子文辩大师等。署名"宋唯心居士荆溪周敦义"在作于 1157 年的"翻译名义序"称自己也尝有意效《崇文总目》，撮取诸经要义，以为内典总目，见诸经中每用梵语，必搜检经教，具所译音义表而出之，别为一编然未及竟。后来一见到普润法云所编的此《翻译名义集》，喜曰："是余意也，他日总目成。别录可置矣已"，"余谓此书不惟有功于读佛经者，亦可护谤法人意根"则普润法云《翻译名义集》在南宋初年具有重要的佛教价值。《集》中多见引孤山智圆之语来解释梵文，如"辟支迦罗"条云：孤山云："此翻缘觉。观十二缘，而悟道故。亦翻独觉，出无佛世，无师自悟。"又如"阿若憍陈如"条云：孤山云"以第一解法者也。憍陈如，姓也。此翻火器，婆罗门种。其先事火，从此命族"等等。另外，《集》中又多见孤山《疏》、孤山《索隐》，或仅记其书名如《普门疏》等来解释佛教名相，则可知智圆在佛教名相学上有极高之成就。

② "大宋钱唐律德梧公讲堂题名序"，《闲居编》卷三十，《续藏经》第五十六册，第 910页。

腑藏，腑藏败灭，支体何为？支体不立，腑藏安寄？内外相藉，自己方成。戒慧互资，法身乃显。幸请抚臆，自晓浮沉。

四、在佛教五部律中最为重视"四分律"，智圆说"虽五部之星分岳峙竞化竺干，而四分之鹗立鹰扬独行震旦"。

关于律藏，孤山智圆在《涅槃经疏三德指归》中，引"《僧祇律》后序"与《大集经》，分别有"五部"、"六部"律藏之说：《僧祇律》"后序"云：佛泥洹后，大迦叶集《律藏》为大师宗，次阿难，次末田地，次舍那婆私，皆具持八万法藏；次优波鞠多，世尊记无相佛而不具持八万法藏。于是遂有五部名生：初，昙摩掘多，别为一部；次，弥沙塞；次，迦叶维；次，萨婆多。于是五部并立，纷然竞起，各以自义为是。……摩诃僧祇者，大众也，此以根本僧祇，对前四部而为五也。若准《大集经》说更有婆粗富罗部，是则起计不同，自分五部并根本僧祇，乃成六部。另外，智圆以《异部宗轮论》为主，极其详尽地论述了大众部"本末别说合成九部"、上座部"本末别成十一部"，大众上座"合二十部"之演变，智圆认为"上座部中虽分十一部异，每一一部中皆含五部宗计，其中一切有部偏执萨婆多部为宗，化地部偏执弥沙塞五分为宗，犊子部偏执婆粗富罗部为宗，饮光部偏执迦叶遗部为宗，法藏部偏执四分昙无德为宗"。指出"然此分部虽非经要，后之学者不可不知"。[①] 所以，智圆强调：

> 佛氏之立言训世者三，曰"经"，曰"律"，曰"论"。原夫诱初学、明制度，其律藏为要乎！洎乎部执丛起而四分之宗，复为律藏之要矣！[②]

智圆重视"四分律"显然是南山道宣一系思想的影响，智圆文中对南山大师极力推崇，《续藏经》中有"南山祖师礼赞文"一卷，《闲居编》中"南山大师忌"文，称"恭惟南山律主，育灵隋世，阐化唐朝，撰《事钞》则法施于人，荷佛寄则名扬于世，垂范以作则，功德以昭明，止恶防非頍捍御而显著，其道甚大无德而称"。北宋以后，律宗亦多宗"四分"，如被成为律宗中兴一代的允堪和元照（1048—1116）所传均为

---

① （宋）智圆撰：《涅槃经疏三德指归》，《续藏经》第三十七册。
② "注《删定戒本》序"，《闲居编》卷八，《续藏经》第五十六册，第877页。

四分律。

另外，在智圆《三德指归》中指出："依律治罚是事忏""今示实相是理忏"，智圆以结界为事，以复性为理，智圆律宗思想其远乎哉？"智圆对法界之重视实际上是反映了宋代社会世俗化对佛教生存空间的侵入。换言之，即是凡圣的混淆。智圆以为明于凡圣二域是非常必要的，这正是要力图在此世俗化情形下保持着圣界（圣域）的独立性。这种凸显圣俗二元对立的做法正如智圆所云的为道为学与求利谋食之差别，与那种杂糅圣俗的情形相比，无疑是体现了一种更为自觉的谋求佛教自身发展之路的意识：如何在世俗化进程中融入到时代思想之域中，又保持自身的超越性。"① 印顺法师言"北宋律宗之应运中兴，盖助台而抑禅之狂放者也"。虽然，未能尽言。智圆"索隐钓深将何所取"？息心达本之旨。智圆律宗思想，在于此乎？

3.4　华严、净土与禅

孤山智圆曾经对自己思想的发展演变做过反思：

> 吾所撰十疏者，乃始于《文殊般若》而终于《阿弥陀经》也。虽皆乘兴偶然而作，及论其次第，似有旨乎？得非始以般若真空荡系著于前，终依净土行门求往生于后邪？②

这段文字不仅反映了智圆佛学思想最终以净土为依归，而且反映了北宋以后各宗归汇净土的趋势。天台、华严、禅宗等各派在弘扬自宗思想的同时，都不约而同地选择以净土为指归。而这种趋势，通过佛门和士大夫的共同弘扬，成为了民众宗教的砥柱。

根据刘长东在《晋唐弥陀净土信仰研究》，在晋末宋初庐山慧远僧团最早大力弘扬弥陀净土信仰，形成了晋末刘宋南方弥陀信仰的一时之盛。

---

① 吴忠伟撰：《释智圆佛学思想》，《中国佛教学术论典》（16），《法藏文库》硕博士学位论文，佛光山文教基金会印行。

② 《阿弥陀经疏西资钞序》，《闲居编》卷六，《续藏经》第五十六册，第875页。

在南北朝时期，涅槃佛性、成实论、三论等学派皆扶持弥陀净土信仰的发展。在北方，昙鸾和地论师门于南北朝后期也继起弘扬此信仰。昙鸾提倡的是持名念佛，此法到唐代前期一直盛行于北方。隋唐之际，天台智者继承庐山慧远的观想念佛法门，弘教于南方，道绰、善导等大师继承昙鸾的持名念佛法门，弘传于北方。唐代中后期，慧日、承远、法照融合南北方之观想与持名法门，而形成兼重观想、持名二法门的慧日一系。在此时期，南禅反对弥陀信仰最烈。因此，直到五代宋以后，弥陀净土信仰才逐渐融合到各宗派的修行实践之中，其教派性日渐淡化，与此同时，弥陀净土信仰在中国社会的根则越来越深固，最终在中国出现了"家家观世音，户户阿弥陀"的局面①。

　　那么，在北宋初年这个中国佛教发展的历史环节中，孤山智圆作为宋学的先觉，他又将如何简择净土经典、义理与净土法门呢？智圆在净土简择中是如何贯穿天台三观四教的立场？本节认为，孤山智圆以净土阿弥陀信仰为核心，《佛说阿弥陀经疏》为平台，将义理圆融周延之天台教相，与修持胜异方便之弥陀净土，进行了深入的沟通与紧密的结合，不但进一步体现了天台的"教观双美"，而且使弥陀信仰的佛学理论土壤更加坚实。智圆以天台思想沟通弥陀净土，倡导"台净融合"②，不仅暗合佛旨而契理，实乃明顺时教而契机，促进北宋弥陀净土信仰的民间化，成为北宋台净融合的先觉。

3.4.1　孤山智圆与白莲社主省常的交涉

　　智圆与白莲社主省常有着深厚的友谊，省常以华严高僧而修净土行

---

　　①　刘长东：《晋唐弥陀净土信仰研究》（有节录），巴蜀书社 2000 年版，第 4 页。

　　②　吴聪敏所撰《知礼〈观无量寿佛经疏妙宗钞〉研究》中以知礼作《妙宗钞》而在宋初首倡"台净融合"，此说有待商榷。知礼《观经疏妙宗钞》撰于天禧五年（1021）九月，其文中有《刊正钞》之名，应即为智圆所作之《刊正记》，则其不仅晚于源清 20 余年，亦晚于智圆 6 年。另外，更重要的是，作为北宋以后影响最大的《阿弥陀经》，知礼并未有所作为，因此，以知礼为宋学中"台净融合"的渊源的说法是不可靠的。参见本节正文。另，若考究北宋台净融合的源流，恐因以山外晤恩为先，根据《释门正统》卷五的记载，晤恩十三岁即诵《弥陀经》得悟（《续藏经》第七十五册，第 316 页）；还有，智圆记"文备行状"，其称"举动真弥陀。海尔常精进"，亦是以阿弥陀信仰沟通台净的先觉者。《闲居编》卷二十一，《续藏经》第五十六册，第 898 页。

门，在南宋时即被尊为净土四祖或七祖①，在北宋有着极大的社会影响，对宋以后佛教的走向也起着重大作用。

省常（959—1020），字造微，姓颜氏，世为钱唐人。省常在西湖结白莲社的盛况，《乐邦文类》、《释门正统》、《佛祖统纪》都有记载②，与宋学萌芽时期的代表人物王禹偁有交往，996 年春夏间，王禹偁作《寄杭州西湖昭庆寺华严社主省常上人》诗（卷十），有云："梦幻吾身是偶然，劳生四十又三年。任夸西掖吟红药，何似冬林种白莲。"③

在作者所见最早对省常有极高评价的乃是智圆。"赠白莲社主圆净大师"诗中赞道："社客尽卿相，草堂云树间。景分庐岳秀，人类远公闲。夜定开明月，秋吟对暮山。唯应谢康乐，时得扣松关。"

天禧四年（1020）春正月十二日，白莲社主圆净大师常公归寂于钱塘西湖昭庆本寺之上方草堂，寿六十二，腊四十四。其后冬天，省常门人上首号虚白者（不详）④，来拜见智圆。智圆在《闲居编》中对此事进行了记载，讲到虚白上人"再款吾庐，请吾之辞，传师之美，以勒丰碑，且言先人之遗旨也，吾辞不得命"，故智圆作"故钱唐白莲社主碑文"⑤。在碑文中，智圆盛赞省常结白莲社之功：

---

①　《乐邦文类》"莲社继祖五大法师传"立为四祖，《大正藏》第四十七册。志磐《佛祖统纪》卷二十六"净土立教志第十二"之一莲社七祖中省常为七祖，《大正藏》第四十九册，第 260 页。

②　《乐邦文类》"省常传"中有记曰："王文正公（旦）为社首，翰林承旨宋（白）撰碑，翰林学士苏（易简）作净行品序，状元孙（何）题社客于碑阴，亦系以记。士夫预会，皆称净行社弟子，社友八十比丘一千大众。"《释门正统》"顺俗志"引"李咏纪之"："西湖社里千人集，光我庐山净社缘。遐想当年奇特事，同盟太半是朝贤。"（《续藏经》第七十五册，第 305 页）《佛祖统纪》卷四十三记"杭州西湖昭庆寺沙门省常，刺血书《华严净行品》，结社修西方净业。宰相王旦为之首，参政苏易简百三十二人，一时士夫皆称净行社弟子。比丘预者千众人，谓庐山莲社莫如此日之盛"，《大正藏》第四十九册，第 400 页。

③　徐规先生认为此诗当 996 年春夏间撰于滁州，孙何撰《白莲社记》谓王禹偁此诗乃在扬州撰（见《咸淳临安志》卷七九《大昭庆寺·记文条》），当为追记有误，不可信据。《王禹偁事迹著作编年》，商务印书馆 2003 年版，第 154 页。

④　白莲省常法嗣，未见宋代僧史记载，疑即为王安石文集中的"育王虚白长老"，诗曰："白云山顶病禅师，昔日公卿各赠诗。行尽四方年八十，却归荒寺有谁知？"果然，则虚白在 11世纪宋学发展时期当有较大影响。《王安石全集》第 486 页，卷第六十一，（宋）王安石注，上海古籍出版社 1999 年版。

⑤　《乐邦文类》（《大正藏》第四十七册）、《缁门警训》（《大正藏》第四十八册）均全文引此"钱唐白莲社主碑"。

惟公理行谨严，修心贞素，闻庐山之风而悦之，且曰："晞骥之马亦骥之乘，吾虽无似，敢忘思齐之诚邪？"……其地既得，其像既成，其言既行，朝贤高其谊，海内藉其名。繇是宰衡名卿，邦伯牧长，又闻公之风而悦之。或寻幽而问道，或睹相而知真，或考经而得意，三十余年为莫逆之交，预白莲之侣者凡一百二十三人。其化成也如此。有以见西湖之社嗣于庐山者，无惭德矣。

智圆更是把省常与慧远进行比较：

远也，上地之圣也；公也，初心之贤也。实阶位不同，名声异号，然而远出衰晋，公生圣朝；彼招者悉隐沦之贤，此来者皆显达之士。绝长益短，古今相埒，不曰盛与美与？

智圆认为慧远与省常，一个是"上地之圣"，一个是"初心之贤"，阶位实有不同。然而，一个身处衰世，一个正逢圣朝，唱和相美，省常之功不在慧远之下矣！

西圣之大，维远得之。庐山之高，维公悦之。

智圆对省常的推崇和记载，对于后世对省常功业的确认是非常重要的。《乐邦文类》"省常传"中说："孤山圆公作师《行业记》并《莲社碑》"，并全文引用孤山智圆的"钱唐白莲社主碑"，并在"莲社继祖五大法师传"中，遵省常谓继祖第四师，《佛祖统纪》"省常传"中说："孤山作白莲社主碑以纪盛绩"，后人对省常功业的确认很有可能极大地借助了智圆的推崇和记载。

仅此而言，智圆于宋初净土不可谓无功矣！不过，智圆于宋初净土的贡献并不仅于此，智圆本人即被后世视为净土高僧，宋以后的各种净土典集大多都著录了智圆的净土行业，如（宋）石芝宗晓《乐邦文类》、《乐邦遗稿》，（宋）元敬元复同述《武林西湖高僧事略》、（宋）昙秀辑《人天宝鉴》一卷，（宋）王古《新修往生传》，清古昆集《净土神珠》（一卷）清瑞璋《西舫汇征》等等。

　　智圆更着眼于从义理上来建立弥陀净土信仰，一方面批驳当时的错误观点，另一方面力图从根本上沟通天台止观和弥陀净土。智圆"教宗天台，行归净土"，沟通天台止观与弥陀净土的思想在北宋产生了一定的影响，对于推动弥陀信仰"广净土之道"①，对北宋的世俗化起到了积极的作用。

3.4.2　《阿弥陀经疏》与"自性弥陀"

　　智圆的净土思想显然极大地受到了庐山慧远（334—416）和天台智者大师思想的影响，"西圣之大，维远得之"，"庐山远公其得乎大者远者与。考槃居贞，修辞立诚，识足以表微，行足以作程，是故时贤仰其高企其明，自是有结社之事焉。人到于今称之而莫能嗣"②，智圆对慧远大师的评价可谓高也。同时，智圆诗文中常常表达对慧远的向往与尊重："自乐林泉慕远公"③，"唯应释慧远，莲社为相招"④，"终须约宗炳，结社向东林"⑤，"清风明月知多少，谩学庐山种白莲"⑥，"静语前涂俱有意，谢公红药远公莲。"⑦ 庐山慧远对智圆的影响，可能至少在三个方面非常突出：三教关系论、净土思想、隐居生活方式。我们在本节主要涉及的是慧远净土思想对智圆的影响⑧。

　　也大概正是因为这个原因，晋隋之际天台智者、净影慧远、吉藏、灵裕等大师，进一步阐扬弥陀净土信仰极其经典，这个时期的重点试图以义理之学"给弥陀净土以一个'合逻辑的'定位，将弥陀净土教的信仰和

---

　　①　"《阿弥陀经疏西资钞》序"，《闲居编》卷六，《续藏经》第五十六册，第875—876页。

　　②　"故钱唐白莲社主碑文（有序）"，《闲居编》卷三十三，《续藏经》第五十六册，第913页。

　　③　"夏日薰风亭作"，《闲居编》卷四十，《续藏经》第五十六册，第923页。

　　④　"秋晚客舍寄故山友僧"，《闲居编》卷四十四，《续藏经》第五十六册，第930页。

　　⑤　"旅中即事寄友生"，《闲居编》卷四十四，《续藏经》第五十六册，第930页。

　　⑥　"自遣三首"之三，《闲居编》卷四十五，《续藏经》第五十六册，第932页。

　　⑦　"李秀才以山斋早起诗见赠因次韵和酬"，《闲居编》卷四十，《续藏经》第五十六册，第923页。

　　⑧　关于慧远大师的净土思想请参见方立天教授《慧远及其佛学》第六章。值得注意的是，方教授引以名士风采著称、醉心庄子《逍遥游》的名僧支遁（314—366），在《阿弥陀佛赞》的序文把逍遥归结为进入极乐世界等人弘扬阿弥陀经事迹，指出"弥陀净土比弥勒净土具有更大的吸引力"。方立天《慧远及其佛学》，中国人民大学出版社1987年版。

佛教的理论性融通起来，以利于弥陀净土信仰的更进一步发展"①。

不过，根据前人的研究，我们知道：从庐山慧远到天台智者主要奉行的是观想念佛法门。从天台的"止观"到净土的"观想念佛"，天台宗的弥陀业行观对净土宗产生了一定的影响②。然而，北宋以后弥陀净土的旨趣在于"自性弥陀"，那么智圆在这个净土转向中又扮演了什么角色呢？他又如何"立德"、"立功""立言"呢？

宋以后净土流行，而大多典籍引孤山之弥陀净土思想。引用其净土思想的如：（宋）元照述，戒度记《阿弥陀经义疏闻持记》、（明）大佑述《阿弥陀经略解》一卷、幽溪传灯钞《阿弥陀经略解圆中钞》、（元）性澄《阿弥陀经句解》一卷、（明）古德法师《阿弥陀经疏钞演义》（清）古昆集《净土神珠》一卷全引孤山"阿弥陀经义疏序"（《闲居编》中为"《佛说阿弥陀经疏》序"）四卷等。

智圆的净土思想，主要集中在《佛说阿弥陀经疏》、《阿弥陀经西资钞》和《观经疏刊正记》，其他如《三德指归》、《垂裕记》、《金刚錍显性录》等中亦都有涉及。

《观经疏刊正记》大中祥符八年（1015）所作，智圆老师源清在世前曾作有《显要》二卷，解释智者大师《观无量寿经疏》，然而未能完成即圆寂，17年后，智圆追念往事，黯然感怀，因此"刊而正之"：

> 遂考文责实，刊而正之。义门之壅者辟之，观道之莽者芟之，非苟见异于前人，盖欲成其先志尔。③

虽然，《刊正记》已亡佚，但是，从以上智圆"刊而正之"的说法，以及其后山家分裂的情况，可以看出在《刊正记》中智圆以天台四教为准提

---

①　刘长东：《晋唐弥陀净土信仰研究》，巴蜀书社 2000 年版，第 194 页。

②　刘长东书中引郑阿财先生《敦煌写本〈九想观〉诗歌初探》指出，在唐代前期以及中期的法照时代，皆不见净土教采用九想不净观的文献记载，但到了晚唐五代，在敦煌写本出现了在法照的净土法事行仪的基础上杂糅九想不净观内容的情况，这应该是天台宗人的往生业行观对净土教的影响所致。而《净土十疑论》则正好透露了此影响过程中的一个阶段性情况。

③　义天《总录》中有记载，（明）大佑《净土指归集》录为："《观经疏刊正记》四卷"，《闲居编》附录有记载；《佛祖统纪》卷十智圆传记为："刊正记二卷（释观经疏）。""《观经疏刊正记》序"《闲居编》卷四，《续藏经》第五十六册，第 874 页。

出了重要的净土思想特别是"佛身"的问题，而对此问题的看法，导致了山家知礼与其首座仁岳的分离①。

　　在孤山智圆的时代，阿弥陀经信仰并没有成为民俗中一种普遍的净土信仰，南北朝以来广泛流传的弥勒信仰，在经过玄奘大师的极力弘扬和武则天弥勒下生的附会，虽然唐中叶以来有所衰落，但仍然具有很强的影响力。两种净土信仰，不仅在隋唐时期引发大规模的争辩，在北宋初期仍存在着一定的冲突：

　　　　迩代浅识，不能加其功行，唯徒互相排毁。好净土者，或轻于知足。尊内院者，则毁彼西方。②

　　① 《刊正记》发表 6 年后，1021 年，山家知礼（62 岁）作《观无量寿佛经疏妙宗钞》，其中提到《刊正》以批驳。后，知礼门下首座仁岳因在此问题上与知礼发生分歧，转而投奔遵式，"栖武林天竺寺，蒙慈云大师法裔相摄。日听《涅槃》，夜读《智论》"，但当第二年，仁岳看到新近刊版的知礼《妙宗钞》时，"披究之际，不觉返袂掩泣，痛师资之道违矣"，虽然，仁岳早年辅佐知礼与山外辩论居功至伟，"念（仁岳）夙奉天幸，久受法训。凡大师所制，诸部章藻，难文异义，决疑发悟者，恨不能广以笔舌宣布耳目。使大师法道光光后昆，岂图拾其短隐其长，沽出蓝之名。起逆路之见，自坠涂炭。何其苦哉！"但是，对佛教真理的追求超越了一切，仁岳直起批判知礼的思想，而这种精神也正是宋学所极力推崇和褒扬的，仁岳"闲者所陈《三身寿量解》，虽对论《刊正》，实微谏《妙宗》，比欲不使外闻潜修前钞。无何大师未察忠愊，再树义门，以安养生身。抑同弊垢娑婆劣应，混彼舍那。此与一家教观，小有所妨，故不避言黜，频有违忤。"而知礼在看到仁岳的《三身寿量解》后，作《料简十三科》。1027 年 3 月，仁岳作《十谏书》（仁岳虽此时已离开知礼，然仍以知礼门人自居。仁岳引仲尼之言："父有净子，则身不陷于不义。故子不可以不净于父。从父之令，又焉得为孝乎？"所以"（仁岳）性虽不敏，请事斯语。以为师资之道，父子攸同。敢承可净之规，庶逃不孝之罪。辄引《妙宗》未顺之义，略陈十谏，辞意拙直，证据彰明。"此《十谏书》乃是取《妙宗钞》中十个论题，一一批驳，其核心问题即是"丈六尊特"。虽然，仁岳乃是自述己意，一方面我们可以看到智圆所引发的问题在当时是一个佛教讨论的热点，另一方面，仁岳在很大程度上接受或吸收了智圆的思想，所以仁岳对知礼的批驳，也可以看作是智圆思想的一种反映。

　　"生身尊特"的问题涉及佛之三身，即法身、报身、应身的问题，内容非常复杂，应不属本书之主要内容，暂不多述，读者可参见《中国天台宗通史》第十一章山家山外之争"第二节净觉仁岳与后山家山外之争"的相关内容。此后，知礼与仁岳关于"生身尊特"问题的争论一直持续，知礼撰《解谤书》指斥《十谏书》，仁岳又作《雪谤书》，知礼未及回应，于天圣六年（1028）圆寂。这场由智圆《刊正记》所引发的"佛（生）身"之争才告一段落。

　　② （宋）智圆撰：《西资钞》"拣示偏赞西方"，《乐邦文类》，（宋）宗晓编《大正藏》第四十七册。今本《闲居编》未见此文。

智圆的思想事实上是试图融汇这两种净土思想，"岂知汲引二门同归一道。寄语后学，宜自思之"：

　　或问："智者慈恩，皆圣师也，而各遍赞一方，何故子之不许耶？"对曰："圣师偏赞，意引遍好，令心决定耳，故受益者众焉。但世变人浇，致偏赞成弊，故吾复得和融之。或当有息诤受益，而各自随所好求生者。其或后世以和融混一为弊者，亦冀命世之贤，复偏赞而救之。应病与药，贵有益于众生耳，亦何常之有？①

智圆认为北宋的时代与智者、玄奘二位大师所处的隋唐之际的情形已发生了变化，无论偏赞弥陀或弥勒，都有弊漏，所以他要"和融之"。"和融"乃是时代的要求，如果时代发生了变化，可能又需要"偏赞而救之"，不可以常道论之。

　　但是，在这两种净土思想中，智圆无论从自身还是"应机"而言，强调的还是弥陀净土：

　　然则吾自童年便诵此经，虽遍想十方，而终期心于净土，乃知于弥陀其有缘乎？世人或谓法界混同，谁分彼此？唯心一贯，何用去来？今谓世人有如是解者，所栖必求好众，所亲必择名师，所服犹悦名衣，所餐或便美食。苟四者未妨于法界混同，唯心一贯者，则何妨接乐土之净众，亲弥陀之名师，服上妙之天衣，餐纯陀之美膳，岂不愈于此土乎？②

另外，在《乐邦文类》中保留了智圆《阿弥陀经西资钞》"拣示偏赞西方"的一段文字，宋以后净土典籍多有引用，其中也讲到了末代行人偏好西方净土的原因：

　　夫求生净土，是假他力，弥陀愿摄、释迦劝赞、诸佛护念，三者

――――――――――

　　① （宋）智圆撰：《西资钞》"拣示偏赞西方"，《乐邦文类》，（宋）宗晓编《大正藏》第四十七册。

　　② 同上。

备矣。苟有信心，往生甚易。如度大海既得巨航，仍有良导，加以便风，必能速到彼岸也。若其不肯登舟，迟留恶国者，谁之过欤？夫十方皆有净土，释迦于诸经中亦乃遍赞，而末代行人偏好求生于极乐国、愿升于知足天者，岂非弥陀与释迦化道相关，弥勒仍是释迦补处？所以众生愿乐者多矣。①

更为重要的是，智圆以天台五重玄义方式、三观四教的思想来解读净土思想并对《阿弥陀经》所作的教相判释。智圆首先以五重玄义释题，因为"名以诠体，会体由宗，宗成有用，四义成列。大小未辨。故须教相区以别之"，其曰：

二土果人，名也。方等实相，体也。信愿净业，宗也。舍苦得乐，用也。生苏大乘，教也。②

智圆关于"信愿净业"为宗和"舍苦得乐"为用之说，与传统的净土解释完全一致，并没有引起歧义，同时以天台六即义发展"佛"的内涵。
智圆进一步解释了佛的内涵：

佛者，极果之美号也。果必由因克，始悟名因。悟必从迷，不迷何悟？迷非本是，悟复何从？欲瓢明斯旨，当晓六即。③

"六即"乃是天台教学修行论和佛性论的重要内容，智圆以六即义配佛，则得六即佛，一一进行了详细解释，此则取其简曰：

一理即佛，二名字即佛，三观行即佛，四相似即佛，五分真即佛，六究竟即佛。凡圣不滥故六，初后皆是故即。④

① （宋）智圆撰：《西资钞》"拣示偏赞西方"，《乐邦文类》，（宋）宗晓编《大正藏》第四十七册。
② （宋）智圆撰：《佛说阿弥陀经疏》，《大正藏》第三十七册，第351页。
③ 同上。
④ 同上。

在此经中，佛乃是"究竟佛"，"今言佛者即释迦化主乃究竟人也"。智圆为什么要以天台六即义解"佛"呢？智圆自说道："如此解者，岂但识果地之崇高必由因克，抑亦达自心之微妙本有果性，是则始凡理具，趣取无怯；终圣在佛，上慢不生。"以六即义解佛，含义有二：一者"识果地之崇高必由因克"，知"终圣在佛，上慢不生"；二者"达自心之微妙本有果性"，了"始凡理具，趣取无怯"。智圆六即佛的内涵，不离众生而成佛。

智圆的教判主要体现在"体"、"教"上，关于此经之"体"，智圆说为"方等实相"：

> 方谓方广，等谓平等。实相之体，横遍诸法，故言方广。竖该凡圣，故言平等。是则圆融大乘，悉名方等。但鹿园一向说小，十二年后创谈斯理，故偏得其名，所以《无量义》云："次说方等摩诃般若"。《涅槃》云："从酪出生生苏，譬从修多罗出方等典"，皆指第三时也。此经既属生苏，则宜用此名以释其体。应知弥陀由究显此体故依正庄严，众生由理具此体故愿生。即得方广平等，其在此乎！①

智圆在进行判教时，又分别从"教味区别"和"经疏因起"两个方面来判断：

> 初文此经既对告声闻弟子，验非初乳顿说。而谈众生作佛，岂是酪味小乘？不说诸法皆空，则非熟苏般若。又不开会二乘，故异法华涅槃。教文贞实，当第三生苏方等大乘也。详其所劝，该乎人天及四教初心。比乎观经，则彼乃定业，此唯散善。彼被圆机，此通偏渐。论得生则但云心不颠倒即得往生，岂与夫乘金刚台证无生忍同耶？语庄严则但云华如车轮，岂与夫华叶小者纵广二十五由旬同耶？以此观之，优劣可知矣。②

在"经疏因起"中，智圆考察了此经有新旧两译：一秦罗什法师旧译，名《佛说阿弥陀经》；一唐玄奘三藏新译，名《称赞净土佛摄受经》。智

---

①　（宋）智圆撰：《佛说阿弥陀经疏》，《大正藏》第三十七册，第352页。
②　同上书，第352页。

圆发现前后两译"立题各有文证"：

> 秦本立题，即依经云"如我今者称赞阿弥陀佛不可思议功德之
> 利"也。唐本立题，即依经云"当信是称赞不可思议功德一切诸佛
> 所护念经也"，护念乃摄受之异名耳。①

也就是说，智圆认为鸠摩罗什的旧译本以"称赞阿弥陀佛不可思议功德
之利"为立题，比玄藏法师的立题更能够体现经义，此次智圆以鸠摩罗
什的秦本来解疏。同时，智圆考察了当时从日本传来、托名智者大师的
《弥陀经疏》，非常肯定地指出：

> 世有《弥陀经疏》，自日东传来言智者说者，非也。词俚义疏，
> 谅倭人之假托乎！②

智圆的弥陀思想，包括以托名智者的《弥陀经疏》的观点，得到了其后天
台教旨弘扬弥陀净土的义学代表人物仁岳（992—1064）的支持和阐发③，
根据（高丽）义天《总录》中关于北宋《弥陀经》注疏的记载，包括：

> 疏一卷、西资钞一卷、科一卷　已上　智圆述
> 新疏二卷、新疏指归二卷、科一卷　已上　仁岳述④

可惜的是，仁岳的《新疏》和《新疏指归》也没有流传下来。我们只能
从后人的零星引用中，看到仁岳基本上继承了智圆的学术理路并推进了弥
陀思想的流传，如仁岳在《阿弥陀经新疏序》所说：

> 兹经也，始慈恩法师尝有撰释，复有疏本，亦题基公之名，相传
> 云此无名师，假托而行也。校其文旨，实大同而小异。泊孤山中庸子

---

① （宋）智圆撰：《佛说阿弥陀经疏》，《大正藏》第三十七册，第352页。

② 同上。

③ "《金刚》、《弥陀》二疏，虽曾入藏。而孤山、净觉，谓是附托之文"《佛祖统纪》卷
二十五"山家教典志第十一"，《大正藏》第四十九册，第258页。

④ （高丽）义天《新编诸宗教总录》3卷，（高丽）义天《大正藏》第五十五册，第1172页。

《章句》后出，盛传于时。①

仁岳之后，最值得一提的弥陀净土学者当非元照（1048—1116）莫属。元照常曰："生弘律范，死归安养。平生所得，惟二法门。"《乐邦文类》记载他作"开元寺三圣立像记"并"无量院造弥陀像记"，其净土著作包括《十六观》《小弥陀义疏》②、《求生净土礼忏行法》一卷③，其中《弥陀义疏》中保存了一些智圆和仁岳的思想。

因此，在智圆圆寂以后的 51 年，即宋神宗熙宁五年（1072）六月，正值宋学大发展时期，日本的求法僧成寻《参天台五台山记》就记载他在天台祖庭参访时，看到了智圆的《阿弥陀经疏》和《西资钞》：

> 十二日（庚申）天晴。已时，日宣阇梨借送杭州孤山智圆阇梨作《弥陀经疏》一卷、《钞》一卷，披见之④。

此外，天台学者中如明智中立⑤、慧才⑥、择瑛⑦、齐璧⑧、道因⑨等

---

① （宋）宗晓撰：《乐邦文类》卷二，《大正藏》第四十七册。

② 《释门正统》卷八"元照传"，《续藏经》第七十五册，第 362 页。

③ （高丽）义天《新编诸宗教总录》3 卷，（高丽）义天《大正藏》第五十五册，第 1172 页。

④ 日宣阇梨（生平不详），主动送借孤山智圆疏给成寻阅览，很可能有希望流布海东之意。智圆对托名智者大师的《弥陀经疏》的判释可能在一定程度上影响了成寻的智圆思想的进一步认识与在日本的流传。

⑤ 《释门正统》卷六"明智中立传"，《续藏经》第七十五册，第 333—334 页。

⑥ 《释门正统》卷六"慧才传"：字昙远，温之乐清王氏。为知礼的弟子。治平初，沈帅请住法慧宝阁，凡二十年。度支毛公请住浮石，未几勇退。杭人为筑庵于雷峰黄皮园塔下居焉。平生以大悲咒为凭仗。尝一昼夜翘足诵之。每翘足则以百八遍为期。又以暂生安养复翘足，一昼夜诵弥陀号未终。前数日梦若宫室者，或告曰："净土中品，汝所生也"。元丰六年五月二十一日，更衣坐书赞佛偈曰："吾生净土决矣！"泊然而化。《续藏经》第七十五册，第 327 页。

⑦ 《释门正统》卷六"择瑛传"。择瑛（？—1100），《续藏经》第七十五册，第 334—335 页。

⑧ 《释门正统》卷六"齐璧传"。齐璧（？—1129）。所著《尊胜忏法》《普贤观新疏》《祖源记》，注解孤山《无量义经》杂珠记集安般守意法门。《续藏经》第七十五册，第 334—335 页。

⑨ 《释门正统》卷六"道因传"。道因在北宋宣和年间（1119—1125）名播一时，乾道丁亥 1167 年，圆寂前曾作赞云："莲宫周遍遍空海，空海独露弥陀容。阿弥陀佛不生灭，难觅难拈水中月。绝非离句如是身，如是感通如是说。我与弥陀本不二，妄觉潜生忽成异。"《续藏经》第七十五册，第 329 页。

等都弘扬弥陀净土，成为北宋弥陀净土信仰的主要传播者。虽然，他们是否受到了智圆弥陀思想的影响，不是很确切。但参照其他资料，在北宋时期智圆的《弥陀经疏》的影响不容怀疑。例如，北山法师可旻（生卒年不详），宋代天台僧人（《乐邦文类》称其为北山讲僧），兼修净土。《乐邦文类》，录有其"怀西方诗"及"赞净土渔家傲（并诗各二十首）"，其中有文云："曾讲弥陀经十遍，孤山疏钞频舒卷……本性弥陀随体现，唯心净土何曾远？"孤山智圆弥陀经疏的影响历历可见。①

　　孤山智圆的弥陀思想也如其他疏注一样在后世引起了一定争议。日僧成寻在 1072 年看到智圆《阿弥陀经疏》和《西资钞》，对于其中判署名智者大师的《弥陀经疏》为日人所伪造，非常反感，严厉批评。（明）大佑集的《净土指归集》对智圆判《阿弥陀经》为散善，《观经》为定善的教判也给予了批驳②。孰是孰非，吾以未学，未敢妄判，以待达者。但，即便未能尽善，智圆于北宋初年弥陀净土信仰的流传和自性弥陀旨趣的建立，其功有矣！

　　正如智圆在"《阿弥陀经疏西资钞》序"中"自顾而笑"所说：

　　　　我为经作疏，已多言矣，况又为疏作钞邪！虽然无名相中假名相

---

　　①　南宋以后，弥陀净土思想则已广为接受矣。《乐邦文类》收录提刑杨杰"净慈七宝弥陀像记"、"建弥陀宝阁记"，待制陈瓘"延庆寺净土院记"。《释门正统》卷七"思净传"中说钱唐喻氏号净土子，诵弥陀、观无量寿为日课，画丈六弥陀像结众缘，当时的吕丞相（颐浩）命葬于法堂左，张侍郎（九成）为之撰铭，影响极大（《续藏经》第七十五册，第 348 页）。卷四"顺俗志"中引李咏史诗云："能仁现秽取娑婆，折摄刚强方便多。横截爱河无别法，唯教专志念弥陀。又无边刹土非无净，唯我弥陀愿海深。十念功成蒙接引，端如点铁化精金。"（《续藏经》第七十五册，第 305 页）李咏（不详），"智圆传"有其赞诗一首，"通经十疏辨河倾，绝笔弥陁净业成。陶器坎中收幻质，昭然精爽定西征"，对智圆的评价极高，可能为两宋之际的净土行人。另外，如铠庵、晁以道（北宋政治家、思想家，倡三教融合，著有《净土略因》。正是他称赞孤山智圆"凌然当世有名"，而引起了陈寅恪先生对智圆的关注，从而提出了智圆为"宋代新儒学先觉"之假想）等人的净土思想很可能都受到了智圆的影响。

　　②　其文云："孤山判此经为散善，观经属定善。予不趦彼说。""天台智者大师观经疏，以一心三观释观字，以一体三身释无量寿，乃云：'举正收依，述主包裹。观虽十六，言佛便周，则十六境皆因妙三谛也。'钱塘孤山圆法师，以其师奉先清公遗文，述《刊正记》以释之，背宗失旨。以十六观皆为事想，不须三观。四明尊者忍俊不禁，初作融心解，后述妙宗钞，以救当时之弊，妙得佛祖之心。其说大行。其后神智义师、假名湛师，背其师说，复有著述。至于桐江瑛法师立论，以摩诃止观为无生观，十六观门为有生观。虽宗天台，不得祖意。公为异说，浅鄙可笑。孤山则执理观为事想，桐江则局圣解为凡情。学佛法者，可不审哉！"

说，得夫鱼兔者筌蹄也。言可弃乎？且使夫后昆传无尽之灯，益无穷之机，使信释迦之劝赞，荷诸佛之护念，入弥陀大愿海中者，可不由于斯文欤！夫如是，则斯言足可为吾西归净刹之资粮也！可号之曰《西资钞》焉。①

智圆以台净融摄、倡扬弥陀，其有旨乎？智圆在"净土赞"中说道：

天理湛寂，讵可以净乎秽乎、延乎促乎、彼乎此乎而思量拟议者哉！然而，悟之则为圣，为真，为修德，为合觉，为还源，为涅槃；迷之则为凡，为妄，为性德，为合尘，为随流。为生死。大矣哉！圣人之先觉也，悯其未觉焉，于是乎土现清净，寿延无量，端拱东向而慈眼无偏视，俾我群迷厌秽而忻净，恶此娑婆而取彼安养矣。既而升宝刹觐法王目神变耳，妙训则湛寂之性不远复矣。达十方太虚，悉我心现。矧依空之土，复何有哉？噫！如是证悟者，孰不由其厌秽忻净、恶促好延、舍此取彼之心而致乎！而况达忻厌而无忻厌，了好恶而无好恶，知取舍而无取舍者耶！是故释迦现秽土而俾厌，弥陀现净土而俾忻，其有旨哉！②

如果说，智圆这段文字对于弥陀信仰的解释还过于佛学化，那么他在"《阿弥陀经疏》序"中明确点出了弥陀净土的心性之旨：

夫心性之为体也，明乎静乎，一而已矣。无凡圣焉，无依正焉，无延促焉，无净秽焉，及其感物而动，随缘而变则为六凡焉，为三圣焉。有依焉，有正焉。依正既作则身寿有延促矣。国土有净秽矣。吾佛大圣人得明静之一者也。乃假道以慈托宿于悲。将欲驱群迷使复其本。于是乎无身而示身无土而示土。延其寿净其土。俾其欣促其寿秽其土俾其厌。既欣且厌则渐诱之策行矣。是故释迦现有量而取秽土，非欲其厌耶？弥陀现无量而取净土，非欲其欣乎？此则折之，彼则摄

---

① "《阿弥陀经疏西资钞》序"，《闲居编》卷六，《续藏经》第五十六册，第 876 页。
② 《缁门警训》全文录此赞，题名为"西方净土赞"，《大正藏》第四十八卷。

之，使其复本而达性耳！①

智圆的净土思想乃是"不舍西方极乐，而言唯心净土"，西方可期，自性可复。正因为弥陀净土能"复本达性"，正助佛教"复性"之大事因缘，且"辞简而理、明其文约而事备足，可以诱弱丧而击童蒙焉"，所以智圆"约龙树之宗，准智者之说。依经辨理，为之义疏。若极深研几，则吾岂敢。庶乎有助于真风，为益于后昆尔"！②

3.4.3 智圆与华严中兴

魏道儒先生在《中国华严宗通史》中论及北宋华严宗的情况时，有一段非常客观的描述：

> 两宋时期，唐代华严典籍能够被整理出来，唐代华严学能够被发掘出来并且保持一定活力，与三教融合特别是佛教内部各宗派的融合

---

① "《阿弥陀经疏》序"，《闲居编》卷一，《续藏经》第五十六册，第872页。

② "《阿弥陀经疏》序"，《闲居编》卷一，《续藏经》第五十六册，第873页。弥陀净土信仰为包括山家知礼与遵式在内的极大多数佛教缁素所共同奉行，台湾黄启江先生在《北宋佛教史论稿》"北宋时期两浙的弥陀信仰"一文，对宋以前的弥陀信仰、宋代的弥陀信仰、北宋士大夫与弥陀信仰、宋代弥陀信仰的理论等问题进行了论述，可以说，这篇文章除了几乎没有谈到孤山智圆的义学成就外，应该说是对其他方面进行了比较详尽的论述，正好与本书相得益彰，敬请读者参考。从黄先生的研究知道，北宋弥陀信仰是以两浙为中心向外扩展蔓延而成。而黄先生着力介绍了知礼与遵式的净土思想，从黄先生的研究并结合吴聪敏的博士论文"知礼《观无量寿佛经疏妙宗钞》研究"来看，知礼欲"焚身以供妙经""燃指供佛"，另有修忏、造像若干行业，多为宋以前五代时期弥陀信仰的修持方法，天圣六年（1028）其临终前"骤称弥陀佛号数百声"，《四明尊者教行录》中又记载"明州延庆院念佛净社"之事，当为称名念佛。遵式作为一代忏主，撰有《大弥陀忏仪》1卷、《小弥陀忏仪》1卷、《往生略传》1卷（已佚失），今仅存《往生净土决疑愿二门》（1卷），《往生净土忏愿仪》（1卷），遵式倡导念佛法门，其大意在《金园集》《天竺别集》中可知。《金园集》曰"我今称念阿弥陀，真实功德佛名号"。又在"示人念佛方法并悔愿文"说："奉劝今诸学人，唯须厉声念佛，三昧易成；小声称佛，遂多驰散。此乃学者方知，非外人能晓也。"《天竺别集》有"阿弥陀经劝持序"与"为檀越写弥陀经正信偈发愿文"，并在后文中称"我以诚信心，刻板并印造，阿弥陀经卷。及以正信偈，旋造各一万。施四众受持，偈以发信心，经以资读诵"，于宋初弥陀净土的流传也有大功也。然其所修持弥陀净土法门，或称名念佛，或修忏、造像，非宋以后的自性弥陀也。则孤山智圆之功，自然彰显也。

有直接关系。宋代华严学中可以找到的一些创造，都是在这种融合中生发出来的，而且大多数是由非华严系的僧人提出来的。①

而在北宋初年，作为天台高僧的孤山智圆在宋初华严典籍整理和华严思想建立方面，确实多有贡献也。智圆之于华严的贡献首先体现在撰《首楞严经疏》，唱扬《首楞严经》。另外，智圆圆寂后九年，被赐号"楞严大师"的子璿亦作《楞严经疏》十卷（参见前文）②，二疏极大推进了宋初《首楞严经》的传扬。北宋华严学人与其他各派一样，都极为重视《首楞严经》。如，令观（998—1088），早习《易》、《老》、《庄》、《孟》等，后专研大乘经论，一日忽读《楞严经》时"骇然大悟"，宣称"世徒传当年《圆觉》之圭峰，何知不有今日《楞严》之我耶？"③又无演天彭（？—1100）曾学《华严法界观》，后"于《楞严》了义，指掌极谈"等等。

智圆之于宋初华严贡献之二在于对《观普贤行法经》和《文殊说般若经》的弘扬。智圆以天台三观之旨"撰十疏，以申十经"，虽此二疏均已亡佚，但我们可借助《闲居编》中保留的资料得知此二经在宋初的情况和智圆抉择此二菩萨法门的思考。

此二经在北宋初年均已岌岌坠于一线。智圆见到《文殊般若经》，嗟"世之不传，人之罕闻"，因此准备刊刻此经。④又叹《观普贤行法经》

---

① 魏道儒：《中国华严宗通史》，江苏古籍出版社 2001 年版，第 212 页。

② 虽然子璿（子璇）疏中并未提到智圆所撰之疏，但《闲居编》卷四十一中有"春日湖居书事寄子璇师"，《续藏经》第五十六册，第 925—926 页。另外，为子璿作序的王随守杭之时，与智圆多有交往，并颇为尊崇。则子璿之时应该看到智圆的《首楞严疏》，但二疏之见是否存在关联，则非我所知，有待来者。

③ 《补续高僧传》（26 卷）卷二，《续藏经》第七十七册。

④ "书《文殊般若经疏》后序"，记述了智圆得到《文殊说般若经》并作疏的详细经过。天禧元年（1017），钱塘大中祥符寺沙门可玫（不详），在偶然间见到《文殊说般若经》，"骇其生平之未闻见"，又以此经示同道智海公（不详），两人观后有所领旨，于是，经由智圆法孙清月拜见智圆，希望智圆有所述。智圆详细记载了自己阅读、著疏以及自己的期望后，极力称赞了可玫救《文殊般若经》不坠于地之功，又自言道："尔本生死下劣之人，而遇般若尊妙之法，以浅识而酌深趣，以鄙语而释格言，而不诒幽责逮乎速成者，非圣有冥加之力耶？非孜启发之心之至耶？"乃馨炉齐庄以矢之曰："吾之述苟少裨于化源者，亦冀传之于后。厥或后之人有圣如智者者疏之，则吾之言期灰灭无惑于众听也，如其不尔，幸少留之，以弥缝其阙。知我者其佛乎。"《闲居编》卷九，《续藏经》第五十六册，第 878—879 页。

"至于后学弗传"，所以"遂扶疾含毫为经作疏，虽擘肌分理未能符于圣心，而合异离坚，或可益于来裔也"。①

智圆对于两部经文岌岌于一线的描述，在北宋中期天台宗的高僧处咸在"《观普贤菩萨行法经续疏》序"中记载也得到了证实：

> 兹经者，昔吾祖智者禅师，尝约龙树圆宗大苏妙契，按辩宣通，已成章疏，大抵明一乘之渊蕴，通万行之旨归。无何有唐季年，例遭焚毁，负笈之流驰将海外，遂不可得而见也。②

关于此二部经文之旨，智圆显然乃是以一贯之天台三观法门、理事相即诸法实相之说来解释：

> 夫《观普贤行法经》者，乃法华三昧之要门，一实境界之直道也。论事仪则六根显过，考理观则一心本空。实生死海之巨航烦恼病之良药矣！
>
> 夫真性圆寂，一法宁存，妄心潜动，万境斯立。于是乎，苦乐升降坚乎取舍，凡圣高下重乎去就，方求出离反致颠坠，是故或溺于凡，或沈于小，或滞于偏，云云，九界可胜言哉？大圣人俯察而哀之，将欲指彼妄心复乎真性尔。乃演皆空说无住虔刘群惑昭苏大机。二乘由是而有通泰，心菩萨于斯而得不共法，其闲邪存诚开物成务者，何莫由斯道邪？③

不过，《文殊说般若经疏》是智圆十疏中最早形成的，他曾经说过自己学术思想"得非始以般若真空荡击著于前，终依净土行门求往生于后邪？"其思想前后也发生了一些变化，所以智圆又于圆寂前之 1021 年撰《文殊说般若经疏析重钞》：

---

①　"《观普贤行法经》序"，《闲居编》卷二，《续藏经》第五十六册，第 872 页。根据《阿弥陀经疏序》的内容，此疏当作于 1021 年。

②　（宋）处咸撰："《观普贤菩萨行法经续疏》序"，《续藏经》第三十五册。

③　"《文殊说般若经疏》序"，《闲居编》卷一，《续藏经》第五十六册，第 871 页。

般若真诰，辞淳理幽，虽上智犹病其难解也。厥或疏以申之，记以翼之，则中下之流或得其门而入矣。譬夫物有至重者，虽乌获犹患力之不足焉。苟分而折之令其轻也，则孺子亦云克荷矣。始吾也既为经作疏焉，今也又为疏作记焉。盖分析令轻之谓也，使中下之曹，亦能见其旨欤。①

而智圆之所以抉择《观普贤行法经》应该与此经末后强调的"刹利居士忏悔法"有关：

云何名刹利居士忏悔法？忏悔法者，但当正心，不谤三宝，不障出家，不为梵行人作恶留难。应当系念修六念法，亦当供给供养持大乘者，不必礼拜。应当忆念甚深经法第一义空，思是法者，名刹利居士修第一忏悔。第二忏悔者，孝养父母恭敬师长，是名修第二忏悔法。第三忏悔者，正法治国不邪枉人民，是名修第三忏悔。第四忏悔者，于六斋日敕诸境内力所及处，令行不杀，修如此法，是名修第四忏悔。第五忏悔者，但当深信因果，信一实道，知佛不灭，是名修第五忏悔。佛告阿难。于未来世。若有修习如此忏悔法。当知此人着惭愧服。诸佛护助。不久当成阿耨多罗三藐三菩提。②

孤山智圆的思想随着宋学的发展也得以广泛地传播，对"华严中兴教主"净源也有较大影响。净源（1011—1088）在很大程度上继承、批判并发展了智圆整理文献成果、所着力倡导的儒释思想以及心性之学，例如《佛遗教经论疏节要》发挥智圆《佛遗教经》之旨，并在文中说"抑又今所述注，翻梵从华，发辞申义，多录孤山疏文"。义天《总录》中记智圆曾作有《盂兰盆经摭华钞》二卷、《科》一卷、《礼赞文》一卷、《疏》一卷，而注净源"移本疏注于经下"，并重刊了智圆的《摭华钞》二卷、《科》一卷、《礼赞文》一卷③，则，智圆先觉于前，净源推进于

---

① "《文殊说般若经疏析重钞》序"，《闲居编》卷五，《续藏经》第五十六册，第 875 页。
② 《观普贤行法经》（一卷），（刘宋）昙无蜜多译《大正藏》第九册。
③ （高丽）义天《新编诸宗教总录》3 卷，（高丽）义天《大正藏》第五十五册，第 1172 页。

后，对于《盂兰盆经》在北宋的流传与北宋民俗佛教的发展，其二人之功大矣！

另外，智圆还简择、整理了部分华严宗师的典籍，净源在批判的基础上大量吸收了智圆的成果。根据《修华严奥旨妄尽还源观》后净源所撰"纪重校"中的记录，可知，孤山智圆曾对《修华严奥旨妄尽还源观》进行研究，依据唐中书舍人高郢"序北塔铭"，判定此文为"杜顺尊者，抉《华严》深旨，而撰斯文"①。

《闲居编》中有一篇"《新印还源观》后序"（大中祥符三年［1010］二月十一日撰）记载了智圆在整理《修华严奥旨妄尽还源观》时的情况：

> 但多历年所，颇有舛误，世虽盛行罔或条理。今所印者，乃博求众本，精详得失，而播迁讹伪，开济正真，亦已备矣。②

而此《还原观》"达依正不二，悟凡圣一如，无修而修，无证而证，诸佛境界不远而复"，华严《修华严奥旨妄尽还源观》亦为智圆佛教一大事因缘"复众生之性"之资凭也。

3.4.4　从智圆到禅宗契嵩

禅宗是中国佛教中极有特色和影响力的宗派之一，自六祖惠能至宋，五家七宗之繁衍，至于北宋中叶契嵩之辅教，多有学者言之，吾不烦焉！在此节，仅就孤山智圆与禅僧的交涉以及智圆推动 11 世纪天台义理之复兴可能对契嵩思想的激发作用做简单分析。

智圆既强调佛教各宗"各播风猷，而共成慈济"，与北宋初期的禅者中的达观之士亦多有交涉，目前考察属禅宗的有：雪窦长老、智海、可孜二上人、大长老庆祥师（弟子齐政师、虚白上）③、梵天寺主遇明师、闻

---

① 而净源读唐丞相裴休"述妙觉塔记"有"华严疏主仰贤首还源玩味亡斁，若骊龙之戏珠也"之句，而认为此文是贤首所撰。净源之说后有钱唐通义大师子宁之助，但智圆与净源各有唐文之据，实难以判定。无论怎样，智圆启发之功，有矣！

② "《新印还源观》后序"，《闲居编》卷八，《续藏经》第五十六册，第878页。

③ "法济院结界记"，《闲居编》卷十三，《续藏经》第五十六册，第885页。

聪上人①、元敏上人②、通上人③、圆长老④、另外还有无名禅者⑤等数人⑥。

智海、可孜二上人，被智圆称为"禅门之先觉"，正是他们以随喜心掌择梧律师《律钞义苑》笔札、雕镂、刊印之事。雪窦长老，应为雪窦重显（980—1052），太平兴国五年生，皇祐四年圆寂。从所住号为雪窦，赐号明觉大师，得法上首天衣义怀禅师⑦。《闲居编》有"寄雪窦长老"诗一首："绝顶久潜隐，心闲道更真。山深林下雪，堂静昼无人。云抱看经石，禽接入定身。敢言他世约，安养愿相亲（师求净土，予志颇同，故云尔）。"另外，如智圆极为推崇的辩才大师，于"讲外深于禅学"，"两受皇恩万虑休，浙阳高卧谢诸侯。定回幽室苔痕老，讲彻闲庭树影秋。天竺云泉时挂梦，梁园风景懒重游。溪声柏子将谁说，默倚禅床自点头"⑧，

---

　　① "次韵酬闻聪上人春日书怀见寄"曰"寥寥此意将谁说？回首禅门有故人"，又"赠闻聪师"曰"淡然尘虑绝，禅外苦风骚。性觉眠云僻，名因背俗高"。《闲居编》卷四十一、卷四十四，《续藏经》第五十六册，第 925 页、第 930 页。

　　② "春日闲居即事寄元敏上人"曰"相知赖有曹溪子，禅外时来慰寂寥。"《闲居编》卷四十一，第 925 页。

　　③ "书通上人城居"曰"禅房萧洒闭重关，祖意明来万事闲。"《闲居编》卷四十一，第 925 页。

　　④ "寄圆长老"曰"信衣传往祖，禅语示来人"。《闲居编》卷四十三，第 929 页。

　　⑤ "送禅者"：祖意曾明万事闲，谁云方外与人间？卷衣江上秋来别，处处禅心朵朵山。《闲居编》卷四十五，第 932 页。

　　⑥ 如《闲居编》中讲道"湘川德圆、虞江咸润、霅溪清用、山阴智仁，皆禅讲达观之士也"，但是在智圆《闲居编》中提到当时代具体名姓的北宋人物，虽然达百余人（另文中多以"惑者"、"隐者"、"禅者"、"同志"、"友人"、"友生"、"友僧"、"诵经僧"、"故人"、"山人"、"头陀僧"、"天台友人"泛称），除已确定的儒家、道家、佛教中的天台、律宗、华严、净土、诗僧（其中净土和诗僧多为兼修）50 余人外，因为还有 50 余人难以确定，则目前仍很难确定智圆与当时禅门详尽的交涉情况。《闲居编》中被明确指出为禅宗者只有智海、可孜二人，其余皆根据诗文内容断定。但因为，禅学为佛教所共同修习，如在《闲居编》中明确称为禅师的则有章安禅师、荆溪禅师、亡有禅师、草堂禅师等，可见"禅师"之号北宋时期并为禅宗专用，智圆在称禅宗门人时或称"禅者"，或直接称法号。因为缺乏这一时期的资料佐证，知者有以教我也。

　　⑦ 见《续传灯录》二，（宋）惠洪《禅林僧宝传》第十一卷"雪窦显禅师"传。

　　⑧ "赠辩才大师"，《闲居编》卷四十一，《续藏经》第五十六册，第 925 页。智圆与辩才大师看来交往深厚，智圆引为知音，在"孤山闲居次韵酬辩才大师"中有"唯师知我趣，尘事绝相干"之句，另有"和辩才访仲微上人不遇"诗一首。辩才（生卒不详），宋初名僧，《释门正统》、《佛祖统纪》无记载。请注意，此辩才非辩才元净。辩才元净，北宋中叶天台高僧，与苏轼等宋学人物交好，元祐六年 1091 年圆寂，世寿 81 岁，则其当生于 1011 年，智圆圆寂时年方 12 岁，不可能为智圆笔下的辩才大师。

可能也是宋初禅宗的重要人物。

从以上智圆与宋初禅宗交涉的简单情况来看，一个是北宋初年特别是两浙地区佛教宗派之间的交流非常频繁；二是禅宗兼习律、净及诗文者已不鲜见。重要的是，智圆虽不喜与世俗交，但智圆自称"吾用事必择道而行之，择礼而从之，择友而交之，择里而处之，择师而事之"①，他与两浙地区禅门达观之士交涉或以文会友、心交、同志必不少也，而其思想的影响必然通过这些人在宋初以两浙地区为中心向外扩散。

到了契嵩（1007—1072）建立其思想体系之时，宋学发展的第一个阶段初期建立已完成，开始进入第二个阶段逐步发展时期。根据历史的记载，契嵩于庆历年间（1041—1048），"入吴中，至钱塘，乐其湖山"，定居于此，闭门著作，作《定祖图》与《辅教篇》等《佛祖统纪》卷四五。并于嘉祐六年（1061）携著作入京，经开封府尹王素的帮助，其书上达仁宗，得赐"明教"师号。契嵩之所以在禅宗以及佛教史上受重视，主要有三：一、《定祖图》，考订禅宗"西土二十八祖"传承系谱，将传说定为历史，遂为禅门定论。第二对《坛经》进行了较大篇幅的改编，使之内容发生了较大改变。第三是撰写《辅教篇》，倡三教合一。除去整理《坛经》外，本书认为契嵩的《定祖图》和三教思想都可能受到了智圆天台定祖图和三教思想的影响（或刺激）。

正是在契嵩圆寂之后当年，日本成寻来到宋朝求法，其《天台五台山记》中，有两条资料在此值得注意：

> 十日，戊午，天晴。午时参惠光大师看经之院，天台第十三代祖惠光大师宗昱开讲道场也②。
> 五日，辛亥，天晴。……有《天台祖图》，杭州孤山智圆阇梨造也。借取还房见。合《西山祖图》，互有得失③。

成寻关于宗昱为天台第十三代祖的说法，在《释门正统》中得到证

---

① "择日说"，《闲居编》卷二十七，《续藏经》第五十六册，第906页。
② 《参天台五台山记》卷二，第28页，参见〔日〕成寻"大日本佛教全书"，佛书刊行会编纂，株式会社名著普及会刊。
③ 同上书，第34页。

实，"又天台宗昱下湿州契能者，神悟谦之师也。住台之常宁。神悟尝继其席。能晚年以天台十四代所传炉拂①付扶宗忠。忠不受，乃缄藏于天台"。②

北宋天台宗复兴中，形成了分别以钱塘、四明、天台为中心的发展。然而，天台虽然为天台宗的祖庭，却因为种种原因，历史上对这段记录颇为含混，其法嗣传承与发展的状况也如谜团一般。尽管此天台一系的发展状况仍不是很明确，但现有资料足以证明在 11 世纪宋学确立和发展时期，这一系与宋学的关涉绝不可忽视。而这一系的思想也与孤山智圆关涉。成寻在天台祖庭不仅见到了智圆的《阿弥陀经疏》和《西资钞》，并且还见到了《天台祖图》，可见智圆的注疏在天台祖庭也广为流布。而智圆的《天台祖图》一定记载了中唐以来天台的很多信息。智圆的《天台祖图》今虽不见，但是其在北宋中叶流布已是无疑，成寻作为求法僧于天台山随意看到，那么，契嵩在智圆圆寂后 20 余年，宋学形成之庆历年间（1041—1048）至钱塘定居，修习佛法，著书立说，至嘉祐六年（1061）才携所撰《辅教篇》、《传法正宗记》、《传法定祖图》入京，经开封府尹王素的帮助，上达仁宗，并得嘉奖和"明教"师号，契嵩由此名声大振，契嵩很可能是知道智圆的《天台祖图》。③

自隋唐以来，法统的问题已成为各宗关注的话题，并成为各宗之间互动的一个直接推动力，特别是台禅之间交涉的重要内容④。智者大师虽有设教垂统之主观意图，而并无法统承续之言论。天台法统建立的第一个阶段是灌顶时代，提出摩诃迦叶为初祖二十四祖传法和以龙树为高祖的中土

---

① 炉拂乃是天台传法之信物。《释门正统》卷二"山门授受遶修外琇竦寂通七祖师世家·义寂传"，《续藏经》第七十五册，第 279 页。此说法与《佛祖统纪》卷十"净光旁出世家·契能传"中的说法一致：法师契能，永嘉人。神悟谦公之师，得教旨于昱法师，主天台常宁，讲道不倦。自智者而来。以炉拂传授为信，至师嫡承为十四代。晚年以授扶宗忠师，扶宗曰："吾得法广智矣。敢辞"。师乃藏之天台道场，遂不复传。《大正藏》第四十九册，第 206 页。

② 《佛祖统纪》卷十"净光旁出世家"只有慧光宗昱法师（国清），未见传记，《大正藏》第四十九册，第 201 页。天台宗昱（生卒年不详），从后世谱系看应与源清和义通属于一辈，且居天台祖庭，应该在北宋天台史上有一定影响力。

③ 从契嵩的经历和著述的理路看，他很可能受到了智圆的影响，但目前资料中契嵩根本未提孤山智圆之名，"为嫉其贤而欲扬己道邪？为实不知其道而非之乎？"（《闲居编》卷二十六"读《中说》"）吾不知也。

④ 关于天台宗法统的建立，可参见俞学明教授《湛然研究——以唐代天台中兴问题为线索》，中国社会科学出版社 2006 年版。其中进行了比较详细的论述。

四祖传法两种谱系，但言之过简。中唐湛然时期，对天台法统理论进行系统化地和合理性地论证，并提出"金口相承"的说法。

智圆在北宋初年提出"异代相师"。"异代相师"，不求面授，但传其道可也：

> 以是观之，异代相师矣！代异、人异、辞异，而道同也。不闻周公面授于孔子，孔子面授于孟轲也。在吾释氏亦然也。文殊一性宗，不闻面授于龙树也，龙树三观义不闻面授于慧文也，而天下咸云龙树师于文殊，慧文师于龙树矣！龙树慧文之道至南岳天台而张大之，引而伸之，后章安宗其道，撰《涅槃疏》，年将二百，至荆溪治定之，然后得尽善矣。吾于涅槃寻疏而自得微旨者，吾师荆溪也，谁云无师授耶？若以面授则可传道者，荀卿面授于李斯而相秦始也焚书坑儒，亡名师而面授于元嵩而佞周武也灭释毁佛，岂面授能传道哉？吾以得古人之旨，行古人之道，为传授不以目其人、耳其声、不知其所以美者为传授也①。

北宋初年，山家山外展开激烈的争论，然而各方都尊荆溪湛然，承认龙树—慧文—慧思—智顗—灌顶—湛然的传法谱系。智圆《闲居编》中，有《智者大师十德礼赞序》、《书智者大师碑后序》、《注天台涅槃疏主顶法师赞》、《书荆溪大师碑后序》等文。当友人怀疑智圆学术师承时，智圆毫不犹豫地回答道："文殊一性宗，不闻面授于龙树也，龙树三观义不闻面授于慧文也，而天下咸云龙树师于文殊，慧文师于龙树矣！龙树慧文之道至南岳天台而张大之，引而伸之，后章安宗其道，撰《涅槃疏》，年将二百，至荆溪治定之，然后得尽善矣。吾于涅槃寻疏而自得微旨者，吾师荆溪也，谁云无师授耶？"② 智圆天台学的重要文献，可以说都是建立在对湛然的继承和发展的基础上的③。

如果我们考虑到智圆曾为儒家提出了一个既不完全同于韩愈，又不完

---

① "答友人问"，《闲居编》卷十六，《续藏经》第五十六册，第 890 页。
② 同上。
③ 唐代荆溪湛然（711—782）中兴天台的思想，直到宋代才形成，而这可能与孤山智圆在义理上的极力弘扬并以荆溪为"异代相师"的做法有着直接关联，这在天台史上应该是一个非常值得研究的话题。

全同于宋儒，而被当今儒家学者给予极高评价的"较为客观，也较为宽广和准确"的道统①，那么，智圆所提出的《天台祖图》可能与灌顶、湛然以及后世均不同，是天台三观学之学统和道统的结合。智圆反对师承面授之说，反对宗门之见②，主张"异代相师"，他所倡导的是"道"统。智圆的《天台祖图》一定会在当时及此后一定范围内即宋学形成和发展阶段，至少受到部分天台宗人的拥护，产生较大社会影响，成寻于智圆圆寂后五十年在天台祖庭见到此图，非偶然也。在契嵩提出禅宗《定祖图》后，天台学者中如净觉仁岳的弟子吴兴子仿③曾撰《祖说》与之进行了深入的争辩，神智从义"辨祖承无二十八祖"④ 等。智圆的《天台祖图》、子仿的《祖说》、从义之辩祖承，其之间的关系和对天台道统的认定，我们目前尚不能确定，而此间所显示的天台与禅宗的互动可见也。

契嵩于钱塘撰述之世，正是宋学气势规模已形成并大力发展之时，智圆以天台三观之学所简择的儒释道经典已广泛流通，在宋仁宗进一步推进真宗所建立的文化、经济、科技成果的政治氛围中，心性义理之学和三教融通之理，已逐渐成为包括皇帝在内的政治家们和有识之士的共识，契嵩于此时撰写《辅教篇》，倡三教合一，政治与现实的意义大矣，进一步推进了当时士大夫对于三教思想的认同，然而从义理上他并未能超越孤山智

---

① 漆侠先生认为："把智圆所提出的儒家道统同此前韩愈提出的和此后宋代理学家二程朱熹们提出的儒家道统加以比较，就会看出：智圆大体上是从孔子以来儒家发展的脉络上，寻求儒家在各个时期中具有代表性的人物，因而所提出的儒家道统则较为客观，也较为宽广和准确。韩愈提出的特别是宋代理学家如二程朱熹提出的道统，从他们那种狭隘的认识出发，以性理作为儒学发展的标准，连他们自己也高自标置，列于儒家道统中祖师爷的地位，以致把北宋初年以来规模开拓得宽厚的宋学，引导到死胡同里！"参见漆侠《宋学的发展和演变》，河北人民出版社2002年版，第155页。

② 从现在的天台资料看，北宋时期的天台法统说是一个空白，其实这个阶段很可能占主导的就是智圆的《天台定祖图》。北宋末年才开始逐渐出现了天台十七祖之说（晁说之《明智法师碑铭》），乃是为了凸显神智中立一系的正宗而立。不过《佛祖统纪》卷八已指出了晁说之的说法有误，"案《大宋僧传》：邃法师传广修，修传物外。今依宋传，以邃师次，荆溪为正。晁氏亲见明智者，不知当时何缘得此异说？"（《大正藏》第四十九册，第190页）其后南宋士衡有《天台九祖传》、宗晓有《四明尊者教行录》，南宋末年《佛祖统纪》则在《宗门尊祖议》，欲以知礼等"配位于九祖"，其小心"谨议"的原因，恐怕与智圆山家一系的余威尚存一线有关。

③ 法师子仿，吴兴人，赐号普照，早依净觉。嵩明数据禅经作《定祖图》，以《付法藏》斥为可焚。师作《祖说》以救之。又三年，嵩知禅经有不通，辄云传写有误。师复作《止诬》以折之。《佛祖统纪》卷二十一"法师子仿"传，《大正藏》第四十九册，第242页。

④ 同上书，"法师从义"传，第242页。

圆，并且由于缺乏生生之易学、宏大的历史学、严谨的考据学等为依托，
契嵩的三教思想只是智圆三教思想的一个注脚而已！并且，契嵩大讲孝
道，以佛学而事儒学，这与智圆所倡导的三教思想相比，显然不够"极
高明而道中庸"。另外，契嵩《铎津文集》"文中子碑"中，表述的对文
中子列于儒家道统，其说法基本是延续了智圆儒学先觉思想，没有任何创
新，且文辞无所取耳，如钱穆先生所言"后人言宋初释子通儒学，辄举
契嵩《镡津》一集，然契嵩持承智圆而起，已当仁宗时，韩、富当国，
欧阳已为一代宗师，儒术已大昌，天下士务为古文，慕韩氏之辟佛尊孔，
契嵩乃作《原教孝论》诸篇，儒释之一贯，岂如智圆方值佛门正盛，而
先诵儒典乎"。在佛学与儒学上的成就，较之孤山，瞠乎后矣！

小　结

宋学（包括理学）融佛入儒，宋学三教统于佛教，这已是被广为认
可的。但是，在历经中唐以来五代之社会混乱，典籍佚散，文字错讹，佛
教三藏之广翱浩瀚，佛教宗门之林林立立，佛教义理也已坠地于一线耳！
特别是北宋社会伴随着经济发展和特殊的时代背景，出现了两个极为明显
的特征：士大夫化和世俗化。

作为文化精英和政治精英的士大夫们，其作为儒家的捍卫者和治国平
天下理想的执行者，什么样的佛教才会得到他们衷心的喜爱呢？从宋学形
成和发展阶段来看，宋学代表人物对佛教的现状和佛教徒的素质都进行了
严厉的批评，然而又从义理上接受了佛教作为"游心之学"。其中以欧阳
修为代表，北宋批佛最激烈的无过于欧阳修，然欧阳修与僧人多交往，世
以为欧阳修前后有大转变，非也，其一贯也，批僧徒之事，而爱佛教之理
也。佛教义理是宋学融佛入儒的根本，然而，佛教义理必由佛经，三藏典
籍如何简择？使佛教根本义理能够为士大夫所认可？宋代的近世化和世俗
化使普通百姓能够得益于经济和印刷技术的成果，那么普通百姓与士大夫
对佛教的需求又有什么不同？如何把佛教寺院建成为普通百姓心向往之的
"祈福之地"？

智圆坚持以天台五重玄义的释经范式（释名、辨体、明宗、论用、
判教）和七番共解（标章、引证、生起、开合、料简、观心、会异）的

诠释性范式，体现了极强的宗教目的性。特别需要指出，智者大师五重玄义所建立的是一个严谨的宗教学学科体系的结构："释名"，是确定基本概念，是追求循名以责实；"辨体"，是确定核心理论的研究对象，展示根本性原理；"明宗"，是目的论，是趋向宗极之路；"论用"，是价值论，是本迹二门之力用；"教相"，是教学的次第和逻辑，是方法论。这个严谨的宗教学学科体系，最终是令众生"开、示、悟、入佛之知见"耳！

智圆居孤山之远，先天下之忧而忧，通过三观之学、心性之教对佛教典籍的简择，对佛教思想也进行了简择；他所简择的经典有小乘经典（原始佛教经典），有大乘经典，按照天台四教的分类，有藏、通、别、圆，应对不同根基。然而，这些典籍具有共同之处：大多篇幅较短，"其辞简，其意明"，可供缁素日用而修习；生动活泼，符合天台教学之次第，易于学习。智圆之佛教抉择"为利于上下，救弊于儒道"也。

正如老子《道德经》六十三章所言"为无为，事无事，味无味。图难于其易，为大于其细；天下难事，必作于易，天下大事，必作于细。是以圣人终不为大，故能成其大。夫轻诺必寡信，多易必多难。是以圣人犹难之，故终无难矣"。① 又如六十四章所言"其安易持，其未兆易谋。其脆易泮，其微易散。为之于未有，治之于未乱"。② 智圆，实近老子所谓圣人也。

---

① 陈鼓应：《老子注译及评介》，中华书局 1992 年版，第 306 页。
② 同上书，第 309 页。

第 4 章

孤山智圆儒学思想

近代学者关于孤山智圆思想的关注，大多集中在其儒家思想上，如陈寅恪、漆侠等主要关注的内容集中在孤山智圆的儒学思想特别是中庸思想上，把之作为宋学形成前儒释道三家思想相互渗透的一个重要环节，并多写文章论及中庸思想与中道观的沟通。需要注意的是，在中庸思想和中道思想的理解上，漆侠先生把智圆思想归为宋学中的理学先觉而非宋学先觉。而在漆侠先生的理论中，宋学与理学是绝对区别的。本章将在漆侠先生的研究成果和未尽讨论的基础上来展开智圆作为宋学先觉的儒学思想体系。

智圆八岁出家，志慕儒学，十五微知骚雅，好为唐律诗。二十一"将从师受周孔书，宗其道学，为文以训世"，后学天台三观之学于源清。天台传统中，智者大师把儒家经典称为"世典"，认为"此土三坟五典，安国育民之书也。"[1] 然，智者大师主要贡献在于宏大天台理论的构建和对庞杂佛教理论的判释，对于儒家思想言之极略，如何以天台三观四教思想统摄儒学，成为天台宗的一个历史课题。智圆见唐末五代以来，儒学之衰败，又知治世立身，无逾于儒典，所以"左揽孟轲之袂，右拍扬雄之肩"，"于学佛外，考周孔遗文，究杨孟之言"[2]，于周孔之道用力可谓勤矣，欲"为利于上下，救弊于儒道"。然而，宋学的核心是儒学的复兴，那其何能成为宋儒复兴的先觉呢？儒学的核心是经学，智圆对于经学的态度如何？北宋初年伴随着儒学复兴的是易学，智圆的易学思想又如何？春

---

① （隋）智顗撰：《三观义》2 卷，《续藏经》第五十五册。

② "送庶几序"，《闲居编》卷二十九，《续藏经》第五十六册，第 908 页。

秋史学在宋学中颇为重视，宋学的议论精神即本于此，智圆的春秋史学又如何？为什么他把备受垢词的扬雄、王通列于周孔之道统？荀子在周孔道统中又是否占有一席之地？智圆的经学是汉代的章句之学，亦或是开宋学先觉之义理之学？智圆是宋初古文的最早倡导者，古文的实质是什么，是否如陈植锷所言："北宋古文运动，从其对立面来讲，本是一场讨伐骈文与佛老的反流俗运动？"[①]

本章即以以上两条线索为背景对孤山智圆的经学思想、史学思想、古文思想、性情思想和中庸思想进行探讨。

4.1　斯文坠地

智圆所处的宋真宗时代，国家刚刚安定，百废待兴；佛门方盛，斯文坠地，士大夫耻于儒学，仍然是社会的一大风尚。智圆对于儒学之衰败极为痛心：

> 唐祚既灭，五代之间，乱亡相继，钱氏霸吴越奉王室者，凡百年。罗昭谏、陆鲁望[②]、孙希韩辈既没，文道大坏，作雕篆四六者，鲸吞古风，为下俚讴歌者，扫灭雅颂，大夫士皆世及，故子弟耻服儒服，耻道儒言，而必以儒为戏。[③]

智圆的描述是客观和准确的，宋初学者大多也持此观点，并且认为儒学坠地最重要的表现及其原因之一就是文风淫靡不振。中唐韩愈（768—824）、柳宗元大力提倡古文、振兴儒学之后，文风儒风虽有所变革，然

---

① 陈植锷：《北宋文化史述论》，中国社会科学出版社 1992 年版，第 11 页。

② 陆龟蒙（？—约 876），唐代著名文学家。字鲁望。苏州人。出身吴中望族。举进士不第。曾任苏、湖两郡从事。后退隐甫里（今吴县）。自号江湖散人、甫里先生、天随子。以高士召，不赴。李蔚、虞携素重之，及当国，召拜拾遗，诏方下卒。唐昭宗光化三年（900），追赠右补阙。擅长诗文，与皮日休为友，同负盛名，世称"皮陆"。有《笠泽丛书》4 卷，今有清雍正重刊元本；与皮日休唱和的《松陵集》10 卷，有汲古阁本；宋叶茵合二书所载及遗篇为《甫里集》20 卷，有《四部丛刊》影印，黄丕烈校本。

③ "《佛氏汇征别集》序"，《闲居编》卷十，《续藏经》第五十六册，第 891 页。

而衰唐颓丧，终非文人之力能有所为，在唐懿宗（860—874）以后五代混乱，文风更难以堪。王禹偁在《送孙何序》中说道：

> 咸通之后，斯文不兢；革弊复古，宜其有闻。国家秉五代之末，接千岁之统，创业守文，垂三十载。圣人之化成矣，君子之儒兴矣。然而勤服古道，钻仰经旨，造次颠沛，不违仁义，拳拳然以立言为己任，盖亦鲜矣！①

王禹偁确实看到了太宗、真宗朝时期，虽然社会经济得到了一定发展，社会风气得到了一定的改善，封建皇帝求儒治世之心可为极也，然而，真正能够"勤服古道，钻仰经旨，造次颠沛，不违仁义，拳拳然以立言为己任"的太平之世的仁者实在极度匮乏。

夏竦（985—1051）② 在"厚文德奏"中说道：

> 伏以文乃国章，国实文体。观盛衰，察奢俭，考爱恶，莫近乎文。……五代离乱，诸侯谮窃，辞体巽懦，几于坠地。……而近岁学徒，相尚浮浅，不思经史之大义，但习雕虫之小技。……华者近于俳优，质者几于鄙俚。尚声律而忽规箴，重丽偶而忘训义。……伏愿朝廷进用醇儒，激励浮俗③。

宋初三先生之一的石介（1005—1045）在《与士建中秀才书》中指出：

> 方今正道缺坏，圣经隳离，淫文繁声，放于天下。

石介在他著名的《怪说》中，把倡导西崑体的杨亿与佛老共称三怪，他认为：

---

① "送孙何序"，《小畜集》卷一九。
② 夏竦（985—1051），字子乔。北宋真宗、仁宗时期政治家、文学家、思想家。经史百家、阴阳律历、佛事老之书，无不通晓。以文学起家，曾为国史编修官，同修起居注。任地方官多有治绩。后任陕西经略、安抚、招讨使等职。治军严，敢诛杀，对疾病死丧者，则抚循甚至。累官至枢密使、同中书门下平章事。有《文庄集》三十六卷等。
③ 《文庄集》卷一五，（宋）夏竦《全宋文》第九册，第 65 页。

（杨亿）缀风月，弄花草，淫巧侈丽，……其为怪大矣！

尧舜禹汤文王武王周公之道，万世长行不可易之道也。佛老以妖妄怪诞之教坏乱之，杨亿以淫巧浮伪之言破碎之。

三先生之孙复（992—1057）"答张洞书"曰：

自西汉至李唐，其间鸿生硕儒，摩肩而起，以文章垂世者众矣，然多杨墨佛老虚无之事、沈谢徐庾妖艳邪侈之言杂乎其中，致有盈编满集，发而视之，无一言及于教化者。

而在智圆前后的时代，先是杨亿的西崑体流行①，而其后号召古文的石介、孙复等人又陷入了太学体，以文学改革为先导的道路是非常艰难而一波三折。

欧阳修在《六一诗话》中对西崑体的流行有所记载：

杨（亿）大年与钱（惟演）、刘（筠）数公唱和。自《西崑集》出，时人争效之，诗体一变，而先生老辈，患其多用故事，至于语僻难晓，殊不知自是学者之弊。②

也就是说，直到智圆圆寂的时候，整个社会对于韩愈的古文尚未认可，"在科场上，大中祥符元年（1008）至天圣五年（1029）之间约 20 年的时间是西崑派最流行的时期"③。因而学子多学习杨亿、刘筠等人的西崑

---

① 真宗景德二年（1005）至大中祥符（1013）年间，在编纂《历代君臣事迹》（完成后赐名为《册府元龟》）的过程中，杨亿（964—1020）、刘筠（970—1030）、钱惟演（962—1034）等人闲暇之余，以诗相互酬和，并把主要作于景德二年（1005）秋至大中祥符元年（1008）秋的诗作编成《西崑酬唱集》二卷，流传于当时。参见王仲荦撰《西崑酬唱集注》"前言"，上海书店出版社 2001 年版。

② （宋）欧阳修撰《六一诗话》，《欧阳修全集》，中国书店 1994 年版，第 1039 页。

③ "北宋文学之发展与太学体"，参见［日］高津孝《科举与诗艺——宋代文学与士人社会》，上海古籍出版社 2005 年版，第 33 页。

体。西崑体对当时社会风气的影响可知一斑①。

范仲淹在天圣三年四月二十日的上奏文能很好地说明宋学代表人物在这个时期对当时文风衰靡的担忧以及文以载道的古文思想：

> 国之文章，应于风化。风化厚薄，见乎文章。是故观虞夏之书，足以明帝王之道；览南朝之文，足以知衰靡之化。……故文章之薄，则为君子之忧，风化其坏，则为来者之资。……盖时之所尚，何能独变？大君有命，孰不风从？可敕谕词臣兴复古道，更延博雅之士布于台阁，以久斯文之薄，而厚其风化也。②

虽然，随着在科场中西崑体的衰微，"景祐年间，有两汉士人之风的文体以及古文已开始流传"③，但是，对古文的认可，正如智圆所感叹的"古文非时所尚，久矣！非禀粹和之气，乐淳正之道，胡能好之哉！"北宋社会对于古文的认识与实践，遇到了极大的阻力。一个是认识上的，整个社会风气的改变不是一个人能够实现的，特别在太平年代，更需要的是一大批人的共同努力。一个是实践上的，也就是一些意识的古文价值与意义的人们在实践古文时，却可能因为自身文学修养等，未能古其道，而先古其词涩其意，非作者之本意，却导致社会对古文的错误认识④。古文运

---

① 并且，真宗大中祥符八年（1015）科举，刘筠任同知贡举，下一科即天禧三年（1019），钱惟演为权同知贡举。又，仁宗天圣二年（1024）科，天圣五年（1027）科，刘筠两次任知贡举。《续资治通鉴长编》卷八四、卷九三、卷一〇二、卷一〇五。转引自［日］高津孝《科举与诗艺——宋代文学与士人社会》，上海古籍出版社 2005 年版，第 30 页。

② "奏上时务书"，《范仲淹全集》卷九，四川大学出版社 2002 年版，第 200 页。

③ "北宋文学之发展与太学体"，参见［日］高津孝《科举与诗艺——宋代文学与士人社会》，上海古籍出版社 2005 年版，第 32 页。

④ 正如智圆对李翱的批评一样："李唐之世，翱实大儒，何品藻之无当至是乎！既蔽往贤，又误后学。故为文以让之。白圭之玷，习之有矣！""让李习之"，《闲居编》卷二十六，《续藏经》第五十六册，第 904 页。以柳开为例。柳开（947—1001），是北宋最早宣扬古文思想的人物之一，稍后于柳开有古文家穆修（979—1023）、张景（970—1016），《宋史·高锡传》《宋史·梁周翰传》"高、梁、柳、范"之称，为习尚淳古。他们都对古文的本质有所认识。柳开在《应责》（《河东先生集》卷一）中："古文者，非在辞涩言苦，使人难读诵之。在于古其理，高其意，随言短长，应变作制，同古人之行事，是谓古文也。"柳开的话语批评了当时对于古文的一般看法，即古文"辞涩言苦"，然而沈括（1031—1095）在《梦溪笔谈》卷一四中对早期古文家的评价亦是"拙涩"："往岁，士人多尚对偶为文。穆修、张景辈始为平文，当时为之古文。……时文体新变，二人之语皆拙涩，当时已谓之工。"所以，作为古文倡导者的柳开并没有为后人留下古文作品。

动最早的倡导者们在反对西崑体和骈体文的过程中，形成了"险怪奇涩"为特征的散体文学——太学体①。而智圆之世，宋初儒学之坠地，文学或淫靡不振，或险怪奇涩，智圆又何以处之？

儒学坠地最重要的表现及其原因之二，被许多宋初学者认为就是佛老之蠹与妖妄怪诞（佛教又首当其冲）。智圆之前有王禹偁，智圆之后有范仲淹、欧阳修、孙复的《儒辱》、石介的《怪说》等等，或前文已言及，又近代学者对此言者已多也，但择其要可也。

庆历二年（1042），欧阳修在为北宋王朝国富民强、长治久安而撰《本论》，其中写道：

> 佛法为中国患千余岁，世之卓然不惑而有力者，莫不欲去之。已尝去矣而复大集，功之暂破而愈坚，扑之未灭而愈炽，遂至于无可奈何。是果不可去邪？盖亦未知其方也。……此自然之效也。故救天下之患者，亦必推其患之所自来，而治其受患之处。佛为夷狄，去中国最远，而有佛固已久矣！尧舜三代之际，王政修明，礼仪之教充于天下，于此之时，虽有佛无由而入。及三代衰，王政阙，礼仪废，后二百余年而佛至乎中国，由是言之，佛所以为吾患者，乘其阙废之时而来，此其受患之本也。……民之沉酣入于骨髓，非口舌之可胜，然则将奈何？曰：莫若修本以胜之。②

欧阳修作为宋学的代表人物，他的反佛立场和融佛思想是一贯的。他之所以反对佛教，完全是士大夫为封建王朝发展着想，与前述王禹偁立场一样，欧阳修认识到农业社会之本当劝风俗、戒奢靡、务田农，可用之兵多且强，则边患可息，边防可固也。而欧阳修的反佛思想与王禹偁的又有一些不同，表现出两个强烈的倾向，一是反映出仁宗时代社会对佛教僧徒修行之怀疑与鄙夷："今坐华屋享美食而无事者，曰浮图之民"，"奈何有

---

① "太学体"的形成在宋仁宗朝。庆历年间创设太学，科举考试重视策论，"太学体"开始流行。欧阳修同样以古文为理想，但坚决反对太学体。但直到嘉祐二年（1057）欧阳修权知贡举，才从科场把"太学体"清除出去，成为北宋科举史和文学史的一件大事。

② 《居士集卷十七》论六首本论二，（宋）欧阳修撰《欧阳修全集》，中国书店1994年版，第121—123页。

浮图之虚名，而其实骄惰无用之人"①。另一方面反映出，经济利益日益成为佛教发展中部分僧徒和不法分子所追逐的对象，欧阳修在至和二年（1055）"论罢休奉先寺等状"中写道：

> 右臣近曾上言，为京师土木兴作处多，乞行减罢。……今又闻圣旨，下三司重修庆基殿及奉先寺屋宇。臣伏见近年政令乖错，纪纲隳颓，上下因循，未能整缉，惟务重修祠庙，广修土木，百役俱作，无一日暂停。方今民力困贫，国用窘急，小人不识大计，不思爱君，但欲广耗国材，务为己利。②

夏竦（985—1051）在"议国用策"称"仙释之蠹，巫觋之耗，并兼之害，吏胥之暴，旦夕而有"③，希望"上敦俭素之化，下无佛老之弊"。在宋仁宗时期曾知洪州，并十分强硬地勒令当地师巫（祆教）一千九百余户改业归公④。并撰有"抑仙释奏"，对于有宋王朝希望三教共兴的愿望进行了批评，

> 汉氏陵迟，鱼目入珠，树黄老之谈，导浮图之源。岁月滋深，技派寝茂。萧梁之佞，象教勃兴；李唐之谄，真风益广。招藏游惰，蠹耗衣食，诞诳吾民，十室有九。虽间有巨儒轮诚献谏，深根固蒂，无以拔去。皆云京城寺观，每岁颇得度人，或暂考经业，或但闻久次，便受戒箓，即登名籍。四远之徒，游手之民，皆担笈负帑，求度辇下。
>
> 伏愿陛下，……去紫衣之制，……浮惰之业，……何必恢崇释老，而后教化式孚？⑤

---

① 《居士外集卷第九》时论"原弊"，（宋）欧阳修撰《欧阳修全集》，中国书店 1994 年版，第 420—423 页。

② 《奏议集卷第十三》翰苑，参见（宋）欧阳修撰《欧阳修全集》，第 856、857 页。

③ "议国用策"，（宋）夏竦撰《全宋文》第九册，第 43—44 页。

④ "洪州请断祆巫奏"，（宋）夏竦撰《全宋文》第九册，第 71—72 页："臣闻左道乱俗，祆言惑众，在昔之法，皆杀无赦。（言辞极为严厉）盖以奸臣逆节，狂贼乱规，多假鬼神，摇动耳目。……传习祆法……浸淫既久，习熟为常，民被非辜，了不为怪，奉之愈谨，信之益深。……以革祆风……当州师巫一千九百余户，臣已勒令改业归农"。《文庄集》卷一五，《皇朝文鉴》卷四三，《宋会要辑稿》礼二〇之一一，《续资治通鉴长编》卷一〇一。

⑤ 《文庄集》卷一五，《全宋文》第九册，第 68—69 页。

从欧阳修和夏竦的反佛言论中，我们可以看到士大夫阶层面对北宋初年王朝内忧外患、朝廷重用儒生、士大夫忧国忧民，积极参政议政，力图为国家长治久安、国富民强，发扬"修身齐家治国平天下"为理想的儒学，而把儒学坠地的矛头对准了文风淫靡不振和佛老之蠹与妖妄怪诞。

智圆作为北宋一代思想家，如老子《道德经》四十七章所言："不出户，知天下；不窥牖，见天道。其出弥远，其知弥少。是以圣人不行而知，不见而明，不为而成"①。在"立德"、"立功"、"立言"的推动下，以天台三观中"从假入空"、"从空入假观"、"中观第一谛"，观照北宋社会，儒学坠地是不正常的，不仅是实现太平盛世的阻碍，也将给佛教带来空前的灾难。智圆能够在宋初，发儒学之微言大义，既出自内心对儒学的热爱，又兼有为"如来使"的历史紧迫感，"又知治世立身，无逾于儒典，由是兼读五经，以裨佛学"②。方其如此，则有"中庸子"之名，"准的五经，发明圣旨"之谈，唱古道，作古文，以儒解道也。

4.2　孤山智圆对儒家思想的抉择

4.2.1　准的五经，生生为易

在宋初士大夫皆耻儒学的情形下，儒学的根本为何难以显明。儒学根本不明，则儒学何以明？智圆在佛门方兴，儒学不振之时，明确指出，儒学之根本在经学，强调"经"③ 在儒学中的绝对地位。他认为："夫仲尼

---

① 陈鼓应：《老子注译及评介》，中华书局1992年版，第248页。

② "代元上人上钱唐王给事书"，《闲居编》卷三十二，《续藏经》第五十六册，第912页。

③ 《史记》中有"儒学"之称，而无"经学"之名。班固修《汉书》，始以"儒学"为"经学"，两名通用。儒学之经，智圆时代有"五经"、"六经"、"九经"之说。智圆在《维摩诘略疏垂裕记》对此有一个解释："五经者，《白虎通》云：《易》、《尚书》、《诗》、《礼》、《乐》也，古者并《春秋》为六经。至秦焚书《乐经》亡。今以《易》、《书》、《诗》、《礼》、《春秋》为五经。又《礼》有《周礼》、《仪礼》、《礼记》曰《三礼》。《春秋》有《左氏》、《公羊》、《榖梁》三传，与《易》、《书》、《诗》通数亦谓之九经"。同时，智圆引《释名》曰："经者径也，典者常也，言如径路无所不通，可常用也"。智圆常或以"五经"或以"六经"称儒典，参见《大藏经》第三十八册。

之旨，布在六经"，"天文悬日月，地文丽山川，人文粲六经"①，"背叛六经者，乃杨墨之党"②，"昔者仲尼祖述尧舜宪章文武，六经大备"③，说自己"行披百氏兮，坐拥六经"④，"六经恣论讨，仁义志不移"⑤。所以智圆称自己乃是"准的五经，发明圣旨，树教立言"。

"五经"（"六经"）之学正是宋学代表人物所着力提倡的，宋学的成就建立在经学基础上。欧阳修认为"士之所本，在乎六经"⑥，与其同时代的士大夫都是"修仁义以为业，诵六经以为言"⑦，称自己"少好学，知学之难。凡所谓六经之所载，七十二子之所问者，学之终身……"⑧

智圆"善用俗典"，在《闲居编》中和智圆佛学论文如《维摩诘略说垂裕记》、《金刚錍显性录》、《涅槃经疏三德指归》等中多见引用五经言辞来论述其或天台、或佛教、或儒家、或道家的思想，不过，其"准的五经"思想之根本大意集中体现在"谢吴寺丞撰'闲居编序'书"一文中。

在五经中智圆最为重视的是《易》。智圆认为："《易》者，伏羲之书"，"《易》准四德之义而立五常之道"⑨：

> 读《易》也，乃知本乎太极，辟设两仪，而五常之性，韫乎其中矣！故曰："立天之道曰阴曰阳，立地之道曰柔曰刚，立人之道曰仁与义"。是故文王海列四德以演之，圣师岳配五常以翼之，乃以乾坤首之也，繇是知五常者，其周孔之化源乎！

智圆并引《文言》之语，来说明他的观点："元者，善之长也；享者，嘉

---

①　"赠诗僧保暹师"，《闲居编》卷三十九，《续藏经》第五十六册，第 922 页。

②　"《讲堂击蒙集》序"，《闲居编》卷十二，第 883 页。

③　"送庶几序"，《闲居编》卷二十九，第 908 页。

④　"贫居赋"，《闲居编》卷三十二，第 913 页。

⑤　"暮秋书斋述怀寄守能师"，《闲居编》卷三十九，第 922 页。

⑥　"奏议卷一六"《论删去〈九经正义〉中谶纬札子》，（宋）欧阳修撰《欧阳修全集》，中国书店 1994 年版，第 887 页。

⑦　"归田录序"，参见（宋）欧阳修撰《欧阳修全集》，第 1011 页。

⑧　《居士集》卷四十七"答李诩第二书"，参见（宋）欧阳修撰《欧阳修全集》，第 320 页。

⑨　"《黄帝阴符经》题辞"，《闲居编》卷十一，第 882 页。

之会也；利者，义之和也；贞者，事之干也。君子体仁，足以长仁；嘉
会，足以合礼；利物，足以和义；贞固，足以干事。君子行此四德者，故
曰乾：元、享、利、贞。"很显然，在这里，智圆对《易》的性质和功能
进行了明确的解说，其性质为"本乎太极，辟设两仪"，其功能则"准四
德之义而立五常之道"。在智圆思想中明确把《易》的"体"、"用"有
机地结合起来，"明体达用"，宋学形成时期的易学主旨同样是"明体达
用"。

宋学传统都非常重视《易》，宋学代表人物大多长于《易》。以宋仁
宗宋学建立时期范仲淹而论，欧阳修称赞他"大通六经之旨，为文章论
说必本于仁义"①。《宋史》述及天圣五年（1027）在应天府主持学政时，
对于以范仲淹为领袖的经学复兴作了如下描述：

> 仲淹泛通六经，长于《易》，学者多从质问，为执经讲解，
> 亡所倦。尝推其奉以食四方游士，诸子至易衣而出，仲淹宴如
> 也。每感激论天下事，奋不顾身，一时士大夫矫厉尚风节，自仲
> 淹倡之。②

胡瑗著有《周易口义》十二卷，孙复作《易说》六十四篇，石介作
《徂徕易解》五卷，李觏作《易论》十三篇及《删定易图序论》六篇。
虽然，对《易》的诠释，"或偏于天道，或偏于人事，或重象数，或重义
理，思路互不相同，风格迥然相异"③，智圆显然属于重人事之思路，而
宋学的特点之一即是明天道而重人事。这与北宋的内外政治环境是分不开
的，易学"变易"的思想在这个时期体现了北宋有识之士强烈的忧患意
识和变革意识。

余敦康先生在《汉宋易学解读》中论述"李觏的易论"时认为："李
觏之所以特别推崇《周易》，也和石介一样，是因为他认识到《周易》是

---

① "资政殿学士户部侍郎文正范公神道碑铭并序"，（宋）欧阳修撰《范仲淹全集》，四川
大学出版社2002年版，第812页。

② 《宋史》卷三一四"范仲淹传"，（元）脱脱等撰《范仲淹全集》附录一传记，四川大
学出版社2002年版，第851页。

③ 余敦康：《汉宋易学解读》，北京大学乾元国学教室丛书，华夏出版社2006年版，第
152页。

一部明体达用之书"，"李觏认为他作《易论》的目的，在于一方面明其常道，另一方面急乎天下国家之用，致力于阐明《周易》的明体达用之学，以适应庆历年间改革事业的需要"。李觏在《易论》结尾时，感叹道：

> 噫！作《易》者既有忧患矣，读《易》者其无忧患乎？苟安而不忘危，存而不忘亡，治而不忘乱，以忧患之心，思忧患之故。通其变，使民不倦，神而化之，使民宜之，则自天佑之，吉无不利。[①]

范仲淹于天圣二年（1025）进《奏上时务书》、天圣五年（1027）《上执政书》，以及庆历三年（1043）九月奏《答手诏条陈十事》，三次都引用《易经》中"穷则变，变则通，通则久"之语，提出并实施他的改革思路。"称范仲淹'长于易'，不仅指他对《易》的理解深入，而且包括他在此基础上，以《易》的变革思想为指导，积极从事于社会变革，这更加可贵。"[②]

这段话对智圆同样适用。纵观智圆思想，天台辩证法和易学辩证法出神入化地相得而益彰，不仅仅体现了智圆对天台思想和易学思想的深入理解，更重要的是，他并没有因此而陷入玄学式的空虚，而是以平等观从空入假，积极地从学术义理和社会实践中寻求"救弊"、"垂裕"、"为利于上下"的道路。智圆是宋学的，并不仅仅因为他的学术义理成就和在社会实践中的影响，最重要的还是，他的精神是宋学的。

孤山智圆五经思想"明体达用"，显然更注重"用"，更着眼于人事，这与宋学经世致用精神是一致的。"既知之于心矣，而勇于为学"，作为他儒学思想基本点，智圆"准的五经"的观念，在他所处的时代，是比较激进的。孙何（961—1004）"驳史通序"：

① 陈植锷对被认为义理之学开端人物之一李觏现存的文集进行了考察，发现《李觏集》中收学术著作 7 种，以《易》、《礼》两经的研究为主，其中《易论》13 篇、《礼记》7 篇。参见陈植锷：《北宋文化史述论》，中国社会科学出版社 1992 年版，第 204 页。
② 漆侠：《宋学的发展和演变》，河北人民出版社 2002 年版，第 288 页。

> 刘子玄著《史通》二十卷，……足以自成一家之书。然恃其诡辩，任其偏见，往往凌辱六经，诟病前圣。……取诸子一时之言，破百代不刊之典，……①

孙何对史通的批判是有深刻社会基础的，淳化三年（992）殿试赋题为《厄言日出》，"厄言日出"语出《庄子杂篇寓言》，"厄言"意即荒唐曼衍之言。上有所好黄老之学，下必效之；上既如此，整个社会思想风气可想而知。

在智圆圆寂以后的宋仁宗初年，孙复在《寄范天章书》（二）中，对于沿袭汉代注疏之学而不知经学的情况大发感慨：

> 后之作疏者无所发明，但委曲踵于旧之注说而已。复不佞，游于执事之墙藩者有年矣。执事病注说之乱六经，六经之未明，复亦闻之矣。（《圣宋文选》卷九）

甚至到了曾巩的时代，仍然是"士罕知经"的局面，在曾巩为乃兄撰《行状》中，说道：

> 盖自扬雄之后，士罕知经，至施于政事，亦皆卑近苟远，故道术浸微，先王之迹不复见于世。公生于末俗之中，绝学之后，……其言……必本于经……

而在智圆圆寂后 23 年（1044）和圆寂后 36 年（1057）所进行的两次科举改革②，"其根本目的即在于振兴儒家传统的经术"③。而在后一次嘉祐科举改革中，欧阳修权知贡举，除诸科之外，另有明经一科，据陈植锷的考察，"这是宋初以来从未有过的提法"。

南宋叶梦得《避暑录话》卷上对此有记载：

---

① "驳史通序"，参见（宋）孙何《全宋文》第五册，第 167 页。
② 参见陈植锷《北宋文化史述论》，中国社会科学出版社 1992 年版，第 79—120 页。
③ 同上书，第 110 页。

仁宗庆历后稍修取士法，患进士诗赋浮浅，不本经术，嘉祐三
〔二〕年，始复明经科。

事实上，不知经、"不本经术"的问题一直为宋学代表人物所担忧，直至司马光时代，虽然，经术学习已广为流传，然而，浮躁的疑经风气使学子们难以深入，更何谈"准的五经"。他在《论风俗札子》中抨击当时科场风气时说：

> 新进后生，未知臧否，口传耳剽，翕然成风。至有读《易》未识卦爻，已谓《十翼》非孔子之言；读《礼》未知篇数，已谓《周官》谓战国之书；读《诗》未尽《周南》、《召南》，已谓毛、郑为章句之学；读《春秋》未知十二公，已谓《三传》可束之高阁。循守注疏者，谓之腐儒；穿凿臆说者，谓之精义①。

不过，在宋仁宗初期，宋学的代表人物们对于经学的意义已非常明确了。作为汉学统治之终结，宋学开创之始，北宋儒学的出现，并不是"开辟鸿蒙"，发前人之未发，言前人之未语，而是在深入五经基础上，又不泥于文字的五经义理之学。智圆圆寂后十余年，北宋历史上著名的教育家、三先生之一的胡瑗（993—1059）②，通过在苏、湖两地教学实践，采用的"安定教学法"，即设立"经义斋"和"治世斋"，提出以"经义"和"时务"两科教学，在庆历改革中范仲淹建立太学，即取胡瑗之法，为宋学和宋王朝的发展培养了大批优秀的人才。而"经义"即指五

---

① 《温国文正司马公文集》卷四十五。
② 胡瑗，字翼之，泰州海陵（今江苏泰州）人，史称安定先生，北宋著名教育家、思想家。以经术教授吴中。教授湖州，教学有法，科条悉备。后庆历中兴太学，即取其法著为令。皇祐中，授光禄寺丞、国子监直讲，迁大理寺丞。瑗既居太学，其徒广众，礼部所得士，瑗弟子常居十之四五。嘉祐初，擢太子中允、天章阁侍讲，仍主太学，以太常博士致仕。嘉祐四年卒。后世以胡瑗与孙复、石介合称"宋初三先生"。著有《周易口义》（存）、《洪范口义》（存）、《皇祐新乐图记》（存）。欧阳修称赞他在师道建立和儒学复兴上作出了重大贡献，见欧阳修《胡先生墓表》，《欧阳修全集》，（宋）欧阳修撰，中国书店1994年版。《宋史》卷四三二有传。

经（六经）义理之学①。

所以说"继绝学，本六经，剖微、释疑、正谬、破惑，以道术而弥论当世之务，正是北宋儒家新学派的共同特点"，又说初期宋学的特点之一即为"通过讲论的形式侧重于探求经书的义理"。而智圆"准的五经"的观念，实在是首发宋初儒学之本，符合宋初统治和社会发展的需要，宋真宗也曾说："朕以为六经之旨，圣人用心，固与子史异矣。今策问宜用经义，参之时务。"②

智圆"准的五经""生生为《易》"的思想，在宋学发展时期代表人物欧阳修的一段描述中，可以更清晰地看到智圆的用心：

> 六经皆载圣人之道……《诗》可以见夫子之心，《书》可以知夫子之断，《礼》可以明夫子之法，《乐》可以达夫子之德，《易》可以察夫子之性，《春秋》可以存夫子之志③。

可以看出，以易学之生生与阳刚来清扫中唐以来颓废的文风，重振坠地的儒风，建立师道培养国家急需人才，成为北宋王朝上下有识之士的共识。这对北宋士风产生了重大影响，宋仁宗时期士大夫的风节变化，从文章型到经术型的发展，积极参政议政，勠力变革，与六经特别是《易》的倡导息息相关。

需要进一步指出的是，与他的佛学一样，智圆的儒学并没有师授，他自言"无师之训教，无友之磋切"，完全以心为宗：

> （某）洎年迩升冠，颇好周孔书，将欲研几极深，从有道者受学，而为落发之师拘束之，不获从志。由是杜门阒然，独学无友，往往得五经之书而自览焉！虽文字不及尽识，句逗不及尽分，而好求圣

---

① 参见《五朝名臣言行录》卷十之二引《吕氏家塾记》，四部丛刊本。转引自漆侠《宋学的发展和演变》，第256页。另，"经义"外需学"时务"（"治世"），要求每一人各治一事，并兼修另外一事，如边防、水利之类。以"经义"、"时务"二科教育，固其本而善其事，实事半而功倍，值得当今教育工作者和教育行政部门深思也。

② （宋）李焘撰：《续资治通鉴长编》卷六十五"景德四年闰五月壬申"条，中华书局2004年版。

③ "送王陶序"，（宋）欧阳修撰《欧阳修全集》，中国书店1994年版，第293页。

师之指归而会通其说焉，譬若九方堙之相马，略玄黄而谈神骏也，而
与夫嘈嘈诵声者寻章摘句者，已胡越矣！①

智圆的这种"得五经之书"自学而"求圣师之指归而会通其说"的经历，
在儒学尚未复兴之时，也是很多宋学代表人物所经历的心路历程，欧阳修
也曾说"夫世无师矣！学者当师经。师经必先求其意，意得则心定，心
定则道纯。道纯则充于中者实。中充实，则发为文者辉光，施于事者果
致"②。

　　然而，恰恰是"准的五经"而以心为宗，智圆的治经思想与宋学代
表人物欧阳修"学者当师经，师经必先求其意"③的治经思想是完全一
致的。以五经为准，寻求儒家学问的义理，强调"自得"，标榜创新与
开拓，而不是仅仅停留在文字的表层，直接以把握儒家经典的核心，以
义统摄，不囿于旧说，使智圆真正成为以经学复兴为核心的宋学的
先觉。

　　"崇经术而不牵于训诂，决定了宋学既以儒学复兴的形式出现，又是
大规模吸收异质文化的革新"④。宋初儒学的复兴运动与经学的发展紧密
相关，特别是易学，智圆"准的五经"，尤重《易》学，也是他历史观、
文学观、中庸观、古文思想的最基本准则，贯穿于他的整个儒学思想。苟
不从此下手，智圆的思想陷于玄虚矣！⑤但五经是一个不可分割的整体，
《春秋》史学也是智圆儒学思想和宋学形成的重要内容，而智圆独特的历
史观对形成他独特的道统观产生了巨大的影响。

———————————

　　①　"谢吴寺丞撰'闲居编序'书"，《闲居编》卷二十二，《续藏经》第五十六册，第
898 页。

　　②　"答祖择之书"，《居士外集》卷一八，（宋）欧阳修撰《欧阳修全集》，中国书店 1994
年版，第 499 页。

　　③　同上。

　　④　陈植锷：《北宋文化史述论》，中国社会科学出版社 1992 年版，第 22 页。

　　⑤　用现代的观念看，五经中《易》属哲学，《书》、《春秋》属历史，《诗》属文学，《礼》
属政治制度，已亡佚的《乐》属艺术，从思想意识形态的角度看，五经中恰恰缺乏的是宗教。
智圆继承了慧远、通遁、智者、道生以来的传统，不仅以中国的玄学、而是以经学，特别是易学
与中庸，使中国佛教成为"生生之学"，开拓了心性论，宋以前的隋唐哲学，主要以天人关系为
核心，隋唐之际受到般若涅槃学以及禅宗的影响，其重点逐渐发生了转移，但是"明心见性"
易流于表面，缺乏深层的哲学内涵与佛学思想为支撑。建立系统而深入的心性之学，是北宋初年
的一个历史要求、思想要求和现实要求。

4.2.2 周孔之道

五经中，宋学传统中最为重视的一是《易经》，二是《春秋》。翻看宋人文集笔记，几乎是言必引此二经，形成了宋学中的易学和春秋学。欧阳修说"孔子之文章，《易》、《春秋》是已，其言愈简，其意愈深"①。孙复（993—1057）以为："尽孔子之心者《大易》，尽孔子之用者《春秋》，是二大经，圣人之极笔也，治世之大法也。"②《春秋》学就是中国的历史学。孙复就是以《春秋尊王发微》（十二卷）的贡献而在宋学史上标立，成为宋初三先生之一。不过，根据漆侠先生的考证，孙复的《春秋尊王发微》乃是孙复1057年去世后"由他的弟子祖无择'就其家将其书十五篇录之'，而后献于朝廷'藏之秘府'"，孙复的春秋学即便产生社会影响也是在11世纪中叶以后，其时宋学已大发展矣！

北宋初年，边境四面楚歌，大辽、西夏虎视眈眈，吐蕃、大理坐观虎斗，北宋虽与北辽于1004年缔结澶渊之盟，取得北方安宁，然而西夏日渐强盛，更是北宋的心头大患。国内矛盾此起彼伏，起义、暴动、灾荒接连不断。总结历史的教训，建立一个一统的、稳定发展的社会，既是封建王朝的利益，也代表了历经三百年混乱后百姓的心声。宋学多以《春秋》而言"尊王攘夷"、"华夷之辨"大义，理学也是如此，例如程颐论史，对唐多有苛责，连带对宋儒最为推崇的韩愈也颇有微词，但是却对韩愈的"孔子之作《春秋》也，诸侯用夷礼，则夷之；进于中国，则中国之"③极加赞赏。

而北宋初年，智圆以超世的态度、入世的精神，以"准的五经"的价值判断，以其丰富而独特的史学思想，在宋初明确指出"正其王道"的历史观念：

读《春秋》也，乃知周室衰，狄人猾夏，平王东迁，号令不行。

① "易童子问"卷三，（宋）欧阳修撰《欧阳修全集》，中国书店1994年版，第569页。
② 《宋元学案·泰山学案》。
③ 《原道》，《韩昌黎文集》卷一。

礼乐征伐，不出乎天子而出乎诸侯也。是故仲尼约鲁史而修《春秋》，以赏罚贬诸侯讨大夫，以正其王道者也，故《语》曰："礼乐征伐，自诸侯出"。自诸侯出，盖十世希不失矣。且鲁隐公逮于昭公十世，失政死于乾侯，乃其验乎！①

智圆进一步对五经中《尚书》表述了汤武非孔子本志的思想：

读《书》也，乃知三皇以降，洪荒朴略，非百世常行之道，其言不可训，故圣师以二帝三王之道，作范于后代，尊揖让鄙干戈，故以二典首之也，虽汤武有救弊之德，而非仲尼之本志也，故《语》曰："武尽美矣，未尽善也"。②

在另一篇文章中，智圆也表达了对《尚书》的看法：

《书》明虞舜黜四罪，而天下咸服，是有强兵战胜威刑之事也。但三五之世，暂假之以宁民，乃反常之权耳，非为常行之道也。洎道德下衰，则三王专仁义以富国，五霸用强兵以胁物，各为常行之道，所以不能复其淳朴也。③

智圆的历史观具有强烈的忠君色彩，也许智圆本身对此并没有自觉的意识，他遵循的乃是"公天下之是非"的原则，因而在历史观上他所坚持的是"周孔之道"：

古者周公圣人既摄政，于是制礼作乐号令，天下章章然，巍巍然。至于周室衰弱、王纲解纽、礼丧乐崩、号令不行，孔子有圣德而无圣位，乃删诗书、定礼乐、赞易道、约鲁史、修《春秋》，以代赏罚，使乱臣贼子惧。仲尼无他也，述周公之道也。④

① "谢吴寺丞撰《闲居编》序书"，《闲居编》卷二十二，第 899 页。
② 同上。
③ "《黄帝阴符经》题辞"，《闲居编》卷十一，第 881—882 页。
④ "对友人问"，《闲居编》卷十六，第 890 页。

智圆正是在“准的五经”、“正其王道”思想的支配下，对历史中的一些记载和人物进行了具体而明确的评价。最典型的例如智圆对程大川，一个受到“大儒”卢叔微[①]高度评价的历史人物，在“疑程侯碑[②]”中进行了严厉的批判。

智圆认为：“窃谓叔微乃彰程侯之过，非纪其善也”，甚至说“予观叔微之文，见程侯不轨之迹，如指诸掌，史传不书其罪亦幸矣”！为什么智圆会如此评价卢叔微的碑文呢？智圆作了详细的解答：

> 聚士以沽虚名，骤施以夺君权。虚名足以动民俗，骤施足以收人心。盖苞藏险恶将图篡逆者也。《易》曰：“臣弑君，子弑父，其所由来渐矣”。向使吴人辨之不早也，则社稷为程氏所有矣。《孟子》曰：“人必自侮，然后人侮之；家必自毁，而后人毁之；国必自伐，而后人伐之。”程侯失人臣之道，自取灭亡，吴人从而杀之，宜矣！夫立军功拓土疆者，岂若汉之卫霍乎？予读《霍骠骑传》，见太史公云：“苏建语余曰：吾尝谓大将军至尊重而天下之贤大夫每称焉，愿将军观古名将所招选择贤者勉之哉！大将军谢曰：自魏其武安之厚宾客天子常切齿，彼亲附士大夫招贤绌不肖者人主之柄也，人臣奉法遵职而已，何以招士？骠骑亦放此意。”其为将如此，以汉天子之强盛犹切齿以怀疑。以卫霍之大功，尚无敢招纳贤士。矧吴越，战国也；

① 卢叔微，北宋人，生卒年不详，《宋史》未见著录。此文中智圆称其为“大儒”，在《闲居编》“与骆偃节判书”中智圆又赞曰：“自五代以来，文道驳杂，儒术陵夷，而于先朝牵复淳古，摈黜浮华，搴旗乎异端，鼓行乎百氏者，惟吾丈与叔微尔，是故卢骆之名，于今藉藉于众口矣。”卢叔微很可能是宋初古文运动与儒学复兴的学者之一。九僧中之释简长有“怀卢叔微”诗一首：“病起启秋匣，素琴生尘埃。朱弦愁零落，古意空徘徊。子期不我至，独上高高台。”

② “疑程侯碑”的写作起因乃是由于大儒卢叔微撰有《程侯碑》，其词大意记程侯之生平与事迹，“程侯，讳昭说，字大川，江东青山人也”，“大川少负器能钟为大度。或吴人付其军旅之事、宾嘉之礼、郊庙之祀、黜陟之任，自大川出者。虽智优识广、官崇位重，来视其职莫能参议焉。于是吴人用之而爵禄不暇出，宏声洋洋充塞江表。大川性厚于仁义，且博施于人，惠泽于下，虽饮食寤寐未之能忘。吴越间负文辞讲学智辩之士，洎阴阳术数射御之人，苟不及其禄将没于饥喂者，自出入于大川之门，或听于诸己并环室以居之，而加其服玩车马之盛，则稻粱之给缯帛之费货财之用无不充于囷匮焉，而丧祭嫁娶之事，皆出于大川”。因为哀其“圣贤其犹病诸大川，果以多贤在于群口，为吴人杀之”，叹其“史传不得书，金石不得铭，庙食不得祀，百岁之下德音无闻”，而为之立碑传。《闲居编》卷二十五，《续藏经》第五十六册，第902页。

程侯，陪臣也。而夺主之柄，吴人安得不疑哉？①

　　智圆以"正其王道"的历史观对像程大川这样可能会危及封建王朝统治的行为进行了毫不留情的批评，认为"厥或程侯守臣子之道，士之果贤者则荐之于君，果不贤者则以君命而斥之，使归美于君者，岂有会稽之祸耶？"

　　一方面，随着宋王朝中央集权的重建，社会秩序的稳定，和平时期意识形态的需要，对历史人物的评价亦开始发生改变。另一方面，宋王朝建立，有"黄袍加身""杯光烛影"之迷，建立后有辽、夏、大理之压，因而亟待建立宋学历史观。例如，欧阳修也曾对于宋初广受称颂的冯道严厉批判：

　　　　当是时，天下大乱，戎夷交侵，生民之命，急于倒悬，（冯）道自号"长乐老"，著书数百言，陈己更事四姓，及契丹所得阶勋官爵以为荣。……

　　世之当务乃是"正其王道"，士之本分乃是辅其王道。"仲尼无他也，述周公之道也"，儒家，无他也，传周孔之道也。由此，智圆提出了他独具特色的儒家道统理论：

　　　　孔子没、微言绝、异端起，而孟轲生焉，述周孔之道，非距杨墨。汉兴杂霸、王莽僭篡，杨雄生焉，撰《太玄》、《法言》，述周孔孟轲之道，以救其弊。汉魏以降，至晋惠不道、中原丧乱、赏罚不行，隋世王通生焉，修六经代赏罚以晋惠，始而续经，《中说》行焉，盖述周孔轲雄之道也。唐得天下，房魏既没，王杨卢骆作淫侈之文，悖乱正道。后韩柳生焉，宗古还淳，以述周孔轲雄王通之道也。②

　　当代学者包括漆侠先生等对于智圆的儒家道统观给予了极高的评价，

① "疑程侯碑"，《闲居编》卷二十五，第 902 页。
② "对友人问"，《闲居编》卷十六，第 890 页。

认为："把智圆所提出的儒家道统同此前韩愈提出的和此后宋代理学家二程朱熹们提出的儒家道统加以比较，就会看出：智圆大体上是从孔子以来儒家发展的脉络上，寻求儒家在各个时期中具有代表性的人物，因而所提出的儒家道统较为客观，也较为宽广和准确。韩愈提出的特别是宋代理学家如二程朱熹提出的道统，从他们那种狭隘的认识出发，以性理作为儒学发展的标准，连他们自己也高自标置，列于儒家道统中祖师爷的地位，以至把北宋初年以来规模开拓的宽厚的宋学，引导到死胡同里！"

关于智圆儒家道统，学者已有关注，但如果我们置身于宋初，发现还有许多需要进一步深入研究的问题：

一，上述智圆的道统说为：周——孔——孟——扬雄——王通——韩、柳，我们称之为"道统一"。不过，智圆的道统说不尽于此，"叙传神"："仲尼既没，千百年间，能嗣仲尼之道者，唯孟轲、荀卿、杨子云、王仲淹、韩退之、柳子厚而已"。智圆尝说"泊周、孔、荀、孟、扬雄、王通之书，往往行披坐拥"（《中庸子传下》），"孟轲荀况与杨雄，代异言殊道一同。夫子文章天未丧，又于隋世产王通"（读王通《中说》）等等，在这些话语中我们可以看到智圆的另一个道统说：周——孔——荀——孟——扬雄——王通——韩、柳，我们称之为"道统二"。这两个道统说之差别就是"荀子"。智圆思想中可能反映了北宋社会对于"荀子"的看法，智圆道统说可能前后有所变化①。

道统一应该是智圆早期的看法，道统二应该是智圆思想走向成熟后的选择。智圆"辨荀卿子"一文反映了五代北宋排斥荀子的原因，"陆鲁望以李斯学于荀卿，入秦为丞相，佞始皇，乃焚书坑儒，反责荀子不知斯之不仁而传其道，是昧于观听，因谓荀子之不贤非大儒也。"② 智圆认为"鲁望诬荀，亦已甚矣"，指出"唐虞、周公皆圣人也，而子有丹朱、商均之不肖，弟有管叔、蔡叔之不仁"，所以"安可以李之不仁责荀之不贤耶？"强调：

---

① 在智圆所开列的这个完整的"周孔道统"中，有许多思想值得进一步地研究和考察。关于智圆对韩愈思想的继承发扬，以韩愈反佛之炽，而智圆仍置之于道统，智圆道统说客观性、广阔性可见一斑。另外如，他极力推崇扬雄及其《法言》，然又撰文反对李轨、柳宗元、柳开等先儒的"文过"，认为他们这样做反"昧子云之道"耳！等等。

② "辨荀卿子"，《闲居编》卷二十五，第902—903页。

仲尼既没，异端丛起，正道焚如，天下生民不归杨则归墨。惟孟轲、荀卿子著书以明乎圣道，周游以说其时君，志在黜霸而跻王也，驱浇而归淳也。虽道不见用而空言垂世，俾百代之下，知去邪崇正，尊仁义，贵礼乐，有履而行者，则王道可复焉。故世谓大儒者必以荀孟配而称之。①

二、智圆在道统中强调的是"周孔之道"，特别是把周公作为儒家的理想人物。他说：

夫周公，大圣也。治其家，有治国之道，故能刑于四海，训乎万世也；罚者必以罪，赏者必以功，不畏强御，不侮鳏寡，是圣人之用心也。②

在五经之《礼》中曾记述了周公挞伯禽以示成王之事，郑康成的注中也"以成王之过击伯禽，则足以感喻焉"，智圆专门撰《周公挞伯禽论》非常肯定地说："吾谓周公无挞伯禽之事也，盖传之者滥耳，汉儒因而妄录焉，非圣师仲尼之所述也。康成随而妄注焉，非七十子之徒面受圣旨也。"为什么智圆认为周公无挞伯禽之事呢？智圆在历史上找到什么论据了吗？没有。智圆乃是以天台的理事相及的理论而推之：

（周公圣人用心）于民乃尔，况于己子哉！是故圣人意诚而后心正，心正而后身修，身修而后家齐，家齐而后国治，国治而后天下平。且伯禽传体也，苟无辜而受挞，是周公自挞于己身也。苟成王日十其过，则伯禽十受其挞，百其过则百受其挞。呜呼！伯禽无辜受挞，其狂滥无告者何甚乎？周公知无罪而挞之，其欺心亦何甚乎？夫瞽瞍之虐，舜未如是之甚也。何哉？夫瞽瞍实不识舜之贤且圣也，以情之所恶故虐之耳。周公知伯禽之无罪又非情之恶，但以成王有过故挞以威之者，则虐于瞽瞍远矣，岂圣人之用心哉！③

---

① "辨荀卿子"，《闲居编》卷二十五，第 902—903 页。
② "周公挞伯禽论"，《闲居编》卷十八，第 892 页。
③ 同上。

在此，智圆极力推崇周孔之道，因为孔道是理想，而周道是现实。智圆以周孔之道表达了他对"圣人用心"，家齐、国治而后天下平的社会理想。同时，也让我们可以充分看到，智圆与后世的宋学代表人物一样"好古"、"信古"而"决不迷古"，智圆"准的五经"不是汉儒章句式的"准的"，而是开宋学先河的义理式的"准的"，因而他对于五经以及四书中的一些章句大胆提出了质疑，例如在《录兼明书误》中，他指出丘光庭《兼明书》[①] 中有四个错误，涉及对《春秋》、《尚书》、《论语》、《史记》四书的内容。"光庭巨儒，是非或谬，，后之学者可不慎欤！"[②] 等等，其中所体现的怀疑精神是宋学精神中疑经与疑传思想的重要内容。

智圆的儒学思想，显然是继承了中唐以来韩愈（768—824）为代表的儒学复兴思想，而且韩愈的思想也确实受到了智圆的极大重视和推崇，"读韩文诗"曰："……天生韩吏部。叱伪俾归真，鞭今使复古。异端维既绝，儒宗阙皆补。高文七百篇，炳若日月悬。力扶姬孔道，手持文章权。来者知尊儒，孰不由兹焉。"[③] 智圆是宋初较早弘扬韩愈学说的人物之一，并把韩愈纳入到周孔轲雄王通之道统之中，不仅在客观上发扬了中唐以来的儒家道统说，更重要的是开发了韩愈的儒学复兴思想，具有重要的学术意义。

三、智圆对于王通的高度评价，"读《中说》"曰：

> 文中子始献《十策》于隋文，弗听，乃归隐河汾间，耕然后食，蚕然后衣，晏如也。既而嗟儒风之遗落，慨王道之颓丧，乃续六经作《中说》，以尧舜禹汤文武周孔之道，训哲贤弟子凡千余人。及唐之兴，辅太宗以致太宁几于王道者，悉仲淹之门人也。是知天将灭隋而昌唐，使文帝不能用其策，縻之以禄遂使退隐，教诲玄龄如晦征靖辈

---

　　① 丘光庭（生卒年不详），丘光庭的生活年代在主要史籍中并无记载，后人编纂的书目中有唐代、五代和宋三种说法，经考证他一生主要活动在唐末五代之时，当确凿无疑。丘光庭有著述留世，他的《兼明书》有三卷、四卷、十二卷等不同记载，经考证作五卷。参见徐利新《丘光庭年代、著作考》一文，《台州师专学报》2002 年第 24 期。

　　② "《兼明书》误"，《闲居编》卷二十六，《续藏经》第五十六册，第 903—904 页。

　　③ "读韩文诗"，《闲居编》卷三十九，《续藏经》第五十六册，第 867 页。钱穆先生认为"治宋学必始于唐，而以昌黎韩氏为之率"（钱穆：《中国近三百年学术史》，中华书局 1987 年版，第 1 页)，可知韩愈代表的中唐儒学复兴运动对宋学的影响之大，学者已言之多矣，在此不再多述。

以为唐之贤也。是知太宗所行之道,文中子之道也。呜呼! 仲淹之道,美矣乎!①

智圆并不是宋初第一个发现王通的人,智圆指出第一人是孙汉公:

　　唐贤悉谓剽窃《论语》,故仲淹之道、《中说》之辞,没然不称,唯陆龟蒙、皮日休、孙郃稍道其美,而尚未能御其侮,以阐其幽也。洎圣朝孙汉公作《辨文中子》一篇,可谓御其侮、阐其幽也,使横议者不能塞路。由是后学耻不读仲淹之书,耻不知仲淹之道,使百世胥附于王通者,汉公之力也。②

但是,智圆指出,"汉公犹罪薛收等才薄,笔下不能实录善事,妄有增益,故使其间时等《论语》之句读,模仲尼之事迹",孙汉公把后世对王通的诟病归结于其弟子薛收等人才薄,不能够实事求是地记录王通的言行,而是随意增加。

并且,孙何的说法在宋代是有代表性的,司马光就认为,"余读其书,想其为人,诚好学笃行之儒,惜也其自任太重,其子弟誉之太过,使后之莫敢信也"③,并且说:

　　唐世文章之士传道其书者,盖读李翱以比太公家教,乃司空图、皮日休始重之。宋兴,柳开、孙何振而张之,遂大行行世,至有真以为圣人可继孔子者。

朱熹虽然认为王通之学"颇近于正而粗有可用之实也","仲淹之致

---

　　①　"读《中说》",《闲居编》卷二十六,第 904 页。既然王通之道乃周孔之道,为何韩柳后世不称王通呢? 对此,智圆也进行了分析:"吾窃量韩柳诸贤悉不称文中子者,为嫉其贤而欲扬己道邪? 为实不知其道而非之乎? 苟嫉而蔽之者,则诸贤未免为王通之杨墨也,岂不知后世有如孟轲者为通辟之乎? 苟实不知其道而非之,则汉公贤于唐贤远矣。智圆似乎更认可的是第二种观点,也就是韩愈、柳宗元"实不知其道而非之",因为不知王通之道与周孔之道同而非难王通。

　　②　同上书,第 904 页。

　　③　司马光撰《皇朝文鉴》卷一百四十九"文中子补传",上海商务印书馆缩印常熟瞿氏藏宋书,第 1517 页。

恳恻而有条理也"①，"他虽有不好处，也须有好处"②，但终究"不得为孟子之伦"也。

王通是儒学史上颇有争议的人物，宋代儒家学者对其褒贬不一，其书《中说》或《文中子》的真伪也是争议较多的一个问题，但宋学代表人物范仲淹以朱说而归宗更姓名，以"仲淹"自励，宋代形成的《三字经》以文中子为五子之一"五子者，有荀扬，文中子及老庄"，宋学对于王通的崇敬可知，此非孙何、司马光的看法所能实现的效应。

智圆的看法与孙何、司马光、朱熹的上述看法不同：

> 吾窃谓为不然，厥或仲淹事迹，偶同仲尼，岂令薛收蔽而不说乎？事有偶同，则汉公安知其妄也，岂以不同仲尼别作诡说者则皆实乎？其有等论语之句读者，模范其文以明其道，亦何伤乎？《论语》卫灵问阵于孔子，孔子答以俎豆；梁惠王问利国于孟子，孟子对以仁义；宋桓魋欲害孔子，孔子称天生德于予，桓魋其如予何？鲁臧仓毁鬲孟子，孟子曰予之不遇鲁侯天也，臧氏之子焉能使予不遇哉？此皆与《论语》辞意符同矣！呜呼！《中说》之可非，孟子亦可非也，如其不尔，薛收之记言，亦无过也。③

智圆的思想在宋学初期和理学时期，多为时人接受。宋初三先生之一的石介在说《徂徕先生集》卷十二《上赵先生书》一文中把王通比作五百年才出现的大圣人，他说：

> 传曰：五百年一贤人生。孔子至孟子、孟子至扬子，扬子至文中子，文中子至吏部，……其验欤？孔子、孟子、扬子、吏部，皆不虚生也。存厥道于亿万世，迄于今而道益明也。名不朽也。

程颐程颢兄弟更是认为王通之学在荀、扬二人之上：

---

① 《王氏续经说》，《朱文公文集》卷六十七。
② 《朱子语类》卷一三七。
③ "读《中说》"，《闲居编》卷二十六，第 904 页。

隐德君子也。当时有些言语，后来被人付会，不可谓全书。若论其粹处，殆非荀、扬所及也①。

程伊川亦曰："文中子格言，前无荀卿、扬雄也。"②

程颐在《上仁宗皇帝书》中甚至把王通与孟子和董仲舒并举，而且表示自己所学乃此三子之道："昔汉武笑齐宣不行孟子之说，自致不王，而不用仲舒之策；隋文笑汉武不用仲舒之策，不至于道，而不听王通之言。二主之昏，料陛下亦尝笑之矣，臣虽不敢望三子之贤，然臣之所学，三子之道也。"③ 陆象山也是同样肯定荀扬王韩诸人在儒学史上的功绩的。他说："由孟子而来，千有五百余年之间，以儒名者众，而荀、扬、王、韩独著，专场盖代，天下归之，非止朋游党与之私也"④ 等等。

从宋学形成时期和理学发展时期后人对儒学人物的评价，可知，智圆以"准的五经"思想，扬"周孔之道"，"以正王道"的历史观相对比较客观地，更多地立足于社会进步和社会秩序的建立上，也就是宋学精神中所宣扬的"公天下之是非"的历史哲学。但在智圆的时代，其道甚孤，世人难晓。以宋学广为大众所知的韩愈而言，在智圆生活的时代，仍是不为人知。对此，欧阳修有所记载。天圣元年，即智圆圆寂后的第二年，十七岁的欧阳修在随州解试落第，他在晚年所作"记旧本韩文后"中这样写道：

年十有七，试于州，为有司所黜。因取所藏韩氏之文，复阅之。则喟然叹曰：学者当至于是而止尔。因怪时人不知。

是时，天下学者，杨刘之作，号为时文。能者取科第、擅名声，以夸荣当世，未尝有道韩文者。⑤

智圆之孤，可想而知。智圆诗文中多有"寂寥"之词，虽是对景及身，更多的应该是对自己思想的描述。智圆独特的历史观，还表现在他对许多历史人物进行了评价，如夷齐、严光、项羽、西施、昭君、屈原等

---

① 《二程遗书》卷十八。

② 《河南邵氏闻见后录》卷四。

③ 《上仁宗皇帝书》，《二程文集》卷五。

④ 《与侄孙浚书》，《陆九渊集》卷一。

⑤ 《居士外集》卷二三，参见（宋）欧阳修《欧阳修全集》，中国书店 1994 年版，第 536 页。

等，又多借老将、贪泉、仆夫等来表达，立论往往与众不同，表达了其特立独行的历史观。以宋人多爱描写并寄托了丰富内涵的昭君为例，宋学发展顶峰时期王安石、司马光都有昭君诗词传世①。王安石《明妃曲》曰"意态由来画不成，当时妄杀毛延寿""寄声欲问塞南事，只有年年鸿雁飞"，司马光《明妃曲》言"愁坐冷冷调四弦，曲终掩面向胡天""妾身生死知不归，妾意终期悟人主"。而智圆的《昭君辞》很短，我们抄录如下："昭君停车泪暂止，为把功名奏天子。静得胡尘唯妾身，汉家文武合羞死。"② 一个美丽而娇弱的女子，孤独地踏上了远走荒漠、北上和亲的道路，其伤悲离情、凄苦寂寞可想而知，而智圆强调的却是昭君的"有功"于汉室，"静得胡尘唯妾身，汉家文武合羞死"。且不论王安石、司马光、智圆的昭君诗词在文学上的优劣，也不论是否符合历史的史事，仅就宋学所宣扬的事功思想来看，智圆高出一筹也。智圆历史思想之"特立独行"，于宋学先觉亦可见之也。

4.2.3　倡导中庸之功

前面已言及，漆侠先生因为对智圆中庸思想的推崇而把智圆作为宋学形成初期的重要环节，但在最后的结论中又把智圆作为宋学中的理学而不是宋学先觉。为什么会出现这种情况呢？我们首先来看一下漆侠先生的结论：（1）"（儒家讲入世……而佛家讲出世……）儒佛两家既然存在这一根本性的差异，中庸之道与中道义也就存在根本性的不同"（2）"（智圆）他们作为这个时代的先觉者，对宋学的形成和发展，特别是宋学中的理学的形成和发展，有着极其明显的作用"。③ 然而就漆侠先生以上两

---

① 因其诗词都较长，在此仅择其要，读者请参见漆侠先生《王安石变法》中"王安石的《明妃曲》"一文，其中收录有完整的王安石、司马光的昭君诗词。

② "昭君辞"，《闲居编》卷四十六，第933页。

③ 另外，韩毅的博士论文《宋代僧人与儒学研究》在有宋一代近三百年的历史中选择四位僧人，分别为智圆、契嵩、宗杲、志磐为代表来论述宋代僧人与儒学的交涉，他对智圆的研究和侠先生理路大致相同，但更加细致和清晰。对智圆儒学思想分为四个方面来论述：智圆对儒家反佛思想的认识和回应、对儒学思想的认识和看法、对儒家伦理思想的认识与态度、对儒家史学思想的认识与批判、对儒佛道关系的认识与看法，请读者参看。还有如台湾地区刘贵杰教授"从智圆思想看佛法与儒学之交涉"，台湾地区蒋义斌教授《孤山智圆与其时代——佛教与宋朝新王道的关系》等文章，简要而理贯，也请读者参看。

个问题与其理论中的冲突并未明确论及。台湾蒋义斌教授似乎也看到了漆侠在论述上存在的困惑，他在《孤山智圆与其时代——佛教与宋朝新王道的关系》，他在注中说道："漆侠先生……与本文的论旨不合"，但未作任何更多的解释①。本书认同蒋义斌先生的观点，而漆侠先生之所言起点和结论发生偏差，主要在于对智圆思想中的"中道"理解不够准确。试论之。

　　智圆在《中庸子传》（上、中、下三篇）中集中论述了他以中庸子自号的原因："尝砥砺言行以庶乎中庸，虑造次颠沛忽忘之因以中庸自号，故人亦从而称之。"② 中庸的思想集中体现在《中庸》③ 的第一段中，《中庸》第一段为《中庸》的纲要④：

　　　　天命之谓性，率性之谓道，修道之谓教。道也者，不可须臾离也，可离非道也。是故君子戒慎乎其所不睹，恐惧乎其所不闻。莫见乎隐，莫显乎微，故君子慎其独也。喜怒哀乐之未发，谓之中；发而皆中节，谓之和。中也者，天下之大本也；和也者，天下之达道也。致中和，天地位焉，万物育焉。⑤

　　其中"天命之谓性，率性之谓道，修道之谓教"一句成为宋儒最广为引用之语，这句话中提出了宋学最为重视的几个基本范畴："命"、

---

　　①　蒋义斌教授的观点是"（智圆）用天台宗空、假、中三观，说明佛教的一心三观，其实是优于儒家"。

　　②　"中庸子传上"，《闲居编》卷十九，第 894 页。

　　③　中庸之道的发展大致经历了四个阶段：第一阶段，孔子提出中庸之道；第二阶段，子思撰《中庸》把中庸之道系统化；第三阶段，中唐时期，韩愈李翱以中庸为复性之道；第四个阶段，宋代以《中庸》为四书之一，成为儒学的核心经典。宋以前《中庸》一直是沉寂于《小戴礼记》中不为所知，入宋以后才才身价百倍，为宋儒所尊。而一般讲到第四个阶段，多说二程与朱熹之功。事实上，从目前看到的资料来看，智圆方是入宋以后倡导中庸的第一人。此节并未对智圆思想进行全面的探讨，而是针对漆侠先生《儒家的中庸之道与佛家的中道义——兼评释智圆有关中庸中道义的论点》一文论述所作的回应，参见漆侠：《宋学的发展和演变》，河北人民出版社 2002 年版。

　　④　由于南宋理学大家朱熹《四书集注·中庸章句》中说："中者，不偏不倚、无过不及之名。庸，平常也。"又引程子的话曰："不偏之谓中，不易之谓庸"，世人对于《中庸》的理解多从不偏不倚、平庸的角度理解，这可能是由于宋明理学影响所形成的错误观点。

　　⑤　《四书集注》，（宋）朱熹集注。

"性"、"道"、"修"、"教"。前三个范畴是宋学和理学都关注的，而后两个更是宋学所强调的："修"与"教"。

"性""命"是天道，"修""教"属人事，宋学乃是体天道而达人事的学问。智圆以"中庸子"自号，其中的内涵之一就是体达天道而行人事。"体天道而行人事"是智圆思想和宋学思想一贯的思想追求。

漆侠先生在解释"中道"义时，依据的主要是《中庸子》（上）中的一句话"释之言中庸者，龙树所谓中道义也"，漆侠先生以龙树的中道义来解智圆的中庸思想。毫无疑问，龙树中道义是智圆中庸思想的重要内核。不过，智圆所说的龙树中道义和漆侠先生所说略有不同。漆侠先生所说乃是印度思想中般若中观学之龙树中道，智圆所说乃是中国天台宗思想中三观思想中的中道第一义谛。

龙树被称为天台宗的宗祖，智圆认为天台一性之宗是经由龙树才确立的：

孤山《祖承》云："佛灭度后十有三世，至龙树大士。始用文字，广第一义谛。嗣其学者号法性宗"。[①]

《闲居编》中也多有此类说法：

伊昔龙树传文殊之道，辞而辟之，故一性之宗盛乎天竺；智者传龙树之学，引而伸之，故三观之义盛乎震旦。[②]

但是，同为龙树之"中道"，在印度中观学之"中道"，重点在缘起，"因缘所生法，我说即是空。亦为是假名，亦是中道义"，而智者大师在天台三观之中道强调的乃是"从假入空"——"从空入假"——"中道第一义谛"，重点乃在假有。正如张风雷教授在《天台佛学的入世精神》中所分析的，在这种"三谛圆融"说不难看出，智顗不仅把空性、中道视为宇宙万法的真实本性，而且还认为，万事万物假名假相的存在也是宇

---

① 《释门正统》卷一 "天台高祖龙树菩萨本纪"，《续藏经》第七十五册，第 261 页。《闲居编》中也多有此类说法。

② "祭祖师文"，《闲居编》卷十七，第 890 页。

宙存在的真实相状与状态。不仅悟"中"即悟"空"、"假"，悟"空"即悟"假"、"中"，而且悟"假"也同样能够悟"空"、悟"中"。这种思想与智顗的现象与本质内在统一的"诸法实相"论是完全一致的，同样体现了《法华经》"世间相常住"的精神。

所以，虽然同为龙树"中道"，印度中观学派强调的是"性空"，天台三观思想说的乃是不离空假而即中道。智圆正是继承了智顗这种入世的精神，所以，"中庸子传（上）"中说：

> 适言其有也，泯乎无得，谁云有乎？适言其无也，焕乎有象，谁云无乎？由是有不离无，其得也，怨亲等焉，物我齐焉，近教通焉，远理至焉。无不离有，其得也明焉，善恶分焉，戒律用焉，礼义修焉，大矣哉，中道也！①

智圆所说"龙树中观"正是指以龙树为初祖的中国天台宗止观思想中的中道第一义观，乃是体达天道人事不二而二的圆融中道思想②，它是不离世间、不离佛法而常中道的思想，它不是一般认为出世的、虚空的、消极避世的。正因为如此，智圆才能以三观思想来简择儒释道三教思想和经典，从而在宋学史上"立德""立功""立言"于世。

---

① "中庸子传（上）"，《闲居编》卷十九，第 894 页。
② 张风雷教授在《天台佛学的入世精神》一文中指出：天台思想中强调"圆中"和"但中"的区别，在《法华玄义》卷二下，智顗约着藏、通、别入通、圆入通、别、圆入别、圆之判教，对佛教的"七种二谛"和"五种三谛"说作了详尽的分析，指出：藏、通（共般若）二教仅言二谛，不明中道；别入通虽以"非有漏非无漏是中"，然其所谓的"中""但异空而已，中无功用，不备诸法"；别教以"不有不空"为中，然其所谓的"中"也只是"中理而已"；圆人通、圆人别二教分别以"非漏非无漏具一切法"和"一切法趣不有不空，具足佛法"为"中"，虽然在一定程度上避免了通教和别入通的"但中"之弊，但是它仍然不是真正的"圆中"；智顗指出，真正的"圆中"是"一切法趣有趣空趣不有不空"，在圆教中，"非但中道具足佛法，真、俗亦然，三谛圆融，一三三一"。智顗对"七种二谛"和"五种三谛"的分析，详见《法华玄义》卷二下，《大正藏》卷 33，第 702—705 页。由此可见，"圆中"与"但中"的根本区别就在于它"含备诸法"，而不仅仅是一个空洞的"中理"而已。天台佛学不仅像一般的大乘佛教那样反对"但空"，而且还进一步反对"不备诸法"的"但中"，强调圆教的"中"不同于一般所谓超然于空、有之外或之上的"离二边"的空洞"中理"，它不是以牺牲"空"、"假"为代价的，而恰恰是与"空"、"假"平等互具、圆融无碍的。在一定意义上可以说，智顗的"三谛圆融"学说，正是为了破除一般大乘佛教派别执着于"但中之理"的"内邪见"而提出来的。

　　因为以智圆为代表的宋学先觉的大力提倡，与汉以来《中庸》的命运颇为不同①，北宋士大夫普遍重视《中庸》。四库全书《中庸辑略》一书提要中指出："迨有宋诸儒，研求性道，始定为传心之要，而论说亦遂日详。"② 考两宋 320 年间，论述《中庸》的专著和论文不下上百种，苏轼、王安石、司马光、程颢、朱熹等都倍加重视，广为阐发。以朱熹为例，著有《中庸章句》、《中庸辑略》，纂有《十先生中庸集解》并作序，还作有《读中庸法》等文，他的《四书集注》中的《中庸注》更是广为所知。《中庸》是理学的根本经典之一的观念已被普遍接受，事实上，《中庸》亦是宋学的根本经典之一，是北宋儒学复兴的根本经典之一。然而，理学和宋学在《中庸》一书上的着力点各有不同。

　　士大夫最早关注《中庸》者，一般认为应属范仲淹和欧阳修。范仲淹在宋仁宗康定年间（1040，庆历新政前夕）在西陲边防时，曾教导后来的理学家张载去读《中庸》：

　　　　当康定用兵时，〔张载〕年十八，慨然以功名自许……〔范仲淹〕乃责之曰：儒者自有明教，何事于兵！因劝读《中庸》③。

　　欧阳修则在作于宋仁宗景祐三年（1036）的"读李翱文"④ 中说道：

　　　　予始读翱《复性书》三篇，曰：此中庸之义疏尔。智者诚其性，当读《中庸》。⑤

---

　　① 两汉未见对《中庸》的注疏，梁武帝作《中庸讲疏》，已佚失，见《隋书》卷三二《经籍志一》著录。

　　② 《中庸辑略》提要，四库影印本，第 198—555 页，转引自《宋学的发展和演变》，第 147 页。

　　③ 吕大临：《横渠先生行状》，《张载集》，中华书局 1978 年版。另外，宋代笔记亦有此说，然此说不足可信。

　　④ 漆侠先生认为："范仲淹对《中庸》的重视，也许还早于欧阳修"，从目前的记载还不能证明此说。

　　⑤ 《居士外集卷第二十三》杂题跋，（宋）欧阳修撰《欧阳修全集》，中国书店 1994 年版，第 532—533 页。

　　而《中庸》在宋真宗时代得到重视并在社会中广泛传播，是学术界的大事。宋真宗景德四年时，因邢昺的建议，而重视《中庸》，[①] 此后，北宋皇帝常有赐《中庸》予新及第进士之举。天圣五年（1027），仁宗送给新科进士的见面礼就是《中庸》[②]。到了宋仁宗时代之后，宋儒开口议论往往引《中庸》以为证，欧阳修说："《中庸》曰'天命之谓性，率性之谓道'者，明性无常，必有以率之也"[③]。苏轼曾撰有《中庸论》（上、中、下）三篇，并认为《中庸》之要有三："其始，论诚明之所入；其次，论圣人之道所从始，推而至于其所终极；而其卒乃始内之于中庸。盖以为圣人之道，略见于此矣！"[④]

　　正如漆侠先生所说："《中庸》这本书，既然对振兴和弘扬儒学是如此重要，那么，宋代首先发现这部书的内在价值，自己又'砥砺言行，以庶乎中庸'的释智圆被陈寅恪先生誉为'宋代新儒家的先觉'，也就可以理解了"。智圆曾引《论语》"中庸之德，人鲜久矣"，自说"而能以中庸自号，履而行之者，难矣哉"！孤山能于北宋初年首畅《中庸》，对宋学影响可谓大矣。

4.3　古文思想与性情说

4.3.1　古道与古文

　　通过前文的分析，我们知道，以智圆为代表的宋学先觉们以五经之学和周孔之道为根本，力图通过重振"斯文"之风，来实现儒学的复兴，可知北宋的古文运动与儒学的复兴紧密相关不可暂离。早在宋太祖之世，

---

　　①　《续资治通鉴长编》卷 66，第 1483 页，载：（邢昺）入辞日，赐袭衣、金带。是日，特开龙图阁，召近臣宴崇和殿，上作诗二章赐之，预宴者咸赋。昺视壁间尚书、礼记图，指《中庸》篇曰："凡为天下国家有九经。"因陈其大义，上嘉纳之。（宋）李焘撰，中华书局 2004 年版。

　　②　《续资治通鉴长编》卷 105，第 2439 页，天圣五年四月辛卯条载：赐新及第人闻喜燕于琼林苑，遣中使赐御诗及《中庸篇》一轴。上先命中书录《中庸篇》，令张知白进读，至修身治人之道，必使反复陈之。

　　③　（宋）欧阳修撰："答李翊第二书"，《欧阳修全集》，中国书店 1994 年版，第 319 页。

　　④　（宋）苏轼撰："中庸论上"，《苏东坡全集》，中国书店 1994 年版，第 760 页。

即有有识之士力图改革文体，恢复古道。比较有代表性的如高锡（？—983）。高锡在太祖朝，尝任知制诰，与梁周翰、柳开、范杲等为文习尚淳古，《宋史》中有"高、梁、柳、范"之称①，王禹偁亦颇推重高锡，在《五哀诗》中写道："文自咸通后，流散不复雅。因仍历五代，秉笔多艳冶。高公在紫微，滥觞诱学者。自此遂彬彬，不荡亦不野。"② 其后，柳开等亦倡导古文③。对此，学术界已多有论述，可参见。

虽然，宋初以来，逐渐形成了对古文的重视，然而什么是古文？这个问题似乎一直未得到解决，智圆的古文思想是建立在他的"准的五经"和"周孔之道"的基础上的。孤山智圆《闲居编自序》中说"好读周孔扬孟书，往往学为古文以宗其道"。在"李秀才书"、"送庶几序"、"《钱唐闻聪师诗集》序"等文中都表达了他的思想。

在"送庶几序"中，当律僧庶几恭敬地向他求学"古圣人之文"时，智圆的欣喜可想而知："吾甚壮其志，以其能倍俗之好，尚慕淳古之道，斯则睎骥之徒也。""然吾于学佛外，考周孔遗文，究杨孟之言，或得微旨。若不以吾为不肖，欲从吾学吾于古圣人之文，岂有隐乎！"

智圆非常明确地告诉庶几：

　　夫所谓古文者，宗古道而立言，言必明乎古道也④。

"古文"的核心是"古道"，那么，古道者何？

　　圣师仲尼所行之道也。昔者仲尼祖述尧舜宪章文武，六经大备，要其所归，无越仁义五常也。仁义五常谓之古道也。⑤

这个古道也就是"准的五经"的周孔之道，智圆在此更进一步把

---

①　《宋史·高锡传》、《宋史·梁周翰传》。

②　《小畜集》卷四。参见徐规《王禹偁事迹著作编年》，商务印书馆 2003 年版，第 51 页。

③　柳开：补亡先生旧号东郊野夫者，既著野史，后大探六经之旨，已而有包括扬、孟之心，乐为文中子王仲淹，齐其述作，遂易名为开，字曰仲涂。其意为将开古圣贤之道于时也……《河东先生集》卷二《东郊野夫传》卷五《答梁拾遗改名书》。

④　"送庶几序"，《闲居编》卷二十九，《续藏经》第五十六册，第 908 页。

⑤　同上。

"准的五经"和"周孔之道"的根本归结为"仁义五常"。为古文的步
骤，智圆将之分为两步。第一步是要得周孔之道于心：

> 若将有志于斯文也，必也研几乎五常之道，不失于中而达乎变，
> 变而通，通则久，久而合道。既得之于心矣，①

第二步是为古文之事功，或者"为文之志"：

> 然后吐之为文章，敷之为教化。俾为君者如勋华，为臣者如元
> 恺，天下之民如尧舜之民，救时之弊，明政之失，不顺非不多爱，苟
> 与世龃龉，言不见用，亦冀垂空言于百世之下，阐明四代之训，览之
> 者有以知帝王之道可贵，霸战之道可贱，仁义敦，礼乐作，俾淳风之
> 不坠而名扬于青史。盖为文之志也。②

从以上孤山智圆所说可以看出，智圆所说古文乃是"周孔之道"得
之于心，发乎于言，而不是"涩其文字，难其句读，然后为古文也"。而
那种"涩其文字，难其句读"，智圆称之为"老庄杨墨异端之书"，认为
那不是古文。为什么呢？智圆认为：

> 老庄杨墨，弃仁义，废礼乐，非吾仲尼祖述尧舜宪章文武之古
> 道也。③

依此为论，智圆把历史上的为文者进行了一个"杂"与"纯"的
区分：

> 故为文入于老庄者，谓之"杂"；宗于周孔者，谓之"纯"。马
> 迁班固之书，先黄老，后六经，抑忠臣，饰主阙，先儒文之杂也；孟

---

① "送庶几序"，《闲居编》卷二十九，《续藏经》第五十六册，第 908 页。
② 同上。
③ 同上。

轲扬雄之书，排杨墨，罪霸战，黜浮伪，尚仁义，先儒文之纯也①。

正是在以上思想的主导下，智圆对古文的实质有着深刻的认识：

> 吾尝试论之。以其古其辞而倍于儒，岂若今其辞而宗于儒也？今其辞而宗于儒，谓之古文，可也；古其辞而倍于儒，谓之古文，不可也②。

智圆的古文思想有着极强经世济用的思想，所以智圆在"评钱唐郡碑文"时，不以文而以道作为评价标准，就非常自然了："夫文者，明道之具，救时而作也。使乐天位居宰辅者，则能以正道相天子，惠及于苍生矣。见四海九州之利害，皆如西湖也；察邦伯牧长之情伪，皆如县官也；礼刑得中民无失所，如湖水畜泄以时也；仁心仁政尽在斯文矣。"所以智圆"无所取于"时人所认可的三篇钱塘郡的唐贤遗文：卢元辅《胥山碑铭》、元稹《石经记》、白居易《冷泉亭记》，而取白居易的《石函记》，原因就在于"吾以道取。如以辞取，《石函》之文，甘居其下"③。

智圆"文之道"的内容是非常明确的：

> 夫论文者多矣，而皆驳其妖蛊，尚其淳粹。俾根抵仁义，指归道德，不尔，而但在文之辞，似未尽文之道也。愚窃谓：文之道者三。太上，立德；其次，立功；其次，立言。德，文之本也；功，文之用

---

① "送庶几序"，《闲居编》卷二十九，第908页。

② 同上。[日] 东英寿在论述到宋初古文运动时说道："值得强调的是，这样的古文特色是用所谓的'拙涩'的评语来表现的。此外，时代略后一些，与欧阳修差不多同时活跃的僧人智圆和尚（1061年卒）在《送庶几序》（《闲居编》卷二九）中是这样论述当时的古文倾向的：'非止涩其文字、难其句读，然后为古文也'。智圆认为古文具有表现晦涩、难以分辨句读、难以理解的特色"。很显然，东英寿的论述中有两个致命的错误：第一，智圆生卒年为976—1022年，要早于欧阳修等人；第二，东英寿所引用的智圆的话语，是智圆所反对的古文观，"果以涩其文字，难其句读为古文者，则老庄杨墨异端之书，亦何尝声律耦对邪？"东英寿的后一个错误具有一定的代表性，对智圆古文观的误解亦如山外之说可知矣。

③ "评钱唐郡碑文"，《闲居编》卷二十五，第901—902页。

也；言，文之辞也。①

　　智圆非常清晰地分析了"文之道"有三个层次：本、用、辞，文之本是"德"，文之用是"功"，文之辞是"言"。智圆进一步分析了什么是"德"、什么是"功"、什么是"言"：

　　　　德者何？所以畜仁而守义，敦礼而播乐，使物化之也。功者何？仁义礼乐之有失，则假威刑以防之，所以除其灾而捍其患也；言者何？述其二者以训世，使履其言，则德与功其可至矣。②

然则，本以正守，用以权，既辞而辟之，皆文也。故曰：仲尼祖述尧舜，宪章文武焉。尧舜，非德邪？文武，非功邪？故愚尝以仁义之谓文，故能兼于三也，以三者岂越仁义哉？

　　智圆的古文观还应该包括他的古诗观。《闲居编》中收录了智圆 380 余首诗，应属于北宋早期最多产的诗僧之一。北宋是一个盛产诗僧的年代。梅尧臣《答新长老诗编》云"江东释子多能诗，窗前树下如蝉嘶"③。厉鹗《宋诗纪要》著录宋代诗僧 261 人（包括无名释子 8 人），北京大学《全宋诗》第 1 至 23 册中，共得诗僧总计 344 人，除个别属南宋外，大多诗僧集中在北宋。

　　然而，不仅宋人而且今人对诗僧大多评价不高。欧阳修曾记言"当时有进士许洞者，善为辞章，俊逸之士也。因会诸诗僧，分题出一纸，约曰：'不得犯此一字'。其字乃：山、水、风、云、竹、石、花、草、雪、霜、星、月、禽、鸟之类，于是诸僧皆搁笔"④。欧公此言固无褒贬之意，然而僧体诗的局促由此可见。钱钟书先生的《谈艺录》云："僧以诗名，若齐己、贯休、惠崇、道潜、惠洪等，有风月情，无蔬笋气；貌为淄流，

---

　　①　《闲居编》卷二十四，第 900 页。这位李秀才也是一位古文的爱好者，也可能是早期的一位推动者，与孤山互引为知音。智圆有首"李秀才以山斋早起诗见赠因次韵和酬"就是赠给他的，另外有一篇文章"答李秀才书"也是赠给他的。这位李秀才也是一位古文的爱好者，也可能是早期的一位推动者，与孤山互引为知音。

　　②　《闲居编》卷二十四，第 900 页。

　　③　《宛陵先生集》卷九。

　　④　（宋）欧阳修撰：《诗话》，《欧阳修全集》，中国书店 1994 年版，第 1036—1037 页。

实非禅子，使蓄发加巾，则与初服之无本（贾岛）、清塞（周朴）、惠铦（葛天民）辈无异。……固不能以禅悦道腴苛求诸家诗矣"。①

欧阳修、钱钟书先生的话语，斯有理也，显然对于北宋的大多数诗僧都适用。宋代诗僧的士大夫化和世俗化亦成为共知的倾向，干谒权贵，奔走公卿之门，交游名士，甚而放浪形骸，作绮语艳词。而北宋诗僧中宋代社会对于佛教的士大夫化似乎是接受的，对于僧诗的评价也就完全放在士人诗歌传统的坐标系中，而对于他们的身份做了有意或无意的忽略。

然而智圆的诗词与一般僧诗风格截然不同。首先，智圆的诗文题材非常广泛，儒释道、经史子集都可入诗，前《昭君辞》即可见一斑。另外，虽然，智圆的诗歌中也多见山水风云之类，但"诗以言志"、传"周孔之道"的思想在智圆诗歌中非常突出，使智圆区别于一般的诗僧，甚至于北宋的很多文人士大夫。

智圆"准的五经"，对于五经之《诗》，他说道：

> 夫诗之道，本于三百篇也，所以正君臣，明父子，辨得丧，示邪正而已。②

而智圆之所以对李白的诗显然比较偏爱，原因也很清楚：

> 其为诗气高而语淡，志苦而情远，其辞与古弥异，其道与古弥同③。

同样，和古文一样，智圆在诗学中看重的是"道"与"志"：

> 诗者，志之所之也！④

智圆能够任意运用散文、骈体文、律诗（有五言和七言）、古诗等形

---

① 钱钟书：《谈艺录》（补订本），中华书局1984年版，第226页。
② "松江重祐和李白姑熟十咏诗序"，《闲居编》卷三十三，第914页。
③ 同上书，第914页。
④ "远上人湖居诗序"，同上书，第914页。

式。与柳开等不同，智圆并不排斥骈体文。古文者，行古道之文也，而非古涩之文也，智圆熟读《诗经》，早攻唐律，喜爱李白和白居易，智圆《闲居编》中既有散文，也有四六骈文，并且他在很多佛教论文中也大量运用骈文。骈文音律明快，流畅，行以古道，尤能体现中国文字之美。吴遵路在《闲居编序》中称"质而不野，文而不华；敷演真宗，辟圣人之户牖；导扬名教，示来者之楷摸，则于圆公上人之文而见之矣"①，其实然也。智圆的选择，也是宋代大多数学者的选择，以应用为主的四六骈体文大兴于时，不仅"古文八大家"中欧阳修、王安石和三苏、范仲淹等，他们写的"四六文"不仅在当时脍炙人口，即使到今天，说理之清，记事之明，言志之深，读来也令人钦服不已。

智圆的古文思想在宋真宗的时代，儒学尚未复兴，古文刚刚兴起，智圆"宗古道而立言"，尚"为文之志"，殊为难得，且题材极为广泛。后人在述及宋初诗文时，多有白体、崑体、晚唐体之说，元初方回云："宋划五代旧习，诗有白（体）、昆体、晚唐体……晚唐体则九僧最为逼真。"②

欧阳修退居汝阴后所集《诗话》中，记述了北宋初年九僧诗的情况："国朝浮图，以诗名于世者九人，故时有集，号《九僧诗》，今不复传矣。余少时，闻人多称其一，曰'惠崇'，余八人者忘其名字也。……今人多不知有所谓九僧者也，是可叹也。"③又在《试笔》中感叹说"今世有九僧诗，极有好句。然今人家多不传，……今之文士，未能有此句也"④。成书于高宗绍兴十五年（1145）《宋朝事实类苑》中，江少虞也引录西昆诗人杨亿的口述云：

　　公尝言：近世释子多工于诗，而楚僧惠崇、蜀僧希尽为杰出。其江南僧元净、梦真，浙右僧宝通、守恭、行肇、鉴微、简长、尚能、智仁、休复，蜀僧惟凤，皆有佳句⑤。

---

① "《闲居编》序"，（宋）吴遵路撰《续藏经》第五十六册，第 865 页。

② 《桐江续集》。

③ （宋）欧阳修撰《诗话》，《欧阳修全集》，中国书店 1994 年版，第 1036—1037 页。

④ （宋）欧阳修撰《试笔》，《欧阳修全集》，中国书店 1994 年版，第 1050 页。

⑤ （宋）江少虞：《宋朝事实类苑》卷三八，上海古籍出版社 1981 年版，第 481 页。

　　根据今人吉广舆《宋初九僧事迹探究》中的考察①，九僧确定为：希昼、保暹、文兆、行肇、简长、惟凤、惠崇、宇昭、怀古九人。其中金华保暹、天台行肇、沃州简长为浙右僧，推断其中文兆、行肇、惟凤为天台僧，另，保暹为浙江普惠院僧，宗系不确；希昼"虽然出身剑南，但曾挂单孤山邻近的道场，是杭州西湖僧"等等。

　　智圆与九僧中的数位可能都有关系。九僧中和智圆最亲密的是保暹。《闲居编》中有三首诗是赠给保暹的，"赠诗僧保暹师"称赞保暹的诗"放意尚幽远，立言忌妖虫。旨哉天目集，四海争传写。上以裨王化，下以正人伦。驱邪俾归正，驱浇使还淳。天未丧斯文，清风千古振②"。又"赠诗僧保暹师"赞道："新编皆雅正，不待仲尼删"，"怀保暹师"有"高迹知何处，相怀早晚休"、"音书杳难寄，天阔水悠悠"等词。

　　智圆对惟凤的评价很高，智圆写了一首长长的诗"送惟凤师归四明"，其中赞道："未识凤师面，早熟凤师名。毓灵本岷峨，弱冠游神京。出处忌非类，交结皆名卿。高谈骇众听，雅唱归群英。"说自己与惟凤"论怀道且同，对坐眼弥青"。并在此诗中再一次表达了自己的"诗""道"观："论诗贵无邪，体道极无形"。

　　又，《闲居编》有"次韵酬邻僧昼上人"，与智圆为邻的林逋诗文中也出现有希昼，有《酬昼师西湖春望》③一首。"赠简上人"中有"别有幽期在，香灯老沃洲"可能指的就是简长。

　　又，简长、行肇都曾在京师译经院证义④，而智圆"寄辇下译经正觉大师"很可能指的是其中一位，智圆诗中"水国无归梦，年来帝泽深。梵书翻宋语，道论变吴音"。智圆与简长或行肇的交往，也可以帮助我们了解智圆何以在梵文翻译上有着极大的兴趣和独到的见解，《首楞严经》以，后世《翻译名义集》也多引智圆的解释，可知其思想的影响。但我们仍然不知道智圆是否懂梵文，可能性更大的是他乃是以义

----

　　①　吉广舆《宋初九僧事迹探究》（《中国禅学·第一卷》，吴言生主编，中华书局2002年版）。另见祝尚书《论宋初九僧及其诗》文，《四川大学学报》1998年第2期，也颇有得，敬请参考。

　　②　"赠诗僧保暹师"，《闲居编》卷四十四，第930页。

　　③　《林和靖集》卷三。

　　④　《佛祖统纪》卷第八记载，天禧四年（1020）时，真宗不许四明知礼遗身，"京师译经院证义简长、行肇二十三人各寄声诗赞美道德。《大正藏》第四十九册，第193页。

理贯通耳。

对于九僧与智圆的关系，我们知道的并不多，但由此也可看出，智圆与宋初"九僧"之交涉在北宋佛教史上、文学史上可能都有一定影响，历史上的智圆还有很多是我们今天难以知晓的。另外，智圆还曾先后为很多当时有名的诗僧的诗集写序，有明确记载的有钱塘崇远①、闻聪②、松江重祐③等，他提出诗歌要"善善恶恶"，要崇扬美好的，要对不好的提出批判，诗歌要达到"厚人伦，移风俗"的"诗教"目的，千万不可"华'而无根"。智圆除影响于天台、佛教、儒学外，于诗学又可见也。

4.3.2　性情与教学

智圆认为，心佛众生三无差别则性一也；而心、佛、众生虽一而三，修异也；天台佛性论强调十界四圣六凡性一修异，性一则平等、无善无恶、无真无妄、无净无秽、无君子小人焉，修异则有善有恶、有真有妄、有净有秽、君子小人区别焉。因此，智圆在性情论上提出了"性一情异"、"节情以中"的思想④。

智圆认为性、情与实相、万法一样，乃是不一不异的关系，所言智圆的性情论乃是"即情而性"，追求"节情以中"：

节情以中则可。噫！立言者，莫不由喜怒哀乐内动乎。夫喜而不

① "远上人湖居诗序"，《闲居编》卷三十三，第 914 页。

② 《闲居编》"钱唐闻聪师诗集序"，智圆另有"赠闻聪师"，称其"淡然尘虑绝，禅外苦风骚。性觉眠云僻，名因背俗高"，"次韵酬闻聪上人春日书怀见寄"有"寥寥此意将谁说？回首禅门有故人"，闻聪应是一位禅僧，且多与智圆交往。《闲居编》中还有一位诗僧"德聪"，"寄德聪师"有"古院稽山下，幽栖猷客寻。机心禅外尽，诗思病来深"以及"他时若招隐，香火继东林"应该是一位诗、净兼修的僧人，《佛祖统纪》卷十有"开元德聪法师"名，无传，与孤山智圆同门，当属天台宗山外派僧人，《大正藏》第四十九册，第 201 页。另外，《闲居编》还有数首诗赠"聪上人"，其中有"开琴鹤梦惊""秋露滴琴床"，似乎又是一位琴僧，不知所指为闻聪或德聪，也可能另有他人。

③ "松江重祐和李白姑熟十咏诗序"，《闲居编》卷三十三，第 914 页。另外，智圆也曾为湘川德圆、虞江咸润、雪溪清用、山阴智仁等讲达观之士的联诗集作序，"联句照湖诗序"，《闲居编》第二十九，第 909 页。

④ 吴忠伟在《中国天台宗通史》中对智圆的性情论进行了分析，特别从智圆真心论来理解智圆的性情说，足资参考，但他把智圆的性情论概括为"制情"，则恐怕不是很恰当。

节，则其言佞；怒而不节，则其言讦；哀而不节，则其言懦；乐而不节，则其言淫；乐不至于淫，哀不至于懦，怒不至于讦，喜不至于佞，恶则贬而惩之，善则褒而劝之，本之以道德，守之以淳粹，则播于百世，流乎四方，踵孟肩杨，谅无惭德矣！故曰："喜怒哀乐之未发，谓之中；发而皆中节，谓之和，中也者，天下之大本也；和也者，天下之达道也"①。

智圆的性情论显然受到了儒家经典《中庸》的影响。北宋儒学性情论往往上推至李翱的复性论，亦有将智圆性情论与之相提者，不过，智圆与中唐李翱的复性论有着本质的区别。

我们来比较智圆与李翱的性情论。智圆说：

山也，水也，君子好之甚矣！小人好之亦甚矣！好之则同也，所以好之则异乎？夫君子之好也，俾复其性；小人之好也，务悦其情。君子知人之性也本善，由七情而汩之，由五常而复之，五常所以制其情也，由是观山之静似仁，察水之动似知，故好之，则心不忘于仁与知也，心不忘仁与知则动必由于道矣！故曰："仁者乐山，知者乐水焉！"小人好之则不然，唯能目嵯峨耳，潺湲以快其情也，孰为仁乎？孰为知乎？及其动也，则必乖其道矣！②

李翱曰：

人之所以为圣人者，性也。人之所以获其性者，情也。情既昏，性斯匿矣。水之浑也，其流不清。火之烟也，其光不明。非水火清明之过。沙不浑，流斯清矣。烟不郁，光斯明矣。情不作，性斯充矣。性与情不相无，然无性则情无所生，是情由于性而生。情者，性之动也。百姓溺之而不能知其本。圣人者，人之先觉也。觉则明，否则惑。惑则昏，明与昏谓之不同。性本无有，则同与不同离矣。夫明者

---

① "答李秀才书"，《闲居编》卷二十四，第901页。
② "好山水辨"，《闲居编》卷二十五，第903页。

所以对昏，昏既灭，则明亦不立矣①。

一相比较，智圆"儒"，李翱"释"。两者在如何复性的问题上，更加明显。智圆说：

> 呜呼！人有振衣高冈，濯足清渊而心不能复其性，履不能由于道者，蚩走鳞介之好欤！②
>
> 由是登山则思学其高，临水则思学其清，坐石则思学其坚，看松则思学其贞，对月则思学其明，万境森列各有所长，吾悉得师而学之，万境无言而尚可学，人之能言虽万恶必有一善也。师一善以学之，其谁曰不然乎？③

李翱说：

> 或问曰：人之昏久矣，将复其性者必有渐，敢问其方？曰：弗虑弗思，情则不生。情既不生，乃为正思。正思者，无虑无思也。

智圆性情与复性是活泼的，更符合人性的。宋学之心性，不是李翱式"无虑无思"的，而是智圆式的"师（天地万物）之一善而学之"。而宋学的性情论不是李翱式的，是智圆式的，我们从宋学集大成者王安石对李翱的性情论所进行的驳斥中可以看到：

> 喜怒哀乐未发于外而存于心，性也。喜怒哀乐发于外而见于行，情也。性者，情之本。情者，性之用。性情一也。④

钱穆先生以为，"（王安石）荆公主张性情一，情亦可以为善，如此则一般性善情恶的意见已推翻，使人再有勇气热情来面对真实人生，此乃

---

① 李翱《复性书》上。
② "好山水辨"，《闲居编》卷二十五，第 903 页。
③ "勉学下"，《闲居编》卷二十，第 896 页。
④ （宋）王安石：《王安石全集》，上海古籍出版社 1999 年版。

荆公在当时思想界一大贡献"。王安石之时，智圆"性情"思想流布至少半个世纪以上。钱穆之言，恰恰证明了智圆性情论是宋学性情论的先觉。

智圆的性情说，乃是围绕"周孔之道"教化为中心，他指出："是故率天地之性而生者，心必则乎德义之经，口必道乎训格之言，言之所施期乎救弊，且句句警策，言言箴戒，尚虑无益于世，而代人竞以淫辞媚语，声律拘忌，夸饰器用，取悦常情，何益于教化哉？何益于教化哉？"① 智圆在此，提出了"天地之性"的概念。智圆圆寂半个世纪以后，在宋学鼎盛时期，道教张伯端（987—1082）和儒家张载（1020—1077）提出了"天地之性"与"气质之性"，并在中国哲学史上产生了巨大影响②。

而本书认为：智圆的性情与复性说更符合儒家传统，而李翱的《复性论》似乎阳儒而阴释，用佛性说。一般以为李翱的复性说对宋初儒学复性说产生极大影响，然而我们比较一下李翱复性说和智圆复性说的主旨，可以知道李翱之复性说是理学式的，而智圆复性说是宋学式的；前者是僧侣式的，是静的，沉寂的；后者是易学式的，是动的，活泼的。

智圆在教学上突出强调两点：一、明于君子小人之别，二、重视中人的教化。

智圆和宋学中代表人物一样，在教学中强调明于君子小人之别，智圆如宋学初期的代表人物石介一样，丝毫不掩饰自己对君子的爱慕和对小人的厌弃，他在"思君子歌"中唱道：

小人足谄媚，君子无猜忌。开口揄扬皆圣贤，满腹包藏尽仁义。修辞复古振淳风，折槛触鳞彰直气。善世既不伐，遁世亦无闷。自同流俗混光尘，不与常人斗分寸。展矣斯人欲见之，一夕辗转九回思。

---

① "答李秀才书"，《闲居编》卷二十四，第 901 页。

② 关于道教内丹学创始人张伯端思想和智圆思想的渊源，请参见本书第五章。张载的思想学者多有论述，其出入佛老的经历当无疑义，而且张载的思想就是直接与智圆为代表的佛教思想对抗而产生的。《正蒙·范育序》中写道，张载的时代："若浮屠老子之书，天下共传，与六经并行。而其徒侈其说，以为大道精微之理，儒家之所不能谈，必取吾书为正。世之儒者亦自许曰：'吾之六经未尝语也，孔孟未尝及也。'从而信其书，宗其道，天下靡然同风，无敢置疑于其间，况能夺一朝之辩，而与之较是非曲直乎！"（《张载集》，中华书局 1978 年版，第 4—5 页）范育所记述宋学顶峰时代的情况当为基本可信。张载欲立功于儒家，而撰《正蒙》与《横渠易说》，成为理学之渊源也。

　　终日踌躇无所遇，飒飒西风木叶衰。①

智圆还形象地把君子比作清风，小人比作酷热，他说："酷热如小人，到处苦相侵。清风如君子，时来宽我心。酷热驱不去，清风留不住。"②

　　《论语》中儒家思想传统就有君子与小人的泾渭区分。"君子周而不比，小人比而不周"、"君子怀德，小人怀土。君子怀刑，小人怀惠"、"子谓子夏曰：女为君子儒，无为小人儒"③。而在宋学思想中更是有着强烈的是非善恶观，明于君子小人之别，人人争当君子，耻于与小人交接，形成了北宋独特的君子观。例如，宋仁宗时期，以范仲淹、欧阳修为核心形成了一定的改革力量。蔡襄（1012—1067）中正刚直，曾作《四贤一不肖》诗，称赞范仲淹、欧阳修、余靖、尹洙为"四贤"，斥高若讷为"一不肖"。欧阳修于庆历四年（1044 年）撰千古流芳的《朋党论》一文，大力倡君子之朋，"君子……所守者道义，所行者忠信，所惜者名节。以之修身则通道而相宜；以之事国，则同心而公济，始终如一，此君子之朋也。"④ 正因为君子为朋，才在北宋形成了一股强烈的改革风潮，推动了庆历新政，并形成了宋学经世致用与心性之学并举的思想特点。

　　智圆教学中的第二个特点是重视中人的教化。智圆在《中人箴》序中："俾迁善而远恶者，惟中人可也"，箴中有"学宜择师，友宜亲仁"之句。智圆在《闲居编》中保留下来的《勉学》（上下）几可与荀子之《劝学》相媲美也。他在《勉学》中说道：

　　　　学不可须臾怠，道不可须臾离。道由学而明，学可怠乎？圣贤之域，由道而至，道可离乎？肆凡民之学不怠，可以至于贤；贤人之学不怠，可以至于圣。⑤

对于"圣人学邪？"这样的问题，智圆是连发感慨："是何言欤！是何言欤！""凡民与贤犹知学，岂圣人怠于学邪？"一般的百姓和贤者都知

① "思君子歌"，《闲居编》卷三十八，第 921 页。
② "酷热"，《闲居编》卷四十，《续藏经》第五十六册，第 914 页。
③ 《论语》"为政第二"、"里仁第四"、"雍也第六"。
④ "朋党论"，《居士集》卷十七，《欧阳修全集》，第 125 页。
⑤ "勉学"，《闲居编》卷二十，《续藏经》第五十六册，第 895 页。

道学习，岂能圣人反不知学习呢？智圆认为，学习不仅是人所专有，学习
乃是天地万物的法则：

> 夫天之刚也，而能学柔于地，故不干四时焉。地之柔也，而能学
> 刚于天，故能出金石焉。阳之发生也，而亦学肃杀于阴，故靡草死
> 焉。阴之肃杀也，而亦学发生于阳，故荠麦生焉。夫为天乎，地乎，
> 阳乎，阴乎，交相学而不息，所以成万物。天不学柔则无以覆，地不
> 学刚则无以载，阳不学阴则无以启，阴不学阳则无以闭。[①]

天能学柔于地，地能学刚于天；阳能学肃杀于阴，阴能学发生于阳。
天、地、阴、阳四者交相学而不息，才生成了万物。圣人则从天地之道，
所谓"圣人无他也，则天地阴阳而行者。四者学不息，圣人恶乎息"？
那么，圣人又是如何学习的呢？智圆认为"拔乎其萃，出乎其类"
的当属孔夫子，以夫子为例说"圣人之学"：

> 入太庙每事问，则是学于庙人也；三人行择其善者而从之，则是
> 学于偕行也；入周则问礼于老子，则是学于柱史也。岂仲尼之圣不若
> 庙人、行人、柱史邪？盖圣人惧夫不念正道而学之，则至于狂也矣。
> 故曰：必有如丘之忠信焉，不如丘之好学也！[②]

智圆说："知而学，圣人也；学而知，常人也。虽圣人、常人，莫有
不由于学焉！"圣人之学"无乃括羽镞砺使深入乎？"，就是要像括羽镞砺
不断深入而已。智圆对学习有一个很形象的比喻。他说："学犹饮食衣服
也。"虽然，人有圣、贤和众庶的区别，但是"饥索食、渴索饮、寒索
衣，则不异矣"，为愚为小人而不变的，就是由于不学习。如果人们都像
追求食物衣服一样去学习，"何患于不为博闻乎？不为君子乎？"[③]
正如钱穆先生在《初期宋学》所说："自东汉以下，朝廷博士制度已
衰，社会亦无讲学风，学业限于门第中，于是有佛教寺院，起而担当社会

---

① "勉学"，《闲居编》卷二十，《续藏经》第五十六册，第895页。
② "勉学上"，《闲居编》卷二十，第895页。
③ 同上书，第896页。

教育之职责。"① 尤其在唐末五代宋初儒学衰败之时，佛教寺院的社会教育功能不可忽视，而智圆在儒学尚未复兴之前、佛学正值鼎盛时期，对于"教—学"思想有着很明确、并且是极为自觉的认识。正是对于即将到来太平盛世的期望，推动着智圆以天台教学思想思考儒家教学，甚至整个社会的教化。在智圆的教学中，他不仅教佛学，还教古文、古诗、《中庸》等儒学，如智圆所说：

> 几（庶几）从吾学儒也，故吾以儒告之，不能杂以释也。几将从吾学释也，吾则以释告之，亦不能杂以儒也。不渎其告，古之道也。②

如钱穆先生所言，北宋初年，佛学实有功于儒学，宋学之形成与发展，智圆实有功也。

小　结

《论语》曰："士不可以不弘毅，任重而道远。仁以为己任，不亦重乎？死而后已，不亦远乎？"这是北宋士大夫之追求，也是宋学之追求，如上文所引范仲淹"每感激论天下事，奋不顾身"，这就是智圆所说"儒志气"之所在。智圆在宋真宗儒学坠地、佛教方盛之时，倡导"准地五经"、生生为《易》，发扬周孔之道，撰古文、号中庸子，实开宋学之先。智圆所开立的儒学主题，综古论今，气势开阔，虽限于僧人身份，未能更加广泛探讨及传播，但从其思想得经、史之深，与儒生的交往，以及从当时律僧庶几向智圆学习儒学的情形看，再加上《闲居编》在智圆圆寂前即经智圆审定并计划刊刻，智圆的儒学思想在当时两浙地区的影响，可能还多有未发覆之处，需要我们进一步地研究。

在智圆圆寂以后，天台宗的大德们逐渐认识到了儒释并进的重要，以

---

① 钱穆：《中国学术思想史论丛》（卷五）"初期宋学"，安徽教育出版社 2004 年版，第 1—2 页。

② "送庶几序"，《闲居编》卷二十九，《续藏经》第五十六册，第 908 页。

"慈云忏主"称名于世的遵式在《大悲观音栴檀像记（并）十四愿文》中说道宋仁宗嗣位三年之时"方帝之钦明文思光宅天下，亲族授民，上下咸帙"，而主张"儒释之典，偕务进修。"① 通过智圆二十余年的努力，对于儒学的重视已成为宋初天台宗的共识，换句话说，智圆大儒学先觉思想通过天台宗在11世纪的兴盛也必将得到传播。

　　而宋仁宗天圣年间的科场改革，复兴儒学，最重要的就是要学习经术与古文。嘉祐二年（1057），时以翰林学士而知礼部贡举的欧阳修在《条约举人怀挟文字札子》中说："臣伏见国家自兴建学校以来，天下学者日盛，务通经术，多作古文。"② 苏轼说："国家自天圣中，诏天下以经术、古文为事。自是，博学之君子，莫不群进于有司。"③ 经过三十余年的艰苦努力，宋代于11世纪四五十年代，形成了重五经、倡易学、行古道、撰古文，《中庸》性命之学与修教之学并举，儒学复兴和宋学形成的新气象。

　　① 遵式《天竺别集》。
　　② 《奏议集》卷十五，《翰苑》，第872页。（宋）欧阳修撰《欧阳修全集》，中国书店1994年版。
　　③ 《杂策·修废官举逸民》，（宋）苏轼撰《苏东坡全集》。

第 5 章

智圆道教思想与三教关系论

历史上，自从两汉之际佛教进入中国，儒、释、道三教之间，既有斗争，又有融合。《四十二章经》、牟子《理惑论》就包含着三教融合的思想，后来，如东晋庐山慧远、道士葛洪、隋末唐初王通、中唐柳宗元等都主张三教融通。而在经历了中唐以后至五代的混乱，进入相对稳定的北宋初年，随着经济的发展与信仰的混乱，三教的关系成为了一个突出的理论和现实问题，北宋初年的思想家们都积极认真地思索着探讨着议论着，士大夫阶层的反佛思想和言论日渐高涨，在孤山圆寂之后宋初三先生和欧阳修等人的反佛思想可谓臻于极致矣，却能消于弥迩，终于走向三教融合的局面。在这个历史的进程中，孤山智圆又起到了什么关键作用呢？

南宋正受（1146—1208），字虚中，号雷庵，南宋孝宗、光宗、宁宗时禅宗高僧，撰有《嘉泰普灯录》三十卷，是南宋禅宗比较有影响力的人物之一①。他于嘉泰年间（1201—1204）向宁宗进《圣宋嘉泰普灯录总目录》三卷，并《嘉泰普灯录》②，在"进《圣宋嘉泰普灯录》上皇帝书"开篇即引智圆之三教说：

> 月日（平江府报恩光孝禅寺臣）僧（正受）谨昧死上书皇帝陛下。（臣）闻孤山智圆之言曰："吾道如鼎也，三教如足也。足一亏而鼎覆焉"。（臣）尝慕其人，稽其说。乃知儒之为教，其要在诚意；

---

① "雷庵受禅师行业"，黄汝霖撰《续藏经》第七十九册，第269页。

② 《嘉泰普灯录》，宋代五大禅宗灯录之一。此外，《续藏经》中尚存正受文有：第十二册《楞严经合论》10卷，（宋）德洪造，正受会合；第十七册《楞伽经集注》四卷，正受集记。

> 道之为教，其要在虚心；释之为教，其要在见性。诚意也，虚心也，
> 见性也，异名同体。究厥依归，无适而不与此道会。圣帝明王以精一
> 相授，元默躬行，亦岂外是？智圆，其知言哉！①

正受慕智圆之人，稽智圆之说，赞智圆"其知言哉"。正受的说法应该是
具有代表性的，智圆三教鼎足的观点至少在南宋中叶仍然具有极大的影响
力。事实上，不仅在南宋，元代刘谧所撰《三教平心论序》在元以后有
极大影响②，其而《序》中直接引智圆之语：

> 孤山圆法师曰："三教如鼎，缺一不可"，诚古今之确论也！③

那么，在北宋初年智圆对三教关系进行了怎样的定位和解析，得到了
如正受、刘谧这些佛教与儒家学者的共同认可？在北宋初年反佛思想极为
高涨、儒学即将复兴的历史关头，智圆的三教思想又如何能得到宋学主流
的认可呢？鼎足论是否能够凸显智圆三教思想的特点？如果说三教鼎立思
想在宋初已形成，为什么道教不是在宋初而是在宋学大发展进程中实现了
由外丹学向内丹学的转变？这个转变与佛教发展和三教论衡中存在着什么
样的互动关系？本章即以解析孤山智圆的三教思想和以儒解道思想为核
心，并试图以此来厘清 11 世纪儒、释、道三家之间的互动。正如《中国
宗教通史》所说："没有儒家、道家哲学，固然不会有中国的传统哲学，
若没有佛教和道教哲学，中国哲学也会有一半以上的欠缺，而且儒家哲学
也不会有后来那样的规模和水平。只有把佛教哲学、道教哲学同儒家哲
学、道家哲学之间的关系梳理清楚，中国哲学的发展主线才能显示出
来"④。中国哲学史上，儒释道三教关系是一个相互交错、相互影响、相
互推动的一个关系，北宋时期分别是三教发展史上的重要阶段，放眼智圆
圆寂以后约半个世纪道教向内丹学的转向使我们更好地认识到智圆在宋学

---

① "进《圣宋嘉泰普灯录》上皇帝书"，《续藏经》第七十九册，第 269 页。
② 例如赖永海教授就认为"宋代佛儒交融乃至三教合一的思想，至元代仍是时代之潮流，
此时期静斋堂学士刘谧所作《三教平心论》，可视为从佛教方面融合儒、道的一篇代表作。"参
见赖永海"宋元时期佛儒交融思想探微"，《中华佛学学报》，1992 年第五期。
③ "三教平心论序"，（元）刘谧撰《大正藏》第五十二册，第 781 页。
④ 牟钟鉴、张践：《中国宗教通史》，社会科学文献出版社 2003 年版，第 1229 页。

中的位置和影响。

5.1　孤山智圆道教思想

流行千年的道家思想文化在五代北宋出现了新的发展趋势。《宋史·隐逸传》称"五季之乱，避世宜多"，乱世归隐，成为这一时期一些知识分子例如吕洞宾、陈抟等的选择，道士成分发生改变，使道教根本观念之一的神仙思想也发生了转变，从而推动道教由外丹思想向内丹思想的转化。然而，尽管有宋初陈抟、种放等思想影响，道教从外丹学向内丹学的转变直到陈抟逝后 80 年左右、宋学发展顶峰向理学演变时期才由张伯端以心性之学和三教融合思想为主要特征确立下来①。

那么，张伯端的三教思想与上节所论智圆的三教思想和性命观有什么关涉吗？另外，在张伯端《悟真篇》中，《阴符经》越过《庄子》、《列子》等书，成为和老子《道德经》同等重要的道教经典，并广为宋以后儒道两家所采纳，张伯端是否为北宋倡导《阴符经》之肇始呢？以上两个问题是认识张伯端思想的重要基础，也是理解智圆道教思想的关键。

5.1.1　张伯端三教思想与《阴符经》广略本

张伯端（987—1082），是北宋道教与道家发展史上最重要的人物，他一改传统道教的养生学主要着重于外丹黄白之术的修炼，初步完成了外丹论向内丹论的转变，而其所代表的内丹派是两宋以后道家与道教的主流形态，对道教哲学的发展作出了重要贡献。张伯端所撰《悟真篇》乃是北宋时期内丹理论的代表作，是《参同契》之后最为重要的丹经之一，在道教史上处于承上启下的地位，在宋以后的道教思想史上更有着无可比拟的重要性。《四库全书总目》说："是书专明金丹之要，与魏伯阳《参

---

① "三教观"与"性命观"构成了宋以后道教内丹学的重要基础。出现于明代中后期的道教著作《性命圭旨》，清尤侗作于康熙己酉年（1669）的序文，对以上两点有明确说明，"自三教鼎立，异说鏖牙，隐若敌国，日相撞也。是书独揭大道而儒释妙义，发挥旁通，要之以中，合之以一，而尽性至命之理，殊途同归。"

同契》，道家并推为正宗"。

根据张伯端《悟真篇·序》，张伯端乃是于宋神宗熙宁二年（1069）遇真人授以"金液还丹火候之诀"，又过了 6 年才于熙宁八年（1075）著《悟真篇》。张伯端的道教思想乃是在宋学鼎盛、三教思想亦已定型之际，积极融摄儒佛两家的思想，丰富和补充传统的道家哲学，从而使道教传统修道理论能够革故而鼎新。因而，张伯端的三教思想是性命双修理论的重要基础。

张伯端为浙东天台人，早年以儒立身，又广涉佛学。他在读雪窦《祖英集》后，顿明心地，作歌偈以申其旨，且言："独修金丹而不悟佛理者，即同《楞严》十仙散入诸趣之报"[1]，明显受到了智圆以天台三观之学极力弘扬的《楞严经》的影响。《人天宝鉴》也记载张平叔（即张伯端）"至《楞严》有省，著《悟真篇》"，因此，《首楞严经》不仅在佛教义理上"开权显实""扶律谈常"，其沟通佛道的功用明矣！

通途亦以张伯端的三教论为"三教归一"说，其中经常被引用的一段话是：

> 如此，岂非教虽分三，道乃归一！奈何后世黄缁之流，各自专门，互相非是，致使三家旨要迷没邪歧，不能混而同归矣！

"混而同归"，往往被作为张伯端三教思想的旨归，但这很可能，至少是，不准确的。

《悟真篇·序》开篇中即以"业报"说提出了他的三教观点：

> 嗟夫！人身难得，光阴易迁，罔测修短，安逃业报？不自及早省悟，惟只甘分待终，若临歧一念有差，立堕三涂恶趣，则动经尘劫，无有出期。当此之时，虽悔何及？老释以性命学开方便之门，教人修种，以逃生死。释氏以空寂为宗，若顿悟圆通，则直超彼岸；如有习漏未尽，则尚徇于有生。老氏以炼养为真，若得其枢要，则立跻圣位；如其未明本性，则犹滞于幻形。

---

[1]　《佛祖统纪》卷四十五，《大藏经》第四十九册，第 417 页。

张伯端的业报说带有强烈的佛教色彩，《悟真篇·绝句四首》中有"如来妙体遍河沙，万象森罗无碍遮"，"不移一步到西天，端坐诸方在眼前"之句，另外"性地颂"、"三界惟心颂"、"即心是佛颂"、"心经颂"、"圆通颂"、"采珠歌"、"禅定指迷歌"等等都带有强烈的佛教色彩，智圆所代表的天台山外派与山家争论时的重要范畴"真心"与"妄心"、"真"与"妄"、"心"与"佛"、"心"与"性"、"心"与"色"等等，大量充斥在《悟真篇》中。张伯端的内丹思想毫无疑问受到了 11 世纪上半叶特别是两浙地区佛教思想的影响。不过，张伯端在此提出的三教说与智圆的三教说不同，张的三教说以释老并提，认为佛道两教虽然方法不同，但同归一门，即"以性命学开方便门"。其"三界惟心颂"、"见物便见心颂"更是把道教的性命学确定为一种"惟心性命"。

在心性论上，张伯端未作具体解释。但说道"心者，道之体也；道者，心之用也"①，"三界惟心妙理，万物非此非彼。无一物非我心，无一物是我己"②。然其明心体道之士，身不能累其性，境不能乱其真，则刀兵乌能伤，虎兕乌能害，巨焚大浸乌足为虞？达人心若明境，鉴而不纳，随机应物，和而不唱，故能胜物而无伤也。此所谓无上至真之妙道也"，张伯端的"心"乃是"境不能乱其真"的"无上至真之妙道"。关于"性"，张伯端更是吸收了智圆为代表的佛教"天地之性"与"性—情异"说，形成了气质之性与天地之性的二分法。

　　　　形而后有气质之性，善返之，则天地之性存焉。自为气质之性所蔽之后，如云掩月。气质之性虽定，先天之性则无有③。

张伯端这种返归天地之性的观点与智圆"复性"说颇为相像。张伯端的心性说可能影响了与之有密切渊源的大儒张载，而朱熹又对此思想进行了进一步的发挥④。

这样，张伯端正是在三教融合的大背景下，实现了道教从外丹术向内

---

① 《悟真篇三注·悟真篇后序》，《道藏》第 2 册。
② 《悟真篇拾遗》，《道藏》第 2 册，第 1030 页。
③ 《青华秘文》卷上，《道藏》第 4 册。
④ 孙以楷主编：《道家与中国哲学》（宋代卷），人民出版社 2004 年版，第 39 页。

丹术的转变，把传统的道教从"尚于修命"改造成"性命双修"，"先以神仙命脉诱其修炼，次以诸佛妙用广其神通，终以真如觉性遗其幻妄，而归于究竟空寂之本源矣"①。以后内丹派的南北宗都突出了三教合一的思想趋势。张伯端很有可能是在道教受到了以智圆为代表的三教关系论的冲击后，吸收佛教心性论而重新提出的以道教为本位的三教关系论。

在张伯端思想中，《阴符经》具有重要地位。张伯端认为，《阴符经》和《道德经》一样，乃是古今一切神仙得道的必由之路。他的《悟真篇》多次称引《阴符经》："先且观天明五贼，次须察地以安民。民安国富方求战，战罢方能见圣君。""三才相盗食其时，此是神仙道德机。万化既安诸虑息，百骸俱理证无为。""须将死户为生户，莫执生门是死门。若会杀机明返覆，始终害里却生恩。"这里所说的"观天"、"五贼"、"三才相盗"、"害里生恩"，都是《阴符经》的思想。"国富"、"安民"、"求战"之类，是《阴符经》上、中、下三篇篇名的大旨。第五十七首云"三才相盗及其时，道德神仙隐此机。万化既安诸虑息，百骸俱理证无为"继承了《阴符经》中"三盗既宜，三才乃安"，"动其机，万化安"，"天地，万物之盗；万物，人之盗；人，万物之盗"。

但是，需要注意的是，第一：在张伯端的时代，《阴符经》已广为流传，张伯端"《道德》、《阴符》之教得以盛行于世矣，盖人悦其生也"（序）。第二、张伯端所看到的《阴符经》很可能为略本，而非广本，因为"《阴符》宝字逾三百"。那么，为什么宋初《阴符经》得以流传？如何开始流传？为什么是略本而非广本流传？② 宋学发展时期流传的略本与南宋理学推崇的广本在旨趣上有何不同？孤山智圆在其中又如何扮演了道教先觉的角色呢？

根据当代著名道教学者李养正先生在"有关《阴符经》几个疑问的论证"知，《阴符经》应该出现于唐初，最先引述经句的是编修《艺文类聚》的欧阳询，李筌于中唐时期在嵩山得《阴符经》并首为作注。《阴符经》在有宋一代受到了广泛的关注。根据宋郑樵《通志·艺文略》记载，

---

① 《悟真篇拾遗》，《道藏》第 2 册，第 1030 页。
② 北宋佛教史上，天台山家山外之争影响广泛，其根源发端于《金光明经玄义》广略本之争，智圆所代表的山外一家所持的略本（参见山家山外之争）。而在考察北宋的道教思想史时，我们发现可能存在着一个类似的《黄帝阴符经》版本的争论。我们仿照宋初天台宗山家山外关于《金光明经玄义》广略本的争论，亦就此称作宋初道教《阴符经》广略本之争。

到宋时便已有诸家《阴符经》注本三十九部，共五十四卷，其传本亦日渐增多。现存《道藏》中有 30 余种《阴符经》的注疏，所宗的经文版本也各个不同，但从整体上可分为广、略两个版本。略本大约为三百余字，广本约为四百余字①。

北宋初年，由于中唐以来的连年战乱，斯文坠地，经典混乱，《黄帝阴符经》到底应以广本为宗，还是以略本为宗，不仅仅是版本本身的问题，在事实上涉及的是《阴符经》的宗旨问题②。《阴符经》因为其语言古奥、思想晦涩，中唐以来对其宗旨主题莫衷一是。另外，关于此经的作者以及成书年代等问题，也是宋以后的热点问题之一。此书的作者和此书的主题是宋以后道教的主话题之一，特别引起了宋学人物的关注。

在《阴符经》作者问题上，有宋一代有三种比较有代表性的观点："李筌说"、"黄帝说"、"不知谁人说"，其代表人物分别是北宋黄庭坚、晁公武和南宋朱熹。

北宋黄庭坚所持的是"李筌说"，认为《阴符经》乃是李筌托名黄帝所作，不过是为了"古其文"而已，《山谷题跋·跋翟公巽所藏石刻》："《阴符经》出于唐李筌，熟读其文，知非黄帝书也。盖欲其文奇古，反诡谲不经，盖糅杂兵家语作此语。又妄托子房孔明诸贤训注尤可笑，惜不经柳子厚一掊击也。"

北宋晁公武所持的是"黄帝说"，认为《阴符经》乃是"黄帝之书"，《郡斋读书志·阴符经一卷》中说："右唐少室山布衣李筌云：《阴

---

① 《道藏》中以略本为宗的共有 10 种。参见本书附录四注（1）。本书附录中以赤松子本为基础，参照另外 9 本作了一个校注，参考此校注可以看到，略本之间的差异，部分可能是传抄之误或异体字，10 本差异很小。其余 20 余种则为四百余字的广本，广本之间特别是广出文字部分的差异则极大，李养正先生对（唐）张果《黄帝阴符经注》传本、（唐）骞昌辰《黄帝阴符经解》传本、（宋）夏元鼎（夏宗禹、混然子）《黄帝阴符经讲义》传本、（宋）邹䜣（即朱熹）《黄帝阴符经注解》传本进行了简要的简择，可参见。李养正先生认为"现存李筌《黄帝阴符经疏》"我以时物文理哲"句前的经文，才是在唐代中叶行世的《阴符经》的基本面貌，亦即《阴符玄义》的基本面貌"，本文完全赞同，具体略本文字内容请参见附录四。

② 南宋成书的《佛祖统纪》中记载骊山下老母为李筌讲《阴符经》时说："《阴符》三百字，百言演道，百言演法，百言演术。上有神仙抱一之道，中有富国安民之法，下有强兵战胜之术。皆内出心机，外合人事。观其精微，黄庭八景不足以为玄；察其至要，经传子史不足以为文。任其巧智，孙吴韩白不足以为奇。非有道之士不可使闻之。故至人用之得其道，君子用之得其术，小人用之得其殃。"《佛祖统纪》卷四十，第 377 页。

符经》者，黄帝之书。或曰受之于广成子或曰受之玄女。或曰黄帝与风后玉女论阴阳六甲，退而自著其书。

南宋朱熹的观点是"不知谁人"，《阴符经考异》中说："《阴符经》三百言，李筌得于石室中，云寇谦之所藏，出于黄帝。河南邵氏以为战国时书，程子以为非商末即周末。世数久远，不得而详言。以文字气象言之，必非古书，然非深于道者不能作也。……或曰此书即筌之所为，得于石室者伪也。其词支而晦，故人各得以其所见为说耳。筌本非深于道者也。是果然欤？吾不得而知也。"①《朱子遗书·阴符经考异》中庐陵黄瑞节附录：邵子曰：《阴符经》七国时书也。伊川程子曰：《阴符经》何时书？非商末则周末。若是先王之时，圣道既明，人不敢为异说，及周室下衰，道不明于天下，才智之士甚众，既不知道之所趋，故各自以私智窥测天地，盗窃天地之机。又曰：《老子》甚杂，如《阴符经》却不杂，然皆窥天道之未至者也。……以愚观之，商自帝乙前多贤君，乱独受尔，先王之道未散，下无特为书者；周末文敝，百家竞出，虽大道既隐，而实各有所闻，邵子专指为战国时书，宜可信然。非战国尝为人用者也，意者山林之士作欤，亦可大奇矣。

三派观点虽然在重视《阴符经》上乃是一致，不同的是在此经的主旨上。"李筌说"派虽也重视《阴符经》，但以之为"杂糅兵家语"。理学的"不知谁人派"，认为其文字气象不是古书。理学派所持的乃是广本，"李筌派"所持版本不确，根据李养正先生的考证，很可能是略本。"黄帝说派"，应该是宋学思想中的主流派，认为《阴符经》为黄帝所作，与《易》同准，具有无上的地位，这一派所持的乃是略本。

而孤山智圆在宋初"好道注《阴符》"，他所倡导的就是以略本为宗的"黄帝之学"，他"以儒道明之"，使《阴符经》坚持了中唐以来李筌的路线，成为宋学的一部分。

---

① 梁启超：《古书真伪及其年代·阴符经》中说："清眺际恒曰：'必寇谦之所作，而筌得之耳。'……王谟'《阴符》是太公书兵法，以为黄帝书固谬。余则谓其文简洁，不似唐人文字，姚、王所言甚是。特亦未必太公或寇谦之所作，置之战国末，与《系辞》、《老子》同时可耳。盖其思想与二书相近也。"李养正先生认为《阴符经》成书时代，"还是梁启超所谓'置之战国末'的论断，较为切合实际。"以上说法都可归为理学的"不知谁人"派。

5.1.2 以儒解道"《黄帝阴符经》题辞"

孤山智圆对道家思想的抉择，核心体现在他的《注阴符经》，孤山智圆自称："好道注《阴符》"[①]，在《闲居编》中还有他寄《注阴符经》给体元上人的记载[②]。然而遍索《正统道藏》、《万历续道藏》、《藏外道书》，未见智圆之注，其他宋以后各注中亦未见引用智圆注者，但幸而《闲居编》中，保存着智圆的"《黄帝阴符经》题辞"，还能够帮助我们了解智圆的思想。

智圆《阴符经》的思想可能直接来自于上文所提到的唐末五代的陆鲁望。以智圆对陆鲁望思想的熟悉，陆鲁望有一首"读《阴符经》寄鹿门子"一定也引起了智圆的关注[③]。陆鲁望在写成此诗后，可能又送达了好友皮日休。皮日休因此又作了"奉和鲁望读阴符经见寄"[④]，陆鲁望、皮日休对《阴符经》的关注引起了智圆的兴趣，但在《阴符经》的旨趣上智圆有别于皮陆二人。

智圆认为《阴符经》的作者乃是黄帝，《阴符经》乃是"三皇之书"，"其为书也，广大悉备，有皇道焉、帝道焉、王道焉、霸道焉。"[⑤]为什么说《阴符经》中有黄、帝、王、霸之道呢？智圆首先解释了何为黄、帝、王、霸之道，以及四道"一体"的关系：

> 夫皇也者，心既无为而迹亦无为，以道化于民者也；帝也者，心亦无为而迹涉有为，以德教于民者也；王也者，守仁与义，而以刑政防之者也；霸也者，专威刑以胁之，以仁义五常而为权者也，齐桓与

[①] "潜夫咏"，《闲居编》卷四十八，《续藏经》第五十六册。

[②] "寄《瑞应经疏》及《注阴符经》与体元上人"，《闲居编》卷五十，《续藏经》第五十六册，第944页。其中有"《瑞应》《阴符》尽索看，封题欲寄意盘桓"之句。

[③] "读《阴符经》寄鹿门子"，其中有言"清晨整冠坐，朗咏三百言。备识天地意，献词犯乾坤。何事不隐德，降灵生轩辕。口衔造化斧，凿破机关门。五贼忽迸逸，万物争崩奔。虚施神仙要，莫救华池源。但学战胜术，相高甲兵屯"。

[④] "奉和鲁望读阴符经见寄"，其中有"三百八十言，出自伊祁氏。上以生神仙，次云立仁义。玄机一以发，五贼纷然起。结为日月精，融作天地髓。不测似阴阳，难名若神鬼。得之升高天，失之沈厚地"等语。

[⑤] "《黄帝阴符经》题辞"，《闲居编》卷十一，《续藏经》第五十六册，第881页。

曹沫所亡地晋文伐原示之信此非为权耶？《孟子》曰："三皇，天者也；五帝，体者也。三王，往者也；五霸，假者也。"《钩命决》曰："三皇步，五帝趋，三王驰，五霸骛。"噫！道之宽猛，视之徐疾，可知也。抑四道者，圣人之一体也。由代有淳醨，识有高下，所以优劣形焉。①

而他认为《阴符经》分为三章，"神仙抱一演道章"、"安国富民演法章"、"强兵战胜演术章"，讲的正是皇、帝、王、霸之道：

> 斯文之首章，言三皇五帝之道德也；次章，言王者之仁义也；卒章言霸者之威刑也。是故首章始言"观道"，终云谓之"圣人"；次章言"三盗"，终云得之"固穷"；卒章始言"用师"，终云"我以时物文理哲"。观三章之始终，则皇、王、帝、霸之道，坦然明白矣！②

可如果《阴符经》乃是作于三（皇）五（帝）之世，又怎会有王、霸呢？对于这个疑问，智圆说道：

> 对曰："庖羲氏没，神农氏作，斫木为耜，揉木为耒，耒耜之利，以教天下"。又曰："黄帝尧舜垂衣裳而天下治，是有富国安人之道也"。《史记》曰："黄帝生而神灵，弱而能言，代神农氏，诸侯有不从者而征之"。《书》明虞舜黜四罪而天下咸服，是有强兵战胜威刑之事也。但三五之世，暂假之以宁民，乃反常之权耳，非为常行之道也。洎道德下衰，则三王专仁义以富国，五霸用强兵以胁物，各为常行之道，所以不能复其淳朴也。③

智圆更侧重从义理上分析此《阴符经》与《易经》之道颇同。

---

① "《黄帝阴符经》题辞"，《闲居编》卷十一，《续藏经》第五十六册，第881页。
② 同上。
③ 同上。

此云：“天有五诚，见之者昌”，《易》曰：“圣人设卦观象”；
又曰：“君子居则观其象而玩其辞，动则观其变而玩其占，是以自天
祐之，吉无不利。”且五诚，五行也；八卦，亦五行也。震，木也；
离，火也；兑，金也；坎，水也；巽亦木，乾亦金；艮，土也。《阴
符》率五行之性而立五常之道，《易》准四德之义而立五常之道。故
夫子《文言》曰：“元者，善之长也；亨者，嘉之会也；利者，义之
和也；贞者，事之干也。君子体仁，足以长仁；嘉会，足以合礼；利
物，足以和义；贞固，足以干事。君子行此四德者，故曰乾：元、
亨、利、贞。”说者谓四德非智不行，犹土遍于四象也，故弗言
之耳。①

通过义理的分析，智圆认为《阴符》与《易》准，为三皇中之二所
作也，其道不得不同，其辞不得不异，而智圆之时，《阴符经》之道尚暗
昧也，所以他要注《阴符》，以广《阴符》之道：

《易》者，伏羲之书；《阴符》者，黄帝之书。斯三皇之二也，
是故其道不得不同焉，其辞不得不异焉。往之说者既昧其正道而糅以
异端，所以《阴符》之道未光大于时矣，故吾于是有述焉。②

智圆对于《阴符经》的理解，正如智圆在“提辞”中所说：“吾之注皆以
儒道明之，所以异于昔人也”，智圆的解读乃是“儒道”的解读，所谓儒
道在此就体现为“三五之道”，而智圆认为“三五之道”，“要其所归，实
不逾于仁义五常，但履之有大小耳”：

三皇者，行无仁之仁，布无义之义，内则功成而不宰，外则无迹
而可寻，斯得仁义之上者，故命之曰道焉。五帝者，内虽忘功，外犹
有迹，以德教于民，斯得仁义之次者，故命之曰德焉。三王者，内守
不忘，外功稍著，以兼爱而莅物，以裁非而正民，斯得仁义之又其次

---

① “《黄帝阴符经》题辞”，《闲居编》卷十一，《续藏经》第五十六册，第 881 页。
② 同上书，第 882 页。

者，故直命之曰仁义焉。洎乎五霸，假借仁义以统诸侯，道斯为
下矣！①

智圆又广引《素书》、《老子》等论说："《阴符》乃仁义之大者，非三皇
之道耶？"

从以上智圆"《黄帝阴符经》题辞"可知，智圆对于道教的理解乃是
上古"三五之道"，"其书名《阴符》者，阴，暗也，符，合也。此三百
言使夫人君用心暗合天道也"。这也可以帮助我们理解为什么在智圆三教
内外说中，道教乃是属于"外"而不是属于"内"。可以说，智圆《阴符
经》的抉择是其"准的五经、生生为易"思想和以儒释道、三教内外思
想的一贯发展的结果。而智圆之后的宋学都对《阴符经》特别关注。

程颐说："《老子》言甚杂，如《阴符经》却不杂，然皆窥测天道之
未尽者也。"间丘次孟说："《阴符经》所谓自然之道静，故天地万物生；
天地之道浸，故阴阳胜；阴阳相推，变化顺矣。此数语，虽《六经》之
言无以加。"朱熹评述说："如他间丘此等见处，尽得。"不仅如此，朱熹
还化名"崆峒道士邹䜣"，作《黄帝阴符经注解》，以理学心性理气之说
释经，并多处附加按语，赞誉其经文"极说得妙"、"最下得好"、"此等
处特然好"②。元代大儒刘因亦教其弟子们读《阴符经》，他说："史既
治，则读诸子者，《老》、《庄》、《列》、《阴符》四书者，皆出一律，虽
云道家者流，其间有至理存。"明代哲学家吕坤指出，《阴符经》其言
"洞造化精微，极天人蕴奥，契性命归指。帝王得之以御世，老氏得之以
养身，兵家得之以制胜，术数家得之以成变化而行鬼神，纵横家得之以股
掌人群，低昂时变。是书也，譬江河之水，惟人所挹。其挹也，惟人所
用"。

特别是道教传统中更是把《阴符经》作为与《道德经》同等重要的
位置，南宋兴起的全真道（史称北宗）创始人王重阳（1112—1170）创
立全真教，其教义主张儒释道三教合一，识心见性，独全其真。王重阳，

---

① "《黄帝阴符经》题辞"，《闲居编》卷十一，《续藏经》第五十六册，第882页。
② 当代朱熹研究的学者已经逐渐关注到朱熹《阴符经考异》中与儒家思想相通之处，《阴
符经考异》是朱熹中年作于完成《太极图说解》和《西铭解》之后不久，很可能是朱熹构建理
学本体论思想体系的一个重要内容与环节。

一般不主张读经、打坐。在他认为必读的三五本经书中，就有《阴符经》。王重阳说自己："理透《阴符》三百字，搜通《道德》五千言。"王重阳大弟子马丹阳亦说："学道人不须广看经书……若河上公注《道德经》、金陵子注《阴符经》，二者时看亦不妨。"直到王重阳的再传弟子、丘长春的高足尹志平，也坚持认为："道人虽未能广学，《阴符》、《道德》、《清静》三经，又岂可不学？"

5.1.3　智圆的道隐思想与道教的交涉

智圆是一名天台高僧，然而他好道并隐居孤山，不与世接，吴遵路称他"尤好静默，专务隐居；屏去尘游，杜绝人事；处方丈之室，晏如覆杆，玩一卷之书，嗒然隐几，陶陶乎不知物我之为异也"，"神宇清明，道韵凝粹，德贯幽显，学该内外"①，完全是道家隐士的风格。智圆《闲居编》中常常自号"潜夫"，深刻表达了智圆的道隐思想："有叟匿姓名，自号为潜夫。潜身在云泉，潜心入虚无。身心俱已潜，质直反若谕。智者谓之智，愚者谓之愚。愚智自彼异，潜夫未曾殊。陶陶乐天和，任性何曾拘？"②智圆因得有脾病，常自称病夫，然而他称赞自己"时病之义，大乎哉！"因病而有"全生之用，见素之道"："虽富贵权豪而托病不附，虽大名厚利而托病不苟，虽清商流征而托病不听，虽膏粱甘旨而托病不嗜，由者不为权所动，不为名所役，不为音所聋，不为味所爽，不为人所忌，不为俗所混，而全生之用，见素之道，尽蕴于病中矣！"③孤山智圆流露出的道隐气质与道家人物恢弘通脱的追求是一致的，这从其生活方式、居所及择友的对象，追求自然主义的田园生活方式等都处处可见。

在南宋绍熙年间（1190--1194），山阴义铦游孤山以诗吊曰："讲堂风月吊孤峦，已作崆峒问道山。却忆四华来石室，不堪九虎守天关。湖边幽草未成梦，竹外小梅初破颜。华表日斜丹灶冷，仙人化鹤几时还？"④一方面记载了智圆驻锡的玛瑙院已改为道院的情形，另一方面"华表日

---

①　"《闲居编》序"，（宋）吴遵路撰《续藏经》第五十六册，第 865 页。

②　"潜夫咏"，《闲居编》卷四十八，《续藏经》第五十六册，第 940 页。

③　"病夫传"，《闲居编》卷三十四，《续藏经》第五十六册，第 915 页。

④　《释门正统》卷五，（宋）宗鉴撰《续藏经》第七十五册，第 318 页。

斜丹灶冷，仙人化鹤几时还？"似乎也反映了智圆好道的可能。

　　智圆的道隐人格除了个性因素外，很可能受到了佛教史上庐山慧远与东晋支遁①以及唐末五代时期陆龟蒙、皮日休、罗隐、方干、孙郃等人的影响。以上这些人物，在智圆诗文中经常出现，都是智圆极为推崇和倾慕的，他们的儒释道三教思想对智圆都可能在一定程度上产生影响。智圆在《闲居编》中多有"何当学支遁，共约买山期"②，"慧远风流庐岳隐，支公高尚沃洲栖"③，"伊余亦拟依支遁，枕石眠云碧嶂前"④ 等描写，表达了对慧远、支遁隐居幽栖的推崇与赞赏。

　　陆龟蒙（？—约876）⑤，罗隐（833—909）⑥，孙郃（不详）⑦，方干

---

　　① 支遁（314—366），东晋名僧，亦三教兼宗，与谢安、王羲之交好，《高僧传》卷四"支遁传"言："支遁，字道林……隐居余杭山，深思《道行》之品，委曲《慧印》之经……王洽、刘恢、殷浩、许询、郗超、孙绰、桓彦表、王敬仁、何次道、王文度、刘长遐、袁彦伯等，并一代名流，皆着尘外之狎。"支道林的佛学思想主要包括"即色论"和"逍遥论"。《世说新语·文学》"支卓然标新理于二家之表，立异义于众贤之外"，支道林一反向秀、郭象等"各适性以为逍遥"的旧说，而"认为只有无待的至人（圣人）才能逍遥，只有至人的心才是逍遥"（《魏晋南北朝佛教论丛》，第43页）。在宗教的终极归宿上，支道林放弃了玄学的抽象，选择了信仰色彩浓厚的弥陀净土（《广弘明集》卷十五存支遁《阿弥陀佛佛像赞并序》，其中有"讽诵《阿弥陀经》，誓生彼国"的说法。根据刘长东的研究，此《阿弥陀经》当是指支谦译的《大阿弥陀经》，因为鸠摩罗什的《阿弥陀经》经本是在支遁死后36年（即年）才译出的）。支道林在文中说："佛经记西方有国，……非无待者不能游其疆，非不疾者焉能至其速。""无待"乃是庄子逍遥游的方式，由此，支遁以庄子玄学沟通了弥陀净土。

　　② "闲居示友人"，《闲居编》卷五十，《续藏经》第五十六册。

　　③ "将入石壁山作"，《闲居编》卷四十七，《续藏经》第五十六册，第938页。

　　④ "怀石壁旧居兼简绍上人"，《闲居编》卷四十一，《续藏经》第五十六册，第925页。

　　⑤ 陆龟蒙（？—约876），唐代著名文学家，字鲁望，苏州人，出身吴中望族，举进士不第。曾任苏、湖两郡从事。后退隐甫里（今吴县）。自号江湖散人、甫里先生、天随子。以高士召，不赴。李蔚、卢携素重之，及当国，召拜拾遗，诏方下卒。唐昭宗光化三年（900），追赠右补阙。擅长诗文，与皮日休为友，同负盛名，世称"皮陆"。

　　⑥ 罗隐（833—909），晚唐著名文学家，字昭谏，余杭人，本名横，十上不中第，遂更名。从事湖南淮润，无所合，久之，归投钱镠。累官钱塘令、镇海军掌书记、节度判官、盐铁发运副使、著作佐郎，奏授司勋郎。朱全忠以谏议大夫召，不行。魏博罗绍威推为叔父，表荐给事中。年七十七卒。

　　⑦ 孙郃（不详），字希韩，四明人。唐末五代人，文学家，史学家。乾宁中，登进士第，官校书郎，河南府文学。文集四十卷，小集三卷，今存诗三首。唐末为左拾遗；朱温篡位，著《春秋无贤人论》，归隐白云山。《宋高僧传》"唐明州国宁寺宗亮传"中言"亮为江东生罗隐追慕。乐安孙郃最加肯重。着四明郡才名志。序诸儒骏士外。独云释宗亮。多为文士先达仿仰焉"。

（? —约 888）①，四位均以文学和隐居名于后世，特别在两浙地区颇负盛名。智圆诗文中多提到，如"经松江陆龟蒙旧居"称赞陆龟蒙"甫里旧深隐，夫君道不行。清名身后在，明月夜来生。寒水曾垂钓，春田久废耕。空遗散人传，千古见高情"②。"经照湖方干旧居"称赞方干"磻溪垂钓者，终得展其才。何事先生隐，不逢明主来"③。在文中智圆对四人思想多有论及，既有继承也有批判，如"广皮日休法言后序"、"辨荀卿子"（因为"鲁望诬荀，亦已甚矣"而撰）等，智圆还把自己的《闲居编》称为"亦陆鲁望丛书之俦也"。

另外，作为天台高僧的智圆，在道教问题上与智者大师的态度在继承的前提下有所发展。智者大师把儒家经典称为"世典"，认为"此土三坟五典，安国育民之书也"，应大力弘倡，但是对道教则没有公开地发扬。虽然智者在一定程度上可能吸收了道教的"斋醮"④和"服气"⑤的思想，在《法华玄义》卷八上中说："若此间老庄，无为无欲，天真虚静，息诸夸企，弃圣绝智等，直是虚无其抱"，但他对老庄道教主要持一种批判态度，认为其不过是"见网中行，非解脱道"，把道家、道教的经典说成是"外道典籍"，是需要批判的，"如虫食木，偶得其字"。如他在《维摩玄疏》卷一中曾引《清净法行经》说："摩诃迦叶应生振旦，示名老子，设无为之教外以治国，修神仙之术内以治身"，智者大师是把道教作为方便教门而纳入佛教体系之中的。

智圆不仅继承了智者大师所作的这种对道教的判释，还对当代人的疑

---

①　方干（? —约 888），字雄飞，桐庐（今属浙江）人。大中中，举进士不第，隐居镜湖。与郑仁规、李频、陶详为三益友。成通末，浙东观察使王龟欲表荐之，以龟卒寝寝，竟以一命不沾而终。门人相与论德，谥曰"玄英先生"。干诗名早著，擅名于杭越，流声于京洛。其诗冰莹霞绚，清润小巧，五律整紧，七律圆婉。

②　"经松江陆龟蒙旧居"，《闲居编》卷五十一，《续藏经》第五十六册。

③　"经照湖方干旧居"，同上。

④　参见小林正美《六朝佛教思想の研究》第六章"智者の忏法の思想"，专门比较了"奉请三宝"与"奉请天真"佛道两种仪式，日本创文社 1993 年版，第 371—401 页。转引自李四龙《天台智者研究》第 40 页下注③，北京大学出版社 2003 年版。

⑤　指以"六字气治病"，见于《童蒙止观》和《摩诃止观》。参见《天台智者研究》第 40 页下注④。

问，作了进一步的论述和证明①。在《闲居编》中，他把老、庄、杨、墨并称为"异端之书"，"开谈黜庄老"，把"为文入于老庄者"，称之为"杂"，不过智圆所反对的道教不是广义的道教，而主要是指"弃仁义，废礼乐"、"非吾仲尼祖述、尧舜宪章、文武之古道"的道教，所以我们很容易理解他在三教中所崇扬的乃是"伯阳之道德"，或曰"伯阳之训"。他大量引用了老庄的文字和思辩，吴遵路"序"中称其"旁涉庄老"，他自己也说"或宗乎周孔，或涉乎老庄，或归乎释氏，于其道不能纯矣"②，"往往旁涉老庄以助其说"③，来表达他对佛教真谛的理解，所以智圆文中我们经常可以看到"达者惟庄周"、"虚无学老庄"、"御风同列子，梦蝶拟庄周"④ 的说法。

　　智圆的道教思想不仅包括老、庄、列，还多引魏伯阳的《周易参同契》、葛洪的《抱朴子》等，如《垂裕记》中引《抱朴子》曰："求仙者要当以忠孝和顺仁信为本，若德不修而但务方术终不得长生也。行恶大者司命夺纪。小过夺算。随所犯轻重故所夺有多少。此亦此方神仙之论也"。智圆所赞同的道教乃是以"古道"之教，具有强烈的伦理色彩与现实功用，所以智圆把道教与儒家共称为"外教"。吴遵路在"《闲居编》序"中称智圆"旁涉庄老"，在"湖居感伤"有"虚无学老庄"的诗句，在"养疾"中有行披《老子》五千字"的。在讲到三教关系时，对于

---

① 　智顗对道教的判释，在北宋时代似乎已有较大的争议，智圆《三德指归》中进一步引用《老子西升经》、《符子》、《尹喜内传》、《列子》等文，确凿地认定"据此诸文则孔老之于释迦师资，验矣！""故知孔老二教虽曰外法，悉是大权垂迹，意在渐引物机，所以二教皆师于佛"，"张湛注释列子而曲解西方圣人之语，不云是佛，虽欲崇道，其如侮人之言何！"关于《清净法行经》是否为"疑伪"之说的疑问，智圆答道："天台智者证居五品，位在初依，而于《止观》及《净名玄》悉皆引用，厥或讹谬，不应引之，故《四依品》云：'如是四人，若以佛说言非佛说，无有是处，是故我说如是四人为世间依'，故荆溪云：'准诸目录，皆推此经以为疑伪，文义既正，或是失译，乃至今家所引像法决疑妙胜定等意亦如是。如涅槃后分本在伪目，至大唐刊定始入正经，岂以时人未决便推入伪？大师亲证，位在初依，不应错用。"

② 　"《病课集》序"，《闲居编》卷十一，《续藏经》第五十六册，第882页。

③ 　谢吴寺丞撰"《闲居编》序"书，《闲居编》卷二十二，《续藏经》第五十六册，第899页。

④ 　"寄蜀川王道士"，《闲居编》卷四十九，《续藏经》第五十六册。

"伯阳①之道"、"伯阳之道德" 也多加褒叹，他说："伯阳之为训也，扬三皇朴略之道，而绝圣弃智，俾复其皇而企于结绳者也。"②

并且，从《闲居编》中的资料来看，智圆可能和当时的道人、隐士、逸人等多有往来。与智圆交好的道逸之人，有郝逸人、张逸人、湖西逸人、西山智道人、蜀川王道士、无名道士、道友、隐者、羽客等。如他在 "山中寻羽客不遇" 诗中写道："知在何峰顶，高谈会列仙"③，在 "赠郝逸人" 中说："岳信闲慵答，丹经秘不传。杖黎时访我，终日话南禅"④等等。

"宋之以隐者徵者四：陈抟、种放、魏野、林逋"⑤，其中，除陈抟为北宋早期人，其余三位都出现在智圆的《闲居编》中。

魏野（960—1019），字仲先，号草堂居士，蜀人，卜居陕州（今河南陕县）。隐居不仕，工诗。著有《草堂集》十卷。盛名远播异域，《宋史》本传 "大中祥符初契丹使至，尝言本国得其上帙，愿求全部，诏与之。" 随后，宋真宗西祀汾河，魏野被荐，坚辞，天禧三年十二月，无疾而卒，年六十。《宋史》卷四五七有传，《续资治通鉴长编》卷一

① 魏伯阳（约 100—170），东汉著名炼丹家，号云牙子，会稽上虞人，为高门望族之子。世袭簪缨，唯有魏伯阳生性好道，不肯仕宦，闲居养性，时人莫知之。其人："修真潜默，养志虚无，博瞻文词，精通纬候，恬淡守素，惟道是从。" 被后世奉为 "丹经之祖"。古籍中最早谈到魏伯阳及其著述《参同契》的是葛洪《神仙传》，《隋书·经籍志》不见著录，《旧唐书·经籍志》始有《周易参同契》三卷之说，以上典籍及现代考证对魏伯阳作《参同契》大多无异议，其成书年代大抵在汉桓帝时，同时亦即明确了东汉末存在以魏伯阳为代表的道家一脉，其对后世道教的影响极大。宋元后世尤推伯阳之道，（宋）陈抟《先天图》即本源于《参同契》，（宋）张伯端《悟真篇》说："叔通受学魏伯阳，留为万古丹经王"，宋末俞琰《周易参同契发挥序》也说："《参同契》乃万古丹经之祖"；（元）陈致虚《周易参同契分章述》说："丹书多不可信，得真诀者要以《参同契》为主"，又《醒眼诗》谓："端是长生不死方，常人缘浅岂当承？铅银砂汞分斤两，德后恩深魏伯阳。" 宋代关于《参同契》的注释本也很多，著名的有储华谷《周易参同契注》、陈显微《周易参同契解》，宋末俞琰《周易参同契发挥序宋朱熹《周易参同契考异》等，其他意释、改写、发挥之类的变形作品也有很多，包括陈抟《指玄篇》、《阴真君还丹歌》，刘知古《日月玄枢篇》，刘海蟾《还丹赋》，张紫阳《悟真篇》，薛道光《还丹复命论》，陈楠《翠虚篇》等。

② 智圆 "以儒解道" 和 "好道" 的倾向可能也在一定程度上影响了他对《首楞严经》的判释，《首楞严经》中明七趣，于佛教常说六趣上更加仙趣，是后世怀疑此经疑伪的主要原因之一。

③ "山中寻羽客不遇"，《闲居编》卷四十九，《续藏经》第五十六册，第 943 页。

④ "赠郝逸人"，《闲居编》卷四十三，《续藏经》第五十六册，第 929 页。

⑤ （清）王夫之：《宋论》，中华书局 2003 年版，第 67 页。

七〇、《东都事略》卷一一八、《梦溪笔谈》卷一六以及宋代笔记多有记述。智圆《闲居编》中记载"钜鹿魏野得文石酒杯",智圆在《拟洛下分题(并序)》中作"文石酒杯"诗一首,表达了自己"庶有思齐之心"。

种放(956—1015),出入于朝廷和山林之间①。《宋史》列传第二百一十六隐逸上有传,曰其"性不喜浮图氏,尝裂佛经以制帷帐"。智圆撰有驳《嗣禹说》文一篇,严厉批评了种放以为韩愈"排斥浮图能嗣禹功"之见,认为如果认为韩愈只是空言排佛就能上承大禹,就好比说大禹无须"治水"之"实",无须建立功业,只是空言就能为后世所尊一样,"若以立空言为嗣禹者,应大禹圣人亦但有益稷禹贡之空言,则无其治水之实也。"这样的结果,是欲扬韩愈之古道而实污也:"呜呼!征君宗圣为文,力扬韩愈之道,反令上古之书,皆成妄说;大禹之绩,但有其言,而无其功矣。抑没圣德,颠乱格言,何其甚乎?"智圆在驳斥以种放等为代表的反佛观中,逐渐发展和成熟了自己的儒学观、史学观以及佛教观,请参见本书第四章相关内容。

林逋(968—1028),生于宋太祖乾德六年,卒于仁宗天圣六年,年六十。字君复(《闲居编》中又称君复处士),以诗名闻于当世与后世②。《宋史》列传第二百一十六隐逸上有传,林逋约1008年前后开始结庐孤山,与智圆为邻近14年,智圆圆寂后6年,林逋卒。智圆《闲居编》中专门称赞林逋"高节不仕,隐居兹山","赠林逋处士"诗中有"深居猿鸟共忘机,荀孟才华鹤氅衣"、"尘土满床书万卷,玄纁何日到松扉"的赞誉。两个人在邻居过程中,相处融洽,智圆"山堂落成招林处士"、"九月望夜招处士林君泛湖玩月"、"书林处士壁"等诗即释道和谐

---

① 种放在宋真宗时期受到了特别优待,咸平四年三月《令京兆以礼遣种放赴阙诏》,咸平五年八月《召种放诏》,咸平六年《许种放暂归旧山诏》,景德四年九月《遣中使召种放诏》,大中祥符三年正月《召给事中种放诏》,大中祥符三年正月《赐种放手札》等等。所著《蒙书》十卷及《嗣禹说》、《表孟子上下篇》、《太一祠录》,人颇称之。

② 林逋,宋初著名隐逸诗人,其咏梅诗"疏影横斜水清浅,暗香浮动月黄昏"一句,颇得宋人及后人赞赏,北宋士大夫之集多见访林逋(或不遇、或放遗迹)诗文,《咸淳临安志》、《宋史》有"林逋传"《宛陵集》卷六十〈林和靖先生诗集序〉,《隆平集》卷十五〈林逋传〉《东都事略》本传,《长编》卷一〇六。结庐孤山,与智圆为邻,宋真宗赐号"和靖处士",死后,宋仁宗赐谥"和靖先生"。后世称其为林和靖。

的见证。①

从现有的资料看，这四个著名隐士中，陈抟、魏野、种放都表现出了上文智圆所说"以儒解道"的强烈倾向，其中陈抟最为典型。陈抟多次受到后周世宗、宋太祖、太宗征召，然而他面对关于"神仙黄白修养之事，飞升之道"的询问，在《宋史·隐逸传》中有记载道：

> 抟，山野之人，于时无用，亦不知神仙黄白之事，吐纳养生之理，非有方术可传。假令白日冲天，亦何益于世？……正君臣协心同德，兴化致治之秋，勤行修炼，无出于此。

虽然，这四个著名隐士中似乎林逋是比较彻底地隐居，不过，根据《林和靖诗集·前言》从"可堪疏旧计，宁复更刚肠"等诗句的分析②，以及欧阳修好友梅尧臣与他会面时"其谈道，孔孟也。其语近世之文，韩李也"的言论③，林和靖的思想很可能与智圆思想有着我们目前还不完全了解的交涉，很可能智圆以儒解道以及儒学思想对林和靖产生了一定影响。而四大隐士所代表的这种思潮，正是智圆所倡导的"以儒解道"，这应该是反映了当时百姓要求安定的普遍愿望，同时，也促进了发端于中唐以来的从外丹学向内丹学的转化。

---

① 林逋与佛教的虚白上人、天竺慈云大师、天台长吉、宗昱、天台闵师、灵皎，思齐上人、僧机素、僧修复、闻义师、清晓阇梨、金陵明上人、孤山端上人、孤山易从上人、西湖霁上人、西湖性上人、然杜师、昼师、才上人、善中诗、有交师、大方师、姑苏无名僧、天台僧、东嘉僧等等，多有往来。因中为"既就稿，随辄弃之"，遗失颇多，所存不过百之一、二，现存三百多首诗虽未见智圆的明确记录，但林逋诗中，多有"僧"、"僧院"、"寺"之语，或指智圆与其所居之僧院也。不过，孤山之中，一位道士，一位释潜夫，二人之家交往应颇如淡水，因而智圆"寄林逋处士"诗中有"不见已三载，鄙吝盈虚襟，终期秋月明，乘兴闲相寻"之句。当时一些慕名而来孤山的人们，往往是"朝登隐君堂（林公逋也），暮叩中庸扃（予之自号也）""送惟凤师归四明"，《闲居编》卷三十八第 920 页，《续藏经》第五十六册。需要指出的是，"和靖诗题材相当狭隘，未尝涉及国计民生"，"现存和靖的三百多首诗中，古体诗仅五言四首，其中三首是四韵八句，仍旧是律诗的格局。格律小诗，不能大开大合，纵情书写"，《林和靖诗集·前言》第 6 页。智圆与之相比，成名要早于林逋，特别是智圆的诗歌题材极其广泛，儒、释、道三家，经、史、子、集，国济民生，都可入诗，律师、古诗、骈体文都有，不仅有很高的文学价值，同时对于研究北宋初年之三教思想和交涉，具有重要的史料价值。

② （宋）林逋撰《林和靖诗集》，浙江古籍出版社 1986 年版，第 2—3 页。

③ "《林和靖先生诗集》序"，（宋）梅尧臣撰《林和靖诗集》第 1 页，同上。

智圆以儒解道的思想，得到了天台后学的发扬，如《佛祖统纪》记载神智从义"判道家当摄入儒宗，辞理切直，为世所信"①，也构成了智圆三教思想的一部分，在北宋三教关系互动中具有独特的价值与现实的指向意义。

5.2　孤山智圆三教关系论

智圆"学佛以修心，学儒以治身"②，或曰"修身以儒，治心以释"③。三教思想已经完全深入到他每一天的生活："行披《老子》五千字，坐读《楞严》十轴经"④，"看云默诵空王偈，拂榻闲开孔圣书"⑤，"宗儒述孟轲，好道注《阴符》，虚堂踞高台，往往谈浮图"⑥。"早玩台衡宗，佛理既研精。晚读周孔书，人伦由著明。达本与饰躬，志在求同声"⑦。智圆的三教思想，已经受到了历史上以及当今一些学者的关注和推崇。然而，在智圆三教思想的全面、深入理解和三教融摄的心性论问题上尚存在许多误解，需要我们进一步地澄清。

5.2.1　智圆三教思想

本章开篇中，（南宋）正受、（元）刘谧所提到的智圆三教鼎足的说法是最为后人所熟知和传颂的。"鼎足说"见于"病夫传"⑧：

---

① 《佛祖统纪》卷二十一"法师从义"传，《大正藏》第四十九册，第242页。

② "撒土偶文"，《闲居编》卷十七，《续藏经》第五十六册，第891页。

③ "中庸子传上"，《闲居编》卷十九，《续藏经》第五十六册，第894页。

④ "养疾"，《闲居编》卷五十，《续藏经》第五十六册，第944页。

⑤ "病起（二首）"，《闲居编》卷五十，《续藏经》第五十六册，第943页。

⑥ "潜夫咏"，《闲居编》卷四十八，《续藏经》第五十六册。

⑦ "讲堂书事"，《闲居编》卷四十，《续藏经》第五十六册，第923页。

⑧ 与"鼎足说"同时出现的还有"病药"说，"吾心其病乎？三教其药乎？刿病之有三药可废邪"。"病药"说，比较形象地描述了三教思想治心之用。这个比喻可能与智圆身患脾病并往往自称"林下一病夫"有关，然智圆又能从一己之痛患，而思众生之痛患，心一病也，则三教其药也，所以他称赞自己"病之时义，大矣哉！"智圆具有强烈的道隐思想，其病药之喻可能与他修道的经历有关，请参考本章相关内容。

　　尝谓三教之大，其不可遗也。行五常正三纲，得人伦之大体，儒
有焉；绝圣弃智守雌保弱，道有焉；自因克果，反妄归真，俾千变万
态，复乎心性，释有焉。……吾道其鼎乎？三教其足乎？欲鼎之不
覆，足可折邪？①

道一鼎也，三教鼎足也。智圆非常形象地以鼎足描述了三教作为社会教化
之道，不是分离的各自独立的，它们统一于道，乃是一三三一，即三而
一，即一而三的存在现状。

　　因此，智圆还作了广为引用的"三笑图赞"，孤山在"序"中说，

　　昔远公隐于庐山，送客以虎溪为界，虽晋帝万乘之重，桓玄震主
之威，亦不能屈也。及送道士陆修静，儒者陶渊明，则过之矣。既觉
之，乃携手徘徊，相顾瞨然。噫！得非道有所至而事有所忘乎？人到
于今，写其形容，谓之《三笑图》，止为戏玩而已。岂知三贤之用
心邪？②

庐山慧远、道士陆修静、儒者陶渊明的佳话，在智圆看来，不是一事之兴
致，乃是三贤甚用其心昭示后来者三教之关系，于是作赞以明之："释道
儒宗，其旨本融。守株则塞，忘筌乃通。莫逆之交，其惟三公。厥服虽
异，厥心惟同。见大忘小，过溪有踪。相顾而笑，乐在其中。"③

　　智圆认为：佛教进入中国，从而确立了儒、释、道三家关系，乃是一
三三一，不一不三，即三而一，即一而三：

　　逮于后汉，其道东传，时君仰其神元、元陶其训，乃与仲尼、伯
阳之为训三焉。复性有浅深，言事有远迩，则不得不异也；至乎迁善
而远罪，胜残而去杀，则不得不同也。④

---

① "病夫传"，《闲居编》卷三十四，《续藏经》第五十六册。
② "三笑图赞序"，《闲居编》卷十六，《续藏经》第五十六册，第 888 页。
③ "三笑图赞"，同上。
④ 《闲居编》，智圆撰《续藏经》第五十六册，第 870 页。

"鼎足说"开显三教之道"本"同，以及在现实存在中的鼎立状态，可以说是智圆三教思想中最有影响的，上述南宋正受和元代刘谧的引述可以说明这个问题。目前学术界也多以鼎立说来描述智圆三教思想，并称之为"一致说"或"平衡说"①。然而，如果仅仅以鼎立说，难以概括智圆三教关系的深层内涵，更难以凸显智圆作为入宋以后最有影响力的佛教内护之一为佛教所建立的功业。作为佛教一代思想家的智圆，为"如来使"的历史使命感，为佛教立功的思想，使他在"三教鼎立"说中包含了更有利于佛教发展的三教关系论，这就是三教"内外（表里）说"。

"内外"说，出现在《四十二章经序》中。孤山以"（佛教）与仲尼、伯阳之为训三焉"，把佛、儒、道分为三。首先他对三教中儒道两家进行分析："原夫仲尼之为训也，扬唐虞三王之道，尊仁而尚义，俾复其王而企于帝者也；伯阳之为训也，扬三皇朴略之道，而绝圣弃智，俾复其皇而企于结绳者也"，孤山称儒道两者"于治天下安国家不可一日而无之矣。美矣哉，其为域中之教也明矣！"。②

智圆把儒道两家称为域内之"外教"，外教治身；佛教是域外之"内教"，内教乃是治心。儒道二教"矧兹两者，谈性命焉则未极于唯心乎，言报应焉则未臻于三世乎"，能够"济神明研至理"的只有佛教：

> 矧兹（释道）两者，谈性命焉则未极于唯心乎，言报应焉则未臻于三世乎！……其为域中之教也明矣！若夫释氏之为训也，指虚空世界也，悉我自心焉。非止言其大极生两仪、玄牝为天地根而已矣；考善恶报应也，悉我自业焉，非止言其上帝无常、天网恢恢而已矣。③

若夫释氏之为训也，指虚空世界也，悉我自心焉。非止言其太极生两仪玄牝为天地根而已矣；考善恶报应也，悉我自业焉，非止言其上帝无常天网恢恢而已矣。有以见儒道乎，虽广大悉备，至于济神明

---

① 潘桂明、吴忠伟：《中国天台宗通史》，江苏古籍出版社2001年版。《中国天台宗通史》中把智圆的三教关系总结为："儒佛关系平衡论"，认为智圆从政治理念和价值属归角度予三教以平行处理，这是为了突出释教与儒教之平等无碍。本文对此有不同观点，认为，如从社会学、政治学角度来看，智圆三教思想应是"鼎立说"；从心理学角度，则是"病药说"；从哲学以及智圆所在的佛教角度则是"内外说"，而且"内外说"才是智圆三教思想的核心。

② "《四十二章经》序"，《闲居编》卷一，《续藏经》第五十六册。

③ 《闲居编》，智圆撰《续藏经》第五十六册，第870页。

研至理者，略指其趣耳。大畅其妙者，则存乎释氏之训与。其为域外之教也，又已明矣。①

　　三教"内外说"并不是智圆的首创。智圆也明确指出"内外说"来源于阮孝绪，"昔阮孝绪正以内外之名为不诬矣。"阮孝绪，南朝梁目录学家，事迹入《梁书·处士传》②。梁武帝普通年间（520—527）有感公私坟籍，多所散夫，乃博采宋齐以来图书，集为《七录》一书，总结前人目录学之成就③。七录今惟自序尚见于《广弘明集》卷第三，《七录》分内外两篇，儒家经史子集兵诗类属"内"，佛、道分属"外"④。

　　但，我们一相比较，就发现，虽然都是"内外说"，智圆与阮孝绪的三教关系却大不相同：阮氏以儒为"内"，释、道为"外"；智圆则以儒道为"外"，释为"内"，智圆把道教作为"三皇"之教化，所以同为域内之"外教"，乃是治身之学，于治天下安国家不可一日无也，但是，于"济神明研至理"，只是略指其趣耳。

　　所以，虽然智圆之三教内外说与阮孝绪的三教内外说，名同而实异，智圆在北宋初年，实现了一个三教关系的转折。其中，佛教的独立性被张扬，在三教中的地位得到凸显，而道教的地位被淡化并进一步从属于

① 《闲居编》，智圆撰《续藏经》第五十六册，第870页。
② 《梁书·列传四十五》"处士传"中有"阮孝绪传"，"传"曰："阮孝绪，字士宗，陈留尉氏人也。父彦之，宋太尉从事中郎。孝绪七岁，出后从伯胤之。""大同二年，卒，时年五十八。门徒谥其德行，谥曰文贞处士。所著《七录》等书二百五十卷，行于世。"参见（唐）姚思廉《梁书》及《广弘明集》"七录序"，《大正藏》第五十二册，第108—111页。
③ 在《广弘明集》卷第三保留的"七录序"中，阮孝绪自说："凡自宋齐以来王公搢绅之馆。苟蓄聚坟籍。必思致其名簿。凡在所遇若见若闻。校之官目多所遗漏。遂总集众家。更为新录。其方内经记至于术技。合为五录。谓之内篇。方外佛道各为一录。谓之外篇。凡为录有七。故名七录。"后人评其分部题目，颇有次序。阮之前有王俭《七志》，以分类法论，则阮较王为善。阮氏对目录学之贡献，据姚名达在其"中国目录学史"中认为有：①分类合理化；②适应时代环境；③工作科学化。阮录在当时已将"天下之遗书秘记，庶几尽于是"，可以说是已尽到目录学史上编集、创见之功。《大正藏》卷五十二，第109页。
④ 《梁书》又引其著论云："夫至道之本，贵在无为；圣人之迹，存乎拯弊。弊拯由迹，迹用有乖于本，本既无为，为非道之至。然不垂其迹，则世无以平；不究其本，则道实交丧。丘、且将存其迹，故宜权晦其本；老、庄但明其本，亦宜深抑其迹。迹既可抑，数子所以有余；本方见晦，尼丘是故不足。非得一之士，阙彼明智；体二之徒，独怀鉴识。然圣已极照，反创其迹；贤未居宗，更言其本。良由迹须拯世，非圣不能；本实明理，在贤可照。若能体兹本迹，悟彼抑扬，则孔、庄之意，其过半矣。"

儒家。

其次，智圆以三教"表里"说，来进一步强化了三教"内外"的旨趣。"夫三教者，本同而末异，其于训民治世，岂不共为表里哉？"① "以此观之，非仲尼之教与能仁之教，共为表里以训于民邪？"② 智圆在"翻经通纪序"中说道：

> 浮图之教，流于华夏者其权与于东汉乎？其于训民也，大抵与姬公孔子之说共为表里耳。何耶？导之以慈悲，所以广其好生恶杀也；敦之以喜舍，所以申乎博施济众也；指神明不灭，所以知乎能事鬼神之非妄也；谈三世报应，所以证福善祸淫之无差也；使夫黎元迁善而远罪、拨情而反性。核其理也，则明逾指掌；从其化也，则速若置邮。噫！虽域外之真诠，实有毗于治本矣！美矣哉！③

而智圆以"表里（内外）说"来概括三教关系，以儒摄道，在客观上削弱道教的存在意义。事实上，智圆虽然自己"好道"，然而，在理论上，他更倾向于有意无意地在理论上也逐渐把三教关系缩略为儒释关系，如他在《中庸子传》中说道：

> 夫儒释者，言异而理贯也，莫不化民俾迁善远恶也。儒者，饰身之教，故谓之外典也；释者，修心之教，故谓之内典也。惟身与心则内外别矣，蚩蚩生民，岂越于身心哉？非吾二教，何以化之乎？嘻！儒乎？释乎？其共为表里乎？④

正是智圆以儒道为"外"学、佛教为"内学"的三教定位原则，形成了宋学主导的三教鼎足说，并且客观上促进了佛教在宋初的大发展，同时在宋学发展到顶峰时期，刺激了儒、道二家的力图突破这种三教格局，而分别发展了理学与内丹学。同样，佛教内部契嵩（1007—1072）也在

---

① "谢吴寺丞撰闲居编序书"，《闲居编》卷二十二，《续藏经》第五十六册，第899页。
② "湖州德清觉华净土忏院记"，《闲居编》卷二十三，《续藏经》第五十六册，第900页。
③ "《翻经通记》序"，《闲居编》卷十，《续藏经》第五十六册。
④ "中庸子传上"，《闲居编》卷十九，《续藏经》第五十六册。

宋学发展时期撰《辅教篇》、《中庸解》等，提出了三教思想，虽欲以三教"浅""深"来彰显佛教，其实乃是以更多地放弃佛教作为出世法之特点为代价：

> 夫中庸者，乃圣人与性命之造端也。道德者，是圣人与性命之指深也。吾道者，其圣人与性命尽其圆极也。造端，圣人欲人知性命也。指深，圣人欲人诣性命也。圆极，圣人欲人究其性命。会于天地万物古今变化，无不妙于性命也。然其使人睹道真尽化本，觉其外物之为妄，休息其精神之劳弊者，而佛氏其道尤验也。①

但契嵩的"中庸"不再作为"性命"、"教道"素朴的现实应用，而是具有了宇宙本体的高度，"中庸，道也。道也者，出万物也，入万物也"，"中庸之道也，静与天地同其理，动与四时合其运"，这与智圆所提倡的素朴而宏阔的中庸观恐怕相去已远矣，而我们似乎可以闻到理学的味道了！

当然，在此，我们并不是否定了儒、道以及禅宗思想自身的发展进程，只是强调作为外因的刺激作用，在特定历史时期，具有不可忽略的作用。然而，由于智圆所具有的深入的天台教理和佛教义理思想，和他早年学儒、修道的经历，智圆对于三教思想的理解和把握是一般学者难以实现的，理学和内丹学虽在一定程度上张扬了心性学，扭转了智圆所建立的三教格局，但他们又不能如智圆与宋学般以严谨的考据学、宏阔的历史学、生生之易学以及"公其心"、"急世之务"处世，所以理学、内丹学虽其三教思想与心性之学更加精致入微，却难于有功于太平盛世也，徒为学者之自守耳！

同时，智圆的三教理论的提出，是建立在对当时人们某些观点的批判基础上的，例如"混同"说、"硕异"说等。对于那些持"混同"说认为三教可混而为一的观点，智圆批评他们"或几乎失矣"；对于那些持"硕异"说认为三教截然不同的观点，智圆批评他们"其有忘本执末以相毗睚者，岂不大误乎？"。因为，在智圆看来"复性有浅深，言事有远迩，则不得不异也；至乎迁善而远罪，胜残而去杀，则不得不同也"。

智圆从天台三观和性具实相的观点出发，三教乃是"一三三一"、

---

① "上富相公书"，《镡津文集》卷九，《大正藏》第五十二册。

"不一不三"的关系，反对混同说或硕异说。不一，则三教各有其功用，可以并行而不悖；不三，则一道乃同于心性，修身成佛不可须臾离也。佛教是王道建立的基础之一，儒家的发展离不开佛教，佛教乃是"为利于上下"，有裨于周孔之王道。孤山智圆的三教鼎足思想已经完全融汇到他的思想深处，所以他往往是随举一教，则具三教。

南宋来中国求法的道元①对智圆、正受的三教思想进行了极为严厉的批评，《正法眼藏》"第十四禅比丘"中引正受"进《圣宋嘉泰普灯录》上皇帝书"称赞智圆之语后：

かくのごとく僻計生見のともがらのみ多し、ただ智圓、正受のみにはあらず。……正受、智圓いまだ佛法の一隅をしらざるによりて、一鼎三足の邪計をなす。②

（译文：智圆、正受思想属于僻计生见。……正受、智圆对佛法理解不全面，一鼎三足是邪计。）

道元把智圆、正受作为当时三教一致思想的代表，认为智圆、正受不知佛法所以有鼎足之说，称他们的思想为"邪说中之邪说也"。道元的批评，很可能与这个时期未能深入把握其三教思想实质而形成的流弊有关。正如中唐韩愈猛烈批评佛教，乃是为了重振儒学一样，智圆的三教鼎立乃是为了中兴佛教并有功于社会，不出户庭而垂裕后世，而道元的批评也从另一方面恰恰证明了智圆三教思想在有宋一代的影响力。③

当代著名学者楼宇烈教授在《中国的品格》一书中，同样以鼎足说来描述三教关系："所以，儒释道确实是中国文化里面鼎足而立的三个支柱，一个鼎至少有三个脚才能站得住，缺一个脚都不行。这个鼎就是中国

---

① ［日］道元（1200—1253），日本镰仓时代禅师，日本曹洞宗创始人，24 岁（1224）时入宋求法，1227 年回日本。

② 《正法眼藏》（95 卷）第十四禅比丘，［日］道元撰，《大正藏》第八十二卷，第 298 页。参见《正法眼藏》（95 卷），［日］道元撰，何燕生译注，宗教文化出版社 2003 年版。

③ 道元在此关于智圆的批评显然是由于缺乏对智圆思想全面而深入的研究所形成的误解，其批评难以成立。不过，关于智圆三教思想可能会引起的思想的混乱的问题，很可能在智圆生活的时代已出现了质疑。智圆"雪西施"可能说明了他对这个问题的看法："西施语复贤，褒贬何昏蒙？但说倾吴罪，都忘霸越功。"《闲居编》卷三十七，《续藏经》第五十六册。

文化，这个鼎就是由儒释道这三个脚给它支撑起来的。"① 楼宇烈教授以现代的语言，简略地描述了儒、释、道三家在中国传统文化中的地位，又是在新的时代中关于三教关系明确之论也。

5.2.2　儒释二教因果祸福论

如前文所言，智圆认为儒道二教虽然"美矣哉"，在治理天下安定国家之中不可一日而无之，然而就社会功用而言，儒道二教在"唯心性命"与"三世报应"不如佛教的理论更加圆满，此节即就儒释两家的因果论和智圆的因果思想进行分析。

北宋时期，历经五代之乱的人们，面对社会现实的巨大变化，陷入了了价值观的极度迷惘，传统的儒家因果说受到极大的挑战。992 年，三十九岁的王禹偁得知左千牛卫上将军曹翰卒，撰《金吾》诗，历数其平生所作坏事，特别是屠城暴行"老小数千人（《长编》卷十七作数万人），一怒尽流血"②。而曹翰竟以富贵寿考而终，"晚年得执金，富贵居朝阙。娱乐有清商，康强无白发。享年六十九，固不为夭折。……子孙十数人，解配就衰经。赠典颇优崇，视朝为之辍"。王禹偁借此对因果报应说进行批驳："哀荣既如是，报应何足说？……福善与祸淫，斯言仅虚设。"③

徐规先生以为王禹偁"此乃佛教因果报应说之虚妄"，这可能是一个误解。王禹偁作为一个大儒，他所批判的"因果"说应该指的是儒家的因果说、而非是佛教的因果说。不过，徐规先生此说正好说明佛教因果说在宋以后的影响巨大，我们一提起因果就想起的是佛教而不是最早的儒家。

而在北宋，儒家因果说仍然是官方的和广为接受的因果说，当时的情况我们在《宋钞本洪范政鉴》中可略知一二。④ 但此书反映出了身为皇帝

① 楼宇烈：《中国的品格》，当代中国出版社 2007 年版，第 181 页。

② 《宋史》《曹翰传》。

③ 《小畜集》卷四。

④ 《宋钞本洪范政鉴》（影印本）（十二卷），北宋仁宗赵祯撰，南宋淳熙内府钞本。根据影印说明，知"该书是现今仅存的唯一完整的宋代写本。陈、晁二书及《宋书·艺文志》皆未收录此书，唯《通鉴长编》《玉海·天文类书》以及朱彝尊《经义考·尚书类》等偶有涉及，但亦不知其详。盖仁宗时此书未及刊行，南渡重录后又视为珍储，学者不得寓目，官私书簿也就少有记录"。书目文献出版社 1992 年版。

的宋仁宗"以儒道两家推衍繁复的天人一体思想,以五行分类,大量罗列自春秋以来历朝的种种'休证'和'咎证',并将这些自然现象与帝王的言行、朝代的兴衰相附会",体现了儒家式的因果思想,也说明北宋时期主导的仍然是儒家而非佛教因果说。

儒家因果说乃是一世因果说,与佛教的三世因果不同。智圆在"福善祸淫论"和"善恶有余论"等中都记述了时人对儒家因果说的怀疑:

> 《传》曰:"福善祸淫"。或者谓验之于事,则为善而召祸,为恶而致福,亦多矣!其鬼神之无灵耶?格言之近诬耶?[1]
>
> 《易》曰:"积善之家必有余庆,积不善之家必有余殃"。旧说谓善恶延于子孙,故曰余殃余庆也,而世共疑之。[2]

正因为当时的这种怀疑,所以就有了王禹偁的"福善与祸淫,斯言仅虚设"的说法。而且,"瞽鲧积恶而有舜禹之余庆,勋华积善而有朱均之余殃,何圣言之无征邪?以无征言以训人,是诱人向恶而倍善也,岂圣人之意邪?"因此牛僧儒《善恶无余论》,谓"积善庆于身,积不善殃于身,俱无余也"[3] 的说法有了很大市场。

面对这种"迷因果,混善恶"的情况,智圆认为:"理则美矣,奈何反圣人之经乎!圣人言有余,僧儒言无余,非反而何?"牛僧孺的说法显然违背了儒家传统,"吾观圣人之言圣人之旨,若仰青天而睹白日,非不明也。由先儒瞽说氛而翳之,使僧儒之才往往未见其旨而惑其言也。"智圆要扬搉而陈之,论以辨之,以示昧者。

首先智圆辨别了世人所谓祸福与君子所谓祸福的不同。

> 夫世所谓祸福者,以富贵、崇高、安康、寿考之谓福也,贫贱、侧陋、刑戮、短折之谓祸也。苟恶人之享富贵,善人之处贫贱,则反覆而怀疑,必谓鬼神之无灵,格言之近诬矣!盖庸人之情也。[4]

---

[1] "福善祸淫论",《闲居编》卷十八,《续藏经》第五十六册,第893页。
[2] "善恶有余论",《闲居编》卷十八,《续藏经》第五十六册,第892页。
[3] 同上。
[4] "福善祸淫论",《闲居编》卷十八,《续藏经》第五十六册,第893页。

而君子所谓祸福，与世人所谓大不同矣：

> 夫君子之谓祸福者异乎哉！为仁者有大顺之显名，垂于亿载之下，虽童子妇人犹知贵而好之，非福如何？岂以一世贫贱、侧陋、刑戮、短折之为祸也？……故世所谓祸福者得其小者近者，君子所谓祸福者，得其大者、远者也。

智圆所追求的君子之祸福乃是大者，远者，是为仁者有大顺之显名，垂于亿载之下，虽童子妇人犹知贵而好之。所以，他以伯夷叔齐受贫、比干遭戮、颜回短寿等为例，"后世闻其名爱之如父母；斯谓福善也。"他又举吴越历史上极为有名的两位人物伍员、伯嚭：

> 噫！吴太宰嚭以阿君受赂于世，则富贵矣人，到于今贱之必谓之谗贼也。伍员以忠谏，致死于世，则刑戮矣！人到于今贵之，必谓之忠贤也，而布在祀典享血食之不暇。福善祸淫之验，其昭昭乎！其昭昭乎！①

并且智圆强调"夫余殃余庆之说，盖系于己不系于子孙也"，为什么呢？

> 且士有履仁义尽忠孝者之谓积善也，岂但享福于一朝，其实垂令名于百世也。垂令名于百世，非余庆邪？其悖逆残贼者之谓积恶也，岂但速祸于一朝，其亦垂丑名于百世。垂丑名于百世，非余殃邪？②

智圆以三世因果说融摄了儒家传统的善恶报应理论，并且强调了"三世性"与"自作自受"的原则：

> 呜呼！以亿载之美名，使人从而尊之，不愈乎一世之富贵耶？亿

---

① "善恶有余论"，《闲居编》卷十八，《续藏经》第五十六册，第 893 页。
② 同上书，第 892 页。

载之恶名，使人从而卑之，不愈乎一世之贫贱耶？①

"考善恶报应也，悉我自业焉，非止言其上帝无常天网恢恢而已矣"②。

福善祸淫言可信，吉凶由己语堪陈③。

智圆的三世因果报应论显然有强烈的事功色彩。智圆非常反对宋初的择日与淫祀的薄俗，他曾描写当时择日与淫祀的风气时写道："多尚浮虚少尚真。礼让不修难致福，唯知烧纸祭淫神。阴阳家说惑常民，孝道从兹尽失伦"、"乖仁背义都无耻，只记临行拣日辰。"④

智圆在"择日说"中记述当时阴阳家流之说"日之吉凶，由善恶之神主焉。盖佐天而为治者也，故犯凶日必罹之祸，择吉日必贻之福"，"而民惑久矣。凡改作用事，咸择其吉日，冀去祸而就福焉。吾不信也"。

曰：蚩蚩薄俗，弃忠孝而不履，背礼义而不修，而竞择吉日，欲苟免其祸，而谄求其福者，何异恶醉而强酒乎？……使民倍（音背）礼违制，以其为害大也。⑤

择日之风气使百姓"倍礼违制"，是社会风气薄俗的一大原因。智圆大声疾呼，"夫吉凶祸福系乎人，不系乎日"。所以智圆说：

吾闻"积善之家，必有余庆"，不闻用吉日而致福也；"积不善之家，必有余殃"，不闻用凶日而致祸也。故曰："吉凶祸福，系于人不系于日也"。故吾用事，必择道而行之，择礼而从之，择友而交之，择里而处之，择师而事之。孳孳然，砥名砺节，俾无失于天爵也。而择日不与焉。⑥

---

① "善恶有余论"，《闲居编》卷十八，《续藏经》第五十六册，第893页。

② "《四十二章经》序"，《闲居编》卷一，《续藏经》第五十六册，第870页。

③ "湖西杂感诗（并序）"，《闲居编》卷四十二，同上书，第928页，智圆自言此诗乃是"伤风俗之浮薄而作也。虽山讴野咏而善善恶恶，颂焉刺焉，亦风人之旨也。"

④ 同上。

⑤ "择日说"，《闲居编》卷二十七，《续藏经》第五十六册，第906页。

⑥ 同上。

关于当时的淫祀之风，智圆记载道：

> 民好淫祀者久矣！故仲尼曰："淫祀无福"，又云"非其鬼祭之
> 谄也"。古之民果无斯弊，则圣师孔子岂有是诚哉？今之风俗，甚于
> 古万万焉！[1]

智圆在买孤山而居玛瑙院后，见玛瑙院中原有土偶三，于是撤其二，存另一号土地者，易其名曰护伽蓝神，并且写下了《撤土偶文》。在此文中智圆指出祭祀乃是"圣王之制"，但是什么可祀，什么不可祀，是有明确标准的。也就是，是否有事功于民，是是否可祀的基本标准[2]。智圆又记述了李唐之世，狄梁公废江淮淫祀一千七百，而所留者唯会稽大禹、钱塘子胥、姑苏大伯、毗陵季札四庙而已，认为"吾知梁公实率此道而行也"。[3]

智圆强调"善恶报应者，福善祸淫之深者也"[4]。"谈三世报应，所以证福善祸淫之无差也。使夫黎元迁善而远罪、拨情而反性。核其理也，则明逾指掌；从其化也，则速若置邮。噫！虽域外之真诠，实有毗于治本矣！美矣哉！"[5]。正是因为有佛教以三世报应制其事，才可能实现儒、道二教之社会理想：

---

① "撤土偶文"，《闲居编》卷十七，《续藏经》第五十六册，第 891—892 页。

② 同上。智圆说："吾闻圣王之制，祭祀也。法施于民则祀之，以死勤事则祀之，以劳定国则祀之，能御大灾则祀之，能捍大患则祀之，及夫日月星辰民所瞻仰也，山林川谷丘陵民所取财用也，非此族不在祀典。嗟尔土偶，法不闻施于人，死不闻勤于事，劳不闻定于国，御灾捍患又非所闻，既不在于瞻仰之列，复无财用以资于人，岂得乱其礼而窃愚民之祀乎？"

③ 在撤土偶后一个多月，智圆的门徒虽然在开始的时候反对，后来则希望把第三个也撤掉，"某也虽奉命而毁之，窃忧其能为祸害也。今逾月矣而无能，为子之明也。某敢复去其曰护伽蓝者之像，以宽僧居。如何？"智圆则批评道："不可也。吾之去彼二者，黜非礼冒名也。留此一者，遵佛制度以报德也。彼也，万万能为祸害，吾亦当去之也。此也，万万不能为害，吾亦固留之也。且吾与尔群居于是，晏息乎是，讲道于是，立身于是，地之于吾恩不小矣！故留方丈之地，日崇其祀，以报德也。岂惧祸求福之谓乎？苟佛之无制，吾亦当去之，况有制乎！吾岂以其不能祸而欺之乎？方丈之地，岂忍夺之也。加其完葺，则可矣！噫！岂唯事鬼神如是乎，事人亦然。""撤土偶文"，《闲居编》卷十七，《续藏经》第五十六册，第 891 页。

④ "驳嗣禹说"，《闲居编》卷二十八，《续藏经》第五十六册，第 907 页。

⑤ "《翻经通记》序"，《闲居编》卷十，《续藏经》第五十六册，第 880 页。

赖我浮屠之为训也，既以三世报应制其事，复明一心空寂穷其理。民有闻报应之说者，虽贪贱啬吝之夫，亦庶乎振之周急矣；民有闻空寂之说者，虽矜功用壮之夫，亦庶乎守雌保弱矣。能周振则博济之道行也，守雌弱则朴素之风振也，博济行则礼让著，朴素振则刑罚措。以斯而利于民，则仲尼、伯阳之道不远复矣！故曰："为利于上下，救弊于儒道焉！"①

智圆以三世因果报应说，融摄儒家传统的善恶祸福说，使人们明于善恶之别，而修仁义之道。这种思想在宋学传统中受到了极大的赞赏。宋学建立时期的代表人物范仲淹（989—1052），一方面把"缁黄荡而不治"作为社会一患，但同时对佛教的因果说极为赞同。

天圣五年（1027），范仲淹写了著名的《上执政书》②，其中将佛教过度发展导致的"缁黄荡而不治"作为社会一患，认为"其徒繁秽不可不约。今后天下童行可于本贯，陈牒必结其乡党。苟有罪戾或父母在、鲜人供养者，勿从其请。斯亦养茕独、助孝悌之风也。"③

针对当时佛教发展的状况，范仲淹提出了四条政策：1. 缁黄之徒繁秽不可不约，应严度牒之请给，以辨奸细，复游散；2. 天下寺观每建殿塔，动逾数万之费，此后止可完旧，勿许新创，以阜民财；3. 闻有缁黄之流结托戚近，邀求进贡，或受恩赐，或与官爵，望除拜之际能量才而为；4. 国家祈天永命之道，不在诏神佞佛；土木之妖，宜其悉罢，以节内帑，为军国急难之备④。

但是，范仲淹自己与宋学时期的大多数士大夫一样，精研三教经典，力求汇通而经世致用，他曾说自己"清静道自生，……读《易》梦

---

① "与骆偃节判书"，《闲居编》卷二十一，《续藏经》第五十六册，第896页。
② 此"上执政书"中，范仲淹极论国家大事，书中对国家的形势进行了分析，并提出了一个六项十八字的治国方针："固邦本，厚民力，重名器，备戎狄，杜奸雄，明国听"，每一项都作了详细的说明，后来庆历改革的内容，也不出这篇上书的范围。（宋）范仲淹撰《范仲淹全集》，四川大学出版社2002年版，第210—229页。
③ "上执政书"，《范仲淹全集》，第217页。
④ 同上。

周公，……养志学浮图"① 他为王质写墓志铭时，即赞其能"兼通佛老微旨"。

范仲淹更是对佛教因果说情有独钟，庆历（1041—1048）初，他在宣抚河东途中，偶获一卷佛经《十六罗汉因果识见颂》，当即识别出于宋初刊刻的《大藏经》，藏经未录，（范仲淹熟读佛教经藏，由此可见）认为是"悟本成佛大法之颂，自称"一句一叹，一颂一悟，以至卷终，胸臆豁然，顿觉世缘，大有所悟"，于是亲自为之作"十六罗汉因果识见颂序"，命府州承天寺僧人归依别录藏之。从这篇短短的序言当中，我们可以窥见范公对佛教的态度，"方知尘世中有无边圣法，大藏之内有遗落宝文"②。

范仲淹是真正深知佛家真谛的，"夫释道之书，以真常为性，以洁净为宗"③、"直指生死之源，深陈心性之法"④。《岳阳楼记》中的先忧后乐思想和"不以物喜，不以己悲"两句最为警世，后世称之为菩萨境界，不为过也。范仲淹"不以物喜，不以己悲"，使我想到了智圆座右铭中"于毁于誉心无增减，闻善闻恶心无分别，于诸愚智等以悲心，于上中下众生之类心常平等"⑤，虽一个居庙堂之高，一个处山林之远，然则"先天下之忧而忧，后天下之乐而乐"，或儒或佛，但有功于天下，一也！

小　结

孤山智圆对于宋学中道教的影响，除了以上内容外，因为其所简择的佛教、道教和儒家经典乃是三教"心性"、"性命"之学的根本经典，因而这些经典的交叉影响不可忽视，也即是说佛教经典对儒、道的影响，或者道教经典对儒、释的影响，或者儒家经典对释、道的影响，交叉所产生的效应就是宋学产生和发展的基础。

---

① "赠张先生"，《范仲淹全集》卷二，第 26 页。
② "十六罗汉因果识见颂序"，同上书，第 506—507 页。
③ "上执政书"，同上书，第 217 页。
④ "十六罗汉因果识见颂序"，同上书，第 507 页。
⑤ "思益十诫"，《闲居编》卷七，《续藏经》第五十六册，第 877 页。

北宋道士张守真①曾假借天神之口，宣扬三教理论。他曾问翊圣保德真君："道、释、儒并重于世，未审崇奉何者即得获其福？"真君答曰："《太上道德经》大无不包，细无不纳，修身炼行，治家治国，世人若悟其指归，达其妙用，……谅无所不至矣。释氏之《四十二章经》，制心治性，去贪远惑，垂慈训诫，证以善恶，亦一贯于道矣，奉之求福，固亦无涯。至于周公、孔子，皆列仙品，而五经六籍，治世之法，治民之术尽在此矣。"② 一个道教真君竟然说佛教《四十二章经》的功德，可见智圆着力弘扬的《四十二章经》在当时社会的影响力以及此经的融摄力。

同时，智圆三教思想的抉择中一贯以天台三观思想，体天道而重人事，《阴符经》的思想更进一步体现了智圆"体天道而重人事"的思想。在智圆的时代，社会内外交困，有识之士均致力于经国济世的实践探索，而非仅仅是个人的心性修养的玄虚之学。宋仁宗宝元二年（1039）李觏撰《富国》、《强兵》、《安民》三篇，宝元康定（1038—1041）三四年间，西夏元昊大军入侵，庆历三年（1043）八月，范仲淹主持"庆历新政"。虽然，改革遇到极大的阻力，然而却也极大推动了社会的进步与发展，正是这种"体天道而达人事"思想在现实中的表现。

到了南宋时期，如志磐《佛祖统纪》述曰："道家者流其所学则《道德》、《阴符》，是为治心修身之本，……是故此道列在国家，与儒释均为三教者以此。至于小大优劣内外之义，则较然可知。故阚泽对吴王曰：'道事天，天事佛'。李士谦论三教曰：'儒五星也，道月也，佛日也'。能达此意则三教之位定。世言儒道释，盖本乎此。儒生道士不别本末，欲轻陵于释氏，皆末学之过。若道流有辅成旧伪言老子化胡以佛为侍者之言，谤老子渎世尊，其咎当如何邪？"③ 虽欲为三教定位，但理论上既无突破，义理更难有深度，既未能有功于佛教，亦无能有事于儒、道二家。

在中国历史上，特别是隋以后三教论衡已逐渐成为了理论和现实的问

---

① 此张守真为北宋初期的著名道士，非南宋的三十二代天师张守真。此张守真生卒年不详，彼张守真，字遵一，南宋著名道士，三十二代天师。南宋绍兴十年庚申（1140）袭教，淳熙三年（1176）十月三十日对弟子曰："顷得吾兄虚靖书，有青城之约，今当往矣。"言毕无疾而终，藏蜕于演法观近西，在位三十六年。宋孝宗黄帝制曰：汉天师三十二代嗣孙守真，尔传之祖业，载世数十，而犹未泯，亦异也。宋孝宗特授正应先生，复赠崇虚光妙正应真君。

② 《翊德保圣真君传》卷中，《道藏》第32册。

③ 《佛祖统纪》卷四十四，《大正藏》第四十九册，第405页。

题。隋代，李士谦创立三教鼎立说，最高统治者也采取三教并用政策。隋文帝认为，"门下法无内外，万善同归；教有浅深，殊途共致。"① 唐代，统治者在确立儒家正统地位的同时，对佛、道的长期论争采取调和态度，三教在形式上呈鼎立之势。朝廷实行的"三教论议"，以儒为骨干，协调佛、道间的关系。儒家学者虽各有偏重，但普遍主张兼学、合流，如贺知章、李白等人学道，柳宗元学佛，白居易学道、也学佛。佛教学者神清的《北山录》，道教学者王玄览的《玄珠录》，李筌的《太白阴经》、司马承祯的《坐忘论》，都有一定的儒释道交汇的倾向。但是，从总体来说，三教的义理定位还不明确，这个问题在北宋特别是智圆"治心以释，治身以儒道"的三教内外说，三教格局基本确立，不仅促进了佛教的繁荣，并且促进了以儒家复兴为标志的宋学大力发展，并且激发了道教内丹学的出现和道教的转向，实有功于宋学也。

孤山智圆三教思想在有宋一代有较大影响，他不仅是宋初佛教界、同时亦是整个宋学体系中最早有系统地提倡三教思想的人，其三教思想及其努力不可谓无大功矣。虽然冲突依然存在，但多是教派门户的形式偏见以及利益的争夺，孤山智圆以顺应三教合一的社会潮流与政治需要，以社会和谐为思考，以国家昌盛为旨归，修心性，行儒道，提出了合理的三教结构与各自明确定位，从义理根本上融通了三教，从而与唐代的三教思想发生了根本性的区别，成为了北宋初年义理的代表人物。

---

① 《历代三宝记》卷一二。

第 6 章

孤山智圆与宋学的形成与发展

　　孤山智圆认为佛教为一大事因缘出现于世，即"复众生之性"。又承唐末五代以来，内则僧纪荡存，典籍散失，缁黄虽众，佛法实衰，外则国家政治走向稳定，经济快速发展，反佛思潮日盛、儒学必将复兴。智圆作为宋学先觉，欲"立德"、"立功"、"立言"，因"天台三观之学，可以指南群惑、研几心性"，了心性无外，二而不二，不二而二，遂以天台三观之学遍检儒、释、道三教经典，于其中即小而大、开权显实、扶律谈常，言近而义远、辞明而理高之文，则"辩讹从正，去滥传真"，"摧邪显正，激浊扬清"，以裨流通当代、垂裕后世之益也。

　　在《闲居编》中智圆往往自称"中庸子"、"潜夫"、"无外"，而智圆的这三个自称以及"智圆"都是有特殊而丰富的学术内涵，正反映了智圆在学术思想上的四位一体："中庸子"反映了他的儒学思想想，"潜夫"体现了他的道隐追求，"智圆"是他天台圆融思想的立足点，"无外"是他以心性之旨融摄三教的意趣。孤山智圆心性之"大一"，融摄儒、释、道（隐）三家，实现了佛教与中国传统文化的沟通，从而开创了佛教中国化的新阶段和新局面[1]。

　　智圆以"无外"为字，其意在兹乎？"其大无外，为之大一"，智圆以心性无外之说，了"心佛众生三无差别"之理，体达三无差别之理，混而为一；而事有差别之修，于是有四凡六圣之十界，有真妄也，有善恶

---

[1]　当我们在进行孤山智圆"宋学先觉"成立的考察时，发现孤山智圆同时为我们提供了一个新的范本，这个范本中揭示出在中国佛教发展过程中以下因素的重要性：1. 核心经典。2. 中国传统儒道文化与佛教中国化。3. 佛教内护等，因非本书主题，留待今后进一步的研究。

也，有君子小人也，则扶律、谈常、修行、学习，斯为重要也。智圆心性论可谓至理也！智圆的心性论以天台高度的辩证法和性具实相的思想为基础，又与中国传统五经思想特别是生生之易学为中心的周孔思想相结合，形成了印度心性学与中国文化的最完美结合，从而从根本上改变了中国儒家心性论理论的缺陷①。智圆和他同时代的儒、释、道三家的先觉们，共同努力，极力承担，造就了一代以心性学为核心、学风、文风的改革为先导，五经与周孔之道若横若纵，三观与四教若明若暗，终于形成了"达天道而重人事"，气势磅礴、生生为易的宋学气象。

方立天教授指出，"心性论"是中国儒、释、道三教哲学的主要契合点，"佛教和儒、道的内在超越的共同文化旨归，佛教和儒、道在心性论哲学上的互相契合，是佛教得以在中国流行的根本原因，也是佛教哲学与中国固有哲学相融合进而成为中国传统哲学内容一部分的重要原因"②。诚哉其言！仁者之心，其理一也。智圆心性无外之说，其意在兹也！

6.1　心性无外

6.1.1　智圆的简择

智圆于宋学的贡献，并不在于他自己的理论创造，而在于他通过深入儒、释、道三教之根本经典与历史，直接把握了中国思想的核心和社会发展的要求，从而在高度辩证而理论庞大的天台思想中抉择了"三观（三止）""四教"，以天台"真心""理性"为框架，沟通了三教并明确为佛教在中国思想中定位，既契合中国思想发展自身的轨迹，又契合佛教在中国发展的现实。既契理，又契机，然而，义理的抉择至多"立言"，要

---

① 方立天教授在《中国佛教哲学要义》第三编"心性论"中，对印度和中国佛教心性论进行了全面而深刻的分析，余论对"中印佛教思想的重要同异点"和"心性论：儒、道、佛三教哲学的主要契合点"的认识则更为精辟，实为本书写作中的重要引导，限于篇幅，并未一一指出，敬请读者详查。方立天在该书中指出：儒家心性论存在重大的理论缺陷：一是缺乏心性论体系结构；二是对心性论缺乏深刻严谨的本体论论证。参见方立天《中国佛教哲学要义》，中国人民大学出版社 2004 年版，第 528 页。

② 同上书，第 608 页。

"立功"于后世，必得佛教心性义理之学广为社会所接受。然而，"大法下衰，去圣逾远；披缁虽众，谋道尤稀。竞声利为己能，视流通为儿戏，遂使法门罕辟教网将颓"①，宋学以急风暴雨般的反佛思潮为先导，而在宋学形成时期即以佛学为心性之学而广为吸收，仅靠如赞宁、智圆、择梧、省常等个人的力量是不够的，必得有佛经之正助，如儒家有五经，然后，心性之学方能有功焉！

　　然而，佛教经典浩瀚无边，其义理不但普通人难以把握。即便宋学领袖、一代思想家如范仲淹、欧阳修都批评佛教之驳杂，莫衷一是，虚与委蛇，虚幻不实。欧阳修曾撰"六经简要说"：

　　　　余尝听人读佛书，其数十万言，谓可数谈而尽。而溺其说者，以谓欲晓愚下人，故如此尔。然则六经简要，愚下独不得晓也②。

以前文智圆"准的五经"思想，可知五经近人情而义理高远，成为儒学复兴的根本经典，那么，佛教有哪些经典可以作为宋学之依凭，可为佛教心性学之根本文本呢？

　　智圆"立功"于宋学最重要的一点就在于，他通过佛教心性论抉择了宋代佛教经典，而他所抉择、刊正整理后并大力推进流通的经典成为了北宋缁素（僧人与士大夫）最重要的学习经典，而智圆所抉择的真心、理性之学也在这些经典流通的过程中得以流布。

　　智圆刊正、整理了许多"古无赞述，世弗流通"、"其辞简，其义明"而在宋以后又引起了广泛关注、产生重大影响的佛教典籍。这些典籍有天台宗的，有禅宗的，有净土宗的，还有印度佛教经典的，可以说是融摄了藏、通、别、圆四教经典。"原夫能仁设教，虽渐顿异辙、大小殊唱，至于垂戒律以齐身口，指定慧以祛心惑，俾沿浅以究深，自凡以跻圣，其揆一也"③，智圆在为这些经典注疏的过程中都进行了刊正，然而才流通于世，这些都是在宋学时期引起广泛关注的经典，也是宋儒士大夫们出入佛

---

①　"诫恶劝善"，《闲居编》卷三十，《续藏经》第五十六册。

②　《试笔》"六经简要说"，《欧阳修全集》第1052页，（宋）欧阳修撰，中国书店1994年版。

③　"孤山玛瑙院界相榜序"，《闲居编》卷十三，《续藏经》第五十六册。

教的最重要的文本基础。

除此十经以及在前文中提到的谛观的《四教仪》之外，作为天台巨擘的智圆，在北宋初年对天台宗其他的一些重要经典进行了校刊整理并刊版。如对前文提到的湛然《金刚錍》、《十不二门》等文进行了校刊。另外，宋初智圆最早对智者大师的《请观音经疏》给予关注，并作注疏，他在 1012 年所撰 "《阐义钞》序" 中说道：

> 此请《观音经疏》，疏自智者演说，章安记录。古来人师无闻赞述。既传授道息，后学往往有不知其名者，知其名而未尝披其卷者，於乎斯文之未丧也一线尔。吾不肖而实痛焉，吾如默默，则何以传后？①

智圆并不仅仅撰疏，在现存《请观音经疏阐义钞》中智圆指出当时流通的智者《请观音经疏》存在着 "字误"、"文误" 或 "可能缺文处" 近 30 处。智圆所整理的智者大师《请观音经疏》称为北宋流行的版本，而智圆的《阐义钞》也称为北宋天台思想的重要文本。在智圆撰《阐义钞》五年之后，1017 年山家知礼撰《对阐义钞辩三用一十九问》②，对智圆《阐义钞》中有关天台 "消伏三用义"，"设问一十九章，征问是否"。

在 1011 年，智圆还撰有《注观心论疏》③。《观心论》（又名煎乳论）一卷，是智者大师自造的一部经典，智者大师于无量佛教经典外自造经典，并解释了造此经的原因：

> 但弘法之人为利物故多施加水之乳，致令听受之者失真道味，四众转就浇离，致使信心之者渐歇薄谈。将恐深广大法不久停留，众生眼灭失正法利。是以闲生悲伤烦究难忍，不惟凡浅寡闻少见，欲助鹦鹉奋其翅力。辄承三宝力，欲作斯论也。问者欲知作论者，大意有二：一者自责为诸学徒，二者外诸四众脱能信受亦可传之。

---

① "《阐义钞》序"，《闲居编》卷十，《续藏经》第五十六册。

② 《四明尊者教行录》"对《阐义钞》辨三用一十九问（并序）"，（宋）宗晓撰《大正藏》第四十六册。

③ 《闲居编》"《注观心论》后序" 中的题名为《注观心论》，但根据序中的内容，似乎应该为《注观心论疏》，疑有漏字。

后世灌顶撰《观心论疏》五卷，智圆于 1011 年又对此疏进行刊正，并撰有《注观心论疏》"抑又斯疏多历年所，遗编蠹简不无同异，其或释文前却三写，讹舛者必修定之改易之，庶几来裔寻文晓义，不俟终日"。

智圆不仅对天台文献多作校刊，而且对其他宗派的重要经典也有功也。本书第三章所讲到的华严宗的《新印还源观》，由于"多历年所，颇有舛误，世虽盛行罔或条理"，于是智圆乃"博求众本，精详得失，而播迁讹伪，开济正真，亦已备矣"。《还源观》成为宋学发展时期华严中兴的重要经典，溯本求源，智圆有功也。另外，可能更重要的，则是智圆对《金刚经》的校刊和整理。《金刚经》是禅宗的重要经典，但因年代久远，错误极多，智圆记述了当时的情况：

> 好异之徒，不无添糅，或节为章分，或间以颂文，或前陈启请，或中加别译，或增其字句，古今识者虽患烦辞而莫肯芟夷。乃曰贵流俗之生善也，遂使淳正之法日就浇漓失真，道味生善之说其未至也，涅槃所谓加水之乳，可不是乎！吾嗟叹久之。

恰值某信士欲刊刻此经，请智圆详定，"以至再三"。

另外，智圆还是一位佛教目录学者，智圆于天禧三年所撰"《翻经通纪》序"，记述了他根据历史上重要的五部史传经典而作的《翻经通记》：

> 某养疾林野，讲谈多暇，遂于嘉祥、南山、通慧三代僧传，靖迈、智升两家图纪，泊诸传录，而皆删取翻传事迹，编次成文，其间年世差舛，颇为刊正，分为两卷，号曰《翻经通纪》。始炎汉，终我朝，正统僭伪合二十一国，其传译者凡一百五十一人，所译之经，则存诸目录。此但举其大数而已，俾学佛者览之，既知大觉之宗，有自来矣。抑又见太宗之于我教也，有继绝存亡之道与。①

智圆所说"嘉祥、南山、通慧三代僧传"分别指惠皎《高僧传》（14卷）、道宣《续高僧传》（30卷）、赞宁《宋高僧传》（30卷），"靖迈、智升两家图纪"指靖迈《古今译经图纪》智升《续古今译经图纪》。智圆

---

① "《翻经通纪》序"，《闲居编》卷十，《续藏经》第五十六册。

称这部《翻经通记》开始于炎汉，终于北宋，正统潜伪之国合计 21 国，记录了 151 人传译的大况，可能对于宋太宗时期有较全面的记录，可惜现已难觅踪影，实为遗憾也。

还有，智圆整理了智者大师所订立的条规，"智者立制十条，以训来学，今因而删补，不损元规"，形成重要的台律——《讲院条规》。他还仿照昙无谶抄《法华普门品》为《观世音经》的方法，选择《大宝积经》第二十九卷《文殊师利普门会》录经别行为《普入不思议法门经》，"道无胜劣，辞有险易，若乃其辞简易，其义明白，使若曹寻其言、得其门而入、不俟终日者，有以见《普入不思议法门经》焉！考经所列三昧门者，其实二十八焉。若触类而长之，则非数量之所及也。美矣哉！如来境界不由步而可到，甚深法忍不待取而后获者，不在兹文耶！"① 此外，智圆还多编纂前贤文集，并积极推进刊印流行。如《佛氏汇征别集》、《注删定戒本》、《律钞义苑》。又，智圆在宋初多撰天台祖师碑铭志先祖行事，如天禧二年夏六月五日、十日先后立"荆溪大师碑"与"智者大师碑"于孤山玛瑙院佛殿之左右②。赞灌顶行迹③，慈光悟恩、梵天庆昭、慈光文备等宋初高僧的行迹多赖智圆的记录④。这些都在客观上极大推动了佛教思想在宋初的流行。

从以上可以看出，从 1006 年智圆在山家山外争论中以《金刚錍显性录》一文确立心性论的主题，此后"撰十疏，以伸十经"，包括《四十二章经》、《佛遗教经》、《瑞应本起经》、《首楞严经》、《心经》、《阿弥陀经》、《普门不思议法门经》、《文殊说般若经》、《观普贤行法经》、《无量义经》，以小大相集、开权显实，为佛法之要门。另外，《四教仪》、《十不二门》、《观心论》以正天台三观四教之学，《观经疏刊正记》、《请观音经疏阐义钞》、《金光明经文句索隐记》（《金光明经玄义表微记》）以

---

① "《普入不思议法门经》序"，《闲居编》。

② 《闲居编》"书荆溪大师碑后序"、"书智者大师碑后序"，智圆并曰："其文依补阙旧集，故与天台勒石者有异。按然师是建中三年二月灭梁君即贞元九年十一月卒，天台碑乃元和六年十一月十二日建，距然归寂三十载矣，距肃捐谇一十九载矣。於乎荆溪既没，敬之既往，非后之人妄改，如何补阙？卒逮今二百二十七年矣而遗编在焉，可鉴前缪，庶来者毋惑与"。

③ 《注天台涅槃疏主顶法师赞》，《闲居编》。

④ 《闲居编》"大宋高僧慈光阇梨塔记"、"故梵天寺昭阇梨行业记"、"钱唐慈光院备法师行状"，《释门正统》、《佛祖统纪》很多记载可能都来自智圆的碑铭与《闲居编》中的记载。

斥山家非圆之说,《维摩诘略疏垂裕记》、《涅槃经疏三德旨归》(《涅槃玄义发源机要》) 立唯心净土、扶律谈常。而《金刚经》、《还源观》、《盂兰盆经》或为上根说法或为百姓祈福,"无害于道,有益于世",但助其流通可也。

"工欲善其事,必先利其器"。智圆正是以三观之学、心性之旨,主动实现了对佛教义理和经典的抉择,这种抉择在客观上为宋学形成时期和发展时期,佛教特别是天台宗的发展提供了可以"准的"的文本和义理工具。天台辩证法与易学辩证法的不二之学,使更多的天台僧人受益于孤山智圆述之翰墨的"立身行道之事,息心达本之旨",而 11 世纪伴随着宋学形成和发展的天台宗的兴盛,智圆以三观之学、心性之旨,述于翰墨的"立身行道之事,息心达本之旨"也得到了更大的传播。

6.1.2　宋学的简择

关学门人范育为张载的《正蒙》作序时回顾秦汉以来的儒学发展史时说:

> 自孔、孟没,学绝道丧千有余年,处士横议,异端间作,若浮屠、老子之书,天下共传,与六经并存。而其徒侈其说,以为大道精微之理,儒家之所不能谈,必取吾书为正。世之儒者亦自许曰:"吾之六经未尝语也,孔、孟未尝及也。"从而信其书,宗其道,天下靡然同风,无敢置疑于其间,况能奋一朝之辩,而与之较是非曲直乎哉![①]

范育所描绘的北宋儒者"信其书,宗其道,天下靡然同风"的情景当属史实。宋学代表人物大多是儒、释、道三教共修,出则立身行道,入则息心达本,是他们共同的追求。之所以能够出入佛道而不害儒学,正是在于以心性学特别是天台"真心"、"理性"之学沟通了三教,以"复众生之性"为佛教出现于世之大世因缘,在宋学中形成了广泛的影响,"宋学之深远,……殆由性之内观而来也","性论乃是当时内外之理论上及

---

① 《张载集·正蒙·范育序》,《张载集》,中华书局 1978 年版,第 4 页。

实际上一大问题"①。

在此，主要以晁迥、周敦颐、张载和王安石四人思想为线索，勾勒宋学形成与发展时期宋学代表人物以心性之学沟通三教互动之思想脉络，以了解智圆所倡导的以天台三观之学、心性之旨所贯通的宋学先觉思想在宋学进程中的主要阶段的表现及其不同旨趣。

与智圆大约同时期、但年寿较智圆长、其论著形成稍晚于智圆（在仁宗初期）、同为宋学先觉的晁迥的思想中，我们可以非常清晰地看到智圆宋学先觉思想在宋仁宗时期士大夫中的影响②。晁迥（951—1034），是宋代晁氏家族中北宋初年的代表人物，汉代晁错之后人，从学于王禹偁（王禹偁事迹请参见本书第一章），《宋史》卷三〇五《列传》第六十四中有详细传记，其长子晁宗悫是宋仁宗时期重要的政治家之一，曾在庆历年间任参知政事（副丞相）。《宋史》称晁迥"性乐易宽简，服道履正，虽贵势无所屈，历官临事，未尝挟情害物。真宗数称其好学长者"③。刘随《请询访晁李》中说"太子少保致仕晁迥，端庄直性，冲淡自居，历仕三朝，垂五十载……文苑指为宗师，朝野推为君子"④。

晁迥在晚年退居昭德坊，研读佛书，广为著书，但保留下来的仅有《法藏碎金录》（十卷）、《道院集要》（三卷）和《昭德新编》（三卷）三种⑤。在保留的这三种著述特别是初作于天圣五年（1027）、在天圣九年（1031）又"稍量字数分为十卷"的《法藏碎金》⑥中，我们看到大量与智圆思想或语言非常相近的表述：

---

① （民国）林科棠：《宋儒与佛教》，第 15 页。需要指出的是宋学中儒佛两家对都言"性"，但两家内涵则不尽相同。佛教较为严格，单云性时，乃理性、本性之谓，无所谓善恶。儒家在使用性时，则往往比佛教随意得多。

② 邓广铭先生在《王安石在北宋儒家学派中的地位》一文中，认为晁迥"确实是熔冶了儒释道三家学说于一炉的一个人"，"吸收和汲引释道两家心性义理之学于儒家学说之中"，对宋学的结构产生了重要的影响和作用，从而称"这一学术取向的初期"的代表人物。参见《邓广铭学术论著自选集》，首都师范大学出版社 1994 年版，第 270—271 页。本书认为晁迥很可能是孤山智圆宋学先觉思想和事功在北宋士大夫中教早的体现，但资料有限，未能充分证明，有待来者尔。

③ 《宋史》卷三〇五《列传》第六十四。

④ 《四部丛刊初编》集部《皇朝文鉴》卷四十三。

⑤ 《宋史》卷三〇五"晁迥传"记载晁迥著述除保留下来的三种外，还包括：《翰林集》三十卷、《随困纪述》三卷等。

⑥ 《法藏碎金录》原序，四库影印本，第 1052—1427 页。

佛教之法，以复性为深切①。

儒教本于名与情，佛教本于理与性②。

西方之教（指佛教，作者）以理性为本，理合性，性合理，出世之第一义③。

佛书立法本乎性，儒书立法本乎情，道书立法该涉二书，该涉佛书不尽复性之理，该涉儒书不取饰情之容④。

晁迥对佛教"复性""理性"的定位，以及认为道教该涉儒释二教，但"复性"不如佛教、"饰情"不如儒家的说法，与智圆几乎一样。

晁迥对于佛教内部的"分禅辨律，互相矛盾。各执其末，不究其本"，晁迥采取的也是智圆式的"一以贯之尔"⑤。不过，纵观《法藏碎金》和《道院集要》，晁迥文中一再说到的"释氏之教"或单字"教"⑥应该不是泛称佛教，而主要指的是天台之教：

孔氏之教，在乎名器，如释氏之相宗也。老氏之教，在乎虚无，如释氏之空宗也。唯释氏之教，本乎理性，而兼该二教之事，方为臻极⑦。

在此，晁迥明确区分了"释氏之相宗"、"释氏之空宗"和"释氏之教"。并且，晁迥所倡导的士大夫修行佛教的主要方法，就是天台的止、观二法门，认为"入道之门须用止观二法"。晁迥文中经常出现"止观"，又多引《摩诃止观》之文，对于智圆所简择的止观法门给予了充分的重视：

---

① 《法藏碎金录》卷一，四库影印本，第 1052—1430 页。

② 同上。

③ 同上书，四库影印本，第 1052—1428 页。

④ 《法藏碎金录》卷四，四库影印本，第 1052—1494 页。

⑤ 《法藏碎金录》卷一，四库影印本，第 1052—1433 页。

⑥ 如《法藏碎金录》卷二，四库影印本，第 1052—1455 页，"教中说烦恼即菩提"，第 1052—1450、1451 页"予详教中所说之意，谓小乘著空，是心住于相而起见障。"第 1052—1470、1471 页"教中又言"。

⑦ 《法藏碎金录》卷九，四库影印本，第 1052—1579 页。

余思修行之法，两熟居先。智断之理熟，则事事皆空，岂能留碍？力制之功熟，则念念不起，自然安闲。智断即观也，力制则止也①。

又撰《三观删要》一文，阐明"从假入空观"、"从空入假观"以及"中道正观"之旨②。

另外，晁迥文中还多引《楞严经》文以及以天台心性论融摄儒释道三家的做法，与智圆都是大同③。特别是以"理性"来突出佛教的特点，并沟通儒学中的易学，晁迥说出了智圆没有说出的在五经中倡导生生《易》学的一个深层原因。一方面，易学的刚健有为和阴阳辩证法是智圆所欣赏的，另一方面，孔子罕言命，而《易》称"穷理尽性以至于命"，正如晁迥所说："窃详'命'者正是佛书所说'理性'之法也"④。他还进一步说道："然而孔老之教，……而不到穷尽理性之说。"⑤ 佛教作为"复性"之教，本乎"理性"，因而能"穷理而尽性"，而如何能"穷理尽性"呢？晁迥的说法显然也是贯通了三家之学特别是儒家中的易学：

穷理尽性，易义具系。予尝因此四字，别有所陈。夫剖析至理，有浅深次第，浅者及于名，深者及于身，深之又深者及于心。心由性生，必若穷其理之尽处，极于性而后已，故曰"穷理尽性"⑥。

虽然我们目前还无法判断晁迥是否受益于智圆的先觉思想与先觉之事功，也许，晁迥与智圆乃是"不约而同"，一个从儒学出发，一个从天台佛学出发，却共同地以天台"理性"为本，生生易学为魂，沟通儒佛两家，

---

①　《法藏碎金录》卷一，四库影印本，第 1052—1618 页。
②　《道院集要》卷三，四库影印本，第 1052—1631 页。
③　在目前可见的资料中，晁迥的佛教思想与三教关系主要是在他晚年退居昭德坊后形成的，未知其文集在当时的流通情况，因而很难对晁迥宋学先觉思想的影响进行评估。
④　《法藏碎金录》卷三，四库影印本，第 1052—1466 页。
⑤　《法藏碎金录》卷九，四库影印本，第 1052—1579 页。
⑥　《法藏碎金录》卷一，四库影印本，第 1052—1429、1430 页。

为宋学的形成与发展起到了积极的促进作用。

　　周敦颐（1017—1073），是宋学发展时期江南儒者的代表，著作不多，存世的更少，仅《太极图》、《通书》及少量诗文①，其学术理路与智圆大致相同，重视《周易》与《中庸》，以性命学沟通三教。根据《宋元学案》中对周敦颐的评价可知，周敦颐的贡献乃主要是"阐发心性义理之精微"，从而有"破暗"之功②，《通书·诚上第一》曰：

　　　　诚者，圣人之本。"大哉乾元，万物资始"，诚之源也。"乾道变化，各正性命"，诚斯立焉。纯粹至善者也。故曰："一阴一阳之谓道，继之者善也，成之者性也"。元亨，诚之通；利贞，诚之复。大哉《易》也，性命之源乎！

《通书·师第七》又说："性者，刚柔善恶，中而已矣！"周敦颐开发了儒学传统中特别是智圆在宋初首倡《中庸》中"诚"的思想③，在其思想中"诚"进一步沟通了天道与人性，把伦理层面和本体论的"诚"贯通起来，开显了为后世宋明理学所重视的思想。在周敦颐生活的时代，正值宋学大发展时期，佛教心性性命之学影响广泛，正如林科棠指出周敦颐的立说"实由佛老之止观、寂照、定慧之暗示"④。周敦颐从

---

　　① 周敦颐（1017—1073）生活在北宋中叶，曾任虔州南安军司理参军，湖南郴县、桂阳县和洪州南昌县的县令，也曾做过广南东路的转运判官和提点刑狱，官位并不显达，著有《太极图》、《通书》，他的思想在北宋一代也并未受到太多重视，参见邓广铭"关于周敦颐的师承和传授"一文。但他被宋明理学尊为重要的开创者之一，朱熹《伊洛渊源录》中第一个提出的就是周敦颐，在本书中我们并不考察作为宋明理学开创者之一的周敦颐，而是在宋学发展时期的周敦颐。

　　② 《宋元学案·濂溪学案上》。

　　③ 儒家"诚"的概念经过了一个逐步完善的过程。孔子并未直接言"诚"，言"诚"开始于孟子。《离娄上》谓"诚者，天之道也；思诚，人之道也"。《尽性上》谓"万物皆备于我，反身而诚，乐莫大焉。"但"诚"在孟子的思想中并不具有特别重要的地位。荀子也言"诚"，如"夫诚者，君子之所守，而政事之本也"，《大学》在八条目中也列"诚意"。而"诚"真正成为核心概念，则是在《中庸》之中。《中庸》多讲"诚"，"诚"具有本体论和伦理学等多重涵义，理学推崇《中庸》正在于此。智圆于宋初首倡《中庸》，很可能也有此考虑，但是"诚"并没有成为智圆学术核心，智圆从《中庸》中更多抉择的是"性命"与"教道"，参见本书第四章。

　　④ （民国）林科棠：《宋儒与佛教》，商务印书馆民国十七年版，第12页。

儒学立场出发，以《周易》、《中庸》互训的方法，以"诚"范畴为中心论证其所具有的天道属性，以次体现宋学"体天道而重人事"的特征。

张载（1020—1077），学者称为"横渠先生"，宋学发展时期"关学"的代表人物。张载与周敦颐一样①，延续智圆式的重《周易》和《中庸》的理论，试图以儒家的心性论来反对佛教②，所以在他的文中特别是《正蒙》里多论心性，其中张载分性为天地、气质二种，颇受后人推崇。不过，在张载出生之时，孤山智圆已多谈"天地之性"了，而张载一分为二的做法似乎并没有在义理上有所创新，而是类似于天台所主张的性具善恶，虽然圆满，但不具有明确的修行指向③。

不过，张载在修道方面主张"自穷理之明进于尽性之诚"，其顺序与周敦颐"自诚而明"相反，朱熹在修道方面即继承了张载的理路。

程颢（1032—1085）、程颐（1033—1107）进一步推进了周张之学，把"理"或"天理"作为其哲学最高范畴，而所谓"理"，二程最著名的命题是"性即是理"④。任继愈认为："自从二程提出'性即是理'这命题，中国哲学史上的人性论就不止是一个伦理学上的善恶问题，而把它提到唯心主义本体论的高度。"⑤

周敦颐、张载、二程的做法，在宋学发展时期具有一定的历史意义，反映出在宋学传统中佛教心性学的广泛影响受到了儒家学者的反省，以周敦颐、张载、二程为代表的理学先觉正是这股反省思潮的代表，他们试图从根本上为重人事的儒家学说建立起一个新的、足以与宋学中的佛教相抗衡的理论形态：一个能够为儒家伦理学说提供哲学的本体

---

① 世传周敦颐和张载都曾于庐山东林寺常聪受学性理论，转引自（民国）林科棠《宋儒与佛教》，商务印书馆民国十七年版，第30、32 页。

② 张载的排佛说，主要有5：1. 以世界人生为幻妄，是不知理，不知性，不知命；2. 溺空沦静，不知深化；3. 赋性于万物，犹告子以生为性；4. 不知人，故厌世；5. 不知鬼，故说轮回。

③ （民国）林科棠：《宋儒与佛教》，第15 页，认为张载的思想"盖由《楞严经》第四之本然和合二性及第一以后所见之性心缘心等而来也"，指出张载受《楞严经》影响的可能性。并且认为张载"同于教家也"（第35 页），教家即指天台之教。商务印书馆民国十七年版。

④ 《遗书》卷十八。

⑤ 任继愈主编《中国哲学史》第三册，第236 页。

论基础的义理框架①。

王安石（1021—1086），宋神宗熙宁变法的主持人，荆公学派的领袖，宋学发展时期儒家的代表人物，宋学的集大成者②。王安石作为宋学的集大成者，在"道德性命之理"方面之所以取得了超越前人、以及同时代人的成就，乃是由于他毫不隐晦地、正面地以"理"融摄儒释道三家，王安石曾说：

> 善学者读其书，惟理之求，有合吾心者，则樵牧之言犹不废，言而无理，周、孔所不敢从③。

所以，王安石对于当时的佛教义理多有吸收，就有了他与宋神宗如下的一段对话：

> 安石云："臣观佛书乃与经合，盖理如此，则虽相去远，其合犹符节也。"上曰："佛西域人，言语即异，道理何缘异！"安石曰："臣愚以为，苟合于理，虽鬼神异趣，要无以易。"

在佛教经典中，王安石非常重视《楞严经》④。赵希弁《郡斋读书附志（上）·释书类》载有《楞严经解十卷》（已佚），谓系"王荆公安石所

---

① 儒道二家都在宋学发展高峰时期，分别出现了理学和内丹学，形成了理论形态的初步转折，这与社会历史以及儒道二家自身理论的发展密不可分，同时，这个转折与当时佛教心性学刺激而形成的三教互动也是不可忽视的。

② 王安石事迹可参见徐文明《11 世纪的王安石》一书。徐文明指出王安石是"儒学发展过程中的一道分水岭"，认为在王安石之前儒学家大都以拒斥佛教来反佛教，基本是继承韩愈；在他之后，道学家大都以窃取佛教来反佛教，基本上是师承李翱。前期的反佛派虽然偏执、狭隘，但基本上是真诚的，只是效果不佳。后期的道学家则一方面盗用佛教的核心理论，一方面大力批判佛教，虽然效果很好，但这种做法毕竟不光明磊落，违背了一个"诚"字。徐文明的论断是有一定道理的。

③ （宋）僧惠洪撰《冷斋夜话》卷 6 "曾子固（巩）讽舒王（王安石）嗜佛"条。

④ 惠洪《冷斋夜话》卷四"舒王女能诗"条还记载了王氏劝其长女读《楞严经》的轶事："舒王女，吴安持之妻，蓬莱县君，工诗，多佳句。有诗寄舒王曰：'西风不入小窗纱，秋气应怜我忆家，极目江山千里恨，依然和泪看黄花'，舒王以《楞严经》新释付之，有和诗曰：'青灯一点映窗纱，好读《楞严》莫忆家。能了诸缘如幻梦，世间惟有妙莲花'"。另外，王安石所重视的佛教经典还包括《法华经》、《华严经》、《维摩诘经》等。

解也",指出此书的内容"阐明心性本体,为一代法门精髓"也。他还于去世前一年亲自校正楞严经卷文字,并撰有《行书楞严经旨要卷》,自署"余归锺山,道原假《楞严本》,手自校正,刻之寺中,时元丰八年(1085)四月十一日临川王安石稽首敬书",卷后有南宋牟献之,元王蒙,明项元汴、周诗题跋,曾经元陈惟寅,明项元汴、曹溶鉴藏。

王安石在"道德性命"之学的成就,是得到宋人的肯定的。南宋晁公武,在《郡斋读书志》中的《王介甫临川集》下和《读书后志》中的《王氏杂说》下,都引录了蔡卞所做的《王安石传》中的一段话,其中讲道:

> 自先王泽竭,国家异殊,由汉迄唐,源流浸深。宋兴,文物盛矣,然士习卑陋,不知道德性命之理。安石奋乎百世之下,追尧舜三代,通乎昼夜阴阳所不能测而入于神。
>
> 初著《杂说》数万言,世谓其言与孟轲相上下。于是天下之士始原道德之意,窥性命之端云。"①

王安石的佛教思想很可能受到了天台止观思想的影响②,在《真州长芦寺经藏记》中,他围绕"止"、"观"两个概念,阐述了佛教理论魅力与存在价值之所在:

> 西域有人焉,止而无所系,观而无所逐。唯其无所系,故有所系者守之;唯其无所逐,故有所逐者从之。从而守之者,不可为量数,

---

① 邓广铭先生"王安石在北宋儒家儒学派中的地位"一文中指出"这两条记载至少向我们提供了两道信息:其一是,他青年时期的第一部著作刚刚问世,由于其中像《孟子》一样多谈及性、命、心、气等问题,就为他在学术界和思想界奠定了较高的地位,而在他入参大政之前,他已经以'知经术'命家了。其二是,王安石的研究儒家经术,是为了经理事务的,而不是脱离现实的专事记诵其文辞,或陷溺于先儒的繁琐传注之中"。参见邓广铭《邓广铭治史丛稿》,北京大学出版社 2000 年版,第 179 页。

② 徐文明认为:"王安石的有性无性说,显然是对有部理论的发挥,也是会通空有两宗的一种尝试和努力。"见徐文明《出入自在——王安石与佛禅》,第 283 页。《释门正统》把王安石称作天台护法,卷七"护法内传"中称王安石"初宰鄞听广智讲,故修性事理、体用之谈,往往言于讲义。与崇法端教主善,音问不绝",与天台有很深的渊源。《续藏经》第七十五册,第 347 页。

则其言而应之，议而辨之也，亦不可为量数。此其书之行乎中国，所以至于五千四十八卷，而尚未足以为多也。

王安石认为，正因为佛教"止而无所系，观而无所逐"，所以"有所系者守之"，"有所逐者逐之"。而浩瀚佛藏与众多信众，无非根于"止观"而已。王安石基于"止观"对佛教的理解，一方面反映了王安石对佛教的独到而深入的体悟，另一方面很可能受到了当时天台止观思想流行的影响。无论"不约而同"，或"约而同"，孤山智圆在宋初以三观之学（三观三止）简择天台经典，并融摄《楞严经》，欲有功于后世，那么王安石的宋学成就中，智圆有功也！不过，王安石作为一代伟大政治家和思想家，虽然以"性命"之理、"止观"之学贯通儒释道三家，不过他的重点应该是在儒学，在《虔州学记》中他说："先王所谓道德者，性命之理而矣！"王安石对"道德性命之理"的重视，从他所撰《原性》、《性说》、《命解》、《杨孟》、《对难》[①] 等的内涵，都充分显示了他和周敦颐一样，也试图用"性命之理"为儒家的伦理学构建一个沟通天道与人道的学术体系。

从前文的分析我们可以看到，智圆以三观之学所简择的高度思辩、大气磅礴的佛教心性学，以五经特别是生生易学为准的，刚健而有朝气，以"立身行道"为现实的起点，融摄三教，佛教心性学逐渐成为宋学的一个有机组成并在社会中形成了较大影响。上述晁迥、周敦颐、张载、二程、王安石都是宋学中儒家的代表人物，在复兴儒学的过程中，都有出入佛道的经历，他们作为儒家的代表，一方面不得不吸收佛教心性学，另一方面力图改造儒家的学术结构。不过晁迥、王安石与周敦颐、张载、二程形成了不同的路线，前者以"理"正面沟通三教，而后者更倾向于以用佛教改造后的儒学来排除佛教的影响，后者与宋学兼容并包、惟理求之的精神是不同的，从而形成了理学的先驱。

6.2　天台宗的繁荣与宋学的交涉

在本书第二章和第三章中已提到，我们现在所说北宋天台宗的谱系主

---

① （宋）王安石：《王安石全集》，上海古籍出版社 1999 年版，第 233—239 页。

要是依据南宋末期《释门正统》特别是《佛祖统纪》的记载，此两部史传早有学者指出其山家的宗门立场非常明显，所以在记录山外时往往作有意无意的忽略，使我们难窥历史的真相。并且，即便在山家山外共同的高祖高论清悚①，其门下可应分为三系，慈光志因系（俗称山外系）、螺溪羲寂系（俗称山家系）。还有一家，为演教觉弥系，此系往往为学者所忽略，钱唐龙兴寺（后宋真宗祥符改元敕为大中祥符寺），寺内设有戒坛院，孤山智圆即登具于此，文备亦尝修习于此。另外，不管山家、山外或是演教觉弥一系，都不是所谓正宗的天台本山（国清）一系。演教觉弥一系和天台国清一系，在北宋的影响，因资料有限，目前难以详知，却不可忽略。所以，在《释门正统》、《佛祖统纪》多有未见宗系者，然亦有功于教门。所以，本书在本节通过 11 世纪（特别是宋学形成时期）天台繁荣而论述智圆对宋学影响时，把天台宗分为山家、山外及其他宗系（包括演教觉弥、天台国清系或其他未明宗系）②。

6.2.1　山家一系的繁荣与宋学的交涉

山家的代表人物知礼（960—1028）③，知礼比智圆大 17 岁，在智圆 1022 年圆寂后 7 年知礼才圆寂。在山家山外争论期间（1000—1006），智圆尚未及而立之年，于庆昭轮下积极参与并组织山外与知礼辩驳，而知礼的主要辩论对手是庆昭。在 1006 年智圆发表《金刚錍显性录》后，其深厚的天台修养、高超的语言思辨，开始在天台宗产生了影响。在智圆于 1006 年发表标志性的《显性录》之后，山家文集中常常出现孤山之名与孤山文集之名。知礼关于《金光明经》的两部重要文集都形成于孤山圆寂之后宋仁宗在位初期的天圣年间（分别作于 1023 年和 1028 年），并且

---

① 智圆文中未见任何高论清悚的记载，（日本）成寻在宋学发展时期在天台山所见智圆撰的《天台祖图》一定与南宋谱系大有不同，然目前缺乏资料，难以明证。

② 因为大多数天台宗史或宋代佛教史对山家知礼一系和遵式、仁岳，多有泛泛介绍，本文简而略说，读者如有更多关注可找相关书籍或论文，而仅就其与智圆发生联系或可能存在直接或间接联系的论述，另外的重点主要是目前学术界少未关注的人物如天台长吉、孤山惠勤等。

③ 知礼（960—1028），宋初天台名僧，山家代表人物，《释门正统》《佛祖统纪》有传，以之为天台正宗。主要著作有《光明玄义拾遗记》三卷，《光明文句记》六卷，《观无量寿佛疏钞》三卷，《观音玄义记》二卷，《观音疏记》二卷，《不二门指要钞》二卷，《扶宗释难》一卷，《千手眼大悲心咒行法忏仪》一卷，《融心解消伏三用》各一卷。

大量引用了孤山智圆在天禧二年（1018）先后形成的《金光明经文句索隐记》和《金光明经玄义表微记》①。

智圆在《索隐记》中立志"由是智者之所说、荆溪之未记者，悉得记之"，并且由于荆溪湛然未作《金光明经疏》之记，"而辞语高远旨意纤密，往者之阙疑，来者之未喻，亦多矣！予不揆无似因为之记，凡四卷。庶有裨于吾道也"，并且指明"而以索隐命题焉。索者，求也，求幽隐以伸之也，其有求之不尽者，俟后贤以求之。噫！虽四海之广，百世之远，与吾同道者则知吾志与。"智圆看来对自己的《索隐记》非常自信，因而在序文之后又注曰："此记于笔草稿，亟为后学所写，泊乎寻绎，颇有添削，若曹后学，宜依此本。"在"《金光明经玄义表微记》序"中，智圆又强调此记乃"有意于表明微旨，启迪来裔"。智圆此二记的写作应该针对性很强，极大地推进了由晤恩开端的这场山外义理之学的建立。

在智圆圆寂前的天禧五年（1021），知礼②在修忏之余，八月一日作有《观音玄义记》，于重阳日下笔撰有《观无量寿佛经疏妙宗钞》，其时智圆"撰十疏，以申十经"，倡古文，号中庸，注《阴符》，以天台三观三止、真心理性，融摄儒释道三教，整理《闲居编》，则只差撰《阿弥陀经疏》，则"诸事已办，不受后有"矣！

1009 年，智圆撰《请观音经疏阐义钞》（四卷），又引起天台宗对智者大师《请观音经》以及相关天台义理的关注。8 年后，天禧 1017 年，58 岁的知礼作《对〈阐义钞〉辨三用一十九问（并序）》，序中说道：

> 孤山法师，吾宗之先觉者也。着《阐义钞》解请观音疏，于中发明消伏三用义，亦详矣！③

---

① 王志远《知礼年谱》把智圆《金光明经玄义表微记》列入 1021 年条，误。智圆《闲居编》"金光明经文句索隐记"序"和"《金光明经玄义表微记》序"后都有明确时间，分别署为"天禧二年岁次戊午十月八日"和"天禧二年戊午岁十月十九日"，天禧二年为 1018 年。且智圆于 1022 年已圆寂，则以知礼制《金光明拾遗记》为答智圆文，不妥。读者请参照详查。

② 知礼自 1016 年 57 岁时，立誓修法华忏，三年忏满，欲焚身供养。驸马李遵勖奏知礼行事，于 1020 年宋真宗特赐"法智大师"号，宣旨住世演教，不许遗身。

③ "对《阐义钞》辨三用一十九问"，（宋）知礼撰《四明尊者教行录》卷二，（宋）宗晓集《大正藏》第四十六册。

最早以"天台先觉"称赞智圆的，正是山家的代表人物知礼，虽然知礼作为传统的天台高僧与作为一代思想家的智圆立场和看法多有不同，然而是知礼最早看到智圆作为天台先觉之功，慧眼之识，知礼有之。

而在智圆圆寂后 7 年，在知礼圆寂前尚未完成的《金光明经文句记》序中，知礼更明确地写道：

> 仍采孤山《索隐》中俗书故实，用为裨功。庶览者不以事相之关情，但思理观之为益。①

本书在第二章山家山外争论中，已指出在山家山外争论之后，孤山智圆开始了独立的以三观之学、心性之理，融摄儒释道三教，整理刊刻三教经典，以裨功在当代、垂裕后人。随着智圆思想的成熟以及影响地逐渐扩大，本书赞同林鸣宇的观点，知礼至晚在 1017 年已开始逐渐部分接受了智圆的观点和思想，对于孤山学通三教和高世之节，亦是发自内心的尊重。

所以，知礼曾撰书给他的得意学生崇矩，表达了自己素乖儒学之遗憾，希望他效孤山智圆，学习智圆博揽儒家典籍，博究五经，从而立身行道于世：

> 立身行道，世之大务，虽儒、释殊途，安能有异？先务立身，次谋行道，谦为德柄，当坚执之。使身从此立，道从此行。吾见学人切于名利者，皆不能鸠徒演教。当视之如诈亲，惧之如狼虎。先宜诫之，然后进行勤讲，岂俟再言。此外宜览儒家文籍，博究五经，雅言图于笔削之间，不堕凡鄙之说。吾素乖此学，常所恨焉。汝既少年，不宜守拙，当效圆阇黎之作。

崇矩（生卒年不详），衢州景德僧，得法智（知礼）之传。行辈畏伏，居

---

① "《金光明经文句记》序"，《大藏经》第三十九册。对此，知礼的后世法孙神智从义在宋学发展时期曾说："四明记潜用孤山大小法门，何止一处"，当代学者林鸣宇以日本金泽本的珍贵资料宋本《天台法数》进一步指出了"知礼的《金光明经文句记》不光是采用了智圆的俗典说明，在佛教教义的诠释上也有参照智圆的可能"。

第一座。启讲。法智坐听。叹曰："吾后有赖矣！"据《释门正统》记载"法智付手炉、如意"，真宗时游京师，朝士以名达上，召讲《四十二章经》，赐紫方服①。宋真宗有《御注四十二章经》传世，很可能与崇矩的此次召讲有关，而崇矩之召讲《四十二章经》的内容，极大可能与智圆的极力提倡有关，或者就是智圆思想的一次间接上达。由此，亦可见智圆思想对山家派的影响。

知礼于 996 年，得保恩院永作十方主持，传演天台教法，并于余杭释异闻，勠力经营，三载讫役。999 年 40 岁以后，专务讲忏。1000 年，因大旱，知礼与遵式同修光明忏祈雨，誓若三日不雨，当燃一指以供佛，结果佛事未毕而天雨普洽，也为知礼赢得极大声誉。1003 年，日本国僧寂照等，持本国天台山源信禅师于天台教门致相违问目二十七条，知礼凭教略答，随问书之。1009 年，重建保恩院落成，第二年，朝廷赐额为"延庆院"。1017 年，知礼与异闻等十余人共修法华忏，以三年为期，立誓三年期满焚身供佛。时秘书杨亿、驸马李遵勖等劝阻其志，杨亿奏朝廷赐其紫服，李遵勖并于 1020 以知礼事上奏宋真宗，真宗特赐"法智大师"号宣旨住世。知礼之名更是闻于朝野缁素，其于 1028 年圆寂之时，有南屏梵臻、神照本如、广智尚贤等传教弟子，虽其理论建树不敌智圆，然于天台教在 11 世纪的繁盛也大有功也。

山家派的另一位代表人物是慈云忏主遵式（962—1031）②，知礼遵式，同为义通弟子之上首。二十一岁始探寻律部，旋往天台山国清寺，在普贤像前燃指，誓传天台之道。984 年，往四明，投义通门下。988 年，义通圆寂后，又往天台山。990 年，居宝云寺，继义通之讲席。1000 年，与知礼共修光明忏祈雨。1014 年，应请至杭州昭庆寺，此年至苏州开元寺，"缁素坌集，日万夕千"。后翻然回杭，刺史薛映以灵山命居之。祥符九年，即 1017 年，天台僧正慧思至京师，奏遵式高名，宋真宗遂赐紫服。1019 年，王钦若守杭期间与遵式交好，次年，王钦若上奏朝廷恢复天竺寺旧名，亲为题额，真宗并赐以"慈云"之号。1022，王钦若又奏

---

① 《释门正统》卷六"中兴一世·崇矩传"，《续藏经》第七十五册，第 327 页。
② 根据《释门正统》"遵式传"中圆寂于天圣九祀（1031）、寿六十九的记载。另，遵式于忏法之外，还撰有《教藏随函目录》、《注肇论疏》（6 卷）、《往生净土决疑行愿二门》一卷等，另有后人所集《金园集》（3 卷）、《天竺别集》（3 卷）。《续藏经》第七十五册。

请天台教文入藏，未果。天圣年间，遵式以忏法护国，得宋仁宗章献太后敬崇，天台教文于 1024 年入藏，所以契嵩说："天台宗北传，盖法师（遵式）、文穆公（王钦若）有力焉"①。另外，谏议胡则在天圣四年（1026）四月至天圣五年（1027）年底守杭期间②，亦多与遵式交往，颇领天台法要。

　　遵式虽以忏主闻名于世，然其学术修养在北宋也是极高。他在作于智圆圆寂之后两年即 1024 年的"《普贤观经》序"，乃是因为东掖山本如法师"仍刻板印是经一万卷"所撰，而《普贤观经》为孤山智圆以天台三观撰十疏宏愿所申十经之一。1025 年的"大悲观音栴檀像记（并）十四愿文"③曰："儒释之典，偕务进修"之语。《佛祖统纪》中记载有贵官《注楞严》求师印可，遵式烹烈焰谓之曰："合下留心佛法，诚为希有。今先申三问，若答之契理，当为流通。若其不合当付此火"。官许之。师曰："真精妙元性净明心，不知如何注释？三四四三宛转十二流变三叠一十百千，为是何义？二十五圣所证圆通，既云实无优劣，文殊何得独取观音？"其人罔措，师即举付火中。于是"楞严三关"自兹而出。此为遵式重视并熟悉《首楞严经》的唯一明证。然而遵式的重儒典、助本如弘《普贤观经》、习《首楞严经》以及其他思想是否受到了智圆的影响，我们不得而知，也非本书所能探索，有待后来者也。④

　　仁岳（992—1064）⑤，曾先后从智圆的好友择梧律师、山家知礼、遵式，知礼器之，后造遵式，遵式"摄以法裔"，曰"吾道不孤矣"，当他

---

　　①　契嵩：《杭州武林天竺寺故大法师慈云式公行业曲记》。

　　②　吴廷燮撰《北宋经抚年表》卷四，张忱石点校，中华书局 2004 年版，第 257 页。

　　③　（宋）遵式撰：《天竺别集》，《续藏经》第五十七册。

　　④　这个故事中的遵式是否就是天台忏主慈云遵式？遵式和《楞严经》之间的关系如何？我们到目前还不是很确切。关于智圆和天台慈云遵式，我们目前仅知道：（1）1019 年王钦若守杭，缁素出迎，遵式派人请智圆一起迎接，智圆笑谓使者"为我致意慈云，'钱唐且驻却一僧'，闻者叹服。"（2）钦仰智圆学术思想的仁岳从知礼处出走后，成为遵式的高徒。

　　⑤　仁岳（992—1064），又称寂静，自号潜夫，俗姓姜氏，湖州（今浙江吴兴）人。因其居雪川，后人亦或以雪川相称。见《释门正统》卷五，《补续高僧传》卷二，《吴兴掌故集》卷四。《释门正统》"扣击宗途传"有传，"陶唐于变巢许不臣，周武会朝夷齐异议。反经合道，盖有激扬"，"必其用心有所在矣"。历史上以及今之学者称之为"后山外"或"杂传派"，本书因不赞同把山家山外之争（1000—1007）扩大化，且仁岳所崇智圆之学，但前后所师知礼、遵式都属山家，故仍归其为山家一系。

赴昭庆之请时，慈云门人从者大半，住石壁、灵芝等寺，后徙永嘉净社。《释门正统》称赞说："永嘉法道中兴，实师力也"。仁岳是在智圆、知礼、遵式之后在宋学形成时期较有影响的天台高僧之一，僧传称"朝野共钦"，他受到了与当时的雪帅（不知姓名）、观察使刘从广，特别是枢密副使胡宿的尊崇，胡宿不仅为仁岳请"净觉"之号，，而且"最笃信，执弟子礼，撰《楞严集解序》"。

胡宿（996—1067），字武平，晋陵人。天圣二年进士，迁知湖州。兴学，修水利，民众建庙记之。卒，谥号文恭，有《文恭集》等。《宋史》列传第七十七，《续资治通鉴》卷五十四、卷五十八等有其事迹。"学问文章，当世推重"①。胡宿具有非常高的天台教学思想，嘉祐已亥七月十一日，胡宿撰《首楞严经吴兴集解序》："夫经者，传道之器，复性之路。妙有之韫，固息于名言；解脱之说，弗离于文字。因心以会道，见月而遗指。圣者有作，明者能迷，微言之绪，继继不绝焉。《大佛顶受楞严经》者，迦文转物之机，庆喜开权之教，实第一之义谛，不二之法门也。原夫真心常住，本体无生；三界缘兴，始由于妄念；一精体变，遂汩于前尘。色相外冥，心目随转。涅槃迷而生死作，菩提昧而烦恼兴。流为众生，溺于浊劫。如来哀其然也，为说斯经。近取诸身，诱致于性。除攀援之妄，七处而推其心；破封执之迷，八还以研其赜。以致飞光左右，宝手开合。显真性不动之妙，展观智无涯之照。洞诸根之幻妄，识自心之远大。则是经也，以三摩提为根力，以六如为藏性。真如常遍，妙用在前。无法而弗园，无人而非道。所谓证金刚三昧，超妙严之一门者，不其然乎！"②

而在天台理论上，仁岳非常尊崇智圆，其思想虽然与智圆有不同，但基本是继承和发展了智圆的理路。孤山撰《首楞严经疏》，净觉谓其"得

---

① 依《佛祖统纪》"仁岳"传，知仁岳圆寂于治平元年（即1064年），然卷二十一"诸师杂传·胡宿"传中称"治平三年（1066），由枢密副使出镇杭州，每来谒岳师，咨询妙道，躬执弟子礼。师安坐不少逊"（《大正藏》第四十九册，第242页），查《北宋经抚年表》知胡宿守杭时间为治平三年（1066）四月至治平四年（1067）六月，则可能某个时间有误。

② "首楞严经吴兴集解序"，《中国佛教经纶序跋记集》，第575—576页，署名为"翰林学士兼侍读学士、朝散大夫、尚书左司郎中、知制诰充史馆修撰、判馆事兼判尚书礼部提举、在京诸司库务上骑都尉、安定郡开国侯、食邑一千三百户、赐紫金鱼袋胡宿"。许明编著，上海辞书书书社2002年版。

经之深，非诸师所可及也"。智圆对《首楞严经》的重视极大影响了仁岳，"于《楞严》用意尤至，会诸说为《会解》十卷，《熏闻记》五卷（释自造会解），《楞严文句》三卷。张五重玄义，则有《楞严说题》。明修证深旨，则有《楞严忏仪》"，仁岳现存《楞严经熏闻记》大量引用孤山疏中的文字。另外其主要著述如《助宣记》是对孤山《佛遗教经疏》，都是对智圆思想的解读与再解读。另外，从仁岳晚年所走的三教融合的路子来看，《释门正统》称其"旁通六经，贯穿百氏，善诗能文，精篆隶，坚修戒律，至老无懈"，他无疑极大地受到了孤山之学的影响，并试图融会山家（知礼、遵式）、山外（智圆）以及律师择梧的思想。

神照本如（982—1051），知礼三大法嗣之一，从遵式大师，住台州东掖山能仁寺、白莲寺，得到宋仁宗的赐额，名声在杭州兴教寺（南屏梵臻）、四明延庆寺（广智尚贤）之上。神照本如一系在北宋时期极为活跃，与众多宋学人物发生交涉。曾参与山家山外的争论，《四明尊者教行录·宋故明州延庆寺法智大师行业碑》（推诚保德功臣、资政殿大学士、守太子少保致仕上柱国、南阳郡开国公、食邑二千五百户、食实封六百户、赐紫金鱼袋赵（抃）撰）中记载："尝与钱唐奉先（清源）梵天（庆昭）孤山（智圆）数人，为书设问，往复辨析，虽数而不屈。又遣门人神照大师（本如），与之讲论其说，卒能取胜"。

《释门正统·本如传》：慈云来竺峰，授以东山学者，常五六百，讲道三十年……仁庙时乞赐天台教藏郡，将为奏赐教乘四千五百卷。章郇公、元参政、叶翰林、蒋密学多之为赞记歌诗，驸马李都尉请紫方袍、神照号。魏国长主奏敕赐白莲庵，岁度二人。《四明尊者教行录》"纪神照法师悟经王颂"称其为："白莲之鼻祖"。

《佛祖统纪·本如传》：祥符四年，慈云迁灵山，亲往法智会下，求可为继。法智曰："当于众中自择之。"慈云阅视至师即云："斯人可也。"师至承天（东山能仁旧名）大，振法道，历三十年，众常五六百……宝历二年七月，驸马李遵勖为请于朝，赐神照法师紫方袍，及赐智者教文四千五百卷，以资讲说……师慕庐山之风，与丞相章郇公诸贤结白莲社，六七年来遂成巨刹，乃以能仁山林三之一，指岭为界，以供樵薪。仁宗钦其道，遂赐名为白莲。

本如在白莲寺建成后，曾邀遵式、慧才等天台宗大德来此参加规模盛大的念佛活动，白莲寺称为省常之后，天台以净土为中介与宋学代表人物沟通的平台，也为天台宗"台净结合"指明了方向。正如北宋诗人石象之诗中所说："结社当年号白莲，师心应欲继前贤。有时中夜初回定，清磬一声秋月圆。"①神照本如的嗣法包括处咸②、处谦③、有严等众人，都是在宋学发展和顶峰时期，比较有影响力的人物，且与宋学代表人物王安石等多有交涉，因为他们大多传承的是智圆所简择的思想义理，因此虽未见提智圆之名，而在客观上是传扬了智圆的思想。

6.2.2　山外一系的繁荣与宋学的交涉

山家人物或多或少受到了佛教研究学者的注意，而山外一系因《释门正统》、《佛祖统纪》在南宋末年以后的巨大影响，被边缘化，因此记录更加模糊不清。不过，恰是如此，我们正好不受僧传的影响，直接从宋学代表人物的文集以及其他历史典籍中发现了一些重要的线索。

智圆本人虽隐居孤山，不与俗交、不事权贵，然而文学的浪漫主义、思想的同气相生以及垂裕后人取信于世的考虑，使他与当时的士大夫与儒者也时有唱和，智圆文中曾有"时有一顾于吾者，皆名僧巨儒耳"的说法。其中，如王随、薛映、吴遵路、骆偓、转输方度支、进士叶授、进士万知古等都是宋学形成时期的重要人物。如府主王给事，即王随（973—1039），北宋真宗、仁宗时期政治家、思想家。宋仁宗时拜门下侍郎、同中书门下平章事、昭文馆大学士、监修国史。天禧四年（1020）九月，

① 《嘉定赤城志》卷27，转引自朱封鳌《天台宗史迹考察与典籍研究》，第140页。

② 处咸，《释门正统·处咸传》：李少帅奏法真号，请主白莲。据法座，握心印。朝讲暮参。久而益严。故丹丘之人知阴祸，戒杀生，损奢侈，尊敬信。强者饮气而不敢暴，恶者易心而不敢险。环境千里，半为善俗。二浙闻之，亦多风靡。智者宗旨，神照行业，由是愈光。所著《行法经疏》二卷。

③ 处谦，《释门正统·处谦传》：镇潼节使李端懿，魏国长主子也，白莲乃魏国功德。自神照后，主者艰其人。李请师之……北海郡王奏神悟号，王荆公与诸搢绅，竞以歌诗纪美之。……杭帅祖无择以宝觉请，赵清献之净住，陈紫微之天竺，扬内翰（绘）之南屏，皆名刹也。凡坐十道场，登门者三千，受业者四十，弘道者三十。晚化东吴，舍末从本，革谬以正者盖多。……四月丙寅。令设香华。讽《普贤行法》、《弥陀经》称赞净土。乃曰："吾得无生，日用积有岁月。今以无生而生净土矣"。……弟子良弼请扬无为铭其塔。

以右谏议大夫兼太子右庶子、权知开封王随为给事中、知杭州①。王随编有《传灯玉英集》，系宋初道原所撰《景德传灯录》的删节本，完成于景祐元年（1034）。此外，天圣八年他为楞严子璿撰《首楞严经长水书义序》。守杭期间，与智圆交好，智圆《闲居编》中有"谢府主王给事见访书"、"代元上人上钱唐王给事书"。此"谢府主王给事见访书"应作于智圆圆寂前病重期间，即 1022 年二月初三。钱塘太守薛大谏，即薛映，以右谏议大夫知杭州，《宋史》"薛映传"称他"临决蜂锐，庭无留事"、"好学有文，该览强记，善笔札，章奏尺牍，下笔立成。为治严明，吏不能欺。"在杭五年，入知通进、银台司兼门下封驳事。封泰山，为东京留守判官，迁给事中、勾当三班院，出知河南府。祀汾阴还，驻跸西京，以映有治状，赐御书嘉奖。迁尚书工部侍郎、集贤院学士、判尚书都省，进枢密直学士、知升州。仁宗即位，迁礼部，再为集贤院学士、判院事、知曹州，分司南京。②

更为重要的，《闲居编》中有许多如赵璞③、定海许少府、叶秀才、余秀才、陇西李秀才，还有无名友生、友人、知己等等，这些人在智圆思想的传播和 11 世纪天台的繁荣中可能都做出了贡献。

在智圆 1022 年圆寂之后，山外一系的代表人物主要是咸润（生卒年不详），《释门正统》"咸润传"称其"博究《净名》、《法华》、《涅槃》、《楞严》之义"，曾参与山家山外之争，景德年间即有声名，景德四年（1007），上虞宰裴奂泊里中缟素迎还等慈，宣衍净教。1017 年，撰有《笺疑》，以三种消伏俱约圆论。庆昭于天禧初年（1017）圆寂的时候，"授以炉拂"，由咸润嗣宅梵天庆昭，讲说四辨，远近宗仰。1021 年，又撰《指瑕》"以非《妙宗》（指知礼之《妙宗钞》），且固执独头之色不具三千等义"。在智圆圆寂以后的天圣三年（1025），咸润徙住永福。尝造普贤像率众行道。时人尊之，曰"忏主"，谓可亚慈云也。越之文雅忠公泊其徒奇玉（不详）入京，誉师道素，且云："踞猊床，挥尘柄。"请当时的名士李淑撰"传教弟子题名记"，刻石示后。善朋为其弟子之首④。

---

① 《宋史》三百一十一列传第七十《王随传》。

② 《宋史》卷三百五列传第六十四《薛映传》，（元）脱脱撰，中华书局 1997 年版。

③ 未见《宋史》记录。仅在《宋史》卷三二三"赵振传"中，见"子珣、瑜……瑜弟璞，亦知名"，赵振是宋学形成时期清献公赵忭的长兄，见苏轼《赵清献公神道碑》。

④ 咸润事迹，参见《释门正统》《佛祖统纪》"咸润传"以及"知礼传"中内容。

智圆与咸润相善，《闲居编》不仅在"故梵天寺昭阇梨行业记"提到庆昭绍业弟子为咸润以下九十七人，在"联句照湖诗序"称赞虞江咸润等为"禅讲达观之士"，于"禅讲之余力，一时文学"，所撰诗文，遣介渡江示于智圆，智圆"三复耽味，仰之弥高，故为序之"①，并且智圆有一首诗"寄咸润上人"其中有"流俗不知处""诗成雪满楼""相怀未能去，南北路悠悠"之句。可知，咸润与智圆多有交往，于天台学外，修净土并有诗传世（今未见）。

咸润之外，因有 50 余人身份不明（以钱塘及浙东僧人为主），智圆《闲居编》中目前可确定为天台僧的仅有永嘉继齐、嘉禾子玄、石壁行绍、天台守能、开元德聪、钱唐可久、天台长吉以及知礼等数人而已。另，智圆孤山一系有弟子惟雅志笃、子华、清月、门人云卿、浩才等，而后世有记录的只有惟雅一人，而且极为简略"久依孤山悉得其旨，孤山制《西资钞》以解《弥陀疏》，扶病隐几口占其文，使雅师笔之。初日午后染毫，翌日初夜绝笔云"②。但我们在成寻《参天台五台山记》发现一条记载，熙宁五年（1072）9 月 13 日，他们一行到达扬州安贤亭时，前来迎接的"管内副僧正寿宁寺住持讲经临坛赐紫"即为"惟雅"③，此惟雅或可能就是智圆的法嗣孤山惟雅。

孤山惠勤（或慧勤，生卒年不详）④，能诗，与宋学形成时期包括范仲淹、欧阳修、苏轼、蔡襄、梅尧臣等众多宋学代表人物都多有往来。范仲淹于皇祐元年（1049）正月至皇祐二年（1050）十一月期间，张方平于皇祐二年（1050）十一月至皇祐三年（1051）六月期间，分别守杭，并与孤山慧勤多有来往。范仲淹交游之道遵循"因心而友，唯德是依"的原则，而当时佛教中的高僧们因其冰清梵行、才华气节亦得到了范仲淹

---

① "联句照湖诗序"，《闲居编》卷第二十九，《续藏经》第五十六册。

② 《佛祖统纪》卷十"孤山圆法师法嗣"惟雅传，《大藏经》第四十九册，第 205 页。

③ 《参天台五台山记》卷三第 53 页，[日] 成寻撰，"大日本佛教全书"，佛书刊行会编纂，株式会社名著普及会刊。

④ 《佛祖统纪》卷二十一"诸师杂传第七"有"钱唐惠勤法师"之名，无传。此卷中"法师可久"传中，记录可久"钱唐钱氏。天圣初，覃恩得度学教观于净觉。无出世志，喜为古律诗。苏轼监郡日，尝与师及惠勤、清顺为诗友。所居西湖祥符，萧然一室，清介守贫，未尝有忧色"。《大正藏》第四十九册，第 242 页。

的友善。①。

欧阳修有多首诗相赠孤山惠勤，于庆历三年（1043）《送慧勤归余杭》中写道：

> 越俗僭宫室，倾赀事雕墙，佛屋尤其奢，眈眈拟侯王，文采莹丹漆，四壁金焜煌。上悬百宝盖，宴坐以方床。胡为弃不居，栖身客京坊？……余杭几万家，日夕焚清香，烟霏四面起，云雾杂芬芳。……三者孰苦乐，子奚勤四方？乃云慕仁义，奔走不自遑。……②

"山中之乐并序"（一本题下云：三章送慧勤上人）：

> 佛者慧勤，余杭人也，少去父母，长无妻子，以衣食于佛之徒，往来京师二十年。其人聪明材质，亦尝学问于贤士大夫。今其南归，遂将穷极吴越瓯闽江湖海上之诸山，一肆其所适。③

孤山慧勤活动的时间很长，直到苏轼（1036—1101）守杭期间，苏轼因欧阳修的推荐而访慧勤于孤山之下，苏轼说"予到官三日，访勤于孤山之下，抵掌而论人物。"④ 苏轼《腊日游孤山访惠勤惠思二僧》应该记的就是此事，时间当为 1070 年 12 月 1 日，苏辙《栾城集》卷四有和。此后，苏轼与惠勤多有交往。熙宁五年（1072）闰七月，苏轼与

---

①　与范仲淹交往的佛教高僧有法名者包括：琴中知音真上人、越僧长吉、金山寺识上人、吴僧真、元二上人、会稽僧悦、僧文光、芝山寺升上人、广宣大师、定惠大师宗秀、天竺山日观大师（擅唐律诗）、僧录简长、希元上人、虎丘长老、四明僧湛公、乌林僧普焕、江陵老僧慧喆、文鉴大师、慧觉师、择梧等人。

②　古诗"送慧勤归余杭"，《居士集卷第一》第 10 页，（宋）欧阳修撰《欧阳修全集》，中国书店 1994 年版。

③　（宋）欧阳修撰《居士卷第十五》，《欧阳修全集》，中国书店 1994 年版，第 113—114 页。

④　《六一泉铭·叙》中曰："予昔通守钱塘，见公（欧阳文忠）于汝阴而南。公曰：'西湖僧惠勤甚文，而长于诗，吾昔为《山中乐》三章以赠之。子间于民事，求人于湖山间而不可得，则盍往从勤乎？'予到官三日，访勤于孤山之下，抵掌而论人物。"（宋）苏轼撰《苏东坡全集》。

惠勤会面并一起悼念欧阳修的去世《钱塘勤上人诗集叙》。第二年五月十日，苏轼与惠勤泛游西湖与北山，同行的还有惠思、清顺、可久等。同年九月九日，游惠勤院。熙宁前年（1074）九月，苏轼应惠勤之请，为其所作诗集作序《钱塘勤上人诗集叙》。元祐五年（1090）十二月，苏轼还应惠勤弟子之请，为欧阳修作《六一泉铭》。可久、清顺，大中祥符寺僧，与苏轼友，苏轼文集中见《上元过祥符可久房肃然无灯灭火》，《可久清顺》"祥符寺可久、垂云清顺二阇梨，皆予监郡时所与往还诗友也。"

　　宋学代表人物之一蔡襄①，与孤山慧勤也多往来。于治平二年（1065）或三年（1066）前后撰有"赠勤师"②

　　　　专意学文章，韩编不离手。退之所尚者，岂以言深厚？径驰周孔域，不为杂说诱。……不喜释老言，诋斥遭诬负。子今读其书，无乃相纠纷。学本勿学末，何为恤众口？

又有"送勤上人归吴中"③，其中有"究观是事见藏伏，例学浮图超死生。""勤师内外久著力，文字骨节初老成，十年栖迟辇毂下，渊然澹澹无经营"。治平二年（1065）作"七月过孤山勤上人院"④

　　此孤山慧勤可能是孤山一系，也可能只是住于孤山之僧，好儒，喜读韩子文，能诗，重道，往来京师 20 年，后居孤山，与宋学形成和发展时期的代表人物交往，往往"抵掌而论人物"，他们论及的或许有孤山智圆吧！然而，不管慧勤是否属山外或孤山一系，他很可能受到了智圆思想的影响，并在与宋学代表人物的"以心相交"，以文会友中传播了智圆的思想。

　　① 蔡襄，兴化仙游（今福建莆田）人，宋仁宗天圣八年（1030）进士，英宗治平二年（1065），以端明殿学士尚书礼部侍郎知杭州。《宋史》卷三二〇有传，北宋名臣，与范仲淹、欧阳修等共倡"庆历新政"。他中正刚直，曾作《四贤一不肖》诗，称赞范仲淹、欧阳修、余靖、尹洙为"四贤"，斥高若讷为"一不肖"。
　　② （宋）蔡襄撰《蔡襄全集》卷二，福建人民出版社 1999 年版，第 35 页。
　　③ （宋）蔡襄撰《蔡襄全集》卷三，福建人民出版社 1999 年版，第 85 页。
　　④ （宋）蔡襄撰《蔡襄全集》卷八，福建人民出版社 1999 年版，第 206 页。

6.2.3 天台其他宗系的发展与宋学的交涉

天台长吉（生卒年不详），号梵才大师，以诗擅名。很可能就是属于天台国清一系的杰出人物，他与宋学领袖人物有着广泛而深厚的交往，是智圆圆寂以后北宋仁宗时期最有影响力的高僧之一[①]。曾长游京师，并且是载誉而归，宋学形成时期的文人士大夫多与交友。从目前的资料看，与长吉相善的士大夫有胥偃（？—1039）、宋庠宋祁兄弟、范仲淹、欧阳修、梅尧臣、谢紫微（谢绛）、杜申（杜侯）、孔淘等，《林和靖集》亦有林逋赠诗。孔淘《送梵才上人归天台》，曰："飞锡来穷岫，驰声满上京。衣从麟德赐，诗入集仙评。"[②]

其中胥偃（？—1039）[③]与欧阳修翁婿两代与长吉相游。《全宋文》第九册录有宋刻本《圣宋五百家播芳大全文萃》两帖书信[④]，可以看出胥偃与长吉交往较深，对于长吉"新吟十余章"的诗文多有赞叹，"揽之数四不倦，甚喜"。特别是胥偃说"此于空宗中虽复一余艺耳，然赞叹佛事，道韵物情，不可无也"。长吉的诗显然与一般所谓僧诗风花雪月不同，更注重的是"赞叹佛事，道韵物情"。

现存梅尧臣《宛陵集》中也有与天台长吉多有诗歌唱和。如"淮南遇梵才吉上人因悼谢南阳畴昔之游"、"寄题梵才大士台州安隐堂"、"依韵和长吉上人淮甸相遇"、"送梵才吉上人归天台"、"寄天台梵才上人"[⑤]等，其中有"箧中多好诗，文字皆妥贴"等语，长吉的诗文能得到宋学

---

① 然而，《释门正统》只一处提到"本如"传：梵才大师祭文有"圆寂经岁，肉体如生"语，《佛祖统纪》则无任何记载。智圆曾言："虽曰传者不蔽贤，吾不信也"，斯言诚然也。

② 《全宋诗》卷六七一，第7831页。

③ 胥偃，欧阳修岳父。字安道，潭州长沙（今湖南长沙）人。举进士甲科，授大理评事，通判湖、舒二州，直集贤院、同判史部南曹、知太常礼院，再迁太常丞、知开封县。降监光代军酒，起通判邓州、许州，徙知汉阳军。还判三司度支勾院、修起居注。累迁尚书刑部员外郎、知制诰，迁工部侍郎中，入翰林为学士，权知开封府。宝元二年卒。尝爱欧阳修文，召致门下，妻以女。《宋史》卷二九四有传。

④ 见宋刻本《圣宋五百家播芳大全文萃》卷六〇和《圣宋五百家播芳大全文萃》卷七〇，《全宋文》第九册，第247页，"与梵才大师帖一"，"与梵才大师帖二"。

⑤ 《宛陵集》卷八第38—39页、卷九第43页、卷二十一第94页，（宋）梅尧臣撰《四部备要》集部，上海中华书局据缮宋本校刊。

时期众多著名思想家、文学家的赏识，可知其诗文的成就非凡。

宋庠（996—1066）、宋祈兄弟①对于长吉更为推崇。宋祁《天台梵才师长吉在都、数以诗笔见授、因答以转句九阙十八韵》云："王公撒席争逢迎，不意当今有平寂。"②《元宪集》卷十五宋祁有"和梵才寄林逋处士"诗③，宋庠在"台州嘉祐院记"④ 中详细介绍了长吉在宋仁宗时期的事迹，长吉在京师还得到宋祁等145人所写《般若经》，建台贮之。因此"记"比较长，兹略述为：

> 建塔庙，撒香花，奉经典，而为功德，有为者为之。……沙门长吉，当兹世为功德者也。初，师以释子之秀来上都，会译场高选义学僧敷演祖教，名在籍右。始与龙象为徒，而觉华余光，注射物境，颇作歌诗杂拟，辄自翼其宗，由是益为人闻。俄诏赐紫方袍，号梵才大师。胜流钦风，多所延供。久之，厌著谢去，复山林之遊。岁在降娄，始还台州。州守悦其风虚净名庵以舍之。惟师行严而身修，寓旷而气安，能示方便，悦可大众。居三年，道益光明，台人异焉，捐金抵璧，踵往瞻事。……时庆历二年八月中旬记⑤

而长吉的诗文在早岁很可能受到了孤山智圆古文思想的影响。《闲居编》中有"送天台长吉序"一篇。序中记载：长吉以前就曾从天台到孤山访问智圆，智圆殷殷询问，知长吉"精浮图书，复善骚雅"，更为重要

---

① 宋庠（996—1066），字公序，初名郊，字伯庠，安州安路（今湖北安陆）人，后徙开封雍丘。天圣二年进士第一，擢大理评事、同判襄州。累迁左正言、知制诰，判吏部流内铨，入翰林为学士。宝元二年以右谏议大夫参知政事，因与宰相吕夷简不和，出知扬州。庆历五年复除参知政事，八年除尚书工部侍郎，充枢密使。皇祐元年，拜兵部侍郎、同中书门下平章事。三年，以刑部尚书、观文殿大学士出知河南府，徙河阳，再充枢密使，封莒国公，出判郑州、相州。英宗即位，该封郑国公，判亳州。治平三年卒，谥元宪。与弟宋祁以文学名擅天下。

有《宋元宪集》四十卷等。

② 《全宋诗》卷二〇六，第 2358 页。

③ 《元宪集》卷十五，第 150 页。

④ 下文引自《全宋文》第十册，第 747 页，重加点校。该文后注一云：此篇《永乐大典》卷二六〇三引作宋祁集中文，题为"台州白云山北净名庵般若台记"，按它书皆作宋庠文，疑《大典》有误。另，据中华书局 1985 年聚珍版丛书本排印"丛书集成初编"宋祁《元宪集》，亦收录此文，与上文稍异，未记写作时间。

⑤ 庆历二年，是 1042 年，正是庆历新政的前夕。

的是，智圆对于作为后学的长吉"为人""立言"非常欣赏，他用他最喜爱的"夏云""秋涛"形容长吉，智圆"爱云之奇也，如断崖叠嶂焉，非以华彩而为奇也；涛之壮也，如振鹭飞雪焉，非以其险溺而为壮也"。智圆之所以爱"夏云""秋涛"，乃是思人中的"夏云"与"秋涛"，"夫天之生人，故有如夏云秋涛者；人之立言，亦有如夏云秋涛者。且君子以端身履道为奇，非素隐行怪也；以勇仁敦义为壮，非嗔目治难也；及其言也，以温柔敦厚为奇，非炳炳琅琅也；以讽上伏下微有旨而为壮，非狂怀讪时也。吾所以观夏云之奇、秋涛之壮焉，思得其人而交之，思得其辞而玩之"。而长吉作为天台后学，正是智圆心目中的"夏云"、"秋涛"，这一年冬天，天禧五年冬十一月二十九日，也就是智圆圆寂前不久，再来拜见智圆，可想而知，性情中的智圆何等愉悦，"赠言以序其行"，智圆作为当时天台的领袖人物向士大夫殷殷推荐长吉，对于长吉后来声誉和成就颇有助益。长吉与宋学代表人物们的交涉对于促进三教的相互沟通和理解起到了巨大的推动作用，同时天台长吉在与宋学代表人物交涉的过程中很可能进一步把孤山智圆的思想传播了开来。

结　语

孤山智圆作为"宋学先觉"的思想特点

　　中唐以后，在思想领域出现了三大动向，即新禅宗运动（六祖惠能为开始）、新文化运动（古文运动）、新儒家运动（韩愈、李翱），并引起了唐宋之际的宗教改革、古文复兴和儒学重构，有学者称之为一种"亚近代的理性化"，并认为它在许多方面与西欧近代的宗教改革与文艺复兴有类似的特点，其基本精神是"世俗性、平民性、合理性"①。在这个转型中，宋真宗时期是一个关键的时期。这个时期由于社会稳定、政治开明，经济发展为文化的传播提供了必要的物质保障，社会经济由贵族庄园制度转变为中小地主和自耕农为主的经济。中小地主和自耕农阶层出身的知识分子，通过科举考试制度，成为国家官吏和知识精英的主体，构成了"士大夫"阶层，真正推动了中唐以来的这三大宗教的、文学的和儒学思想的整合与重构。

　　孤山智圆，作为宋真宗时期具有强烈社会责任感的思想家和历史使命感的宗教实践家，以天台三观四教，了心性之学，重中人教学。其立身行道之事，息心达本之旨，布在翰墨；开权显实之说，扶律谈常之教，验于十经。"修身以儒，治心以释"，其言之灼灼，文人士大夫心其然也；"（儒道）两者，谈性命焉则未极于唯心，言报应焉则未臻于三世"，其思之珞珞，三教内外结构之确立也。智圆既潜其心而索其道，则其有所得也必深，其所得也既深，则其所言者必远也。孤山智圆思想与宋学的交涉，乃促进了佛教以一大事因缘东流中国：即宋学的诞生。

---

　　① 陈来：《宋明理学·序》，华东师范大学出版社 2005 年版，第 8—9、13—14 页。

孤山智圆，融台、净、禅、律，等善、恶、贤、愚；究万法于心性，修佛圣于教学。图难于其易，岂不在兹乎！概括而言，智圆以天台三观之学所建立的思想体系有以下几个突出的特点：

（1）易简，重教道。

《易》曰：“乾以易知，坤以简能。易则易知，简则易从。易知则有亲，易从则有功，有亲则可久，有功则可大。可久则贤人之德，可大则贤人之业。”《易》中的这段话，为宋学所广为遵循①。智圆在天台证道思想的基础上，进一步突出了天台教道体系的鲜明特点，强调佛教作为教化之道的现实性，他说：

> 圣非道不生，道非教不明，教非人不行，是三者相依而住。……是三者者，谓理、教、人也。谓悟理则成圣，由教而悟理，传教必在人。②

智圆不仅是把佛教看作佛陀教化之道，同样把儒家看作是周孔教化之道，把道家看作是三皇教化之道，因此，在智圆的学术思想中，他更侧重的是教道而非证道，从哲学角度来看，他重视的不是本体论而是实践论（当然是以本体论思想为支持的实践论）。所以，智圆在宋初思想领域的成就，并不在于他创造了宏大的理论体系，而在于他从天台、佛教、儒家、道家中简择了适应于宋初社会和时代需要的核心经典与义理，因而智圆的圆融哲学本质上是属于教化模式的，用现代宗教学来看，可以理解为一种宗教方法论的哲学。

这种宗教方法论的哲学，根植于智者大师的“化仪四教”中的教道体系③。并且如果我们再向前看，与南北朝时代对“法”与“教”的理解有关，例如三论宗就把“二谛”分为“于二谛”（真理论）和“教二谛”（教道），在“教二谛”的立场上说“二谛是教”。

智圆“约化他”、重教道的宗教方法论，是一种实践意义上的哲学，

---

① “易童子问”卷三，（宋）欧阳修撰《欧阳修全集》，中国书店 1994 年版，第 569 页。

② 《维摩诘说略说垂裕记》卷一，《大正藏》第四十八册。

③ 智者大师《法华玄义》中说“教门方便，即教道明义；说所证法，即证道明义”，天台教理体系从根本上可分为证道（修证之道）与教道（教化之道）两大体系，此说法主要参照普陀上惟海法师未刊之《法华玄义校注》。

不仅仅是普通意义上重体悟的、散漫的、证道的哲学。从中国本土传统来看，可能与中国一向重视"神道设教"有关。站在中国宗教学立场上，沿着天台的教判体系，以"圆融哲学"为指导，可以建立起包容世界各种宗教的新型的"教判"，可以突破西方以神教为"典型宗教"的局限性，从而解决东方宗教的宗教性问题。

（2）复性，重心性。

孤山智圆认为佛教因"复众生之性"之一大事因缘出现于世。天台的三观四教都是佛教通过修心来复众生之性的内容与方法。智圆复性论是中国佛性论发展的一个新的阶段，他在湛然"无情有性"思想的基础上，进一步提出"专约有情体遍，明无情有性"、重视修行实践论的佛教复性说，心性遍融，生佛齐贯，三无差别，在重视教道体系的同时，智圆一贯坚持了个体心性修养的证道体系。

天台宗认为："众生法太广，佛法太高，于初学为难。然心、佛及众生，是三无差别者，但自观己心则为易"①。智圆这种"约自行"、重心性的证道体系，乃是"开方便之权门，示真实之方便；会众善之小行，归广大之一乘"②。智圆所说的"真心"、"理性"，有二义：一者是本体论的、真理论的"真实"，二者是宗教目的论的"真实"，乃是为教道体系服务的"利生"之考量也。

（3）圆融，重沟通。

智圆思想，"一期化道，事理具圆"③，是一个开放的圆融体系，他的圆融既不仅仅包括天台内部的、整个佛教的，而是包括在整个儒、释、道三教的。智圆发展了天台教相判释的理论，用天台三观之学不仅对智者大师和荆溪湛然体系中未曾涉及的经典如《楞严经》等进行判释，而且对当时存在很大争议、但对宋学影响广泛的《四十二章经》甚至儒家的《中庸》、道家的《阴符经》进行了判释。他的判释一方面促进了这些经典的流通，更为重要的，智圆以三观之学、四教之道进行了一以贯之的解释，他的解释从根本上来说是试图用"真心"、"理性"来达成三教内部以及三教之间的圆融。

---

① 《法华玄义》，（隋）智者撰《大正藏》第三十三册。
② "《法华》私记缘起"，（唐）灌顶撰《大正藏》第三十三册。
③ 同上。

智圆的"圆融"哲学，作为一种宗教方法论的哲学，是从本体论、目的论、方法论多个方面展开的，有利于多元文化和多种宗教的"和而不同"的和谐共存，不仅仅是天台宗的一种宝贵资源，对于整个中国哲学和思想建构都将是极为重要的理论来源。

（4）事功，重现实。

智圆重事功的思想是处处体现的，"立身行道之事"见于翰墨，"立德"、"立功"、"立名"于后世的思想贯彻始终。孤山智圆是印度佛教思想与中国传统儒道思想完美结合的一个时代产物，他既具备出世的沙门精神与释子人格，又具有中国文化重现实的仁者情怀和治国平天下的儒者志气，他习佛从道而不迷、学儒入世却不俗。所以，与一般的僧人不同，智圆隐居孤山，不出孤山而知天下，对于现实民生极为关注。

其"织妇"诗说："九月风高未授衣，灯前轧轧夜鸣机。困来不觉支颐睡，鼠啮丝头四散飞"[1]，对民间疾苦有深刻的描写和感受。"祈晴回向"中祝"俾三农而无忒，冀百谷以有成"[2]。"冬朝礼佛回向"愿"四海之兵戈永息，九陔之化道克施，然后法轮不停，慧光普照，伽蓝界内常布休祥"[3]，等等。

正是基于对现实的关注，"立德"、"立功"、"立言"的终极愿望，推动着一个具有强烈忧患意识与历史使命感的孤山智圆，在北宋初期苦苦追求着"扶持"、"救弊"、"垂裕"之道路。

在智圆宋学先觉思想中，以上四个方面的特点是并重、并立的，任举其一而具四，这四个特征也是在宋学形成时期的主要学术特征，奠定了整个宋学的理论框架和基本内容。但是，随着宋学的发展和演变，这四个方面的特征在宋学内部不同形态和不同时期发生了微妙的变化，呈现了各有偏重的表现形式。

随着宋学的发展，它的内部开始逐渐产生了特别重视心性学的倾向。欧阳修曾撰"答李诩二书"，表达了对当时空谈性命风气的担忧："今世

---

① "织妇"，《闲居编》卷四十六，《续藏经》第五十六册。

② "祈晴回向"，《闲居编》卷三十六。

③ "冬朝礼佛回向"，《闲居编》卷三十六。

之言性者多矣，有所不及也"，从而"患世之学者多言性"①。

　　而随着宋学发展到顶峰时期，偏重心性论的倾向更加突出，周敦颐、张载、张伯端、二程都是这个时期的代表人物。熙宁元年（1068），当时为翰林学士的司马光对这种特别重视心性的倾向进行了描述：

　　　　性者，子贡之所不及（闻），命者，孔子之所罕言；今之举人，发口秉笔，先论性命，乃至流荡忘返，遂入老庄纵虚无之谈，驰荒唐之笔，以此欺惑考官，猎取名第。②

司马光虽然是对当时士子风气的批评，但是由此可见当时社会好谈心性成为了时尚。这个时期重心性之学的倾向，成为了理学最重要的学术资源之一。

　　然而，即便在南宋初，宋学发生转变出现理学时期，宋学内部仍然有与之对立的，以陈亮（1143—1194）、叶适（1150—1223）等为代表的、重事功的浙东学派。陈亮毕生以革除弊政和抗金、中兴为奋斗目标，注重讲求功利实用之学，对理学家们"原心于秒忽，较礼于分寸"的烦琐哲学表示鄙薄，对那些"低头拱手以谈性命"的迂腐儒生更是进行了尖锐的讽刺，这是宋学内部对于过于偏重心性而形成了一股反对思潮。

　　从北宋观照宋学的发展，可以看到，在不同时期不同派别之间对以上特点的不同侧重所形成的阶段性失衡和由此产生的互动，平衡之中的变易，构成了宋学自我发展、自我批评的内在机制。而在宋学萌芽与形成时期，教道体系、心性学、圆融性与经世致用得到了相对完美的统一。并且宋学萌芽与形成时期，君子人格的追求与学术理想也不是隔历的，而是圆

---

　　①　"答李诩二书"，《居士集》卷四十七，原因是当时有个李诩的人，"好学善辩"，极为自信，遣人送给欧阳修《性诠》三篇，并且书中说"夫子与孟荀杨韩复生，不能夺吾言"。欧阳修的批判乃是从五经入手，"《易》六十四卦，不言性。其言者，动静得失吉凶之常理也。《春秋》二百四十二年，不言性，其言者，善恶是非之实录也。《诗》三百五篇，不言性，其言者，政教兴衰之美刺也。《书》五十九篇，不言性，其言者，尧舜三代之治乱也。《礼》《乐》之书，虽不完而杂出于诸儒之记，然其大要，治国修身之法也。六经只所载，皆人事之切于世者，是以言之甚详"。

　　②　"论风俗札子"，（宋）司马光撰《温公集》卷四十五。

融的。

孤山智圆作为宋初天台的义学领袖，他的追求也正是宋学精神的体现：

> 慕雪山之求法，学善财之寻师。名利不足动于怀，死生不足忧其虑。傥功成而事遂，必自迩而陟退。不沽名而名自扬，不召众而众自至。智足以照惑，慈足以摄人。穷则独善其身，达则兼济天下。使真风息而再振，慧炬灭而复明，可谓大丈夫焉！可谓如来使矣！①

智圆正值一个历经战乱后力求发展的王朝建立之初，儒学坠地，斯文难觅，各种典籍真伪混杂，思想义理难以取舍，文化传统莫衷一是，然思想较为自由，经济高速发展之时，时代呼唤儒、释、道通达之学者，从义理上为王朝的长治久安和百姓的精神信仰指明方向，而孤山智圆就是在这样的时代要求下，以其"高世之节"、"孤山之学"，顺应时代的要求，广泛提出了宋学的主题，并深入而全面地进行了考察，特别以实际行动来推动他所信仰的主题。虽然，他的思想不一定是非常完美的，但他自觉地"先天下之忧而忧"，强烈的先觉意识，主动承担的精神正是宋学所倡导和主张的，也是在一千多年后的今天值得我们研究和学习的。

《论语》中言："博学而笃志，切问而近思，仁在其中矣。"而智圆博学于三家之典，笃志在天台三观，切问宋学之治世，近思斯文之坠地，以学者的严谨，诗人的气质，释子的风格，道者的达观，系统提出了宋学的问题并提出了相对客观和理性的方案。智圆的理论虽然并不完美，其在天台史上、佛教史上以及在中国思想史上应有一席之地也！

宋学的形成，非一人一日之功也，而是无数立身行道于世的君子仁人的共同奋斗与努力，欧阳修《居士外集卷十五》序曾记录了宋初的一位"无倦子"："无倦子者，不知为何人也。无姓名，无爵里，世莫得而名之，其自号为无倦子，以警世人之学倦者也。其为言曰：'自古有道无

---

①　"诚恶劝善"，《闲居编》卷第三十，《续藏经》第五十六册。《缁门警训》（10卷）卷第一全文收录，但题目为"孤山圆法师示学徒"，似乎更为切题，《大藏经》第四十八册。

倦，而后世之人，知有道而不得其道，不知无倦而妄学倦，此我之所哀也'"①。让我们记住这些在宋初以"中庸子"、"无倦子"而警训来者的先觉者们！

---

① "删正黄庭经序"，（宋）欧阳修撰《欧阳修全集》，中国书店 1994 年版。

附录一

智圆著述总目

　　根据在智圆归寂当年（1022）乾兴壬戌正月吴遵路所作《闲居编序》"始自景德丙午迄于天禧辛酉集其所著得六十卷，题曰《闲居编》"，"其经论、疏、钞、科、注等洎诸外学自成编录者，凡一百七十卷，皆从别行，不列此集"①，参照《大正藏》、《续藏经》、智圆自述、《闲居编》附录、《释门正统》、《佛祖统记》"智圆传"、"山家教典志"、义天《新编诸宗教藏总录》、《宋史·文艺志》及其他残存等，知智圆著述有49种，内容涉及儒、释、道三家，总数约为二百六十卷。史称"高世之才，弥天之笔"。兹列数如下②：

---

　　①　从《闲居编》后记中我们得知，仅仅在智圆归寂后不到40年，于1060年即宋嘉祐五年岁次庚子八月，钱塘梵天寺十方讲院了空大师（浩肱）字（仲辅）在重新刊印《闲居编》时，其全集六十卷已不见，只得四十八卷，添入病课集后始成今天的五十一卷。但此后又二百年，至1248年，淳祐戊申秋季，玛瑙住山（元敬）智圆得到"崇孤山之行而贵孤山之文"的夷齐居士章氏的捐银刻印智圆杂著时，"其扶掖宗教诠释群经，有十疏别行于世"，可知智圆圆寂以后终有宋二百年间智圆的文集和佛学思想一直连绵不绝于世。此后，在中日两国历史上，至少有六次刊刻重印智圆文集的记录。明永乐十年到十五年间（1412—1417）、明嘉靖三十年（1551）、明万历十二年（1584）、日本宽文九年至延宝六年（1669—1678）间、日本正德四年至亨保四年（1714—1719）间、民国十二年到十四年间（1923—1925），则可知智圆的思想代有其人崇奉也。不过，国家图书馆（北海分馆）所藏明永乐年间所重刻《涅槃玄义发源机要》和《请观音经书阐义钞》在著者年代均标为（唐），可以推测智圆文集与思想在经历南宋末年、元代及明初期的混乱，已逐渐开始支离破碎、难窥全貌了。

　　②　所列篇目及卷数出自《闲居编》附录，其余文献记载与此同者略出处，所异者或者解释者则标出，佚散文章或在《闲居编》中保存有"序"者，亦一一标出，以助参考。

一、现存部分

1.《般若心经疏》　　　　　　　　　　　　　　　　（十疏之一）
　　一卷；见《续藏经》第 26 册
2.《般若心经疏诒谋钞》）
　　一卷；见《续藏经》第 26 册
3.《涅槃经治定疏科》
　　十卷；见《续藏经》第 36 册
　　义天《新编诸宗教藏总录》为 20 卷
4.《涅槃经疏三德指归》
　　二十卷（欠卷十五），见《续藏经》第 37 册
5.《金刚錍科》
　　一卷；见《续藏经》第 56 册
6.《金刚錍显性录》
　　四卷；见《续藏经》第 56 册
7.《涅槃玄义发源机要记》
　　四卷；见《大正藏》第 38 册
　　《闲居编》附录记载为："涅槃玄发源机要记二卷""山家教典
志"："发源机要记"（一卷释涅槃玄义），义天《总录》记为二卷，
《闲居编》"《涅槃玄义发源机要记》序"：《玄记》两卷
8.《维摩经略疏垂裕记》
　　十卷；见《大藏经》第 38 册；《续藏经》第 19 册；略称《垂裕
记》或直接承上称《记》
9.《佛说阿弥陀经疏》　　　　　　　　　　　　　　（十疏之一）
　　一卷；《大正藏》第 37 册；《续藏经》第 22 册（题名为《阿弥
陀经义疏》，内题为《佛说阿弥陀经疏》）；《闲居编》附录记载为：
《阿弥陀经疏》二卷
10.《请观音经疏阐义钞》
　　四卷；见《大正藏》第 39 卷；《闲居编》附录记载为："请观音
经疏阐义钞二卷"；《佛祖统纪》卷第十智圆传记载为"阐义钞三卷
（释请观音经疏）""山家教典志"：阐义钞（二卷释请观音经疏）

11. 《南山祖师礼赞文》

　　一卷；见《续藏经》第 74 册

12. 《闲居编》

　　五十二卷；见《续藏经》第 56 册

　　《闲居编》吴遵路序言中标明为"六十卷"，但在嘉祐五年（1060）了空大师（浩肱）字（仲辅）重刊时只有 48 卷，他把编外的《病课集》添入，始成今五十一卷。另，《佛祖统纪》卷十智圆传"五十一卷"，《宋史》卷二百五、卷二百八都标为"僧智圆《闲居编》五十一卷"，可能即为今日《闲居编》，五十二卷之数当计算了文后的目录为一卷。

二、散佚疏记

1. 《首楞严经疏》　　　　　　　　　　　　　　（十疏之一）

　　十卷；《闲居编》附录记载为一卷，有误；考《佛祖统纪》"智圆传""山家教典志"均为"首楞严经疏十卷"，并根据后人所引内容，不可能为一卷，知应为十卷；已佚。（宋）仁岳《楞严经熏闻记》（5 卷）、（宋）思坦《楞严经集注》、（元）惟则《大佛顶首楞严经会解》等宋元明清 30 余部《首楞严经》疏注集中多所引用到孤山疏。具体参见附录"参考书目"及正文、注释。

2. 《首楞严经疏谷响钞》

　　五卷；已佚；《闲居编》附录记载为一卷，有误。考《佛祖统纪》智圆传、山家教典志、（高丽）义天《总录》均为"谷响钞五卷（释自造楞严疏）"，《闲居编》"《首楞严经疏谷响钞》序"亦明指为五卷。

　　略称为《谷响钞》，又名《指月钞》。仁岳《楞严经熏闻记》有引文。

3. 《首楞严经疏解》

　　一卷；已佚

4. 《首楞严经显赞钞记》

　　十四卷；已佚，见（高丽）义天《总录》

5. 《首楞严经科文》

六卷；已佚；（明）传灯"楞严经圆通疏前茅"有记，义天《总录》标明为六卷

6.《金光明经文句索隐记》

三卷；已佚。《佛祖统纪》"智圆传""山家教典志"记载为四卷

略称《索隐记》或直接承上文称《记》。金泽本《天台文类》（林鸣宇《天台文类天台法数教释》）、《续藏经》《重编天台诸文类集》中有部分引文。

7.《金光明经玄义表微（征）记》

一卷；《佛祖统纪》卷十智圆传记载"表微记一卷（释光明玄）"，作于天禧二年（1018）

已佚，知礼《金光明玄义拾遗记》对此书批驳中多有引录。（《拾遗记序》有"表明微指"之说，当为"表微"。）

8.《文殊说般若经疏》   （十疏之一）

二卷；已佚；《闲居编》附录记载；《佛祖统纪》卷十智圆传记载；义天《总录》有；，并净觉仁岳撰有《助宣记》

9.《文殊说般若经疏析重钞》

一卷；已佚；《闲居编》附录记载；《佛祖统纪》卷十智圆传记载"析重钞一卷（释自造文殊般若疏，大论云析重令轻）"

10.《佛遗教经疏》   （十疏之一）

二卷；已佚；《闲居编》附录记载；《佛祖统纪》卷十智圆传记载，并"净觉撰助宣记"。见《佛遗教经论束节要》（一卷）天亲菩萨论，（宋）智圆疏，（宋）净源节要，（明）袾宏补注，《频伽藏》第七十六册

另，国家图书馆藏有《佛遗教经论疏节要》（一卷）（后秦）鸠摩罗什译，（宋）智圆疏，（宋）释净源节要，（明）释袾宏补注，为清光绪二十三至二十五年间（1897—1899）刻本。

11.《注四十二章经》   （十疏之一）

一卷；已佚；《闲居编》附录记载；《佛祖统纪》卷十智圆传

12.（《大宝积经第十会》）《普入不思议法门经疏》

　　　　　　　　　　　　　　　　　　　　　（十疏之一）

一卷；已佚；见《闲居编》附录记载、《佛祖统纪》卷十智圆

传、义天

13.《瑞应经疏》 （十疏之一）
  一卷；已佚；《闲居编》附录记载；《佛祖统纪》卷十智圆传
（高丽）义天《新编诸宗教藏总录》记为二卷

14.《无量义经疏》 （十疏之一）
  一卷；已佚；《闲居编》附录记载；《佛祖统纪》卷十智圆传记
载，并"玉慧觉撰杂珠钞"

15.《观普贤行法经疏》 （十疏之一）
  一卷；已佚；《闲居编》附录记载；《佛祖统纪》卷十智圆传

16.《阿弥陀经西资钞》
  一卷；已佚；《闲居编》附录记载；《佛祖统纪》卷十智圆传记
载为"西资钞一卷（释自造弥陀疏）""山家教典志"：西资钞（二
卷释自撰弥陀疏）；（高丽）义天《总录》；
  《乐邦文类》存"《西资钞》'拣示偏赞西方'"文一篇

17.《小阿弥陀经科》
  一卷；已佚；仅见（高丽）义天《总录》

18.《十六观经疏刊正记》
  二卷；已佚；乃智圆刊正其师源清之遗作而成。
  《闲居编》附录记载；《佛祖统纪》卷十智圆传记载为"刊正记
二卷（释观经疏）"；义天为：《观无量寿经刊正记》二卷；（明）大
佑《净土指归集》录为：《观经疏刊正记》四卷

19.《观无量寿经科》
  一卷；已佚；见（高丽）义天《总录》

20.《涅槃经百非钞》
  一卷；已佚；《闲居编》附录记载；《佛祖统纪》卷十智圆传记
载为"百非钞一卷（释涅槃疏金刚身品百非之义）"，《闲居编》"记
梦"中有记载；并见《涅槃百非钞》序

21.《盂兰盆经疏撅华钞》
  二卷；已佚；《闲居编》附录记载；《佛祖统纪》卷十智圆传记
载为"撅华钞二卷（释圭峰兰盆疏）"

22.《盂兰盆经科》
  一卷；已佚；仅见（高丽）义天《总录》

23. 《盂兰盆经礼赞文》

一卷；已佚；仅见（高丽）义天《总录》

24. 《法华玄记十不二门正义》

十卷；已佚；简称《正义》

《闲居编》附录记载；《佛祖统纪》卷十智圆传"正义一卷（释十不二门）"；《闲居编》第十保存有"法华玄记十不二门正义序"；作于大中祥符四年（1011）（见宋可度《十不二门指要钞详解》）；《十不二门指要钞详解》中见少许《正义》原文。金泽本《天台文类》多引《正义》。

25. 《新学击蒙》

一卷；《闲居编》附录记载

26. 《维摩诘经科》

六卷；已佚；见（高丽）义天《总录》

27. 《大涅槃经科》

二卷；已佚；见（高丽）义天《总录》

28. 《佛遗教经疏》科

一卷；已轶，见（高丽）义天《总录》

29. 《翻经通纪》

二卷；已轶，见《闲居编》"《翻经通纪》序"，撰于天禧三年。记述了他根据历史上重要的五部史传经典而作的《翻经通记》：某养疾林野，讲谈多暇，遂于嘉祥、南山、通慧三代僧传，靖迈、智升两家图纪，泊诸传录，而皆删取翻传事迹，编次成文，其间年世差舛，颇为刊正，分为两卷，号曰《翻经通纪》。始炎汉，终我朝，正统僭伪合二十一国，其传译者凡一百五十一人，所译之经，则存诸目录。此但举其大数而已，俾学佛者览之，既知大觉之宗，有自来矣。抑又见太宗之于我教也，有继绝存亡之道与。

智圆是佛教历史上一位伟大的佛教目录学者，可惜不传。

30. 《分经图》

一卷；已轶，见《闲居编》"释梦"

31. 《注观心论（疏）》

不详卷数；已轶，见《闲居编》"《注观心论》后序"

32. 《四十二章经正义》

一卷；已佚；见于（高丽）义天《总录》

33. 《黄帝阴符经注》

一卷；已佚，见于《闲居编》

34. 《讲堂击蒙集》

五篇；已佚，见于《闲居编》

35. 庆昭、智圆合著《辨讹》

已佚，见《十义书》、《释门正统》

36. （白莲社主）行业记

已佚，见《乐邦文类》

37. 《天台祖图》

已佚，见（日本）成寻《参天台五台山记》。《释门正统》称"孤山《祖承》"。

附录二

（高丽）义天《新编诸宗教藏总录》
孤山智圆文集

注：（高丽）义天（1055—1098）为韩国高丽王朝时期的著名僧人，其父为高丽文宗王徽，母仁睿顺德王后李氏。义天于宋学发展时期即宋神宗元丰末（1085）、元祐初（1086）入宋求法。并于求法前后积二十年，搜求诸宗教藏章疏，编纂成《新编诸宗教藏总录》（本书中简称为义天《总录》），并以此为基础编成《大藏经》，史称"高丽续藏经"。义天《总录》比较详尽地记载了宋学发展时期的宗教文献，是研究宋学时期智圆思想流传的重要资料之一。

《大涅槃经》	科二十卷　三德指归二十卷　已上　智圆述	
	科二卷　　发源机要二卷　已上　智圆述	
《金刚錍》	科一卷	
	显性录四卷　已上　智圆述	
《无量义经》	疏二卷　智圆述	
《首楞严经》	显赞钞记十四卷　智圆述	
	疏十卷	
	谷响钞五卷	
	科六卷　已上　智圆述	
《维摩经》	垂裕记十卷	
	科六卷　智圆述	
《般若心经》	疏一卷	

	诒谋钞一卷　已上　智圆述
《大宝积经》	《普入不思议法门经疏》一卷（大经第十会） 智圆述
《文殊说般若经》	疏二卷　智圆述
《观无量寿经》	刊正记二卷、 科一卷　智圆述
《小阿弥陀经》	疏一卷 西资钞一卷、 科一卷　已上　智圆述
《四十二章经》	注一卷 正义一卷　已上　智圆述
《盂兰盆经》	摭华钞二卷、科一卷 礼赞文一卷　已上　智圆述 疏一卷（净源移本疏注于经下） 摭华钞二卷、科一卷 礼赞文一卷　已上　净源重刊

附录三

智圆年谱

976 年，（宋太祖开宝九年）宋太宗太平兴国元年丙子，一岁①

十月，太祖卒，太宗即位，十二月，大赦，改是岁为太平兴国元年。

中庸子之生也，始言则知孝悌，父母颇异之而不群于庸竖。戏尝以草木濡水画石以习文字，采花布以为徒自为讲训之状。

978 年，太平兴国三年，戊寅，三岁

三月，吴越王钱俶奉版图归宋朝。

五月，吴越国王钱俶上表献所管十三州、一军，太宗命考功郎中范旻知两浙诸州事，封钱俶为淮海国王。

九月，进士加论一首，此后，常以诗、赋、论三题为准，为中国科考制度的一大改革。

980 年，太平兴国五年，庚辰，五岁

重显（980—1052），北宋云门宗的代表人物，住明州雪窦山，与智

---

① （1）关于孤山智圆的著作及生平主要依据智圆所作《闲居编》、智圆本人其他文集自述，有些是参照了北宋其他文献和事件之后的考证，但智圆《闲居编》中还有很多重要的疏注、序文以及交涉诗文难以判定，并在一定程度上影响了对于智圆有些思想宋学先觉地位的判断和评价，有待来者也。（2）北宋历史状况参照徐规先生所撰《王禹偁事迹著作编年》（商务印书馆2003 年版）、陈植锷所撰《石介事迹著作编年》（中华书局2003 年版）和顾吉辰《宋代佛教史稿》（宋史研究丛书，中州古籍出版社1993 年版）的资料，并《宋史》、《释门正统》、《佛祖统纪》等中的记载。（3）关于宋学人物的情况，限于篇幅，及欲突出孤山智圆的情况，加上学者对其生平、思想等多有考证，容易查询，因此比较简略，在正文涉及的人物，在注中给予简介绍。

圆为友。有《颂古集》、《祖英集》、《明觉禅师语录》。

982 年，太平兴国七年，壬午，七岁

神照本如（982—1051），知礼三大法嗣之一，后从遵式大师。

太宗于太平兴国寺建译经院。

984 年，太平兴国九年、雍熙元年，甲申，九岁

年八岁（智圆自云），酷有迈俗志，父母不能违，因舍为佛徒，登具于钱唐龙兴寺今大中祥符寺①。

三月，日本国沙门奝然来朝，乞赐印本《大藏经》，诏有司给与之。

985 年，雍熙二年，乙酉，十岁

杭州爆发了僧绍伦领导的变乱，逮捕就戮者三百余人。（《宋史》卷二八六"周莹传"）

夏竦（985—1051），著名政治家、思想家，宋学代表人物之一。

986 年，雍熙三年，丙戌，十一岁

秋八月二十五，晤恩（912—986）圆寂，天台山外鼻祖。

冬十月，诏以御制《三藏圣教序》赐天息灾等，令冠新译经首。

孟夏，源清著《十不二门示珠指》评《金光明玄义》别行本。

987 年，雍熙四年，丁亥，十二岁

十月，羲寂（919—987），天台山家鼻祖

张伯端（987—1082），北宋道教内丹派代表人物。

988 年，端拱元年，戊子，十三岁

中庸子生十三年，梦随佛入于海。夏满行矣。从至旷野，有物似世画鬼神者，佛垂训久之。

十月，杭州灵隐寺赞宁撰成《大宋高僧传》三十卷，表上之。是年

---

① 龙兴寺，五代宋初杭州佛寺。赞宁《宋高僧传》有"后唐杭州龙兴寺可周传""汉杭州龙兴寺宗季传"，但创建及沿革未详，（宋）赞宁撰《宋高僧传》，中华书局 1997 年版。

冬，王禹偁有"寄赞宁上人诗"。是年，王禹偁上《三谏书序》，献韩愈《论佛骨表》等三文。

十月十八日，义通（927—988），天台山家高僧；座下知礼和遵式为二神足。

十一月，契丹南下攻掠

989 年端拱二年　己丑，十四岁

正月，诏文武群臣各陈备边御戎之策。契丹破易州。王禹偁上《御戎十策》"内修其德"之五"禁止游惰，厚民力也"，主张限制佛教。

七月，宋军挫败契丹，主帅耶律休哥受伤逃走。

先是，太宗遣使取杭州释迦佛舍利塔置阙下，度开宝寺西北隅地，造浮图十一级以藏之，上下三百六十尺，所费亿万计，前后逾八年。是年八月，工毕，巨丽精巧，近代所无。知制诰田锡尝上疏谏言，"众以为金碧荧煌，臣以为涂膏衅血。"（《长编》卷三十）

是年或稍后，王禹偁、徐铉等奉命校正《道藏经》写本。

陈抟（871—989），宋初著名隐士和道教代表人物。

范仲淹（989—1052），北宋著名政治家、文学家、思想家、教育家，宋仁宗庆历新政的主要领导者，宋学建立时期的领袖人物。

990 年，淳化元年，庚寅，十五岁

孤山自谓"年十五，微知骚雅，好为唐律诗"。

沼撰《三教圣贤事迹》，参政苏易简编次，赞宁僧统、道士韩德纯预焉。

991 年，淳化二年，辛卯，十六岁

翰林赞宁充史馆编修。

王禹偁撰《沙汰释氏疏》、孙何撰《无佛论》，京城巨僧侧目尤甚[1]。

赞宁制成《僧史录》三卷进呈，诏充史官编修。

晏殊（991—1055），北宋著名政治家、文学家、思想家。

---

[1] 《小畜集》卷十八"答郑褒书"，《长编》卷三十，《石林燕语》卷十。转引自《王禹偁事迹著作编年》。

宋授（991—1040），北宋政治家、文学家、思想家。

992 年，淳化三年，壬辰，十七岁

三月，太宗御崇政殿，复试合格进士，始令糊名考教，孙何省试、殿试均第一。

是年，王禹偁有诗三首赠种放（《小畜集》卷九）。先是，上诏种放，辞不至。明年，王禹偁又作《酬种放征君一百韵》

是年，西川路农民举行起义。是为王小波、李顺起义之前奏。

孙复（992—1057），学者称泰山先生，宋初三先生之一。

993 年，淳化四年，癸巳，十八岁

初，西川路王小波聚众起义，曰："吾疾贫富不均，今为汝辈均之"，附者亦众，攻下青城县。是年二月，攻取眉州彭山县，杀死县令，散府库金帛。

是年秋，赞宁撰成《鹫岭圣贤录》，又集《圣贤事迹》凡一百卷。诏为左街讲经首座①，十月，王禹偁赋诗以赠。

胡瑗（993—1059），世称安定先生，宋初三先生之一。

994 年，淳化五年，甲午，十九岁

正月，李顺攻占成都，号大蜀正，改元应运。

995 年，至道元年，乙未，二十岁

御制《秘藏诠》等。六月，限僧尼额。诏两浙福建路，每寺三百人，岁度一人；尼百人，度一人。诵经百纸，读经五百纸为合格。

996 年，至道二年，丙申，二十一岁

孤山自云：二十一将从师受周孔书，宗其道学，为文以训世，会寝疾因自讼，曰："汝，浮图子，发既祝矣！形且毁矣！而不习释氏，志慕儒学，忘本背义，又岂称周孔之旨乎？汝姑习释后学儒，为副汝其图之。"

---

① 宋敏求云："太宗……诏翰林承旨苏公易简、道士韩德纯、僧赞宁集三教圣贤事迹，各五十卷。书成，命赞宁为首座，其书不传"。（《春明退朝录》卷下）

时源清法师传智者三观之法于奉先①，智圆负笈而造焉，在青矜之列者凡三年。

春夏间，王禹偁作《寄杭州西湖昭庆寺华严社主省常上人》诗（卷十）

知礼三十七岁，内院僧主居朗显通，舍保恩院与知礼，作天台十方讲院。

九月，宋军大破李继迁军队。

宋庠（996—1066），北宋著名政治家、思想家、文学家。

997 年，至道三年，丁酉，二十二岁

三月，契丹封夏国王李继迁为平西王②。

三月，太宗崩，真宗即位。四月大赦天下。

五月，真宗下诏求直言，王禹偁上《应诏言事疏》奏军国大政五，其五为"沙汰僧尼，使疲民无耗"。

998 年，宋真宗咸平元年，戊戌，二十三岁

帝制《继圣教序》《崇释论》，赐天竺三藏朝散大夫光禄卿明教大师法贤。

宗昱《注法华本迹十不二门》并序。

999 年，咸平二年，己亥，二十四岁

四月，张去华（不明）徙知苏州（自 997 六月知杭州）。

---

① 奉先寺，五代宋初杭州佛寺，创建及沿革未详，孤山智圆的老师源清在此传天台教学，李芳民《唐五代佛寺辑考》未见载录。奉先源清（？—999），天台宗"山外"派代表人物之一，著有《观经疏显要》，后孤山智圆对《显要》进行整理而形成《观经疏刊正记》（二卷，已佚）。孤山智圆二十一岁从其学"天台三观"之教，三年后源清去世。"山外"派另一人物庆昭亦为源清弟子。南宋宗鉴《释门正统》只列源清之名，未见传记；《佛祖统纪》亦列其名于"高论旁出世家"下"（三世）慈光晤恩法师"下为"（四世）奉先源清法师"，除庆昭、智圆外，另有弟子名曰崇福庆峦法师、开元德聪法师。"议宋国新书考"记载其著有《法华示珠指》（二卷）、《龙女成佛义》（一卷）、《十六观经记》（二卷）、《佛国庄严论》（一卷）、《心印铭》一章，（日本）觉庆（天台座主阿阇梨僧正法印大和尚）著，《法华十妙不二门示珠指》附录，《续藏经》第五十六册。

② 《辽史·圣宗纪》，《续资治通鉴》卷十九。

御史中丞为工部侍郎张咏知杭州①。

源清（？—999）。

礼部乞罢译经院，上以先朝盛典不许。

1000 年，咸平三年，庚子，二十五岁

是岁四明大旱，知礼与遵式同修光明忏祈雨。

知礼撰《释难扶宗记》，重提《金光明经玄义》广略本，开始山家山外之争。

日本国寂照持南岳大师《大乘止观》（二卷）至四明，慈云得之为作序。

柳开（947—1000），北宋古文运动先驱者。

1001 年，咸平四年，辛丑，二十六岁

九月，张咏守杭二年半，还知永兴。杭州民诣阙献土星图一、银百两，乞留知州。

明年五月，右谏议大夫宋太初（生卒不明）知杭州，十一月徙知庐州。太常少卿、知苏州王仲华（生卒不明）知杭州。

赞宁（919—1001/1002），王禹偁尝赞曰："历诋诸家，丕显圣道"。

王禹偁（954—1001），宋初著名政治家、思想家，北宋抑佛的倡导者。

尹洙（1001—1046），字师鲁。北宋思想家、文学家，与范仲淹、欧阳修交好。

1003 年，咸平六年，癸卯，二十八岁

二月，诏隋智者禅师科教类次刊牍，凡百五十四部，赐名《天台总录》。

六月，礼部郎中、知制诰、权判度支为右谏议大夫薛映知杭州。在杭五年，入知银台司。《长编》称，薛映"临决锋锐，州无留事"。

日本国僧寂照赍本国源信所陈经论义目二十七条，问题于四明知礼。知礼著《十不二门指要》二卷。（《四明尊者教行录》）孤山智圆圆寂 6 年

---

① 张咏（北宋政治家、思想家），有《传世》。

后，天圣六年（1028），日僧绍良入宋，再致台教疑问 10 条请决，知礼弟子尚贤为之解疑。

十月，王仲华徙知虔州。

· 梅尧臣（1002—1060），北宋著名思想家、文学家。

1004 年，景德元年，甲辰，二十九岁

契丹大举入侵，与宋订立澶渊之盟，宋每岁遗绢二十万匹，银一十万两。后，仁宗庆历二年（1042），西夏李元昊寇边，契丹主趁机要挟，宋许契丹每岁增绢十万匹、银十万两。西夏亦邀宋岁赠金缯，后议和。

东吴沙门道原进呈《景德传灯录》三十卷，帝敕翰林学士杨亿等刊正，并撰序颁行。

智圆居于水心寺①。

1005 年，景德二年，乙巳，三十岁

著《记梦》一篇。

秋八月，撰"与嘉禾玄法师书"，力邀嘉禾子玄参与当时山家山外之争。

十月，诏承天节群臣所奏闻僧道紫衣、师号，自今具行业保任以闻。时所荐多滥故。

石介（1005—1045），宋初三先生之一，又称徂徕先生。

1006 年，景德三年，丙午，三十一岁，智圆学术生涯的里程碑

中秋八月，著《金刚錍显性录》（并作序）

开始于讲授抱疾之外，辄述科、记、章、钞，录之藏于箧笥。《闲居编》始上以释道二门有助于世教，诏释道岁度十人者，特放一人不试行业。

九月，薛映知杭州，满岁。工部员外郎兼侍御史知杂事王济（962—1010）知杭州。《长编》称，吴越俗尚华靡，济矫以素质，……吏民咻之，济不为变。王济事迹，见《宋史》卷三〇四"王济传"。

---

① 水心寺，杭州佛寺。智圆"送惟凤师归四明"诗中有"曩岁来浙阳，相逢水心享"之句，并自注曰："乐天水心亭今水心寺是也"，《闲居编》卷三十八。

1007 年，景德四年，丁未，三十二岁

智圆请钱塘守王济（962—1010）出面，以行政方式结束山家山外之争。

契嵩（1007—1072），北宋中叶名僧。

欧阳修（1007—1072），北宋著名政治家、思想家、文学家，宋学代表人物。

张方平（1007—1091），北宋政治家、思想家。

大中祥符元年，戊申，三十三岁

六月，诏：如闻宿州临焕县民托称神异，营造寺宇，远近奔集，颇为惑众，宜禁止之。（《长编》卷六九）

十月，宋真宗封禅于泰山，改年号为大中祥符。

十二月，以东封毕，诏天下僧尼童行除合放数外，见系帐童行每百人试验经业，特度二人，不及百人处，亦与二人。

苏舜钦（1008—1048），字子美，北宋文学革新的重要作家，政治上倾向并参与范仲淹庆历新政。

1009 年，大中祥符二年，己酉，三十四岁

四月，著《请观音经疏阐义钞》（并序）（《请观音经疏演义钞》并序）

苏洵（1009—1066）：宋初著名政治家、思想家、文学家，苏轼、苏辙的父亲，唐宋八大家之一，宋学代表人物。

春正月，道源《传灯录》刻板宣布。（《长编》卷七一、《宋史·艺文志》）

正月二十九日，真宗下《特度僧道诏》。（《宋会要·道释》一之二〇、《宋大昭令集》卷二三三）

李觏（1009—1059），北宋著名学者、思想家，世称"盱江先生"。

1010 年，大中祥符三年，庚戌，三十五岁

二月十一日，作"新印还源观后序"

闰二月，迁左右僧街官。旧制，僧职迁补，止委开封而滥选者众。至

是，命知制诰李维等出经题考试，而后序迁焉。(《长编》卷七三、《宋会要·道释》一之一一)

十月，敕赐四明保恩院改名为延庆院，准予"永作十方住持，长演天台教法"。

九月，户部郎中、枢密直学士戚纶知杭州，就加左司朗中，王济徙知洪州。

1011 年，大中祥符四年，辛亥，三十六岁

正月，作"注观心论后序"，圣宋三叶天王有事于汾阴之岁

六月，作"律钞义苑后序"，时圣宋三乘天王有事于汾睢之岁

八月，于钱唐西湖崇福寺①讲堂首事笔削，开始著《涅槃经疏三德指归》

十一月，益州守臣李士衡，进大寺沙门仁赞编修《释氏会要》40 卷

撰《法华玄记十不二门正义》②。

龙井辩才（1011—1091），11 世纪天台高僧，与苏轼交好。

是年，诏译经润文使参知政韦赵安仁、翰林学士杨亿撰大藏目录。(《稽古略》卷四)

1012 年，大中祥符五年，壬子，三十七岁

二月十一日作"盂兰盆经疏摭华钞序"，时皇宋三叶圣驾祀汾阴之明年岁次

五月，赐杭州隐士林逋以粟帛。

蔡君谟（1012—1067），北宋著名政治家、思想家，宋学代表人物之一。

1013 年，大中祥符六年，癸丑，三十八岁

八月，兵部侍郎译经润文官赵安仁，奉诏编修《大藏经录》21 卷，

---

① 崇福寺，五代宋初名寺，创建及沿革未详，孤山智圆在买孤山玛瑙寺而居之前主要的生活和创作之地。

② "孤山《正义》乃、大中祥符四年（1011）作，在《指要》后"。见《十不二门指要钞详解》，（宋）可度详解，（明）正谧分会。

赐名《大中祥符法宝录》

九月二十六日，历经两年，完成《涅槃经疏三德指归》并作序，时于大慈山崇法寺方丈①。

1014 年，大中祥符七年，甲寅，三十九岁

正月，著《涅槃玄义发源机要》（并序），于大慈山崇法寺方丈

仲秋五日于西湖崇福寺，受友人择梧律主之托作"南山大师赞后序"。

九月二十七日，作"涅槃百非钞序"，于西湖崇福寺讲院序

于钱唐西湖崇福寺讲院作"松江重祐和李白姑熟十咏诗序"

作"目录序"，于钱唐崇福寺收集始自景德三年至今大中祥符七年文集，得三十部七十一卷，

正月，真宗入亳州，谒老子于太清宫，加封太上老君、混元上德皇帝。

海月慧辩（1014—1073），11 世纪天台高僧。

天竺三藏施法护译佛吉祥等经二百余卷，参政赵安仁等润文。（《历代通载》卷一八）

三月，戚纶徙知扬州。司封郎中薛颜为太仆少卿、知杭州。

1015 年，大中祥符八年，乙卯，四十岁

二月，于西湖崇福寺讲院，作"观经疏刊正记序"

闰六月，于西湖崇福寺讲堂，作"智者十德礼赞序"

秋九月自钱唐泛舟西迈访故人奉蟾于吴兴武康之龙山兰若，得上方而居，

遂于十月十二日染翰，十二月十三日绝笔，著《维摩经略疏垂裕记》（并序）。

种放（956—1015），北宋著名道隐者。

---

① 考：智圆在"《涅槃玄义发源机要记》序"的时间题记为"时圣宋三叶天子在宥之十七载大中祥符纪号之七年岁次甲寅正月既望钱唐沙门释智圆字无外于大慈山崇法寺方丈绝笔序云"，"《涅槃经疏三德指归》序"的时间题记为"大宋大中祥符四年岁次辛亥八月既望于钱唐西湖崇福寺讲堂首事笔削越六年癸丑（1013）九月二十六日于大慈山崇法寺方丈功毕序云"。

遵式于天台东掖山十二年后来居杭州古灵岩寺，传天台教观。（《稽古略》卷四）

1016 年，大中祥符九年，丙辰，四十一岁

春三月二十有九日，买山养疾得孤山夕阳之坡曰玛瑙者坡而居①。此后，建夜讲亭、得仆夫泉、种桃，与野鹤、野鹿、鸡、狗为邻，《闲居编》中多有诗文记焉。在《孤山诗二首》其一言"峭拔湖心起，湖心四望通。盘根入巨浸，叠翠点寒空"，其二言"势与群峰绝，崔嵬几倦登。波澄涵倒影，云尽露危棱。"②《孤山诗三首》其一又曰："隔湖千嶂断，出水一峰高。"其二曰："四绝尘埃路，孤山景实孤"③，等等。

四月三日，集僧秉法结其大界

四月五日，始卜居孤山玛瑙院，作"孤山玛瑙院界相榜序"

夏四月，撰"大宋钱唐律德梧公讲堂题名序"

夏五月十日，撰"《闲居编》自序"

撰"祭祖师文"、"祭孤山神文"、"钱唐兜率院界相榜序"

九月，徙兵部侍郎、知升州马亮知杭州。

处咸（1016—1086），北宋中期天台高僧，初驻赤城，继主白莲。

1017 年，天禧元年，丁巳，四十二岁

春二月十六日律，撰"钱唐律德梧公门人覆讲记"

四月二十六日，庆昭圆寂，山外代表人物之一，参与山家山外之争。法嗣咸润等九十七人。秘丞张君房钱唐日，重其道，因命工琢石为塔。后天禧四年五月五日，智圆作《故梵天寺昭阇梨行业记》。

秋七月二十五日，详勘《金刚般若经》印板，并撰"详勘《金刚般

---

① 在智圆迁居孤山前即有佛屋，号玛瑙院。《唐五代佛寺辑考》"玛瑙寺"中称"石晋开运三年钱氏建。见《乾隆一统志》卷二百十七、《嘉庆一统志》卷二百八十四"，石晋开运三年当为 946 年。参见李芳民著《唐五代佛寺辑考》，商务印书馆 2006 年版，第 184 页。但是，根据智圆在迁入玛瑙院后曾对寺史进行过考证，"谍于耆耋，考诸版籍"，考其为"后唐天成二年青龙丁亥武肃王建"，即建于 927 年，参见《闲居编》卷十三"玛瑙院重结大界记"。后，治平二年（1065）改名宝胜院，靖康改元之后绍兴二十一年（1151），改为道教的四圣延祥观。

② 《闲居编》卷三十九，第 922 页。

③ 《闲居编》卷四十一，第 924 页。

若经》印板后序"

秋九月十一日，撰《般若心经疏诒谋钞》并作序，其文有曰："今有述者，事不得已也"。

秋八月七日，同郡大中祥符寺沙门可孜通过智圆法孙清月拜见智圆并呈《文殊般若经疏》，智圆应邀作"书文殊般若经疏后序"。

四月，真宗下《新译舟夜迦经不得入藏传院似此经不得翻译诏》（《宋大昭令》卷二二三）

周敦颐（1017—1073），宋明理学鼻祖。著有《太极图》、《通书》。

1018 年，天禧二年，戊午，四十三岁

春正月，门学若干人率金四万为智圆建夜讲亭，智圆"惧其奢已甚矣"而作"夜讲庭述"

夏五月六日，"钱唐闻聪师诗集序"

六月五日，撰"书荆溪大师碑后序"

六月十日，撰"书智者大师碑后序"

十月八日，撰"金光明经文句索隐记序"

十月既望越三日乙巳，"大宋高僧慈光阇梨塔记"（三年）

十月十九日，撰"金光明经玄义表微记序"

范仲淹奉母命归宗复姓，改名仲淹。

1019 年，天禧三年，己未，四十四岁

春，手写《遗嘱》，悬诸讲堂之左

九月十四，"湖州德清觉华净土忏院记"

十月既望越四日，撰"《翻经通纪》序"

四月二十一日，玛瑙院重结大界。先是，因来学既众，堂室迫，隤门人浩才始帅信氏以宽栋宇。律师择梧复以其徒五人为解旧而结新广其标相焉。

六月十三日，撰"玛瑙院重结大界记"

六月，同平章事（宰相）王钦若除太子太保、判杭州。有一个广为流传的故事，当时王钦若（文穆公）罢相来牧郡，杭州僧人都迎于关外，慈云遵式亦邀智圆前往，智圆以疾辞，笑谓使者说："为我致意慈云，钱塘且驻却一僧"。闻者均为叹服①。

魏野（960—1019），北宋著名道隐者。

曾巩（1019—1083），北宋著名政治家、思想家、文学家

司马光（1019—1086），北宋著名政治家、思想家、文学家

1020 年，天禧四年，庚申，四十五岁

仲春二十有七日，"《首楞严经疏谷响钞》序"，钞文一卷，止尽玄义，余则未暇，越明年春续之成五卷。

夏六月六日，撰"《文殊说般若经疏析重钞》序"

八月二十六日，得古诗及唐律五七言两韵至五十四韵合七十首分为三卷，题曰《病课集》，撰"《病课集》序"

夏四月既望越三日，撰"《普入不思议法门经》序"

夏五月五日，"故梵天寺昭阇梨行业记"

夏六月上日，"杭州法慧院结大界记"

冬，"故钱唐白莲社主碑文（有序）"。先是，是年春正月十二日，白莲社主圆净大师常公归寂于钱唐西湖昭庆本寺之上方草堂，冬，门人上首虚白请智圆之辞，传师之美。

杨亿以知礼行业及遗身奏，真宗曰"请留住世"，特赐师号"法智大师"。

八月，王钦若知相州。

九月，以右谏议大夫兼太子右庶子、权知开封王随（973—1039）为给事中、知杭州。王随编有《传灯玉英集》，系宋初道原所撰《景德传灯录》的删节本，完成于景祐元年（1034）。守杭期间，与智圆交好，智圆《闲居编》中有"谢府主王给事见访书"、"代元上人上钱唐王给事书"。

张载（1020—1077），北宋哲学家，世称"横渠先生"，因讲学关中，其学派被称为"关学"

1021 年，天禧五年，辛酉，四十六岁

正月十三日，"天台国清寺重结大界序"

① 《释门正统》（《续藏经》第七十五册，第 318 页）、《人天宝鉴》（《续藏经》第七十七册，第 381 页）、《武林西湖高僧事略》（《续藏经》第七十七册，第 584 页）等都有记载。

夏五月八日，"钱唐孤山智果院结大界序"

九月，王随遣使邀智圆"俾同泛方舟啜茶话道"，智圆以病辞。

辛酉十月晦—十一月二日午后，撰"《佛说阿弥陀经疏》（并序）"

冬十一月七日，"阿弥陀经疏西资钞序"

冬十一月二十九日，"送天台长吉序"

王安石（1021—1085），北宋著名政治家、思想家、文学家，宋学集大成者，熙宁变法的主持者。

乾兴元年壬戌，四十七岁

正月五日，口占《生死无好恶论》，门人云卿笔之。

正月，宣德郡守大理寺丞监杭州清酒务吴遵路为智圆撰"《闲居编》序"

春，智圆病患增剧，王随等来塔前垂顾，所谓"执事扛金鑪于前，诸官迁玉趾于后"。

二月二日，王随又遣使者"惠以紫桂散俾之服食"，

二月三日，智圆撰"谢府主王给事见访书"。

二月六日，撰"谢吴寺丞撰'《闲居编》序'书"

二月十七日，述"中庸子自祭文"

十九日，寂灭①。

二月，王随知通州，枢密直学士、给事中李及知杭州。

是年，赐杭州天竺寺法师遵式号"慈云大师"，师著《护国金光明三昧仪》一卷上进。后四年，宋仁宗天圣四年1026年，赐天台教部入藏。

---

① 《闲居编》中"中庸子自祭文"后人所加注中标明为"二月十七日述十九日寂灭"，"挽歌词三首"后人所加注中则标为"二月二十八日作至二十九日终。（南宋）《释门正统》、（明）明河《补续高僧传》"智圆传"为寂于二月十九日。其中有异，本书方便从"二月十九寂灭"而言。

附录四

《黄帝阴符经》(略本)点校

神仙抱一演道章①

观天之道，执天之行，尽矣！天有五贼，见之者昌；五贼在②心，施行于③天。宇宙在乎手，万化生乎身。天性，人也；人心，机也。立天之道，以定人也。天发杀机，龙蛇起陆④；人发杀机，天地反⑤覆。天人合发，万变定基⑥。性有巧拙，可以伏藏。九窍之邪，在乎三要，可以动

---

① 考《正统道藏》、《万历续道藏》、《藏外道书》共收录《阴符经》集注约34种（总为36，有两种重复），其中以孤山智圆所称的略本为经者九，分别为：《道藏》第二册洞真部玉诀类（1）《黄帝阴符经集解》（三卷，署名赤松子、子房真人张良、西山真人许逊、正阳真人钟离权、纯阳真人吕严、华阳真人施肩吾、至一真人崔明公、海蟾真人刘玄英等），（2）《黄帝阴符经注解》（一卷，任照一注），（3）《黄帝阴符经注》（一卷，黄居真注），（4）《黄帝阴符经注》（一卷，沈亚夫注），（5）《黄帝阴符经注》（一卷，蔡氏注），（6）《黄帝阴符经解义》（一卷，萧真宰撰），（7）《阴符经三皇玉诀》（三卷，轩辕黄帝制），（8）《黄帝阴符经注》（二卷，唐淳注），（9）《黄帝阴符经注》（一卷，长生子刘处玄注）。另，（唐）李筌《黄帝阴符经疏》，经当代著名道教学者李养正的考证，其文亦当为略本，其后文字显然为后人所增补，所以略本共十种。而略本经文大同而小异，均分三章，虽有些未明确标出章名，其实则一也。本点校本即以赤松子本为主，参照另外九本所作，异者则一一随文指出，以供参考。

② "在"字后，沈亚夫本有"乎"字。

③ "于"字，任照一本作"乎"字。

④ "天发杀机，龙蛇起陆"一句，萧真宰本、黄帝本作"天发杀机，移星易宿；地发杀机，龙蛇起陆"。

⑤ "反"字，黄帝本、唐淳本作"返"。

⑥ "基"字，李筌本作"机"。

静。火生于木，祸发必剋；姦^①生于国，时动必溃。知之修鍊^②，谓之圣人。

安国富民演法章

天生天杀，道之理也^③。天地，万物之盗；万物，人之盗；人，万物之盗^④。三盗既宜^⑤，三才既安。故曰："食其时，百骸理^⑥。动其机，万化安。"人知其神而神，不知不神而^⑦所以神^⑧。日月有数，大小^⑨有定。圣功生焉，神明出焉。其盗机也，天下莫能^⑩见，莫能^⑪知。君子得之固躬^⑫，小人得之轻命。

强兵战胜演术章

瞽者善听，聋者善视^⑬。绝利一源^⑭，用师十倍。三反昼夜，用师万倍。心生于物，死于物^⑮，机在目^⑯。天之无恩，而大恩生。迅雷烈风，

---

① "姦"字，沈亚夫本、李荃本作"奸"字。

② "鍊"字，黄帝本作"煉"字。

③ "天生天杀，道之理也"一句，沈亚夫本缺，萧真宰本、唐淳本此句置于上章末"知之修鍊，谓之圣人"一句后。

④ 句末，李荃本有"也"字。

⑤ "宜"字，沈亚夫本作"备"。

⑥ "理"字，沈亚夫本作"治"。

⑦ "而"字，任照一本作"之"字。

⑧ "人知其神而神，不知不神而所以神"一句，唐淳本后有"也"字，李荃本无第二个"而"字，黄居真本、沈亚夫本均作"人知其神，不知其不神，所以神也"，蔡氏本作"人知神之神，不知不神之所以神"。

⑨ "大小"词，沈亚夫本、蔡氏本作"小大"。

⑩ "能"字，任照一本作"不"字，李荃本作"不能"。

⑪ "能"字，李荃本作"不能"。

⑫ "躬"字，黄帝本、唐淳本、刘处玄本均作"穷"字。

⑬ "瞽者善听，聋者善视"一句，黄帝本置于上章末"君子得之固躬，小人得之轻命"一句后。

⑭ "源"字，蔡氏本作"原"字。

⑮ "死于物"一句，黄帝本前有"而"字。

⑯ "目"字后，黄居真本有"也"字。

莫不蠢然。至乐性余①，至静性廉②。天之至私，用之至公。禽之③制在气。生者，死之根；死者，生之根。恩生于害，害生于恩。愚人以天地文理圣，我以时物文理哲。④

---

① "余"字，黄居真本作"愉"字。

② "至静性廉"一句，黄居真本、沈亚夫本、黄帝本、唐淳本、李荃本均作"至静则廉"。

③ "之"字黄帝本作"者"。

④ 孤山智圆所反对的广本《阴符经》，略本终篇之后另有百余字，人"或以为注文，或以为本文"。亦有若干版本，点校其文大概，云："哲人以虞愚，我以不愚。圣人以期其义，我以不期其圣。故以沉水入火，自取灭亡。自然之道静，故天地万物生；天地之道浸，故阴阳胜。阴阳相推，变化顺矣。是故圣人知自然之道不可违，因而制之。至静之道，律历所不能契。爰有奇器，是生万象。八卦甲子，神机鬼藏。阴阳相胜之术，昭昭然进乎象矣。"

参考文献

本文所引《大正藏》为《大正新修大藏经》，日本东京大藏经刊行会，1998 年印行；《续藏经》为《卍新纂续藏经》，东京，国书刊行会，1989 出版。均来自中国人民大学佛教与宗教研究所馆藏。

同时，使用了中华电子佛典协会（Chinese Buddhist Electronic Text Association，CBETA）电子资源，在此谨表衷心感谢！

第一部分　汉语原典

一、印度佛教典籍

《长阿含经》22 卷，（后秦）佛陀耶舍共竺佛念译，《大正藏》第一册

《中阿含经》60 卷，（东晋）瞿昙僧伽提婆译，《大正藏》第一册

《佛说四谛经》1 卷（后汉）安世高译，《大正藏》第一册

《杂阿含经》50 卷，（刘宋）求那跋陀罗译，《大正藏》第二册

《增一阿含经》50 卷，（前秦）昙摩难提译，（东晋）僧伽提婆修正，《大正藏》第二册

《佛说太子瑞应本起经》2 卷，（吴）支谦译，《大正藏》第三册

《大品般若经》27 卷，（姚秦）鸠摩罗什译，《大正藏》第八册

《道行般若经》10 卷，（后汉）支娄迦谶译，《大正藏》第八册

《文殊师利所说摩诃般若波罗蜜经》2 卷，（梁）曼陀罗仙译，《大正藏》第八册

《文殊师利所说般若波罗蜜经》1 卷，（梁）僧伽婆罗译，《大正藏》第八册

《妙法莲华经》7 卷，（姚秦）鸠摩罗什译，《大正藏》第九册

《妙法莲花经入疏》20 卷，（后秦）鸠摩罗什译，（隋）智顗疏，（唐）湛然记，（宋）道威入疏，上海古籍出版社 1994 年版

《正法华经》，（西晋）竺法护译，《大正藏》第九册

《大方广佛华严经》（又称"旧译华严"、"六十华严"），（东晋）佛驮跋陀罗，《大正藏》第九册

《无量义经》1 卷，（萧齐）昙摩伽陀耶舍译，《大正藏》第九册

《佛说观普贤菩萨行法经》1 卷，（刘宋）昙无蜜多译，《大正藏》第九册

《大方广佛华严经》（又称"新译华严"），（唐）实叉难陀译，《大正藏》第十册

《大宝积经》120 卷，（唐）菩提流志译，《大正藏》第十一册

《大般涅槃经》（又称"北本涅槃经"）40 卷，北梁昙无谶译，《大正藏》第十二册

《大般泥洹经》（又称《方等大般泥洹经》）6 卷，东晋法显、佛陀跋陀罗合译，《大正藏》第十二册

《大般涅槃经》（又称"南本涅槃经"）36 卷，慧严、慧观和谢灵运等人依北本改治，《大正藏》第十二册

《胜鬘狮子吼一乘大方便方广经》1 卷，（刘宋）求那跋陀罗译，《大正藏》第十二册

《佛说无量寿经》2 卷，（曹魏）康僧铠译，《大正藏》第十二册

《佛说大阿弥陀经》2 卷，（宋）王日休校辑《大正藏》第十二册

《佛说观无量寿佛经》1 卷，（刘宋）疆良耶舍译《大正藏》第十二册

《佛说阿弥陀经》1 卷，（姚秦）鸠摩罗什译，《大正藏》第十二册

《佛遗教经》1 卷（全称《佛垂般涅槃略说教诫经》），（姚秦）鸠摩罗什《大正藏》第十二册

《大方等大集经》60 卷，（隋）僧就合，《大正藏》第十三册

《维摩诘所说经》3 卷，（姚秦）鸠摩罗什译，《大正藏》第十四册

《注维摩诘所说经》，（后秦）僧肇等注，上海古籍出版社 1995 年版

《菩萨璎珞经》14 卷，（姚秦）竺佛念译，《大正藏》第十六册

《金光明经》4 卷，（北凉）昙无谶译，《大正藏》第十六册

《佛说不增不减经》1 卷，（元魏）菩提流支译，《大正藏》第十六册

《四十二章经》1 卷，（后汉）迦叶摩腾共竺法兰译，《大正藏》第十七册

《占察善恶业报经》2卷，（隋）菩提灯译，《大正藏》第十七册

《佛说决定总持经》1卷，（西晋）竺法护译，《大正藏》第十七册

《首楞严经》（全称《大佛顶如来密因修证了义诸菩萨万行首楞严经》）
　　10卷，唐般刺密谛译，《大正藏》第十九册

《摩诃僧祇律》40卷，（东晋）佛陀跋陀罗共法显译，《大正藏》第二十
　　二册

《四分律》60卷，（姚秦）佛陀耶舍共竺佛念等译，《大正藏》第二十
　　二册

《十诵律》61卷，（后秦）弗若多罗共罗什译，《大正藏》第二十三册

《梵网经》2卷，（后秦）鸠摩罗什译，《大正藏》第二十四册

《菩萨璎珞本业经》2卷，（姚秦）竺佛念译，《大正藏》第二十四册

《阿毗达磨俱舍论》30卷，（唐）玄奘译，《大正藏》第二十九册

《中论》4卷，龙树造，（姚秦）鸠摩罗什译，《大正藏》第三十册

《十二门论》1卷，（姚秦）鸠摩罗什译，《大正藏》第三十册

《百论》2卷，（姚秦）鸠摩罗什译，《大正藏》第三十册

《成唯识论》10卷，（唐）玄奘译，《大正藏》第三十一册

《唯识三十颂》1卷，（唐）玄奘，《大正藏》第三十一册

《佛性论》4卷，世亲造，（陈）真谛译，《大正藏》第三十一册

《究竟一乘宝性论》4卷，（后魏）勒那摩提译，《大正藏》第三十一册

《大乘起信论》1卷，（梁）真谛译，《大正藏》第三十二册

《异部宗轮论》1卷，（唐）玄奘译，《大正藏》第四十九册

《十八部论》1卷，（陈）真谛译，《大正藏》第四十九册

《部执异论》1卷，（陈）真谛译，《大正藏》第四十九册

二、隋唐天台宗章疏

慧思

《诸法无诤三昧法门》1卷，《大正藏》第四十六册

《大乘止观法门》4卷，《大正藏》第四十六册

《法华经安乐行义》1卷，《大正藏》第四十六册

《南岳思大禅师立誓愿文》1卷，《大正藏》第四十六册

智𫖮

《法华玄义》20卷，《大正藏》第三十三册

《法华文句》20 卷,《大正藏》第三十四册

《摩诃止观》20 卷,《大正藏》第四十六册

《四教义》12 卷,《大正藏》第四十六册

《观心论》1 卷,《大正藏》第四十六册

《维摩经文疏》(又称《维摩经大疏》) 28 卷,《续藏经》第十八册

《维摩经玄疏》(又称《净名玄义》、《维摩经略疏》、《维摩经玄义》) 6
    卷,《大正藏》第三十八册

《金光明经玄义》2 卷,《大正藏》第三十九册

《金光明经文句》6 卷,《大正藏》第三十九册

《观音玄义》2 卷,《大正藏》第三十四册

《观音义疏》6 卷,《大正藏》第三十四册

《请观音经疏》1 卷,《大正藏》第三十九册

《佛说观无量寿佛经疏并序》1 卷,《大正藏》第三十七册

《净土十疑论》1 卷,《大正藏》第四十七册

《阿弥陀经义记》1 卷,《大正藏》第三十七册

《三观义》2 卷,《续藏经》第五十五册

    灌顶

《国清百录》4 卷,《大正藏》第四十六册

《观心论疏》5 卷,《大正藏》第四十六册

《天台八教大意》1 卷,《大正藏》第四十六册

《大般涅槃经玄义》2 卷,《大正藏》第三十八册

《大般涅槃经疏》33 卷,《大正藏》第三十八册

    湛然

《法华玄义释签》20 卷,《大正藏》第三十三册

《法华文句记》30 卷,《大正藏》第三十四册

《十不二门》1 卷,《大正藏》第四十六册

《止观义例》2 卷,《大正藏》第四十六册

《止观大意》1 卷,《大正藏》第四十六册

《维摩经疏记》3 卷,《续藏经》第十八册

《维摩经略疏》10 卷,《续藏经》第十八册

《金刚錍论》1 卷,《大正藏》第四十六册

三、宋代佛教典籍

延寿

《宗镜录》100 卷,《大正藏》第四十八册

《万善同归集》3 卷,《大正藏》第四十八册

《永明智觉禅师唯心诀》1 卷,《大正藏》第四十八册

源清

《法华十妙不二门示珠指》2 卷,《续藏经》第五十六册

《法华龙女成佛权实义》1 卷,《续藏经》第五十六册

赞宁

《宋高僧传》(上下),范祥雍点校,中华书局 1997 年版

《大宋僧史略》,《大正藏》第五十四卷

宗昱

《注法华本迹十不二门》1 卷,《续藏经》第五十六册

知礼

《观音玄义记》4 卷,《大正藏》第三十四册

《观音义疏记》4 卷,《大正藏》第三十四册

《金光明经文句记》12 卷,《大正藏》第三十九册

《金光明经玄义拾遗记》6 卷,《大正藏》第三十九册

《十不二门指要钞》2 卷,《大正藏》第四十六册

《四明十义书》2 卷,《大正藏》第四十六册

《观无量寿佛经疏妙宗钞》6 卷,《大正藏》第三十七册

《释难扶宗记》1 卷,《续藏经》第八十二册

《法智遗编观心二百问》1 卷,(宋)继忠编,《大正藏》第四十六册

《四明尊者教行录》7 卷,(宋)宗晓编,《大正藏》第四十六册

仁岳

《楞严经熏闻记》5 卷,《续藏经》第十一册

《十不二门文心解》1 卷,《续藏经》第五十六册

《金刚錍科》1 卷,《续藏经》第五十六册

《四明仁岳异说丛书目次》7 卷,(宋)继忠编,《续藏经》第五十六册

《法智遗编抉膜书》1 卷

《法智遗编止疑书》1 卷

附《法智遗编别理随缘十门析难书》1 卷

《岳阇梨雪谤书》1 卷

《法智遗编解谤书》1 卷，（宋）知礼述

附《岳阇梨十谏书》1 卷，以上《续藏经》第九十一册

《南山祖师礼赞文》1 卷，《续藏经》第七十四册

　　遵式

《天竺别集》3 卷，慧观重编，《续藏经》第五十七册

《金园集》3 卷，慧观重编，《续藏经》第五十七册

《华严经普贤行愿品疏科》1 卷，《续藏经》第五册

《肇论疏科》1 卷，《续藏经》第五十四册

《注肇论疏》6 卷，《续藏经》第五十四册

《观音经普门品重颂》1 卷，《续藏经》第三十五册

　　宋真宗

《注四十二章经》1 卷，《大正藏》第三十九卷

　　子璿

《楞严经义疏释要钞》（6 卷），（宋）长水子璿疏，长水怀远钞

　　从义

《金光明经玄义顺正记》3 卷，《续藏经》第二十册

《金光明经文句新记》7 卷，《续藏经》第二十册

《摩诃止观义例纂要》6 卷，《续藏经》第五十六册

《四教仪集解》3 卷，《续藏经》第五十七册

　　如吉

《重编天台诸文类集》卷 10，《续藏经》第五十七册

　　可观

《山家义苑》2 卷，《续藏经》第五十七册

《竹庵草录》1 卷，《续藏经》第五十七册

　　宗印

《北峰教义》卷 1，《续藏经》第五十七册

《楞严经集注》（10 卷），（宋）思坦集注

（内:《大佛顶首楞严经释题》，北峰宗印）

　　可度

《楞严经笺》20 卷，（宋）惟慤科，可度笺，《续藏经》第十一册

《十不二门指要钞详解》2 卷（或 4 卷），（宋）可度详解 （明）正谧分会，《续藏经》第五十六册

契嵩

《镡津文集》19 卷，《大正藏》第五十二册

张商英

《护法论》1 卷，《大正藏》第五十二册

允堪

《四分律含注戒本疏发挥记》卷 3，《续藏经》第三十九册

《四分律随机羯磨疏正源记，》8 卷，《续藏经》第四十册

《南山祖师礼赞文》1 卷，《续藏经》第七十四册

元照

《盂兰盆经疏新记》2 卷，《续藏经》第二十一册

《观无量寿佛经义疏》3 卷，《续藏经》第二十二册

《阿弥陀经义疏闻持记》3 卷，元照述，戒度记，《续藏经》第二十二册

《四分律含注戒本疏行宗记》21 卷，《续藏经》第三十九、第四十册

《四分律删补随机羯磨疏济缘记》22 卷，《续藏经》第四十一册

《四分律行事钞资持记》42 卷，《续藏经》第四十三、第四十四册

《遗教经论住法》1 卷，《续藏经》第五十三册

净源

《佛遗教经论疏节要》1 卷，《大正藏》第四十册，（明）袾宏补注

《华严妄尽还源观疏钞补解》1 卷，《续藏经》第五十八卷

《华严原人论发微录》3 卷，《续藏经》第五十八卷

元净、元复

《武林西湖高僧事略》1 卷，《续藏经》第七十七册

戒环

《楞严经要解》（20 卷），《续藏经》第十一册

德洪

《楞严经合论》（10 卷），（南宋）德洪造论，正受会合

处咸

《普贤观经义疏》（2 卷），本如述，处咸续解，《续藏经》第三十五册

善月

《山家叙余集》3 卷，《续藏经》第五十七册

《台宗十类因革论》4卷，《续藏经》第五十七册
　　　法登
《圆顿宗眼》1卷，《续藏经》第五十七册
《议中兴教观》1卷，《续藏经》第五十七册
　　　宗晓
《乐邦文类》5卷，《大正藏》第四十七册
《乐邦遗稿》2卷，《大正藏》第四十七册
《金光明经照解》2卷，《续藏经》第二十册
《四明尊者教行录》7卷，《大正藏》第四十六册
《三教出兴颂注》1卷，《续藏经》第五十七册
　　　宗鉴
《释门正统》8卷，《续藏经》第七十五册
　　　志磐
《佛祖统记》54卷，《大正藏》第四十九册
　　　义铦
《不可刹那无此君》1卷，《续藏经》第五十七册
　　　法云
《翻译名义集》7卷，《大正藏》第五十四册
　　　有严
《法华经文句记笺难》4卷，《续藏经》第二十九册
《摩诃止观辅行助览》4卷，《续藏经》第五十五册
　　　普观
《盂兰盆经疏会古通今记》2卷，《续藏经》第二十一册
　　　戒度
《观无量寿经义疏正观记》3卷，《续藏经》第二十二册
　　　昙秀
《人天宝鉴》1卷，《续藏经》第八十七册
　　　时举
《金刚錍论释文》3卷，宋时举释　明海眼会，《续藏经》第五十六册
　　　宋代禅宗灯录
《古尊宿语录》（宋）颐藏主编集，萧萐父等点校，中华书局1997年版
《五灯会元》（宋）普济著，苏渊雷点校，中华书局2002年版

《景德传灯录》30 卷，（宋）道源，《大正藏》第五十一卷

《嘉泰普灯录总目录》3 卷，（宋）正受编，《续藏经》第七十九卷

《宋藏遗珍》，（民国）北京三时学会集，全国图书馆文献缩微复印中心 2002 年版

《大中祥符法宝录》（22 卷），（宋）杨亿等编

《天圣释教录》（3 卷，今余 2 卷），惟净等撰

《景佑新修法宝录》（21 卷，今余 15 卷），吕夷简等撰

《天台文类·天台法数 教释》，林鸣宇撰，上海古籍出版社 2005 年版

四、其他佛教典籍

（元）惟则

《楞严经圆通疏》10 卷，惟则会解，（明）传灯疏，《续藏经》第十二册

《楞严经》（唐）般剌密谛译，（元）惟则会解，上海古籍出版社 1993 年版

《天如惟则禅师语录》9 卷，（小师）善遇编，《续藏经》第七十册

《天台传佛心印记》1 卷，《大正藏》第四十六册（元怀则）

《净土境观要门》1 卷，《大正藏》第四十七册（元怀则）

《净土或问》1 卷，《大正藏》第四十七册（元天如则）

（元）觉岸　　《释氏稽古略》4 卷，《大正藏》第四十九册

（元）祥迈　　《辩伪录》5 卷，《大正藏》第五十二册

（元）刘谧　　《三教平心论》2 卷，《大正藏》第五十二册

（元）师正　　《科南本涅槃经》36 卷，可度重订，《续藏经》第三十七册

《涅槃经会疏解》36 卷，（明）圆澄会疏，《续藏经》第三十七册

（明）大佑　　《净土指归集》2 卷，《续藏经》第六十一册

（明）传灯

《楞严经玄义》4 卷，《续藏经》第十三册

《楞严经圆通疏前茅》2 卷，《续藏经》第十四册

《维摩经无我疏》12 卷，《续藏经》第十九册

《观无量寿佛经图颂》1 卷，《续藏经》第二十二册

《阿弥陀经略解圆中钞》2 卷，（明）大佑述，传灯钞，《续藏经》第二十二册

（明）智旭

《楞严经玄义》2 卷，智旭撰述，道昉参订，《续藏经》第十三册

《楞严经文句》10 卷，智旭撰述，道昉参订，《续藏经》第十三册

《占察善恶业报经玄义》1 卷，《续藏经》第二十一册

《占察善恶业报经义疏》2 卷，《续藏经》第二十一册

《佛说阿弥陀经要解》1 卷，《大正藏》第三十七册

　　（明）袾宏

《楞严经摸象记》1 卷，《续藏经》第十二册

《净土资粮全集》6 卷，袾宏校正，庄广还辑，《续藏经》第六十一册

　　（明）钟惺

《楞严经如说》10 卷，《续藏经》第十三册

　　（明）钱谦益

《楞严经疏解蒙钞》10 卷，《续藏经》第十三册

《般若心经略疏小钞》2 卷，《续藏经》第二十六册

（明）如㽦　　　　《缁门警训》10 卷，《大藏经》第四十八册

（明）明河　　　　《补续高僧传》26 卷，《续藏经》第七十七册

（明）宗本　　　　《归元直指集》2 卷，《续藏经》第六十一册

（明）真鉴　　　　《楞严经正脉疏》10 卷，《续藏经》第十二册

（明）凌弘宪　　　《楞严经证疏广解》10 卷，《续藏经》第十四册

（明）通润　　　　《楞严经合辙》10 卷，《续藏经》第十四册

（明）德清　　　　《楞严经通议》10 卷，《续藏经》第十二册

（明）焦竑　　　　《楞严经精解评林》3 卷，《续藏经》第十五册

（明）道霈　　　　《佛祖三经指南》3 卷，《续藏经》第三十七册

（清）刘道开　　　《楞严经贯摄》10 卷，《续藏经》第十五册

（清）溥畹　　　　《楞严经宝镜疏悬谈》1 卷，《续藏经》第十六册

（清）济时　　　　《楞严经正见》10 卷，《续藏经》第十六册

（清）灵耀　　　　《楞严经观心定解》10 卷，《续藏经》第十五册

（清）通理　　　　《楞严经指掌疏》10 卷，《续藏经》第十六册

（清）智铨　　　　《法华经玄签证释》10 卷，《续藏经》第二十八册

（清）瑞璋　　　　《西舫汇征》2 卷，《续藏经》第七十八册

（清）净挺　　　　《阅经十二种》14 卷，《续藏经》第三十七册

（明）朱棣　　　　《金刚经集注》，上海古籍出版社 1993 年版

（梁）僧祐　　　《弘明集》,《大正藏》第五十二卷

　　　　　　　　《出三藏记集》,苏晋仁等点校,中华书局 1995 年版

（唐）道宣　　　《广弘明集》,《大正藏》第五十二卷

　　　　　　　　《大唐内典录》《大正藏》第五十五卷

　　　　　　　　《续高僧传》,《大正藏》第五十卷

　　　　　　　　《集古今佛道论衡》,《大正藏》第五十二卷

（陈）真谛　　　《遗教经论》1 卷,《大正藏》第二十六卷

（民国）印光　　《印光法师文钞》、《续编》、《三编》,福建莆田广化寺

五、中国哲学典籍（儒、道）

文渊阁四库全书,台湾商务印书馆:

第 1052 册《法藏碎金》、《道院集要》,（宋）晁迥

第 1086 册《南阳集》,（宋）赵湘撰,

　　　　　　《武夷新集》,（宋）杨亿撰

　　　　　　《林和靖集》,（宋）林逋撰

　　　　　　《小畜集》,（宋）王禹偁撰

第 1090 册《河南集》,（宋）尹洙撰

　　　　　　《孙明复小集》,（宋）孙明复撰

　　　　　　《徂徕集》,（宋）石介撰

　　　　　　《端明集》,（宋）蔡襄撰,

第 1118 册《景迂生集》,（宋）晁说之撰,晁子键编

　　　　　　《鸡肋集》,（宋）晁补之撰,晁谦之编

第 1115 册《柯山集》,（宋）张耒撰

　　　　　　《淮海集》,（宋）秦观撰

　　　　　　《古灵集》,（宋）陈襄撰

　　　　　　《景文集》,（宋）宋祁撰

　　　　　　《苏魏公文集》,（宋）苏颂著

　　　　　　《文恭集》,（宋）胡宿撰

　　　　　　《文忠集》,（宋）周必大撰

　　　　　　《武溪集》,（宋）余靖撰

　　　　　　《咸平集》,（宋）田锡撰

　　　　　　《襄陵文集》,（宋）许翰撰

《盱江集》，（宋）李觏撰

《演山集》，（宋）黄裳撰

《灌园集》，（宋）吕南公撰

《五百家播芳大全文萃》，（宋）魏齐贤、叶棻编

　　四部丛刊（集部），（民国）张元济等编，上海商务印书馆：

第793—798 册《徐公文集三十卷》，（宋）徐铉撰，影印上海涵芬楼藏校
　　钞本

第799—801 册《河东集》一六卷，（宋）柳开撰，影印上海涵芬楼藏校
　　钞本

第810 册《河南穆公集》三卷，《遗事》一卷，附《校补一卷》，（宋）
　　穆修撰，影印杭州叶氏藏述古堂景宋钞本

第882—885 册

《伊川击壤集》二十卷，《集外诗》一卷，（宋）邵雍撰，影印江南图书
　　馆藏明成化刊黑口本

《宛陵集》，（宋）梅尧臣撰，《四部备要》集部，上海中华书局据繙宋本
　　校刊

《徂徕先生文集》，（宋）石介著，陈植锷点校，中华书局1984 年版

《范仲淹全集》（上、中、下），（宋）范仲淹撰，四川大学出版社2002
　　年版

《欧阳修全集》，（宋）欧阳修，中国书店1994 年版

《王安石全集》，（宋）王安石著，上海古籍出版社1999 年版

《苏东坡全集》，（宋）苏东坡著，中国书店1994 年版

《嘉祐集笺注》，（宋）苏洵著，曾棘庄等笺注，上海古籍出版社2001
　　年版

《张方平集》，（宋）张方平撰，郑涵点校，中州古籍出版社2000 年版

《周子通书》，（宋）周敦颐撰，上海古籍出版社2000 年版

《清江三孔集》，（宋）孔文仲、孔武仲、孔平仲著，齐鲁书社2002 年版

《张载集》，（宋）张载，中华书局1978 年版

《曾巩集》（上、下），（宋）曾巩撰，中华书局1998 年版

《陈亮集》，（宋）陈亮撰，中华书局1974 年版

《陆放翁全集》，（宋）陆游著，中国书店1995 年版

《元宪集》，（宋）宋庠撰，中华书局1985 年版

《景文集》（1—12），（宋）宋祁撰，中华书局 1985 年版，丛书集成初编

《文恭集》（1—6），（宋）胡宿撰，中华书局 1985 年版，丛书集成初编

《张乖崖集》，（宋）张咏著，中华书局 2000 年版

《王安石年谱三种》，（宋）詹大和等撰，中华书局 2006 年版

《西昆酬唱集注》，（宋）杨亿等著，王仲荦注，上海书店出版社 2001
　　年版

《王正文公遗事》，（宋）王素撰，中华书局点校本 1991 年版

《苏辙集》（1—4），（宋）苏辙撰，陈宏天、高秀芳点校，中华书局 1999
　　年版

《性命圭旨》，尹志平撰，北京白云观翻印，1989 年

《中说》，（隋）王通撰，上海古籍出版社 1989 年版

《太玄集注》，（汉）扬雄撰，（宋）司马光集注，中华书局 2003 年版

《法言（扬雄）义疏》，汪荣宝撰，中华书局 1996 年版

《韩昌黎全集》，（唐）韩愈著，中国书店 1998 年版

《柳河东全集》，柳宗元著，中国书店 1998 年版

《钱塘遗事》，（元）刘一清撰，上海古籍出版社 1985 年版

《太极图说》、《通书》（周敦颐撰）、《观物篇》（邵雍撰，上海古籍出版
　　社 1992 年版

《梦溪笔谈》，（宋）沈括著，岳麓书社 2004 年版

《宋钞本洪范政鉴》，（宋）仁宗赵祯撰，南宋淳熙内府钞本，书目文献出
　　版社 1992 年版

《鸡肋集》，（宋）庄绰撰，"唐宋史料笔记"，中华书局 1997 年版

《青箱杂记》，（宋）吴处厚撰，"唐宋史料笔记"，中华书局 1997 年版

《湘山野录》、《续录》、《玉壶清话》，（宋）文莹撰，"唐宋史料笔记"，
　　中华书局 1997 年版

《泊宅编》，（宋）方勺，"唐宋史料笔记"，中华书局 1997 年版

《石林燕语》，（宋）叶梦得撰，"唐宋史料笔记"，中华书局 2006 年版

《涑水记闻》，（宋）王安石撰，"唐宋史料笔记"，中华书局 2006 年版

《王令集》，（宋）王令著，沈文倬校点，上海古籍出版社 1980 年版

《蔡襄全集》，（宋）蔡襄撰，陈庆元、欧明俊等校注，福建人民出版社
　　1999 年版

《〈柯山集〉点校》，（宋）王之道著，北京图书馆出版社 2006 年版

《〈义丰文集〉校注》，（宋）王阮著，华东师范大学出版社 2006 年版

《庄子集释》，（清）郭庆藩撰，中华书局 1982 年版

《老子注译及评价》，陈鼓应著，中华书局 1992 年版

《苏舜钦集》，（宋）苏舜钦著，沈文倬校点，中华书局 1961 年版

《象山语录》陆九渊撰，《阳明传习录》王守仁撰，上海古籍出版社 1992
　　年版

《二程遗书》《二程外书》，程颢、程颐撰，上海古籍出版社 1992 年版

《习学记言》，叶适撰，上海古籍出版社 1992 年版

《郡斋读书志校刊》，（宋）晁公武撰，孙猛校证，上海古籍出版社 2005
　　年版

《崇正辨 斐然集》，（宋）胡寅撰，容肇祖点校，中华书局 1993 年版

《册府元龟》，（宋）王钦若等集，中华书局 1960 年版

《太平广记》，（宋）李昉等集，上海古籍出版社

《太平御览》，（宋）李昉等集，中华书局 1960 年版

《东京梦华录注》，（宋）孟元老撰，邓之诚注，中华书局 1982 年版

《宋论》，（清）王夫之著，中华书局 2003 年版

《王荆公年谱考略》，（清）蔡上翔著，上海人民出版社 1973 年版

《宋元学案》，（清）黄宗羲原著，（清）全祖望补修，中华书局 1986 年版

《宋学渊源记》，（清）江藩撰，奥雅堂丛书本，中华书局 1985 年版

《道藏》，文物出版社、上海书店、天津古籍出版社三家联合出版，1988
　　年影印《正统道藏》、《万历续道藏》合集

《藏外道书》，巴蜀书社 1992、1994 编纂出版

《全宋文》，四川大学古籍整理研究所，巴蜀书社

《全宋诗》，北京大学古文献研究所编，北京大学出版社

　　　　五、史传、诏敕、碑铭、方志等资料

《旧五代史》，（宋）薛居正等撰，中华书局 1997 年版

《新五代史》，（宋）欧阳修撰，中华书局 1997 年版

《宋史》，（元）脱脱等撰，中华书局 1997 年版

《宋会要辑稿》，（清）徐松辑，中华书局 1957 年版

《宋会要辑稿·崇儒》，苗书梅等点校，河南大学出版社 2004 年版

《资治通鉴》，（宋）司马光撰，中华书局点校本，1956 年版

《续资治通鉴长编》，（宋）李焘撰，中华书局 2004 年版

《续资治通鉴长编拾补》，（宋）李焘撰，（清）黄以周等辑注，顾吉辰点校，中华书局 2004 年版

《建炎以来系年要录》，（宋）李心传撰，中华书局 1988 年版

《宋大诏令集》，中华书局 1997 年版

《宋朝事实类苑》，（宋）江少虞，上海古籍出版社 1981 年版

《庆元条法事类》，（宋）佚名者撰，中国书店 1990 年版

《宋代石刻文献全编》（全 4 册），国家图书馆善本部金石组编，北京图书馆出版社 2003 年版

《皇朝文鉴》，上海商务印书馆缩印常熟瞿氏藏宋书

《天台山方外志》，传灯撰，蓝吉富主编，"大藏经补编"（30），华宇出版社。

《吴都法乘》（上、中、下），周永年编，新文丰出版公司

《宝庆四明志》，（宋）胡榘修、方万里、罗濬纂，《宋元方志丛刊》第五册，中华书局 1990 年影印清咸丰四年《宋元四明六志》本

《嘉泰会稽志》，（宋）沈作宾修，施宿等纂，《宋元方志丛刊》第七册

《嘉泰吴兴志》，（宋）谈钥纂修，《宋元方志丛刊》第五册

《乾道四明图经》，（宋）张津等纂修，《宋元方志丛刊》第五册

《咸淳临安志》，（宋）潜说友纂修，《宋元方志丛刊》第四册

《延祐四明志》，（元）马泽修，袁桷纂，《宋元方志丛刊》第六册

《嘉靖浙江通志》（上、中、下册），天一阁藏明代方志选刊续编（二四、二五、二六），上海书店据明嘉靖刻本影印

《两浙名贤录》（上、下），（明）徐象梅撰，北京图书馆古籍珍本丛刊 17、18，据明天启徐氏光碧堂刻本缩印，书目文献出版社 1987 年版

《西湖游览志》，（明）田汝成辑，上海古籍出版社 1980 年版

《西湖游览志余》，（明）田汝成辑，上海古籍出版社 1980 年版

《宋辽金元正史订补文献汇编》（3 册）——二十四史订补，徐蜀编，北京图书馆出版社 2004 年版

《北宋经抚年表、南宋制抚年表》，吴廷燮撰，张忱石点校，中华书局 2004 年版

《宋代京朝官通考（全 5 册）——宋代职官通考之三》，李之亮撰，巴蜀书社 2003 年版

《宋代路分长官通考》（上中下），李之亮撰，巴蜀书社 2003 年版

《宋人年谱丛刊》（全 12 册），吴洪泽，尹波主编，巴蜀书社 2003 年版

《中国佛寺志丛刊》，白化文、张智主编，广陵书社 2006 年版

第五十七、五十八册《武林梵志》

第六十三—第六十六册《净慈寺志》

第六十七册《上天竺山志》

第六十八册《崇福寺志》、《序崇福寺志》

第七十一册《大昭庆律寺志》

第七十三册《龙兴祥符戒坛寺志》

第八十一册《天台山方外志》

《中国历史地图集》（宋辽金时期），谭其骧主编，中国地图出版社 1996
　　年版

《中国历史纪年表》，万国鼎编，中华书局 2005 年版

第二部分　现代汉语论著

吕澂：《吕澂佛学论著选集》（1—5 卷），齐鲁书社 1996 年版

吕澂：《中国佛学源流略讲》，中华书局 2002 年版

陈寅恪：《金明馆丛稿初编》，《二编》，生活·读书·新知三联书店 2001
　　年版

汤用彤：《隋唐佛教史略》，中华书局 1982 年版

冯友兰：《中国哲学史新编》（1—6），人民出版社 1992 年版

张岱年：《中国哲学大纲》（中国哲学问题史），中国社会科学出版社
　　1982 年版

任继愈主编《中国哲学史》（隋唐五代宋元明部分），人民出版社 1993
　　年版

梁启超：《中国近三百年学术史》，中华书局 1987 年版

王国维：《宋代之金石学》，《王国维遗书》第五册，《静庵文集续编》，
　　上海古籍书店 1983 年版

陈垣：《中国佛教史籍概论》，中华书局 1977 年版

方立天：《中国佛教哲学要义》，中国人民大学出版社 2004 年版

方立天：《佛教哲学》，中国人民大学出版社 1987 年版

方立天：《慧远及其佛学》，中国人民大学出版社 1987 年版

方立天：《方立天文集》（6 卷本），中国人民大学出版社 2006 年版

姚卫群：《佛学概论》，宗教文化出版社 2002 年版

姚卫群编：《印度哲学》，北京大学出版社 1992 年版

赖永海：《中国佛教与哲学》，宗教文化出版社 2004 年版

任继愈主编《佛教史》，中国社会科学出版社 1995 年版

张风雷：《智顗评传》，京华出版社 1995 年版

李四龙：《天台智顗研究》，北京大学出版社 2003 年版

潘桂明、吴忠伟：《中国天台宗通史》，江苏古籍出版社 2001 年版

朱封鳌、韦彦铎：《中华天台宗通史》，宗教文化出版社 2002 年版

朱封鳌：《天台宗史迹考察与典籍研究》，上海辞书出版社 2002 年版

董平：《天台宗研究》，上海古籍出版社 2002 年版

曾其海：《天台佛学》，学林出版社 1999 年版

俞学明：《湛然研究——以唐代天台中兴问题为线索》，中国社会科学出版社 2006 年版

许明编：《中国佛教经论序跋记集》宋辽金元卷，上海辞书出版社 2002 年版

方广锠：《佛教大藏经史》（八—十世纪），中国社会科学出版社 1991 年版

李富华、何梅：《汉文佛教大藏经》，宗教文化出版社 2003 年版

王志远：《宋初天台佛学窥豹》，今日中国出版社 1990 年版

郭朋：《宋元佛教》，福建人民出版社 1985 年版

顾吉辰：《宋代佛教史稿》，中州古籍出版社 1993 年版

童玮：《北宋〈开宝大藏经〉雕印考释及目录还原》，书目文献出版社 1991 年版

刘长东：《宋代佛教政策论稿》，巴蜀书社 2005 年版

曹刚华：《宋代佛教史籍研究》，华东师范大学出版社 2006 年版

魏磊：《净土宗教程》，宗教文化出版社 1998 年版

陈扬炯：《中国净土宗通史》，江苏古籍出版社 2000 年版

陈景富：《中韩佛教关系一千年》，宗教文化出版社 1999 年版

杜继文主编《佛教史》，中国社会科学出版社 1995 年版

谢重光、白文固：《中国僧官制度史》，青海人民出版社 1990 年版

顾吉辰：《宋代佛教史稿》，中州古籍出版社 1993 年版

杨曾文：《宋元禅宗史》，中国社会科学出版社 2006 年版

杨曾文：《中国佛教史论：杨曾文文集》，中国社会科学出版社 2002 年版

魏道儒：《中国华严宗通史》，江苏古籍出版社 2001 年版

楼宇烈：《温故知新——中国哲学研究论文集》，商务印书馆 2004 年版

楼宇烈：《中国的品格——楼宇烈讲中国文化》，当代中国出版社 2007 年版

徐文明：《11 世纪的王安石》，当代中国出版社 2007 年版

钱穆：《中国学术思想史论丛》（卷一—五），安徽教育出版社 2004 年版

唐君毅：《中国哲学原论》（导论篇），中国社会科学出版社 2005 年版

唐君毅：《中国哲学原论》（导性篇），中国社会科学出版社 2005 年版

杭州佛学院编《永明延寿大师研究》，宗教文化出版社 2006 年版

钱穆：《宋代理学三书随札》，生活·读书·新知三联书店 2002 年版

钱穆：《朱子学提纲》，生活·读书·新知三联书店 2005 年版

唐君毅：《中国哲学原论》（原道篇卷第三），"唐君毅全集"卷十六，台湾学生书局

余英时：《朱熹的历史世界——宋代士大夫政治文化研究》，生活·读书·新知三联书店 2004 年版

［美］杜维明：《论儒学的宗教性——对〈中庸〉的现代诠释》，段德智译，武汉大学出版社 1999 年版

（民国）林科棠：《宋儒与佛教》，商务印书馆民国十七年版。

（民国）贾丰臻：《宋学》，商务印书馆民国三十四年版。

（民国）夏君虞：《宋学概要》，商务印书馆 1937 年版

蒋义斌：《宋儒与佛教》，东大图书公司民国 1997 年版

邓广铭：《邓广铭治史丛稿》，北京大学出版社 2000 年版

漆侠：《探知集》，宋史研究丛书第二辑，河北大学出版社 1999 年版

漆侠：《宋学的发展和演变》，河北人民出版社 2002 年版

漆侠：《历史研究法》，河北大学出版社 2003 年版

杭州大学历史系宋史研究室《宋史研究集刊》，浙江古籍出版社 1986 年版

陈植锷：《北宋文化史述论》，中国社会科学出版社 1992 年版

游彪：《宋代寺院经济史稿》，河北大学出版社 2003 年版

陈来：《宋明理学》（第二版），华东师范大学出版社 2005 年版

蒙培元：《理学范畴史》，人民出版社 1998 年版

刘固盛：《宋元老学研究》，儒道释博士论文丛书，巴蜀书社 2001 年版

刘焕阳：《宋代晁氏家族及其文献研究》，山东文献与传统文化研究丛书，齐鲁书社 2004 年版

李贵录：《北宋三槐王氏家族研究》，文史哲博士文丛，齐鲁书社 2004 年版

马斗成：《宋代眉山苏氏家族研究》，中国社会科学出版社 2005 年版

陈中浙：《苏轼书画艺术与佛教》，商务印书馆 2004 年版

诸葛忆兵：《宋代文史考论》，中华书局 2002 年版

钱钟书：《宋诗选注》，生活·读书·新知三联书店 2002 年版

张文利：《理禅融会与宋诗研究》，2004 年

程民生：《宋代地域文化》，河南大学出版社 1997 年版

任继愈主编《中国道教史》（上、下卷），中国社会科学出版社 2001 年版

傅小凡：《宋明道学新论——本体论建构与主体性转向》，社会科学文献出版社 2005 年版

孙以楷主编《道家与中国哲学》（宋代卷），人民出版社 2004 年版

余敦康：《汉宋易学解读》，北京大学乾元国学教室丛书，华夏出版社 2006 年版

陈荣富：《浙江佛教史》，华夏出版社 2001 年版

冷晓：《杭州佛教史》，杭州佛教协会 1993 年版

李芳民：《唐五代佛寺辑考》，商务印书馆 2006 年版

刘长东：《晋唐弥陀净土信仰研究》，巴蜀书社 2000 年版

何勇强：《钱氏吴越国史论稿》，浙江大学出版社 2002 年版

龚严明编：《宋代官制词典》，中华书局 1997 年版

《中日佛教学术会议论文集》（1985—1995）杨曾文，［日］镰田茂雄，中国社会科学出版社 1997 年版

潘桂明：《中国居士佛教史》（上、下），中国社会科学出版社 2000 年版

周贵华：《唯心与了别——根本唯识思想研究》，中国社会科学出版社 2004 年版

徐规：《王禹偁事迹著作编年》，商务印书馆 2003 年版

陈植锷：《石介事迹著作编年》，中华书局 2003 年版

姜国柱：《李觏评传》，南京大学出版社 2006 年版

［美］杜维明：《道·学·政——论儒家知识分子》，钱文忠、盛勤译，上海人民出版社 2006 年版

南怀瑾：《楞严大义今释》，北京师范大学出版社 2005 年版

李泽厚：《论语今读》，生活·读书·新知三联书店 2006 年版

许抗生等：《魏晋玄学史》，山西师范大学出版社 1989 年版

祝尚书撰《宋人总集叙录》，中华书局 2004 年版

王岚：《宋人文集编刻流传丛考》，江苏古籍出版社 2003 年版

刘琳、沈治宏编：《现存宋人著述总录》，巴蜀书社 1995 年版

许明编：《中国佛教经论序跋记集》（宋、辽、金、元卷），上海辞书出版
　社 2002 年版

［日］东英寿：《复古与创新——欧阳修散文与古文复兴》，王水照主编
　"日本宋学六人集"，上海古籍出版社 2005 年版

［日］副岛一郎：《气与士风——唐宋古文的进程与背景》，同上

［日］高津孝：《科举与诗艺——宋代文学与士人社会》，同上

［美］田浩（Hoyt Cleveland Tillman）编《宋代思想史论》，社会科学文献
　出版社 2003 年版

［荷］许理和、李四龙等译《佛教征服中国》，江苏人民出版社 2003 年版

东初：《中日佛教交通史》，台北东初出版社 1974 年版

现代佛教学术丛刊，主编张曼涛，大乘文化出版社。

（7）（中国佛教史专集之三）《宋辽金元篇》

（55）《天台学概论》

（56）《天台宗之判教与发展》

（57）《天台思想论集》

（58）《天台典籍研究》

现代佛学大系，蓝吉富主编，弥勒出版社中华民国七十二年版。

第 32 册，《天台山家山外论争之研究》

第 37 册，《天台教学史》、《华严思想史》合刊

《法藏文库》硕博士学位论文，中国佛教学术论典（16）"智圆佛学思想
　研究"、"隋唐佛学圆融思想研究"、"论隋唐佛教中的圆融思想"，佛光
　山文教基金会印行

牟宗三：《佛性与般若》，台北学生书局 1997 年版

黄启江：《北宋佛教史论稿》，台北商务印书馆 1997 年版

黄敏枝：《宋代佛教社会经济史论集》，台湾学生书局民国七十八年版

赖建成：《吴越佛教之发展》，私立东吴大学出版社民国七十九年版

牟钟鉴、张践：《中国宗教通史》，社会科学文献出版社 2003 年版

吕大吉：《宗教学通论新编》，中国社会科学出版社 2002 年版

《新时期宗教工作文献选编》中央文献研究室综合研究组、国务院宗教事
　务局政策法规司编，宗教文化出版社 2003 年版

金泽：《宗教人类学导论》，宗教文化出版社 2001 年版

孙尚扬：《宗教社会学》，北京大学出版社 2002 年版

国家宗教事务局宗教研究中心编《国外宗教法规汇编》，宗教文化出版社
　2002 年版

[美] Rodney Stark & Roger Finke《信仰的法则——解释宗教之人的方
　面》，杨凤岗译，中国人民大学出版社 2004 年版

叶永文：《宗教政治论》，台北扬智文化出版 2000 年版

陈满铭：《中庸思想研究》，文津出版社印行，中华民国六十九年版。

黄俊杰编《中日〈四书〉诠释传统初探》（上、下），华东师范大学出版
　社 2008 年版

《景印高丽大藏经》（48 总目录、解题索引），新文丰出版公司印行，中
　华民国七十一年版

第三部分　外文典籍与论著

1. 高丽、日本典籍

《新编诸宗教藏总录》3 卷，[高丽] 义天，《大正藏》第五十五册

《天台四教义》1 卷，[高丽] 谛观录，《大正藏》第四十六册

《参天台五台山记》，[日] 成寻撰，"大日本佛教全书"，佛书刊行会编
　纂，株式会社名著普及会刊

《传教大师将来台州录》1 卷，[日] 最澄撰，《大正藏》第五十五册

《传教大师将来越州录》1 卷，[日] 最澄撰，《大正藏》第五十五册

《注无量义经》3 卷，[日] 最澄撰，《大正藏》第五十六册

《佛说观普贤菩萨行法经记》2 卷，[日] 圆珍撰，《大正藏》第五十六册

《正法眼藏》95 卷，[日] 道元著，《大正藏》第八十二卷

2. 日本论著与工具书

岛地大等：《天台教学史》，昭和八年（1933），中山书房

上杉文秀：《日本天台史》，昭和 10 年（1935），破尘阁书房

日下大痴：《台学指针》，昭和 11 年（1936），兴教书院

石津照玺：《天台实相论の研究——存在の极相を索めて》，1947 年，弘
　文堂书房

佐佐木宪德：《天台教学》，1951 年，百华苑
　　　　　　《天台缘起论展开史》，1953 年，永田文昌堂

安藤俊雄：《天台性具思想论》，1953 年，法藏馆
　　　　　《天台思想史》，1959 年，法藏馆
　　　　　《天台学 根本思想とその展开》，昭和 43 年（1968），平乐寺
　　　　　书店
　　　　　《天台学论集 止观と净土》，昭和 50 年（1975），平乐寺书店
　　　　　《天台性具实相论》台北天华出版社 1989 年版，平乐寺书店，
　　　　　昭和 43 年版

佐藤哲英：《天台大师の研究》，1961 年，百华苑

八木昊惠：《惠心教学の基础的研究》，1962 年，永田文昌堂

山口光圆：《天台净土教史》，1967 年，法藏馆

牧田谛亮：《五代宗教史研究》，昭和 46 年（1971），平乐寺书店

日比宣正：《唐代天台学研究——湛然の教学に关する考察》，昭和 50 年
　（1975），山喜房佛书林

高雄义坚：《宋代佛教史の研究》，1975 年，百华苑

竺沙雅章：《中国佛教社会史研究》，1982 年，同朋舍
　　　　　《宋元佛教文化史研究》，2000 年，汲古书院

塚本善隆：《中国近世佛教史 诸问题》，1957，大东出版社

神奈川县金泽文库《金泽文库资料全书　天台编》，昭和 54 年（1979）

池田鲁参：《四明尊者教行录》，昭和 57、59 年（1982、1984），驹泽大
　学天台典籍研究班
　　　　　《摩诃止观研究序说》，昭和 62 年（1987），大东出版社
　　　　　《道元学の摇篮》，1989 年，大藏出版

武觉超：《天台教学の研究 大乘起信论との交涉》，昭和 63 年，法藏馆

福岛光哉：《宋代天台净土教の研究》，平成 7 年（1995 年），文荣堂书店

林鸣宇：《宋代天台教学の研究——金光明经の研究史を中心として》，
　山喜房佛书林，平成 15 年（2002）

玉城康四郎：《心把捉の展开——天台实相观を中心して》，山喜房佛书林 1961 年版

高雄义坚：《宋代佛教史研究》，百华苑，昭和五十年（1975）

久保田量远：《支那儒佛道三教史论》，大东出版社 1943 年版

荒木见悟：《佛教と儒教——中国思想を形成するもの》，平乐寺书店 1966 年版

常盘大定：《支那に于ける佛教と儒教道教》，百花苑，1980

上杉文秀：《日本天台史》《日本天台史别册附录》，初版，昭和 10 年（1935），破尘阁书房，再版，国书刊行会，昭和四十七年发行

涩谷亮泰编，《昭和现存天台书籍综合目录 增补版》（上下卷，增补/索引），法藏馆，1978 年

3. 英文论著

N. Gregory and Daniel A. Getz, Jr.：*Buddhism in the Sung.* University of Hawai'i Press, Honolulu, 1999

Getz, Daniel Aron：*Siming Zhili and Tiantai Pure Land in the Song Dynasty*, Ph. D. diss. , Yale University, 1994

Ra, Lang E. , *The Tiantai Philosophy of Non-Duality：A Study in Zhanran and Zhili*, Ph. D. diss. , Temple University, 1988

T. R. V. Murti：*The Central Philosophy of Buddhism：A Study of Mādhyamika System*, Munshiram Manoharlal Publishers Pvt. Ltd. , 2003 Edition

Erich Zürcher：*The Buddhist Conquest of China：The Spread and Adaptation of Buddhaism in Early Medieval China*, Leiden：E. J. Brill, 1972

NG Yu-Kwan：*Tiantai Buddhism and Early Mādhyamika*, University of Hawai-i, 1993.

Minh Thanh & P. D. Leigh：*Buddhism of Wisdom and Faith*, International Buddhist Monastic Institute, 1991

Jinahua Chen：*Making and Remaking History—A Study of Tiantai Sectarian Historiography*, Tokyo, The International Institute for Buddhist Studies of The International College for Advanced Buddhist Studies, 1999

后 记

　　我首先要感谢的是北京大学哲学系（宗教学系）的各位老师！燕园七年的生活和学习，是我一生最美好的时光。楼宇烈先生是我的硕士导师，他于我谆谆启蒙，引领我进入了佛教研究的殿堂，"原著选读"和"佛教典籍"两门课使我受益终身；硕士论文的立题与写作，则使我感受到了先生的学术严谨，这亦是我今后的治学之本；近年来，学术之余，又从先生习唱昆曲，竟能以五音不全之鲁质，而得造天籁之门庭，实先生之力也；而在"游于艺"中，先生"志于道，据于德，依于仁"之理念明矣，我于北宋智圆之性情论则又多了一层深切的体悟。张志刚老师，在我懵懂之时辅导了我的本科论文，却为我打下了坚实的宗教学理论基础和面对现实的研究理路；许抗生、姚卫群、魏常海、李中华、陈来、陈鼓应、汤一介、朱伯崑、叶朗、章启群、王宗昱、吴玉萍、沙宗平、（北外）文庸等各位老师的谆谆教诲都汇合而成为我思想的源流与养分。李四龙老师，亦是我的师兄，我在读硕士时，就带领我翻译《佛教征服中国》，从而使我对西方的佛教研究成果和研究方法有所认识和学习，受益颇多，难以言尽。饮水思源，不胜感激。

　　感谢中国人民大学哲学学院、佛教与宗教研究所的各位老师和同学。方立天教授，我的博士导师，其学术勤勉、执著，其为人平和、低调，《中国佛教哲学要义》更体现了一个仁者的严肃思考和严谨立言，我于论文写作中每每阅读，感怀甚切，见于书中也。张风雷教授，予我为良师益友也，他对"印度佛教"的专题考辩和"天台佛教"义理分析，对于我准确把握原始佛教、部派佛教以及天台智者大师思想至为重要；而在论文的整个写作过程中，从选题、开题、草稿的一再修改甚至一字一句的斟酌中，都有他不厌其烦的提醒和高屋建瓴的建议；虽未能在论文中完全贯彻，但仿佛之所悟，受用无尽。温金玉、宣方、魏德东、张文良等诸位老师在教学中对我多方指导，何建明、程乐松、惟善等老师参加我的论文开题，提出中肯的建议与修改的思路，诸位老师实大有益于我也！杨勇、张云江、牛延锋、谢君华、魏农、金刚各位师兄弟和我在这几年中建立了深厚的友情，他们不仅多方提供便利，而且看到有相关的文章或书籍就主动帮我复印或下载，我的论文能按时顺利完成，有他们的一份功劳。

　　感谢中国社会科学院杨曾文老师、魏道儒老师，北京师范大徐文明师兄，政法大学俞学明师姐。杨老师慷慨借出他的日文藏书，提醒我研究宋代佛教应注意的问题、应看的书等等，其提携后进之心，令人感动。魏老师于我研究之初，即告诫我"研究宋代，一定要多读宋史与宋人笔记"，若非如此，"宋学先觉"之说难成；徐师兄把他自己体悟的佛教研究方法和经验，毫无保留详细告知，并总是对我积极鼓励，适时提醒；俞师姐不仅主动借给我许多书，带我去多方查找资料，特别是她以研究天台湛然的心得、感受、学术成果、论文写作经历，点点滴滴，细细与我多次探讨论文主题、写作思路，对我碰到的诸多理论或现实的问题，更是耐心解说、积极筹措，动人之处，一一难以道尽。

　　感谢日本山口弘江同学、韩国金东淑同学、苏州大学吴忠伟、普陀山惟海法师。山口同学从日本驹泽大学博士毕业，来中国人民大学访问，她为我提供了大量的日本佛教书籍、文章，为我介绍日本学术界对宋代天台的研究状况，并当我阅读有困难时耐心解读，她的天台研究思路、方法和态度都对我产生了影响。金东淑同学，韩国著名禅院海印寺出家，现在北京大学跟从楼宇烈先生做博士，我与她十二年前即已认识，相交日深，交流益多。吴忠伟老师，研究智圆佛教思想的先行者，一见之下则倾心指导，戚戚然多有相通，智圆思想之发扬其远乎哉！惟海法师，普陀之高僧，清修天台止观，曾潜心闭关十年，有著述《五蕴心理学》行于世，见我立志研究天台，遂寄自己多年研修之成果《法华玄义笔记》以资理解，并从天台实证和理论予我多所劝诫，感其言之深也！

　　感谢北京信息科技大学和人文学院的各位领导、同事和同学们。感谢学校为我提供了高等教育的平台，为我的生活和工作提供了良好的环境。

感谢人文学院支持我的研究兴趣和研究方向，各位老师或在工作中、或在研究中、或在教学中、或在生活中，给予了我或指导、或帮助，难以道尽，却一一铭记在心。还有北京信息科技大学的同学们，正是你们的鼓励和认可，我才有信心和可能继续我的教学和研究，正是你们的青春和朝气，才使我体会到"传道、授业、解惑"的价值与意义。在此新大学发展的新机遇，我衷心祝福北京信息科技大学！祝福人文学院！祝福北京信息科技大学的同学们！

我还要感谢我的公公婆婆、爸爸妈妈，他（们）是我生活和工作的坚强后盾，总是能在我最困难需要帮助的时候给予我支持。婆婆作为虔诚的佛教徒，曾经接触过基督教，其对信仰的理解和为人处世，既使我近距离观察佛教徒，同时她的鼓励又进一步坚定了我研究的方向；公公性格乐观，不拘小节，年逾古稀而生气蓬勃，对生活充满了热情。爸爸妈妈都是老共产党员，但妈妈每年过年先在厨房祭灶王、次在厅堂拜祖宗、后在客堂敬观音的三部曲，自幼给我留下了极为深刻的印象，其于退休后又在当地多接触了基督教和佛教的状况，成为我的"线人"，经常给我提供一些田野案例，使我几"不出户而知天下"；还有我的爸爸，如果不是他在东海舰队的经历，我何以能自幼感受浙江佛教之国的魅力，如果不是部队作风的严格训练，我又何以能管窥中国哲学精神的博大！祝四位老人安康、长寿！

感谢我的丈夫于鹏，感谢他对我学术研究和高校执教的理解和支持，感谢他对我多年来的宽容和爱恋，感谢他对事业的执著和拼搏，感谢他对生活的豁达和热爱，他给了我人生的信心，使我更能理解宋学的追求。祝他和他的司母戊科技公司进取发展，以后多为国家社会做出贡献！

最后，我仅以此书献给我的女儿于翀涵和她的同学、朋友们，是她（他）们教我如何成为一个有家庭和社会责任感的人，是她（他）们教我不断思考和平时代如何教学的问题，是她（们）促使我在北宋学术研究时能够不断思考我们当代面临的问题，她（他）们在我的心目中永远代表着未来、希望和梦想！

韩剑英

2007 年 3 月 12 日

又后记

　　因本书成稿于 2007 年，后期整理只是局部的、微观的，可能一些内容未能及时反映最新的学术研究成果，还请各位大方之家不吝赐教为盼。

韩剑英

2016 年 6 月 21 日